中国产业智库报告

中国社会科学院工业经济研究所

"十三五"时期
两岸产业合作与发展

——"第一届两岸产业智库论坛"文集

黄群慧　杜紫宸/主　编
黄速建　陈清文/副主编

经济管理出版社

ECONOMY & MANAGEMENT PUBLISHING HOUSE

图书在版编目（CIP）数据

"十三五"时期两岸产业合作与发展："第一届两岸产业智库论坛"文集/黄群慧，杜紫宸主编 . —北京：经济管理出版社，2016.1
ISBN 978 - 7 - 5096 - 4283 - 2

Ⅰ. ①十…　Ⅱ. ①黄…　②杜…　Ⅲ. ①海峡两岸—产业合作—文集　Ⅳ. ①F127 -53

中国版本图书馆 CIP 数据核字（2016）第 048033 号

组稿编辑：陈　力
责任编辑：晓　白
责任印制：黄章平

出版发行：经济管理出版社
　　　　　（北京市海淀区北蜂窝 8 号中雅大厦 A 座 11 层　100038）
网　　　址：www. E - mp. com. cn
电　　　话：（010）51915602
印　　　刷：三河市延风印装有限公司
经　　　销：新华书店
开　　　本：787mm×1092mm/16
印　　　张：34. 25
字　　　数：489 千字
版　　　次：2016 年 1 月第 1 版　　2016 年 1 月第 1 次印刷
书　　　号：ISBN 978 - 7 - 5096 - 4283 - 2
定　　　价：98. 00 元

《中国产业智库报告》
编委会

顾　问

刘世锦　李　扬　蔡　昉　周叔莲　吕　政　金　碚

主　编

黄群慧

副主编

史　丹　黄速建　崔民选　李海舰

编　委　（按姓氏笔画为序）

王　钦　刘戒骄　刘　勇　吕　铁　朱　彤　余　菁

张世贤　张其仔　张金昌　李　钢　李晓华　杨丹辉

杨世伟　陈　耀　周文斌　贺　俊　原　磊

编务主任

陈　力

《中国产业智库报告》
总　序

　　2015 年 1 月 20 日，中共中央和国务院下发了《关于加强中国特色新型智库建设的意见》，我国智库建设迎来了"春天"。当前，无论是中央还是地方，无论是高校还是科研机构，无论是官方还是民间，都高度重视智库建设。借智库建设的"春风"，中国社会科学院工业经济研究所推出了《中国产业智库报告》丛书。收录于本丛书的主要是工业经济研究所研究人员撰写的、体现智库功能的、可以公开的研究报告。

　　中国社会科学院工业经济研究所成立于 1978 年，定位于以马克思主义为指导，基于产业经济、区域经济、企业管理三个学科领域的最高学术殿堂和党中央国务院的重要思想库、智囊团。作为国家级专业智库，中国社会科学院工业经济研究所在产业经济、区域经济和企业管理三大学科具有国内领先优势，在决策咨询上具有优良的传统，在发挥智库功能方面具有丰富的经验积累、成果基础和人才沉淀。长期以来，工业经济研究所在历任所长马洪、蒋一苇、周叔莲、张卓元、陈佳贵、吕政、金碚等著名学者的组织领导下，在全体研究人员共同努力下，圆满完成了党中央、国务院交办的众多科研任务，提供了大量的、高质量的研究成果，连续多年获得中国社会科学院优秀对策信息组织奖。工业经济研究所研究人员不仅参与党和政府重要报告及文件的起草，还长期参与国家和众多地区的社会经济发展规划和政策的研究与论证，同时还为企业的改革与发展提供咨询建议，完成了大量的研究报告、政策建议、调研报告、情况专报、咨询方案，锲而不舍地为我国经济发展贡献自己的专业知识和创造性劳动，在社会上产生了很好的影响。

高水平的专业智库，需要做到理论顶天、实践立地的"顶天立地"。在长期的智库建设过程中，中国社会科学院工业经济研究所不仅与国家部委、地方政府、企业等建立了长期的合作关系，能够做到及时了解和洞察实践的最新动向和"一手"需求，同时已经形成了一系列的支撑专业智库的学术平台，推动理论与实践的有机结合。一是工业经济研究所代管三个国家级学会——中国工业经济学会、中国企业管理研究会、中国区域经济学会，这三个学会通过开展学术年会、教材编写、专题研讨等各种形式的学术活动，形成了全国性的学术网络，组织全国高校、地方社科、党校系统以及企业的代表共同参与到智库和学科建设中；二是工业经济研究所主办三本学术刊物——《中国工业经济》、《经济管理》和《中国经济学人》（英文），在学术界颇具影响，赢得了一系列荣誉；三是工业经济研究所主办了内部刊物《问题与对策》，专门刊登政策建议类的研究成果，向相关决策部门报送；四是工业经济研究所每年主办"中国工业发展论坛"等各类学术会议，为政府、学术机构和企业等提供高水平的面对面的学术交流平台。今天我们推出的《中国产业智库报告》丛书，是我们打造的又一个智库平台，旨在从工业经济研究所研究人员每年提供的大量研究报告中，选择出高水平的、可以公开的、研究问题具有普遍性、具有一定篇幅的研究报告，正式编辑出版，发挥国家级专业智库知识外溢效应，为我国经济发展做出贡献。

《中国产业智库报告》虽然名为"产业智库报告"，但研究主题不仅仅限于产业，而是将紧紧围绕我国全面建设小康社会和实现"两个一百年"奋斗目标过程中的产业经济、区域经济和企业管理中的重点、热点和难点问题，例如工业经济运行监测与风险评估、制造业转型升级与发展、产业与企业竞争力、反垄断与政府管制、工业资源与环境、能源管理与能源经济、产业空间布局、区域经济协调发展、国有企业改革与发展、中小企业研究、企业管理创新等，提供具有国际一流水准的战略和对策咨询研究报告，为推进国家治理体系和治理能力现代化、把我国建设成为工业化强国，培育、积累和贡献专业化的智力资源。

我们正处于一个伟大的时代，只有努力工作才能无愧于这个伟大的时代，《中国产业智库报告》正是我们作为国家级专业智库的一点努力尝试，诚恳希望读者给予批评指正，以利于我们不断完善和进步！

黄群慧

2015 年 6 月

序

2015 年 6 月 30 日，由中国社会科学院工业经济研究所和中国台湾财团法人工业技术研究院知识经济与竞争力中心主办、吉首大学承办的第一届两岸产业智库论坛在张家界顺利召开。来自中国台湾的台湾经济研究院、台湾中国文化大学、台湾中卫发展中心、台湾技术研究院、台湾国政基金会和来自中国大陆的国家发改委、中国社会科学院、清华大学、厦门大学、新疆大学、湖南吉首大学等海峡两岸产业研究专家参加了会议。2008 年国际金融危机之后，全球产业分工格局正在发生深刻变革，海峡两岸产业发展和合作的交流有助于面对新的机遇和挑战而保持稳定健康发展。本次论坛以"'十三五'时期两岸产业合作和发展"为主题，探讨当前两岸产业发展和合作面临的国内外形势，总结两岸产业发展和合作经验，展望未来产业发展和合作前景。

一、两岸产业合作面临着新的机遇

当前，国际经济形势出现了一些新趋势。台湾工业技术研究院知识与竞争力中心主任杜紫宸教授认为，当前国际经济形势有六大趋势：气候变化及能源资源欠缺、人口结构严重老化、新兴国家势力崛起、研发创新国际化、生活形态多元智慧化和科技汇流与整合。这些发展趋势深刻地影响着国际分工格局。中国社会科学院工业经济研究所李晓华研究员认为，当前国际产业分工格局呈现出服务贸易与商品贸易并重、产业内和产品内垂直分工快速发展以及发达国家主导的特点。大陆已经是国际产业分工格局中的重要力量，但仍处于国际分工体系的低端。未来五到十年，国际垂直产业分工的格局不会发生根本改变，但服务贸易的重要性将日益突出，发展中国家特别是新兴经济体将扮演日益重要的角色，大陆在全球分工体系中的地位将继续提升，有望从全球价值链的低端向中高端升级，并在全球价值链治理中发挥越来越积极的作用。大陆在全球产业分工格局中地位的变化，对两岸产业合作提出了新的要求，台湾应参与到大陆在全球价值链升级的行动中。

从中国大陆的角度看，中国社会科学院工业经济研究所贺俊副研究员认为，当前中国大陆面临着发达国家"再工业化"和新兴市场经济国家追赶步伐加快的双重挤压，中国需要紧紧抓住新一轮技术革命的机遇发展制造业。中国大陆和台湾地区为适应产业发展新形势，分别制定《中国制造2025》和"三业四化"计划，为未来两岸产业发展指明了方向。《中国制造2025》以促进制造业创新发展为主题，以提质增效为中心，以加快新一代信息技术与制造业深度融合为主线，以推进智能制造为主攻方向，以满足经济社会发展和国防建设对重大技术装备的需求为目标，强化工业基础能力，提高综合集成水平，完善多层次多类型人才培养体系，促进产业转型升级，培育有中国特色的制造文化，实现制造业由大变强的历史跨越。"三业四化"是指中国"台湾行政当局"于2012年底推动的针对制造业、服务业和传统产业的调整及优化产业结构策略，期望全体产业向"制造业服务化、服务业科技化、服务业国家化和传统产业特色化"方向转型。报告认为,从历史发展看,当前台湾已经进入一个新的产业结构调整时期,"台湾行政当局"推出的"三业四化"与时俱进、成效显著。两岸的产业发展都进入到了一个新的阶段,这为双方合作,共同提升在全球产业分工中的地位和应对全球竞争奠定了坚实的基础。

二、促进两岸产业合作的政策建议

中国台湾"经济研究院"研二所所长张建一教授指出,随着两岸政策的松绑与自由化,两岸产业关联与分工关系在两岸政策调整和企业两岸布局的影响下出现持续不断的消长过程,形成了竞争与互补同时存在的动态关系。尤其是在政府和企业的双重作用下,两岸产业合作已经有了长足进展。然而,两岸产业合作至今存在很多需要重视的问题,厦门大学唐永红教授认为两岸产业合作存在四个问题:一是产业对接合作机制不健全,产业投资准入政策扭曲、产业规划未对接、产业政策不协调;二是产业对接合作领域不够宽,仅集中于制造业,尤其是劳动密集型产业;三是产业对接合作层次不够高,仅仅是简单的要素合作,缺乏组织合作;四是产业对接合作模式欠优化。具体到产业层面,中国社会科学院台湾经济研究所熊俊莉副研究员以其在台湾学习的经历为基础,认为台商投资大陆受两岸经济总体环境变化的影响,并逐渐投射到产业面,两岸产业合作面临的挑战不断增大。

尽管如此,台湾产业研究领域的专家认为两岸的产业合作基础仍在,未来合作潜力巨大。熊俊莉副研究员以半导体行业为例进行研究，台湾半导体厂商在大陆投资已具相当规模，是大陆半导体产业链中重要的组成部分。但把台商对大陆投资总体规模、台湾半导体产业的国际地位、国外厂商在大陆的投资情况等进行综合比较发现，两岸半导体产业合作显然未发挥全部潜力，其中岛内对"产业空洞"、"技术流失"、"人才出走"的恐惧心态及其影响下出台的政策限制是重要影响因素。

面对全球化和区域经济整合的大潮流，两岸的合作有利于双方优势互补。庞建国教授认为，台湾方面受限于市场规模和技术能量，促进产业升级的较佳路径就是利用两岸地理邻近和语言文化相同的特性，通过产业合作方案与大陆形成优势互补，同时也有利于大陆以较低成本调整产业结构。张建一研究员也认为，两岸会产生竞争互补、此消彼长的动态关系。谭瑾瑜研究员建议台湾地区加入亚投行、参与"一带一路"基础建设互联体系，争取区对区合作多点对接，善用新住民重启南向政策、参照广东模式寻求"一带一路"能源合作商机、以国民待遇鼓励两岸服务业合作，积极寻求两岸绿色制造、智慧城市、银发产业等新业态合作等。

针对两岸产业合作中存在的诸多问题，两岸学者指出，未来两岸战略性新兴产业合作应超越传统合作思路，以新的思路进行：一是在互信的基础上建立新型"竞合"关系；二是借助"看得见的手"寻求新的合作模式与机制，比如搭桥模式；三是根据产业长期发展需求制定短、中、长期合作策略。当前，两岸战略性新兴产业合作可以考虑如下发展策略：一是建立两岸战略性新兴产业合作机制，构建制度化的沟通机制与多层次的合作交流平台；二是共建两岸战略性新兴产业合作园区，联手打造两岸战略性新兴产业合作基础；三是确立两岸战略性产业合作的重点方向，逐步扩展到其他领域的合作。

与会人员还讨论了具体产业合作的可能。这些产业合作既包括曾有过合作经验的医疗、文创、半导体产业，也包含没有合作基础的金融和职业运动。比如，熊俊莉副研究员认为，两岸推动半导体产业深度合作可考虑以下几个方面：优势整合、进口替代、化解竞争、保护创新、掌握规则、区域先行。台湾"经济研究院"顾问林定芃以《两岸金融合作与展望》为题，探讨了两岸金融产业合作的必要性。他认为，当前正是双边金融产业结构转型的关键时期，台湾金融业拥有丰富的经验、成熟的技术，但面临市场饱和、竞争过度的局面；与此同时，大陆间接金融比重高、金融机构信用管制问题严重，面临着向直接金融方面调整的机遇和挑战。推动两岸金融整合有利于当前两岸优势互补，有望在未来建立更为紧密的合作关系，进而带动两岸经济及产业的全面发展与合作。清华大学黄德海教授以《医院企业化经营与职业化管理：学习与借鉴》为主题，探讨了医疗私有化背景下如何借力台湾经验而成功实现转型升级。

    本书所收录的论文，均是海峡两岸产业研究专家在"一个中国"的前提下，讨论两岸产业发展、产业政策和产业合作的，在用语上无论是中国、大陆、中国大陆，还是台湾、台湾地区、中国台湾及其所属机构和行政部门，都不涉及"台独"等意识形态倾向，也不应引起任何歧义。读者诸君请勿误读或曲解。本书各篇文中的不周密之处，敬请读者见谅。

编者
2016 年 1 月

序

5

目　录

上篇　产业发展

中国大陆制造业的核心能力、功能定位与发展战略

　　——兼评《中国制造 2025》 ………… 黄群慧　贺　俊（3）

国际产业分工格局与中国分工地位发展趋势 …… 李晓华（32）

工业 4.0 架构下产业网络融合发展和升级路径 … 唐德森（56）

广义资本要素对战略性新兴产业国际竞争力的塑造机理

　　——一个新的分析逻辑 ……………… 汪亚青（67）

搭设厦门自贸区对台开放新平台

　　——基于厦门自贸区视角 …………… 詹圣泽（84）

电话服务接触质量对顾客忠诚度的影响研究

　　………………………… 王　季 李　倩 袁　华（101）

电信通信能力对信息消费影响的计量分析……… 安鸿辰（122）

从御宅消费看 O2O 环境下的台湾文创产业发展

　　……………………………… 畲日新　吴淑玲（137）

1

中篇　产业合作

两岸战略性新兴产业合作发展
　　——意义与作用、机遇与挑战、思路与策略
　　…………………………………………… 唐永红（163）
"十三五"海峡两岸产业合作展望 …………… 石碧华（176）
台商投资与深化两岸产业合作
　　——以半导体产业为例 ………………… 熊俊莉（188）
两岸产业合作中的政府角色
　　——以"搭桥专案"为例 ……………… 庞建国（205）
由两岸产业竞合现况看两岸产业合作的挑战
　　………………………………… 李冠桦　张婷慈（230）
两岸产业发展趋势与分工态势 ……………… 张建一（247）
大陆台商投资布局与产业趋势研析 ………… 花佳正（289）
台湾产业在大陆区域经济整合战略中的机遇与挑战
　　………………………………………… 谭瑾瑜（312）
新型城镇化趋势下两岸综合型产业合作试点方案构思
　　………………… 何心宇　陈丽芬　洪凤仪（329）
两岸金融合作与展望 ……………… 林建甫　林定芃（355）

下篇　产业政策

新工业革命与经济新常态背景下中国产业政策
　　转型的基本逻辑…………… 江飞涛　李晓萍（381）
中国台湾推展"三业四化"的产业政策成效探讨
　　………………………………………… 陈清文（398）

煤炭产业清洁高效发展政策研究 ……… 韩东娥　郭永伟 (421)

连片特困地区经济多样性有利于减贫吗？

　　——来自美国阿巴拉契亚地区 420 个县的经验与启示

　　 ………………… 丁建军　冷志明　于正东　李湘玲 (449)

贫困地区情境下基于共享价值的商业模式构建

　　——本地能力和管理者"关系"的前因和调节作用

　　 ………………… 田　宇　丁建军　卢芬芬 (475)

资源型区域的市场失灵与产业规制研究

　　 ………………… 曹海霞　韩东娥　郭永伟 (505)

后记 ………………………………………………… (527)

3

上篇 产业发展

中国大陆制造业的核心能力、功能定位与发展战略

——兼评《中国制造 2025》

黄群慧　贺　俊

（中国社会科学院工业经济研究所，北京　100836）

一、未来中国大陆制造业发展面临的根本性挑战

伴随着新一轮产业革命和全球产业竞争范式的转变，中国经济发展阶段逐渐步入工业化后期，经济增长正由高速转入中高速的"新常态"。2013 年，服务业在三次产业占比中首次高于工业，经济服务业趋势不断强化，"十三五"时期，中国工业的功能定位将面临重大调整。在这种大背景下，传统的粗放式的工业发展模式所积累下来的深层次矛盾和问题在未来特别是"十三五"时期将更加集中和严峻。在诸多的瓶颈和问题之中，

［作者简介］黄群慧（1966—），男，河北石家庄人，中国社会科学院工业经济研究所所长，研究员，博士生导师。贺俊（1976—），男，山西太原人，中国社会科学院工业经济研究所副研究员。

我们认为,"行为"层面的技术学习难度、"绩效"维度的生产效率和"环境"层面的外部冲击是未来十年中国制造业发展所面临的最为根本性的挑战。

一是生产率增速下降已经成为当前及未来中国制造业发展面临的最为严峻的问题。

基于不同方法的实证研究都显示,加入世界贸易组织以来特别是2003年以后,中国制造业全要素生产率增速呈现较明显的下滑态势。对于中国制造业全要素生产率增速下降的解释,目前学术界比较主流的观点认为,以往中国制造业发展过程中政府过度的行政干预导致要素使用效率下降。本文认为,在制度转型的过程中,虽然"强政府"的制度特征始终存在,但总体上看,政府干预和产业政策对制造业干预的广度和深度仍在不断收缩,因此除了考虑政府干预的累积效应对制造业生产效率变动的影响外,还需要纳入更丰富的视角和变量,在更广泛的分析框架下思考中国的制造业效率问题:首先,经济发展阶段是完整理解中国大陆制造业生产率变动特征的一个重要维度。在经济发展的初期阶段,中国的制造业结构并不完整,收入增长和消费升级很容易拉动新兴的高生产效率部门的涌现和增长。而伴随着工业产业结构的日益完备,需求拉动的配置效率提升效应不断弱化。其次,与发展阶段相关,随着中国制造业技术水平的不断进步和与工业发达国家差距的缩小,技术引进的难度不断加大,后发优势不断弱化,在自主的技术创新能力尚未培养起来的情况下,生产效率下降成为自然的现象。最后,从全球产业结构调整的长周期看,不同于20世纪七八十年代日本和韩国高速增长及赶超过程中出现了以汽车和电子为主体的一波新兴产业增长高峰,过去20多年中国制造业的高速增长周期并没有遇到全球范围内大规模的新兴产业涌现和快速增长,制造业增长更多依赖来自发达工业国家的制造业转移，这样的产业发展模式必然制约了制造业技术效率提升的空间。关于中国制造业的生产效率挑战，还需要补充的一点是，目前国内学术界和政府部门存在一种比较普遍的观点，即为了促进生产效率提升，需要加强技术创新特别是企业的原始创新能力。我们认为，这种将生产效率问题简单归结为原始创新能力不足的观点存在严重的政策误导性。原始创新主要是技术领先企业的突破性技术创新问题，而过去 10 余年中国制造业生产效率增速的持续下滑所反映的是中国大陆制造业作为一个整体已经出现了系统性的问题，而不仅是个别领域技术突破不足的问题。仅从技术层面看，解决制造业整体效率下滑的问题，既需要前沿技术和新兴技术的突破，更需要促进先进适用技术在更广大企业中的推广和应用。制约技术扩散特别是那些生产运营领域的最佳实践在中小企业扩散应用的深层次障碍到底是什么，以及是否存在"产品技术过度扩散、工艺技术扩散不足"的现象，是学术界和政策部门应该深入分析和思考的问题。

二是技术学习的难度不断加大。

后发国家的产业发展阶段和技术进步的生命周期特征共同决定了后发国家技术学习和赶超的难度。按照经典的 AU 模型提出的假说，成熟市场经济中产业的技术进步大致会经历相互关联的三个阶段，即流动性阶段、转换阶段和成熟阶段。但由于后发国家的产业发展和技术进步都是从承接产业和技术转移开始的，因此后发国家的技术进步呈现"逆 AU 模型"的特征，即技术进步从成熟阶段切入，通过引进生产设备形成初步的生产能力和技术能力，然后通过改进型的产品创新和工艺创新，最后通过基础研究能力和原始创新能力的积累实现成功赶超。也就是说，对于成熟阶段的产业，后发国家更容易通过集中国

5

内有限资源的大企业（如日本的财阀、韩国的财团和中国的国有企业）进行大规模的投资，结合经济起飞时的低成本优势，快速进行技术学习和赶超。但随着后发国家的技术进步，技术学习的难度会越来越大：一方面，在成熟产业中，随着向技术前沿的逼近，体现为组织层面而不是个别技术专家的技术能力，隐含知识而不是显性知识，基础研究能力而不是应用开发能力，并逐渐成为技术竞争的关键，而这些恰恰是后发国家企业特别是那些缺乏技术积累的后发国家企业的短板；另一方面，在新兴产业领域，由于技术路线的多样性和研发投资的不确定性，后发国家的大企业主导的产业组织格局并没有优势，而中小企业和创业企业构成的创新生态的培育又需要克服深层次的制度和文化约束，因而需要长期的演化和探索，凡此种种构成了后发国家技术学习的成本和障碍。目前，中国的制造业技术在成熟阶段锁定的现象比较突出。传统产业中的高端生产装备和核心零部件技术长期受制于人，技术竞争力差距大。以机械产业为例，多数出口机械产品是贴牌生产，拥有自主品牌的出口机械产品不足 20%。集成电路芯片制造装备、大型石化装备和汽车制造关键设备的对外依存度分别高达 80%、40% 和 70%，基础部件制造能力滞后，高参数、高精密和高可靠性的轴承、液压/气动/密封元件、齿轮传动装置及核心传动部件，大型、精密、复杂、长寿命模具及其他关键基础零部件、元器件、电器部件大量依靠进口。中国工业增加值在 2014 年达到 22.8 万亿元，占 GDP 的比重达到 35.85%。2013 年，中国制造业产出占世界比重达到 20.8%，连续 4 年保持世界第一大国地位，220 多种工业产品产量位居世界第一。但中国制造业的技术竞争力并不强。例如，根据欧洲专利局（EPO）2015 年发布的报告数据，2014 年 EPO 共收到 27.4 万项专利申请，其中，美国公司申请的专利数量最多，达到了 7.17 万项，占整体数量的 26%，日本（4.87 万项）和德国（3.16 万项）紧随其后，中国则排在第四位，专利申请数（2.65 万项）仅为美国公司的大约 1/3。根据 2014 年美国商业专利数据库（IFI Claims Patent Services）发布的美国专利获得量数据，中国公司 2014 年获得的美国专利量只占据总专利量的 2%。另外，新兴技术和产业领域全球竞争的制高点掌控不足。以目前快速发展的工业机器人产业为例，在由机械、控制、传感三个部分组成的复杂技术结构中，中国企业整体上仅掌握了机械中的硬件技术。造成中国前沿技术和新兴技术能力落后的一个很重要的原因，是长期以来基础研究投入的不足。统计数据显示，2013 年，中国基础研究占全部研发投入的比重仅为 4.7%，试验发展投入占全部研发投入的比重却高达 84.%，而工业强国美国、日本、韩国的基础研究投入占全部研发投入的比重分别高达 16.5%、12.9% 和 18.1%。如何调动全社会特别是企业部门对于基础研究进行持续投入的积极性，是决定未来中国制造业能否由成熟技术优势向前沿技术优势和新兴技术优势跃升的决定性因素。

三是"第三次工业革命"将对我国传统比较优势形成根本性的冲击。

金融危机促使美、日、德等工业强国甚至英、法等传统的工业强国重新反思制造业在国民经济中的战略作用，并以更加积极的政策态势推动先进制造业发展。例如，美国政府提出《制造业行动计划》，德国工程院提出"工业 4.0 计划"，欧盟提出"未来工厂计划"，英国政府组织系统的制造业技术预见，等等，都在客观上大大加快了"第三次工业革命"的进程。"第三次工业革命"背景下生产制造的自动化、智能化对简单劳动的替代，可能对我国传统的比较劳动成本优势形成冲击，同时也可能阻断我国由比较优势向竞争优势跃迁的转型升级路径。

二、现有发展思路与新挑战的落差

针对中国制造业发展过程中出现的问题和未来面临的根本性挑战，学术界从不同的角度提出了解决问题和破解瓶颈的思路。总体上看，多数经济学家将中国制造业竞争力低下的原因归结为制度性因素，例如，吴敬琏认为，"制造业要转型、要提升……关键在于改革，建立一个好的体制。"周其仁认为，促使企业改进管理和技术的根本动力在于要素价格，特别是通过推进金融和土地市场的市场化形成倒逼机制。金碚认为，中国制造业转型升级的关键是创造公平竞争的市场环境，而创造公平竞争的市场环境的关键在于推进制造业领域以外的改革，特别是要素市场的改革。伍晓鹰认为，提高制造业的全要素生产率关键在于政府职能转变为"经济利益中性"的政府，从竞争性的经济活动中退出来。

基于制度创新的主流观点没有注意到发达工业国家制造业发展模式的差异性，特别是没有考虑到中国的制度环境、人力资源和市场需求的结构性特征对中国制造业发展模式的影响。这些学者所强调的有效的市场化体制、服务型的政府、功能性的产业政策、深化国有企业改革、提高原始创新能力、推进教育改革和加强教育投资、提高产业工人的技能等，是各个发达工业国家的共同特征，或者说是后发国家要成为发达工业国家所具备的必要条件，而不是必然导致其成为工业强国的充分条件。无论是理论分析还是国际经验都表明，经济发展和技术进步的实质是一个获得技术能力并在技术不断变化的过程中把这些能力转化为产品和工艺创新的过程，产业发展的过程是一个能力构筑的过程。而能带来持续竞争优势的资源或能力是不可交易的，不易从公开市场上通过交易获得。因此，核心的资源或能力不能买卖，只能由企业自己在探索的过程中逐渐"构建"起来。企业在产品市场上有效竞争所必需的资源只能通过具有连贯性的投资才能积累出来，即被内生地发展出来。由于资源和能力的难以模仿性，实际上比模仿更具有威胁性的是对既有资源或能力的替代。纵观工业发展的历史，后发国家之所以能够对先行国家进行赶超，恰恰是后发国家的资源或能力对先行国家的资源或能力形成了替代，即形成了自己的核心能力。在多元化的制度结构、资源结构、市场需求结构与实现了的产业竞争力之间，必然存在不同国家多样化的发展路径的独特的创造活动。任何工业强国都具有不易模仿、不易扩散的核心能力，而能够促成后发国家跃升成为工业强国的制度安排，必然要与该国制造业的核心能力相匹配。与核心技术能力相适应的制度安排，既具有发达工业国家制度安排的一般性，更具有路径依赖和该国核心技术能力所决定的异质性，而只有制度安排中的那些异质成分才能构成工业强国的组织能力，并与技术能力一起在具有"战略互补性"特征的演化过程中相互增强。由于没有认识到制造业核心能力的特异性，制度观的研究常常在复杂的实证分析之后提出一些各国共性的制度安排作为其对中国建设工业强国的政策建议，在这种情况下，其作为规范研究的意义自然大打折扣。

国内学者路风较早认识到，制造业竞争力的源泉是基于知识的技术能力形成的。但遗憾的是，一方面，作者虽然关注到了异质性是技术能力概念的重要规定性，却并没有明确回答中国制造业技术能力相对于其他制造业国家的异质性到底体现在哪里；另一方面，由于作者没有关注到组织能力与技术能力的适应性问题，或者说作者根本没有将分析的焦点集中在组织能力问题上，因此作者仅仅在探讨技术学习强度的时候，将组织能力简单地归因于政府和企业家的抱负水平，而没有对中国制造业企业的组织能力进行更为细致的、系统的、结构化的描述。也正是这样的逻辑缺陷使得作者的政策建议常常具有较强的行政色彩。本文认为应遵循 Dosi 等的分析框架，在区分技术能力和组织能力的基础上，强调技术能力和组织能力的匹配问题。其中，技术能力是指组织共同的科学技术知识以及应用这些科学技术知识的惯例，组织能力指的是有关组织内部协调和组织间互动治理的知识及惯例，组织能力既包括协调交流，也包括决定抱负水平的激励因素。技术能力和组织能力相互影响和适应。从英、美、德、日、韩等工业强国的工业化历史看，任何一个国家的工业化道路以及在工业化过程中形成的竞争能力都是独特的。中国如果能在未来成为制造业强国，其工业化路径必然受到自身独特的文化特质、制度结构、人力资源结构和需求结构的约束和影响，同时也会受到未来工业赶超过程中所面临的不同于其他国家工业化过程中所经历的技术、贸易、投资环境的影响，必然形成独特的竞争资源和竞争能力，而不可能是德国或任何国家制造业核心能力的简单移植和复合。

一个延伸的讨论是，新古典经济学所强调的比较优势是任何一国经济增长必然遵循的条件，因而仍然是各国制造业发展的共性。特别地，比较优势理论认为一国的产业结构和产业发展路径完全由要素的相对价格决定。例如，中国劳动力的低成本决定中国产业结构以劳动密集型产业为主导，而对于要素相对价格的决定机制，除了外生的要素相对稀缺性以外，比较优势理论几乎没有任何见解，因而也就无法解释德、日、韩等要素结构近似但产业发展路径却大相径庭的经济现象，更无法逻辑一致地解释 Fujimoto 提出的诸如为何存在动态储存、DVD 等日本的传统优势产业被韩国和中国这些后来者赶超的问题。与强调比较优势相关，一些研究者过于强调制造业发展的阶段性。虽然，从赶超国家制造业竞争力变动的过程看，各个国家的制造业发展确实会呈现出明显的阶段性，"产业升级、出口产品的结构、技术密集的程度、原创的比例等跟一个国家的人均 GDP 水平是正相关的，不大可能出现一个人均 GDP 在中等水平的经济体有高收入国家的产业和产品结构。即使有，那也可能是一个悲剧，即不恰当地将资源投入到高科技领域，以牺牲整个经济健康为代价畸形发展一两个领域"。但如果过度强调发展阶段，而忽视了不同国家各个发展阶段背后核心能力的连续性和根植性，就会丧失制造业发展的主动意识和战略意识。

与本文相关的另一类研究是长期在中国工业问题研究中占据主导地位的产业结构问题研究。该研究的主流逻辑是，将钱纳里和赛尔奎因等学者开创的多国经验研究所揭示的统计意义上的"平均"模式概括为一国经济发展过程中产业结构调整的标准模式或普遍模式，然后将中国的产业结构特征（如国民经济中的三次产业比重、工业经济中的重化工业比重等数据）与经典的产业结构研究的主要结论进行跨时期的比较，并将中国当期的产业结构与所谓可比时期（通常按照可比的人均 GDP 水平确定）的一般模式的差距视为中国的产业结构"偏差"，最后将经典研究所揭示的产业结构变动特征视为将来中国产业结构调整的方向。这类研究的共同错误在于，将内生的产业结构问题完全外生化，因而忽略了一国产业结构的特殊性和笼统的统计意义上的产业结构所掩盖的复杂的产品分工和知识分工以及这些复杂分工形式背后的能力差异。产业结构的边界是不断拓展的，产业结构研究本身不能回答以下问题：为什么有些先发国家能够在较长时期内保持在产业结构拓展的前沿，有些传统工业强国却不能孕育出有竞争力的新兴产业部门？为什么有些后进国家能够后来居上、跃升至产业结构的前沿，而有些后进国家却始终被锁定在低端？

总体上看，既有的制度变革观点、比较优势观点和产业结构研究更加关注成就制造业强国的普遍因素和共同规律，而缺乏对不同工业化国家发展路径和深层能力的独特性的挖掘。若不能对中国大陆制造业的核心能力的结构性特征以及这种能力形成的环境要素和行为载体进行刻画，就无法看到制度环境变迁、发展阶段转换过程背后制造业发展逻辑的连续性和一致性，也无法从根本上解决生产效率、技术学习和外部冲击等根本性的挑战。从不同的研究视角，可以刻画出不同工业国家制造业发展的独特模式和特征。仅仅从制造业规模和能力形成的角度看，中国与美、德、日等制造业强国的一个显著差异在于，美、日、德、韩等工业强国的制造业核心能力既是其制造业快速增长的动因，同时也伴随着其制造业扩张（投资扩张和市场扩张）不断演进和强化，即核心能力和产业规模同步提升。例如，美国由研究型大学支撑的企业前沿技术创新能力从 20 世纪初期开始表现出来，并贯穿美国制造业扩张的始终；德国制造业企业在 19 世纪末期最先开创实验室这种研发组织形式，形成了强大的技术开发和工程化能力，并不断加强技术在产品和工艺过程中的应用；日本的精益生产方式是促其制造业实现后来居上的核心优势，而丰田等后来成为制造业典范的领先企业在第二次世界大战后就已经开始了精益生产方式的探索；韩国大财团的大规模、侵略性投资能力是其制造业赶超的首要原因。与这些发达工业国家相比，中国制造业的核心问题在于，经过了长达30余年的改革和发展，直到今天，学术界仍然不能清晰地指出，产出总量已居世界第一的中国制造业，其核心能力的结构性特征到底是什么？

三、中国制造业核心能力的结构化特征

为了更好地刻画不同工业国家的技术能力，我们需要能够将技术能力结构化的理论维度。从设计的角度将产品分为一体化架构产品和模块化架构产品的产品架构理论为开展技术能力的类型化研究提供了很好的起点。Hobday 和 Prencipe 提出的系统集成的复杂度概念，为拓展产品架构研究提供了有益的视角。在由产品一体化程度和产品集成复杂度两个维度决定的二维空间中，我们可以构建一个有关制造业技术能力的二维地图，并在这个地图中识别一国所具备的特殊的技术能力，如图 1 所示。

为了更好地刻画不同国家的制造业核心能力，我们进一步提出"能力—位置—制度"的分析框架，其中，位置指的是一国制造业的技术能力的载体是哪些组织。按照这样的分析框架，美国的核心能力主要是基于前沿技术的模块化产品设计开发能力，以及新兴的或与商业模式紧密结合的一体化产品的设计开发能力。例如，同样是汽车产业，日本和德国的优势领域主要是一体化程度更高的小型乘用车，而美国的优势领域主要是模块化程度更高的皮卡；即便同样在乘用车领域，美国公司也采用了更加模块化的研发、生产和供应链管理方式。而在同样的一体化架构产品领域，美国则在新兴技术或者与商业模式紧密结合的领域具有显著的优势。例如，在手机市场，苹果公司的技

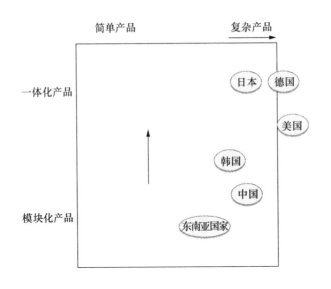

图1 基于产品架构的全球制造业分工

术路线相对于日、韩和中国企业其一体化特征更加突出，但凭借前沿的整体优化技术和核心零部件技术以及创新的商业模式，苹果公司已经成为全球领先的手机企业。美国的这种技术能力特征甚至从制造业延伸到了生产性服务业。例如，虽然日本在软件开发的质量管理方面甚至优于美国，但由于美国公司能够将"足够好"的产品与创新的商业模式有效结合，形成了卓越的竞争力并对全球软件产业形成垄断。美国制造业技术能力的载体主要是大量全球顶尖的研究型大学、一体化的大企业和大量专业化的高技术中小企业和创业企业。美国技术能力的制度基础，首先是其自由开放竞争的市场环境，其次是开放的移民政策，使其能够集聚全球最优秀的人才，因而形成了强大的基础研究能力和前沿技术开发能力。为了提高新产品开发速度，加之高度的人口流动，美国公司会更多选择新产品开发效率更高（模块化产品的一个优势在于，通过模块的并行开发，可以提高产品总体的开发速度）、协调成本更低的模块化技术路线。

美国判例法的法律制度加上宽松的管制环境，使得商业模式创新的空间大、社会成本低，形成了美国技术创新和商业模式创新相互增强的良好格局。

与美国的制造业核心能力主要在"实验室"不同，日本的制造业核心能力主要体现在一体化架构产品领域的"车间现场"，或者说，相对于美国的"Know－why"能力，日本的制造业能力主要体现为"Know－how"和"Know－who"。随着电子信息技术的发展，电子信息产品的产品架构特征不断由一体化架构向模块化架构转变，在这种情况下，日本强大的电子信息产业逐渐受到来自美国的前沿技术和来自韩国、中国基于模块化技术路线的开发和生产能力的冲击。但是，日本在汽车等一体化架构产品领域的开发和制造优势却始终没有受到挑战。凭借不断完善的精益制造方式，日本企业以更低的成本、更高的质量、更快的产品开发速度在一体化架构产品，特别是技术路线相对成熟的一体化架构产品领域保持了绝对的竞争优势。日本的制造业竞争力的载体主要是一体化的大企业与大量的中小企业，日本的中小企业与美国的中小企业的区别在于，由于具有良好的技术市场，美国的大量中小企业是专业性的技术开发公司，而日本的大量中小企业是兼具技术开发和生产制造的一体化公司；此外，美国的高技术创业活动，包括从研究型大学分离出来的学术创业异常活跃，日本的中小企业则多为存续经营时间较长甚至百年以上的"老店"。相对于美国，日本封闭的人口政策和缺乏活力的高等教育政策，使其即便在经济发展水平很高的阶段仍然没有形成大批全球顶尖的研究型大学，在这种情况下，日本制造业的基础研究和前沿技术开发能力更多由独立的企业而不是大学或校企合作完成。为了能够更好地利用源于美国的基础研究和前沿技术成果，日本企业形成了独特的高技术"识别"和"定位"能力，即所谓的"Know – who"能力。日本企业之间的紧密合作对于提升日本企业的技术识别能力至关重要，"利用散布全球重要工业地区的信息网络，日本的综合商社（如三井）在技术上的搜索和沟通对其成员企业的技术和创新管理具有决定性作用。它的贸易公司内部信息系统的网络搜集全球所有重要工业区的信息，这使得该系统的企业能够迅速对外部的创新做出战略响应……综合商社在搜集情报和有效地传送到终端用户的渠道方面仅次于美国中央情报局"。而日本基于集体主义的文化传统和组织导向形成的多技能员工在生产线上的紧密合作、重项目组织内部的紧密合作、跨职能部门之间的充分协调和合作、供应链上的紧密产品开发合作、不同产业领域的企业之间的合作，甚至同业竞争企业之间的战略性合作，都构成了日本"基于协调和沟通的竞争能力"的组织基础。

德国的核心能力与日本具有很大的相似性，但又有所差别。相对于日本，德国的企业组织和宏观制度都具有更高的开放性，加上德国可以充分利用欧洲发达的科学及技术网络优势，因而在前沿技术开发和与新兴技术融合方面都较日本更具优势。因此，德国除了在汽车、数控机床等一体化架构产品领域同日本一样具有显著的全球竞争优势外，还在复杂系统产品的设计开发和制造方面具有优势。也正因此，在由新材料、新一代互联网技术驱动的"新工业革命"背景下，德国提出以"工业4.0"架构下的复杂数字物理系统（CPS）优势进一步增强其全球制造业竞争优势。

作为后发国家的韩国，其技术能力主要体现为资本密集的模块化架构产品领域，如半导体、平板和汽车等。也就说，如果把技术能力进一步结构化为生产能力、创新能力和投资能力，韩国制造业企业的独特性主要体现为高强度技术学习基础上的投资能力。作为后起的国家，韩国的产业赶超更多从已经进入成熟期的模块化产业开始。这是因为，相对于一体化产品，模块化产品的技术标准清晰，架构创新和集成的技术难度更小，因而技术转移更容易发生。因此，韩国企业可以在较任何其他工业化国家短的时间内，通过反求工程、进口生产装备、兼并国外经营不善的高技术企业、聘请国外退休的研发人员等学习手段，快速接近全球制造业技术的前沿。而实现这一赶超过程的主力军正是韩国政府全力扶持的、高度一体化和多元化的大型财团。由于韩国财团集中了国家的几乎全部重要资金、人才、政策资源，同时家族控制又大大增加了具有冒险精神和危机意识的企业家的执行力，因此韩国大企业能够进行大规模的、长周期的、侵略性的固定资产投资和研发投资。例如三星在 20 世纪 60 年代就开始持续投资半导体事业，但直到 20 世纪 90 年代才实现了对美、日技术的赶超从而逐渐开始获得研发回报；此外，为加速行业洗牌，三星在半导体领域一贯的投资策略是在行业进入低谷的时候进行逆周期的大规模投资，如 2014 年至 2015 年上半年，当全球主要半导体厂商都缩减资本支出的时候，三星却在内存芯片、闪存芯片和应用处理器等领域大规模投资 100 多亿美元。这种"越理性"的投资活动在其他国家的竞争性领域几乎是不可能发生的。当然，由于韩国的制造业过度依赖大企业在模块化领域的规模投资，加之国内市场的约束，韩国的中小企业成长和竞争力提升始终滞后于其制造业整体的发展水平，因此，在核心零部件和生产装备领域长期受制于日本等发达工业国家，而这也成为韩国制造业最大的隐患。

与美、日、德、韩等工业强国相比，中国制造业的优势主要体现在模块化架构产品和大型复杂装备领域，前者如工程机械、家电、电子消费品，后者如通信设备、高铁、核电装备和水电装备等，而在一体化产品领域（包括轿车、数控机床等具有一体化产品架构的机械行业和制药、化工等制造一体化的流程型行业）以及工业基础件等既具有一体化特征又需要前沿科技支撑的核心零部件领域相对缺乏优势。为了更好地刻画中国制造业的核心能力，我们需要进一步做几点说明：一是产品模块化和工艺模块化是两个独立的、不同的概念，中国制造业核心能力主要是产品模块化，而不是工艺模块化。例如，家电是典型的模块化产品架构，同时也是中国最具竞争力的制造业之一，但即便是海尔这样的中国家电领军企业，其生产制造过程的模块化也仅仅是近几年才刚刚开始探索。二是正如前文所述，模块化和复杂度是两个不同的维度，中国具有优势的大型复杂装备往往也具有高度的模块化特征，或者，在相同的产品领域，中国企业的技术路线具有显著的模块化特征。

总体上看，在中国具有优势的两个领域中，模块化架构产品市场主要是以民营企业为主体的竞争性市场，而大型复杂装备市场主要是以国有企业为主或者至少国有企业仍然占有较高比重的具有一定垄断性的市场。中国之所以会在这两个领域形成比较明显的竞争优势，主要原因是这些领域的技术范式与中国的既有能力、市场需求以及制度、组织结构具有更好的相容性。其中，模块化架构产品领域的核心能力形成的原因包括：①一般来说，模块化程度最高的产品领域，也是技术周期进入成熟期的产品领域，这些产品和技术具有跨国转移的内在要求，大大降低了后发国家技术学习的难度；②模块化产品的生产方式主要还是基于大规模流水线的生产方式，中国丰富的简单劳动资源，加之政府通过干预要素价格促进生产性投资的产业政策，促进了这些领域的投资；③模块化产品的架构创新特别是

18

改进型的架构创新更加容易，大规模投资和大量的民营企业进入形成的激烈市场竞争，加之中国巨大的市场需求，使中国形成了复杂的、庞大的产业分工体系，有利于促进改进型的产品架构甚至是部分关键模块的创新，从而形成了独特的基于产业生态的创新优势和基于产业配套的产业优势。中国在复杂装备领域的相对技术成功的原因主要包括：①最重要的，由于重大装备常常涉及国家安全和产业安全，因此，多数复杂装备没有走轿车行业外资主导、技术依赖的技术学习路线，而是在技术学习过程中坚持自主开发，积极构建自主可控的技术开发平台，特别是坚持架构技术的主导权和技术学习，成为形成本土核心技术能力的主要原因；②新中国成立以来，政府对重大军工国防装备的投资以及大型工程的建设经验，为大型复杂装备的开发、生产积累了重要的技术基础和管理经验；③大型复杂装备通常都是基于项目而不是大规模生产的小批量生产，且固定资产投资规模巨大，因此从供给的角度看，投资的规模大、风险高，而政府扶持和国有企业主导的产业组织特征，使得这些领域的创新主体能够更好地动员资金、承担风险；④从需求的角度看，以政府采购为主导的市场需求，为大型复杂装备开发提供了重要的"试验性市场"，为本土复杂装备不断完善和持续改进提供了市场空间和可能性。

相对于中国在以上领域具有的核心能力，中国在一体化架构产品领域缺乏优势的原因包括：①20世纪邓小平同志南方谈话后成长起来的一代企业家多数不具有技术精英的背景，缺乏进行突破性创新和精益求精的工匠精神，而一体化架构产品的创新具有典型的累积性特征；②中国至今尚未建立起高效的、市场化的精英型工程师和高技能产业工人的培养和培训体系，一体化产品开发和生产所需要的人力资本供给是不足的；③不同于日本和德国，中国的制造业企业的生产能力特别是高端制造能力几乎完全依赖于引进生产设备，这种基于交钥匙工程的设备引进使多数中国企业丧失了工艺技术创新的载体和能力；④由于绝大多数的中国制造业企业以运营效率改善为首要目标，强调分工和竞争成为组织结构安排和人力资源管理的首要原则，因而多数企业缺乏基于协调和沟通的合作机制和文化；⑤中国的资源禀赋优势和产业赶超特征决定了多数中国企业采取了竞争性的而不是合作型的供应链管理模式，同样不利于集成厂商和零部件供应商之间的合作开发及持续改进。而导致中国在核心零部件领域竞争力低下的原因主要包括：①集成企业的竞争性供应链管理模式，几乎扼杀了以中小企业为主体的零部件厂商的技术开发动力和能力；②多数核心零部件的市场狭小，不具有大规模生产的特征，在缺乏政府创造初期市场的情况下，中国的零部件企业很难获得生存空间；③由于缺乏技术和人力资本，中小企业也很难通过开放式创新接入基础科学和前沿技术；④缺乏市场化的精英型工程师和高技能产业工人培养、培训体系，同样制约了核心零部件的开发和精益生产。

一国的技术能力是动态的，随着技术范式和一国自身资源禀赋结构及制度结构的变化，技术能力也会发生强化、修正甚至破坏。但无论如何，那些嵌入在一国文化和基本制度之中的组织特征，以及不同国家深入到基因中的行为特征，会使得一国的核心能力具有"能力惰性"。因此，中国的制造业核心能力提升也必然植根于既有的技术能力和组织能力。促进中国制造业核心能力跃迁的根本动力，既来自正式制度层面的改革深化，也必然取决于植根于非正式制度层面的民族文化和组织文化中的创新抱负。政府和企业家的抱负水平最终决定了一国核心能力构建的可能性和速度。当20世纪30年代丰田的生产率还只有福特的 10%，时任丰田 Automatic Loom Works 项目掌门人的丰田喜一郎就提出要使丰田成为具有全球竞争力的企业；在日本无条件投降的 1945 年，丰田喜一郎甚至为公司设立了更加激进的目标——"三年之内达到美国汽车行业的生产效率"。从政府的层面看，抽象地研究补贴、税收优惠等产业政策的有效性实际上很难得到稳健的经验结论。不同国家的政府对于本国制造业振兴的决心和承诺，才是各国产业政策效果的关键调节变量。

四、"十三五"及未来中国制造业的功能定位

长期以来，基于一般意义的三次产业结构演进的规律，中国五年规划一般将三次产业产值和就业比例关系作为产业结构优化升级的指标。但是，世界各国的经验表明，并不存在一个严格意义上的三次产业数量比例关系，尤其是在当今工业化和信息化融合、制造业和服务业融合、各个产业边界日趋模糊的大趋势下，统计意义的产业规模数量比例指标作为政策导向的意义越来越小，寻求最优产业比例关系、进行"产业结构对标"的产业结构升级思路，其合理性和操作性基础已经越来越薄弱。实际上，产业结构演进升级的本质是生产率高的部门逐步替代生产率低的部门成为主导产业，虽然近年来中国第二产业比较劳动生产率逐步下降、第三产业比较劳动生产率逐步上升，在一定程度上体现了产业结构合理化的演进趋势，但 2013 年中国第二产业劳动生产率仍高于第三产业劳动生产率 18.5%，存在第三产业比例上升而整体劳动生产率下降的潜在产业结构"逆库兹涅茨化"，这在一定程度上被认为是中国经济减速的原因。

产业结构升级的本质是生产率的提升，不能够仅依靠三次产业数量比例判断三次产业结构的合理化和高级化程度，关键是劳动生产率水平的提升。

因此，"十三五"期间及未来，中国三次产业结构优化升级的主题要从强调增长导向的规模比例关系转为强调发展导向的产业融合协调，中国产业发展战略的重点也要从产业数量比例调整转向产业质量能力提升，发展的核心在于提高产业的生产率；为了更好地适应产业融合的趋势，未来中国的产业政策思路应当逐步突破传统的"产业结构对标"的思路，消除政府对部门间要素流动的扭曲和干预，减少部门垂直管理带来的产业融合障碍，通过促进产业间的技术融合、商业模式融合和政策协调，促进三次产业和各产业内部的协调发展。笔者认为，在具体制定"十三五"规划时，不应把三次产业结构产值和就业比例作为产业发展的"应然"目标提出，产业结构数量比例只是一个"实然"变化，重点考核三次产业发展的质量目标，可以用劳动生产率和技术创新指标等衡量。

在"十三五"及未来以强调产业能力提升产业发展战略重点的大背景下，制造业的功能定位也会发生重大调整。在过去的30多年中，工业作为快速增长以及三次产业中占比最大的部门，一直是中国经济快速增长的引擎，在促进经济增长和吸收就业方面发挥了重要的作用。但是，2013年以来，工业在三次产业中的占比开始落后于服务业，且国内经济走向中高速增长的"新常态"，工业部门尤其是制造业，其在国民经济中的作用更加表现为其创新驱动和高端要素承载功能。世界各国经验及众多研究表明，虽然随着工业化的进程推进，在工业化后期制造业比重一般会下降，但制造业永远是国民经济中开展研发活动最活跃、承载创新资源最多的部门。制造业不仅是技术创新

22

的主要来源，还是技术创新的使用者和传播者。从技术创新来源看，制造业本身是技术创新最为活跃的部门，无论是技术创新投入，还是研发产出，制造业部门都占据了绝大部分。从技术创新使用看，制造业是将技术进步应用于生产的直接的、主要的载体。一项新技术的使用，往往首先要在制造业上应用，进而才能真正促进经济的发展。从技术创新传播看，制造业通常通过提供先进材料、工具设备、新知识而成为向其他领域传播技术创新的基地，农业和服务业的技术进步也必须以制造业技术创新为基础。因此，制造业作为技术创新的"土壤"，"十三五"期间及未来，其主要功能不再是集聚资本和创造就业，而是通过促进新技术的创新和扩散，提高经济增长效率，并在这个过程中创造出更多高质量的工作岗位，同时制造业对服务业的拉动作用仍在增强，这种作用集中表现为生产性服务业的规模扩张和质量提升实际上是围绕"做强工业"展开的。

制造业功能定位的转变，决定了未来制造业指导思想从"结构优化主导"转向"能力提升"主导。基于上述对中国制造业核心能力的分析，我们认为，未来中国制造业技术能力提升的可能方向是：在模块化架构产品领域，逐渐由模块化（Modular，形容词）产品的改进型开发向"模块化"（Modularizing，动名词）导向的、具有突破性技术创新的改进。中国目前在模块化架构产品领域的竞争优势，是在发达工业国家制造业企业主导的技术竞争过程中、在产品生命周期"自然演进"到模块化阶段（成熟阶段）过程中，基于技术学习和引进而形成的分工和系统优势。未来中国应通过技术能力积累，加强架构创新和模块标准制定的主导权，"主动地"通过架构创新和组件创新、标准创新促进产品架构由一体化向模块化转变，缩短技术生命周期和产品生命周期，甚至改变主导设计的技术路线，

23

从而大幅提升中国制造业在全球制造业体系中的"侵略性"和主导权；在大型复杂装备领域，中国应当在坚持自主学习和开发的过程中，充分利用中国独有的市场资源优势，包括国外技术与中国市场不匹配的优势和政府采购优势，进一步加强架构创新和集成能力，不断完善产品开发平台。

一国所具有的制造业核心能力，既是一国参与全球制造业竞争的独特资源和能力，也是一国对人类社会工业文明进步所能够做出的"范式"意义上的独特贡献。在近 100 年的工业发展历程中，美国制造业贡献了科学和前沿技术，日本贡献了精益生产方式，德国贡献了工程化的技术。未来中国制造业如果在模块化和复杂装备领域实现能力跃迁，也必将根本性地促进全球制造业发展模式的调整和突破。

五、从《中国制造 2025》不足看制造业发展战略调整

2015 年 5 月 19 日，国务院印发了《中国制造 2025》。学术界和管理部门将该规划作为未来十年甚至更长时期指导中国制造业发展的纲领性文件。早在 2012 年，我们就提出，政府需要制定满足全局性、系统性、长期性、国际竞争性要求的"工业强国战略规划"，明确中国制造业发展的使命、目标、具体任务、所需条件、推进措施等。从出台的《中国制造 2025》的内容看，《中国制造 2025》正是这样一个满足全局性、系统性、长期性、国际竞争性要求的工业强国规划。因此，《中国制造 2025》是中国工业发展历史上具有里程碑意义的战略规划，标志着中国在完善制造业产业政策体系方面迈出了重要一步，是中国制造业第一个旨在为制造业长期发展指明方向和路径的纲

領性规划。《中国制造2025》规划着眼于中国制造业长期发展面临的新环境和新问题，目的是在未来新的技术环境、国际竞争环境和国内要素环境下，从根本上提升中国制造业的国际竞争力，而不仅仅是解决产业发展中出现的短期困难或者为解决短期增长问题提供投资动力。此外，《中国制造2025》在新的经济、技术和国际环境下，在新的高度和视角重新认识了制造业对于中国国民经济社会发展的战略意义。在这样的背景下，《中国制造2025》在行业进入、监管、金融、财政、税收、服务体系建设等各个方面都对以往的产业政策做出了重要的调整和突破。

在高度评价《中国制造2025》重大意义的同时，基于上述对中国制造业核心能力的分析，我们也发现其中还有一些不足。由于整个规划的思路仍然局限于传统的比较优势、产业结构和共性制度思维范式，因此《中国制造2025》本质上仍然是一个政策力度更大的、延长了规划期的传统产业规划的翻版。对于长期制约中国成为工业强国的一些根本性约束，《中国制造2025》并未触及。

首先，最重要的，作为一个战略性的、纲领性的规划，《中国制造2025》没有回答"如果中国能够成为制造业强国，其核心能力到底是什么?"这一根本问题。《中国制造2025》虽然做出判断，智能制造和"互联网＋"代表未来全球制造业发展的趋势和中国制造业转型升级的方向，但并未明确在未来全球智能制造的地图中中国智能制造的优势和核心能力到底是什么。与提出"工业4.0"计划的德国相比，目前中国的差距主要表现为，尽管中国在工业机器人、智能工厂解决方案等细分领域出现了不少掌握先进技术的企业，但缺乏像德国西门子、博世、SAP等能够架构整体的数字物理系统和全流程数字化解决方案的综合集成企业。针对这种状况，一方面我们应努力培育中国的集成企业和集成能力，另一方面应该尊重复杂产品集成能力需要长期积累和探索的事实，探索更加模块化的工业物联网技术路线，将更好地发挥中国模块领域技术优势作为发展智能制造的初始战略，并逐渐向综合集成优势提升。另外，与德国、日本等强调柔性生产和工人技能的制造优势相比，中国的制造优势在于大规模生产和标准化操作技能，因此在大力发展柔性制造和个性化制造的同时，中国的智能制造应当选择更能够发挥中国人口和技能优势的技术路线，通过智能制造与大规模生产的有效结合，更好地发挥中国的资源禀赋优势，并在这个过程中形成中国独特的智能制造能力。由于不能明确未来中国制造业的核心能力，所以《中国制造2025》各部分内容之间的衔接并不连贯。例如，《中国制造2025》虽然列示了未来重点发展的十大领域，但缺乏从中国经济、社会、国防发展面临的特异性问题出发，对重点领域的发展进行战略性的部署，更缺乏领域间的总体部署，因而没有从根本上摆脱传统选择性产业的窠臼。

其次，《中国制造2025》认识到了提高制造业生产效率的重要性，但仅看到了关键领域和制高点技术突破的重要性，而没有关注到提高中国制造业整体生产效率的重要性。提高中国制造业整体的生产效率，一是从产业组织结构看，要促进中小企业和创业，重点围绕以下四个方面完善中国的科技型中小企业公共服务体系。①结合"新工业革命"背景下中小企业科技创新的现实需求，大力发展事业性的、公私合作的、商业性的大数据、工程数据库和高性能运算服务机构，其中事业性的服务机构主要满足科技型中小企业的"基本"服务需求，而公私合作和商业性的服务机构主要满足科技型中小企业的"提升"

性服务需求；②鼓励高校和科研院所向广大中小企业开放基本的研究实验设施，同时鼓励各类科技服务平台建立跨地区的服务机制，从而最大程度地使中小企业切实能够利用公共科技资源；③大力建设国家、省、市三级综合性科技服务机构，综合性服务机构本身可以不直接提供科技服务，而主要通过整合各类科技信息和资源，促进科技型中小企业和各类科技服务的合作与对接；④在科技型中小企业服务队伍的建设中，充分调动退休企业家、研发人员、工程师等专业人员的内在积极性，鼓励其以全职、兼职或志愿者的形式参与到事业性服务机构、公私合作组织或非政府组织开展的各类服务活动中，提高中国中小企业科技服务的队伍素质和公共服务质量。二是从产业结构看，不仅要着眼于战略性新兴产业的发展，也要关注传统产业的转型升级，特别是通过传统产业与新兴产业的融合、互动促进核心能力的扩散和增强。目前中国整体的创新体系建设是以促进前沿技术、新兴技术突破为导向的，对传统产业改造提升的政策着力严重不足，《中国制造2025》在这个方面仍然没有摆脱传统产业政策的思维。传统产业是新兴技术和新兴产业发展的重要土壤和平台，新兴技术的发展过程，也是新兴技术不断应用于传统产业、促进传统产业的技术和组织结构发生根本性变革的过程；新兴技术只有广泛应用于传统产业部门，才能获得足够的财务回报形成持续的创新动力；高新技术只有应用到复杂的现实环境中，与既有的企业和领先消费者产生足够的互动，才能在试错和学习的过程中不断臻于完善。

再次，在完善制造业发展环境方面，《中国制造2025》虽然认识到了优化制造业发展环境的重要性，但没有把握住中国制造业发展环境中最根本的问题，即通过完善环境，使制造业的生产效率提升切实反映到制造业的高投资回报率和创新收益率。只有提高制造业的创新性投资的回报率，才能激励广大的制造业企业从事创造性的活动，进而在探索和创造活动中不断构筑核心能力。在制造业的发展环境方面，以下三个方面的内容是重要的：一是深化要素市场的市场化改革，包括利率市场化、资本市场开放、农民工市民化、资源型产品价格形成机制改革等，形成要素价格对资源配置的引导作用，更重要的，通过消除因要素扭曲形成的垄断和暴利，提高制造业的相对收益率；二是打破基础产业垄断特别是国有企业的行政性垄断，重点对国有经济的产业布局进行重大调整，推进国有经济的产业布局从重化工领域转向公共服务等领域，经营业务从整个自然垄断领域集中到具有自然垄断性的网络环节；三是切实加强知识产权保护和服务。目前制约中国制造业企业特别是中小企业充分利用知识产权保护科技成果、获得技术创新收益的原因，既有知识产权执法不力的问题，更有知识产权诉讼成本太高的问题。基于此，建议国家和各级政府设立中小企业法律事务公共服务机构，为广大中小企业提供知识产权方面的"基本"法律服务，切实降低广大科技型中小企业的知识产权维权成本。在加强知识产权保护的基础上促进技术市场的发展，使科技型中小企业更多利用技术市场，而不是完全依赖产品市场进行开放式创新。

最后，在产业政策安排方面，虽然《中国制造2025》在弱化行政性干预方面做出了重要的努力，但总体上看，从选择性产业政策体系向功能性产业政策体系的改革仍然不够彻底。长期以来，中国的产业政策主导模式的选择性产业政策，即通过投资审批、目录指导、直接补贴企业等手段直接广泛干预微观经济。选择性产业政策对于保护幼稚产业、启动产业赶超发挥了重要作用，但由于扭曲了市场机制也带来许多不良后果。未来随着中国传统产业投资的相对饱和，企业需要通过创新探索新技术、新产品、新业态、新商业模式。产业发展和技术发展的不确定性加大，政府部门将难以正确选择"应当"扶持的产业、企业和产品，这需要政府构建"市场友好型"的产业政策，以完善市场制度、补充市场不足、增进市场机能。产业政策手段需要从直接干预微观经济行为为主转向通过培育市场机制、间接引导市场主体行为，虽然也存在补贴、税收优惠等扶持企业政策，但扶持对象一般是前沿技术和公共基础技术，强调研发、技术标准和市场培育的协同推进，强调事前补贴而不是事后奖励，且补贴规模不宜太大，应更多发挥带动和引导作用，促进制造业企业在完善的市场竞争环境下充分利用本土的资源优势和市场优势，形成独特的核心能力。

【参考文献】

[1] 蔡昉：《破解中国经济发展之谜》，中国社会科学出版社 2014 年版。

[2] 陈佳贵、黄群慧：《工业大国国情与工业强国战略》，社会科学文献出版社 2012 年版。

[3] 贺俊、吕铁：《从产业结构到现代产业体系：继承、批判与拓展》，《中国人民大学学报》2015 年第 3 期。

[4] 黄群慧、贺俊：《"第三次工业革命"、制造的重新定义与中国制造业发展》，《工程研究》2013 年第 5 期。

[5] 黄群慧、贺俊：《"第三次工业革命"与中国经济发展战略调整——技术经济范式转变的视角》，《中国工业经济》2013 年第 1 期。

[6] 江飞涛、武鹏、李晓萍：《中国工业经济增长动力机制转换》，《中国工业经济》2014 年第 5 期。

[7] 金碚：《工业的使命和价值——中国产业转型升级的理论逻辑》，《中国工业经济》2014 年第 9 期。

[8] 林毅夫、苏剑：《繁荣的求索：发展中经济如何崛起》，北京大学出版社 2012 年版。

［9］路风：《走向自主创新》，广西师范大学出版社 2006 年版。

［10］迈克尔·波特：《国家竞争优势》，中信出版社 2012 年版。

［11］吴敬琏：《制造业有能力制造高附加值产品》，http：//finance. jrj. com. cn/people/2011/11/11110811539121. shtml。

［12］伍晓鹰：《"新常态"下中国经济的生产率问题》，社会科学文献出版社 2015 年版。

［13］西格法格·哈里森：《日本的技术诀窍与创新管理》，北京大学出版社 2004 年版。

［14］张军：《中国经济再平衡不能简单模仿美国》，《上海社会科学报》2015 年 2 月 5 日。

［15］周其仁：《中国制造业成本优势正在发生重要变化》，《21 世纪经济报道》2005 年 4 月 30 日。

［16］Cusumano, Michael, "The Business of Software", Cambridge：Free Press, 2004.

［17］Dierickx, Ingemar, and Karel, "Cool Asset Stock Accumulation and Sustainability of Competitive Advantage", Management Science, 1989, 35 (12)：1504 – 1511.

［18］Dosi, Giovanni, Faillo, Marco, and Marengo, Luigi, "Organizational Capabilities, Patterns of Knowledge Accumulation and Governance Structures in Business Firms：An Introduction, Organization Studies", 2008 (29)：1165 – 1185.

［19］Fujimoto, Takahiro, "Architecture – Based Comparative Advantage —A Design Information View of Manufacturing", Evolutionary and Institutional Economic Review, 2007, 4 (1)：23 – 46.

［20］Hobday, Micheel, et al., "System Integration", Industrial and Corporate Change, 2005, 7 (14)：1109 – 1143.

［21］Josh Lerner, "The Architecture of Innovation：The Economics of Creative Organizations", Cambridge：Harvard Business School, 2012.

［22］Kim Linsu, "Imitation To Innovation：The Dynamics of Korea's Technological Learning", Cambridge：Harvard Business School Press, 1997.

［23］Kim, Linsu, and Nelson, Richard, "Technology, Learning, and Innovation：Experiences of Newly Industrializing Economies", Cambridge University Press, 2000.

［24］Prencipe, Andrea, Andrew Davies, and Michael Hobday, "The Business of System Integration", Oxford University Press, 2011.

[25] William J. Abernathy, and James M. , "Utterback, Patterns of Innovation in Indus-try", Technology Review, 1978: 40 – 47.

[26] Young, Ro, Sebastian Fixson, and Feffrey Liker, "Modularity and Supplier Involve-ment in Product Development"; Loch Chirtoph, "Handbook of New Product Develop-ment Management", Elsvier, 2008.

国际产业分工格局与中国分工地位发展趋势

李晓华

（中国社会科学院工业经济研究所，北京　100836）

国际金融危机后，世界经济的发展正面临着一系列深刻的变化：以制造业的数字化、可再生能源为代表的新一轮科技革命与产业变革正在兴起，发达国家纷纷提出重振制造业战略并促进制造业回流，广大低成本发展中国家致力于基础设施建设、完善产业配套条件、吸引外商直接投资以发挥比较优势、推动劳动密集型产业发展；以 TPP（跨太平洋伙伴关系协议）和 TTIP（跨大西洋贸易与投资伙伴协议）为代表的新型国际贸易体系加快推进，中国经济在经历三十多年的高速增长后进入中高速增长的新常态；等等。这些变化将会改变未来 5～10 年主要国家的比较优势、竞争优势，从而使产业分工格局发生重要的转变。

一、国际产业分工格局的特征与趋势

（一）服务贸易快速发展与"服务—制造"新分工形态

1. 世界服务贸易快速发展

按照经济发展的一般规律，三次产业结构会随着经济发展水平的提高由"二三一"向"三二一"转变。当发达国家进入后工业化社会后，其产业结构的重心也转向服务业。服务业不但占世界经济总量的比重越来越高，也成为国际分工的重要内容。在世界产业结构中，服务业比重由 1995 年的 60.84% 提高到 2012 年的 70.18%，而第二产业比重从 32.76% 下降到 26.75%，其中制造业比重下降到 16.04%。随着发达国家的产业结构向服务业转变、在信息技术驱动下服务业可分性（即可贸易性）提高以及制造业与服务业日益融合，服务业在国际贸易分工中的比重不断提升。2013 年，世界商品出口和商业服务出口额分别为 188160.0 亿美元和 46443.8 亿美元，分别是 1980 年的 9.24 倍和 12.65 倍；商业服务出口额占世界商品和服务（不包括政府服务）总出口额的比重也从 1980 年的 15.27% 提高到 2013 年的 19.80%，其间的 2009 年曾达到 21.75%（见图 1、表 1）。

2. "服务—制造"新分工形态形成

由表 1 可见，2013 年，美国、加拿大、欧盟 28 国和日本的商业服务出口额合计达 28086.2 亿美元，占世界商业服务出口总额的 60.47%，商业服务进口额 23618.3 亿美元，占世界商业服务进口总额的 53.91%，顺差 4467.9 亿美元。发达国家的商品进出口则处于逆差状态。2013 年，美国、加拿大、欧盟 28 国和日本的商品出口额 88295.2 亿美元，占世界商品出口总额的 46.93%，商品进口额 91662.7 亿美元，占世界商品进口总额的 48.52%，逆差达到 3367.5 亿美元。可以看到，发达国家与发展中国家在第二、第三产业之间的分工呈现出典型的"服务—制造"分工格局，即发达国家出口商业服务进口商品，而发展中国家出口商品而进口商业服务。

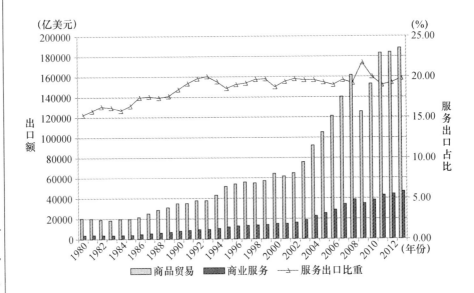

图 1 世界商品出口和商业服务（不包括政府服务）出口情况

资料来源：WTO Statistics database（http://stat.wto.org）。

表 1 2013 年主要发达国家商品和服务进出口及占世界比重

单位：亿美元、%

	商品出口	比重	商品进口	比重	商业服务出口	比重	商业服务进口	比重
世界	188160.0		188900.0		46443.8		43813.5	
美国	15795.9	8.39	23290.6	12.33	6620.4	14.25	4315.2	9.85

	商品出口	比重	商品进口	比重	商业服务出口	比重	商业服务进口	比重
加拿大	4583.8	2.44	4742.7	2.51	19985.6	43.03	16631.6	37.96
欧盟28国	60764.5	32.29	60040.5	31.78	26.6	0.06	1048.7	2.39
日本	7151.0	3.80	8331.7	4.41	1453.6	3.13	1622.9	3.70
美、加、欧、日合计	88295.2	46.93	91662.7	48.52	28086.2	60.47	23618.3	53.91

资料来源：WTO Statistics database（http：//stat. wto. org）。

3. 服务业在国际产业分工体系中的重要性将会继续强化

"服务—制造"分工格局的发展主要受如下几个因素影响：

一是技术的发展。随着工业产品科技含量提高和技术升级加快，产品结构越来越复杂，零部件越来越多，安装要求越来越精密，使得产品的设计、生产、销售、流通、交付、安装、培训、维护、回收等价值链环节的服务难度提高、对专业化服务的需求越来越强烈，推动制造业服务性活动规模的扩大和生产型制造业向服务型制造业的演变。同时，制造业的价值分布从制造环节向服务环节转移，研发、设计、品牌管理、综合解决方案提供等活动从制造业企业独立出来成为专业化的生产性服务企业。制造业、服务业已经高度融合在一起，二者的界限变得模糊。从表2可以看到，2000~2013年，占商业服务出口比重提高最快的领域是计算机和信息服务，其次是金融服务业、特许权使用费和许可费、保险服务业，均是发达国家具有明显优势的领域。尽管20世纪90年代以来交通、旅游、建筑等传统服务贸易细项向发展中国家转移，但资金和知识密集型现代服务贸易细项在发达国家强化（周少芳，2014）。因此，国家之间的服务贸易将会有更大的发展潜力，而发达国家在服务业领域的优势将有更大的发挥空间。

二是国际经济的再平衡需要。全球失衡指的是在美国为代表的富裕经济体出现巨额、持续的经常账户赤字的同时，以中国为代表的新兴经济体出现经常账户盈余的现象（The Economist，2009）。美国自1992年开始经常账户出现持续的赤字，到国际金融危机之前的2007年，经常账户赤字占GDP的比重达到5.063%，而中国经常账户盈余占GDP的比重达到10.128%。"服务—制造"分工格局的显著特征是经常账户盈余的国家制造业发达，而经常项目赤字的国家服务业发达，发展中国家制成品的出口依赖于欧美发达国家消费进口，而发达国家利用服务业尤其是金融业的优势从发展中国家进口制成品来满足其国内过度的物质产品消费需求，全球经济在这种分工格局下快速增长的同时也造成了欧美发达国家与新兴经济体之间的全球失衡（胡超、张捷，2010）。当这种全球失衡积累到一定程度并超过经济的承受极限时，便导致了国际金融危机的爆发。国际金融危机使全球经济从"大稳定"的旧常态进入深度调整与再平衡的"新常态"（李扬，2015），发达国家的国内企业和居民开始改变依靠负债投资和消费的习惯，商品进口增速放缓。

三是发展中国家的经济增长和结构转换。以中国为代表的发展中国家的经济经过多年的持续高速增长，收入水平已经进入中高收入国家之列，发展阶段已经进入工业化后期，第三产业的比重逐步提高，中国的第三产业结构在2013年第一次超过第二产业，成为国民经济最主要的部分。随着这一趋势的发展，发展中国家将在国际服务贸易中占有越来越重要的地位。

综上所述，未来服务业占世界产业结构的比重将会持续提高，国际服务贸易将会快速增长，尽管"服务—制造"的国际分工格局不会根本改变，但是发达国家的经常账户将趋于平衡、商品进口增速下降，而新兴经济体的经常账户顺差将会收窄、商品出口增速下降，但商业服务出口增速将会有所提高。发达国家与发展中国家的"服务—制造"分工格局不会发生根本性变化，变化的只是更多的新兴发展中国家加入向发达国家出口低附加值产品的行列（黄方亮，2011）。

表2 世界商业服务出口构成的变化

单位：%

	2000年	2005年	2010年	2013年	2013年比2000年增长
运输	23.23	22.62	21.10	19.51	-3.72
旅游	31.97	27.94	24.86	25.49	-6.49
通信服务	2.30	2.36	2.54	2.61	0.31
建筑	2.03	2.23	2.60	2.26	0.24
金融服务	6.54	7.18	7.37	7.21	0.67
保险服务	1.86	1.96	2.53	2.21	0.35
计算机和信息服务	3.06	4.13	5.59	6.18	3.11
特许权使用费和许可费	6.16	6.35	6.67	6.67	0.51
其他服务	21.85	24.22	25.70	26.85	5.00
个人、文化和娱乐服务	0.98	0.93	0.86	0.91	-0.07

资料来源：WTO Statistics database（http://stat.wto.org）。

（二）产业内和产品内分工是制造业分工的主要形态

1. 产业内和产品内分工快速发展

在传统的国际分工格局中，占主流地位的是产业部门之间的分工，即工业制成品生产国与初级产品生产国之间的分工以及各国不同产业部门之间的分工。发达国家和发展中国家是一种垂直的分工格局，即发达国家进口原材料、出口工业制成品，发展中国家出口原材料、进口工业制成品。第二次世界大战以后，发达国家和发展中国家以零部件和中间投入品为中心展开的产业内或产品内分工模式蓬勃发展。工业产品从原材料到最终产品的形成需要经过若干可分解的过程，构成价值链的不同环节。价值链各个环节对生产要素的需求存在较大差异，每个环节都有自己的最优区位。由于不同国家、不同地区所具有的生产要素价格不同，分解生产过程能够获得更大的利润（克拉克等，2005），因此企业要获得竞争优势、实现利润最大化，需要在全球范围内寻找最优区位，尽可能地将价值链的不同环节安排在最具比较优势的国家或地区。20世纪后期以后，信息技术的发展、产品复杂程度的提高推动了产品的模块化的发展，进而生产过程可分性增强，使得产品内分工成为可能；而信息技术、交通技术等"空间压缩"技术带来的通信、运输成本的下降（迪肯，2007），极大地降低了中间产品在不同国家的生产商之间传递的成本，因而基于价值链不同工序、环节的产品内分工获得极大的发展。在产品内分工格局下，发达国家将大量本国不具备竞争优势的环节离岸外包到发展中国家，以中国为代表的新兴经济体成为世界制造业的加工组装基地。当然，产业内和产品内的垂直分工格局并不排斥其他分工形式，当前的国际分工实际上是一种产业间分工、产业内分工和产品内分工并存的混合形态（赵文丁，2003）。

2. 垂直分工从制造业扩展到服务业

与服务业在国际分工中地位上升相伴随的是服务业的产业内垂直分工蓬勃发展。离岸外包最初发生在制造业领域，发达国家的纺织业在20世纪70年代和80年代转移到拉美，90年代又转移到中国；20世纪70年代开始，美国的电子计算机和通信设备产业将集成电路板、半导体等电子部件外包到东南亚（Hill，2007）。进入21世纪，中国成为世界IT产品的最主要加工组装基地，2013年，中国办公和电信设备出口占到世界的33.9%，其中电子数据处理和办公设备、通信设备分别占

41.2%和37.8%。服务业的离岸外包出现于20世纪80年代后期和90年代早期，主要是与顾客服务有关工作的外包（Olsen，2006）。2001年的经济衰退促使美国企业进一步将外包范围从蓝领的工厂工作扩展到服务业的白领工作（Levine，2011）。在过去的十年中，服务业的离岸外包获得巨大的发展，据NASS-COM、BCG和OECD等机构估计，2008年离岸外包的金额在1010亿～1570亿美元（Gereffi and Fernandez - Stark，2010）。目前，服务离岸外包的范围已经从信用卡账单处理、软件代码编写等简单服务工作扩展到处理住房贷款申请、解释病人的CT扫描、为投资者进行公司财务分析等，并且企业越来越希望将产品设计、研发、工程服务、软件开发等高技能的创新活动外包到国外（Levine，2011）。

3. 垂直分工中的不平等分工地位依然存在

对于价值链中附加价值的分布有两种不同的看法。中国台湾宏碁集团董事长施振荣在1992年描述生产个人电脑的各个工序的附加价值特征时提出了"微笑曲线"的概念，认为在价值链上，上游大量使用智慧财产的研发环节与下游和客户直接接触的营销环节的附加价值高，而中游制造环节的附加价值低。日本索尼中村研究所所长的中村末广在2004年提出了"武藏曲线"（Musashi Curve），即与"微笑曲线"相反的拱形曲线，认为真正最丰厚的利润环节是在加工制造环节（经济产业省等，2005）。尽管不同国家或不同产业的制造业利润分布不同，但整体上看，发达国家及其跨国公司凭借在资金、技术、品牌等方面拥有的优势，处于价值链的控制地位和利润更高的环节。全球价值链分工格局打破了国家和地区的边界，跨国公司通过在全球范围内组织资源，将基于国家层面的要素禀赋优势与企业层面的核心能力耦合起来形成自己的国际竞争力（李晓华，

2011)。一般来说，发达国家的企业从事的多为技术、资本密集型产品/服务相关活动，而发展中国家的企业从事的多为劳动密集型产品/服务相关活动；发达国家生产关键设备、核心零部件，而发展中国家主要从事加工组装等劳动密集型环节。发达国家在高技术和中低技术产品的市场中拥有明显的优势，并且凭借在价值链中的优势地位获利颇丰。

4. 新兴经济体的国际垂直分工地位将会不断提升

不同国家在国际垂直分工中的地位取决于各国的比较优势，由于跨国公司会根据要素需求在全球范围内动态地配置价值链各环节，因此相对比较优势的变化会影响各国在全球价值链分工中的地位。

一是新兴经济体的技术水平快速提升。以中国为代表的新兴经济体在经济高速增长的同时，研发投入也在快速增加、技术水平快速提升。加入全球价值链后，为保证所采购的投入或者外包产品能够满足严格的技术要求，发达国家的企业会为提高供应商的技术能力提供帮助，向供应商转移产品技术、工艺技术和组织管理诀窍，从而促进发展中国家企业在生产管理、质量控制、产品开发等方面的能力获得提升。随着新兴经济体技术和管理水平的提升，他们正在从价值链的低端环节向中高端环节攀升。

二是新工业革命的兴起。快速成型技术（典型的如 3D 打印机）、工业机器人技术、新材料技术、工业控制软件技术等关键技术正在成熟和产业化，无论是美国的先进制造业国家战略计划还是德国的"工业 4.0"战略，都强调通过信息通信技术与制造技术的高度结合，构建资源、信息、物品和人紧密联系的系统，推动工业生产制造进一步由自动化向数字化、智能化和网络化方向发展。新工业革命的兴起，一方面会极大地提高发达国家的生产效率，缩小它们在劳动成本上的劣势；另一方面会使生产活动由大规模生产转向大规模定制，以 3D 打印技术和柔性生产线为支撑的新技术、新工艺能够更好地满足市场个性化且快速变化的需求，成本优势的重要性降低。

三是发达国家重振制造业政策。国际金融危机后，以美国为代表的发达国家重新思考实体经济对促进经济增长、吸纳就业和保持科技创新领先地位的重要作用，纷纷提出重振制造业战略，鼓励制造业回归，目前已经出现东亚地区的制造业生产线向美国回流的现象，美国制造业获得强劲复苏。

总体上看，无论是新兴经济体技术水平的改变还是新工业革命的兴起抑或发达国家重振制造业，在短期内都无法改变发达国家与发展中国家间的比较优势差异，特别是在一批发展中国家随着经济发展丧失低成本优势后，还会有一批新的成本更低的发展中国家递补上来，因此劳动密集型环节回迁到发达国家既不符合其比较优势和产业环境，也会降低生产要素在全球的配置效率（邓洲，2014），产业内和产品内分工的格局不会发生根本性的改变。

（三）发达国家主导的分工格局向多极化方向发展

1. 发达国家长期主导国际产业分工

国际分工格局根本上是由一个国家的企业的核心能力或竞争力所决定的。企业可以通过两种方式参与而影响国际分工格局：一是通过国际直接投资的方式，利用所有权关系下的科层体系构建其全球生产网络；二是通过市场采购关系参与全球价值链分工。在现实条件下，企业会采取混合策略以最有利的形式参与国际分工。国际生产折衷理论（OLI）认为，一国企业拥

41

有的相对于国外企业的技术、资金、成本等方面的所有权优势是国际投资发生的必要条件。全球价值链根据价值链治理者的角色不同可以分为购买者驱动的价值链和生产者驱动的价值链（Gereffi，1999）。无论在国际直接投资还是全球价值链模式下，跨国公司都扮演着旗舰和领导企业的角色。联合国贸易和发展组织（2013）指出，全球价值链通常由跨国公司协调（约占全球贸易的80%），投入和产出的跨境贸易都在其子公司、合同伙伴以及正常供应商的网络中进行，全球价值链中的增加值贸易模式在很大程度上是由跨国公司的投资决定塑造的。由于跨国公司主要分布在发达国家，因此发达国家成为国际产业分工格局的主导者。2000年，在《财富》500强企业中，仅有来自中国、巴西、俄罗斯、墨西哥、马来西亚、南非、委内瑞拉、印度、中国台湾等发展中或新兴经济体的国家和地区的9家企业，占企业比重的4.4%，营业收入和利润分别占3.14%和3.31%。而2000年的外国直接投资流出量中，发达国家所占比重高达87.87%，发展中经济、新兴经济和转型经济分别占11.87%、2.23%和0.26%。

2. 新兴经济体在国际产业分工中的地位呈现不断增强的趋势

全球化红利推动了以中国为代表的新兴经济体的高速增长。从图2可以看到，2000年以来，新兴市场和发展中经济体的GDP增速明显高于发达经济，二者差距最小为2000年的1.64个百分点，最大为2009年的6.49个百分点。经济增长速度的持续差异造成新兴市场和发展中经济在世界经济中的比重不断提高，从2000年的20.25%提高到2013年的39.05%。随着世界经济地位的提高，新兴市场和发展中经济在国际贸易和国际投资中更加积极主动和发挥更大的作用，世界生产、贸易和对外直接投资的地图正在发生全球性转变（迪肯，2007）。按照工业发展组织的数据，在世界制造业增加值中，工业化国家的比重从2000年的78.2%下降到2013年的64.5%，新兴工业化国家的比重从12.2%提高到14.5%，发展中经济体的比重从9.3%提高到20.4%（UNIDO，2014）。从图3可以看到，发展中经济体的国外直接投资流出量从2000年的2666.44亿美元增加到2013年的7783.72亿美元，占世界的比重从18.84%提高到53.61%。在《财富》世界500强2014年榜单中，来自中国、中国台湾、智利、印度尼西亚、印度、新加坡、委内瑞拉、土耳其、泰国、沙特阿拉伯、墨西哥、马来西亚、哥伦比亚、俄罗斯、波兰、阿联酋16个国家和地区的跨国公司共139家，占500强数量的27.8%，营业收入和利润分别占到27.10%和24.71%。新兴经济体的跨国公司不但越来越多地进入世界性的生产、服务领域，而且在传统上由发展中国家企业主导的研发领域也发展迅速。

跨国公司在发展中国家的扩大生产需要研发活动的跟进，研发活动本身也需要在最能够高效实施的地方开展，因此跨国公司加大在发达国家之外的投资（明显超出适应当地市场的范围），成为跨国公司全球创新网络的重要组成部分（UNCTAD，2005）。据博斯公司统计，2010~2011年，全球研发支出最大的1000家公司在印度和中国研发支出的增长达27.2%，远高于北美的9.7%、欧洲的5.4%和日本的2.4%；美国经济分析局的数据显示，1999~2010年美国跨国公司海外子公司在印度、中国、巴西等新兴经济体年均增长率分别为49.3%、14.8%、15.2%，远高于欧洲的6.5%和日本的2.0%；目前跨国公司在中国设立的研发机构已超过1500家，雇用了超过15万名的科学研究和技术开发人员（杜德斌，2014）。新兴市场和发展中国家不但成为跨国公司的重要R&D投资，而且日益成为研发全球

43

化的主动参与者。例如，2010 年，中国有 68 家创新型企业在北美、欧洲、日本等发达国家或地区设立了 106 家海外研发机构（杜德斌，2014）。总体上看，未来国际分工与世界经济将呈现多极化新态势。

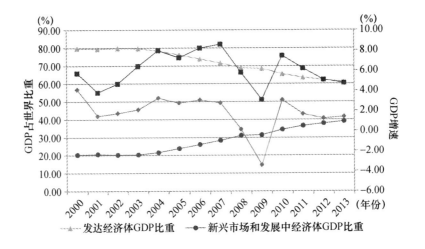

图 2 发达经济体、新兴市场和发展中经济体的 GDP 增速与占世界比重变化

资料来源：根据 IMF, World Economic Outlook Database 数据计算。

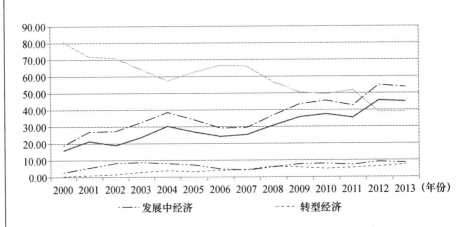

图 3 不同发展水平国家外国投入流出量占世界比重的变化

资料来源：根据 UNCTAD 统计数据计算。

二、中国在国际产业分工格局中的地位与发展趋势

（一）中国在国际产业分工格局中的地位

1. 中国是国际产业分工体系的重要参与者

经过新中国成立 60 多年特别是改革开放 30 多年的发展，通过对外开放将中国丰富、廉价的劳动力优势与国际产业转移的大趋势有机结合，不断推进市场化改革激发微观主体的活力，中国经济保持高速增长，成为世界重要的制造业基地甚至被称为新一代"世界工厂"。2009 年，中国制造业规模超过美国，成为世界第一制造业大国。按照联合国工业发展组织的数据，在 2011 年世界制造业增加值中，工业化国家占 59.7%，新兴工业化国家占 16.6%，而中国达到 19.7%，其他发展中经济体为 3.5%，最不发达国家为 0.5%。在国际标准产业分类 22 个制造业行业中，中国有 12 个行业的增加值居世界第一位，9 个行业居世界第二位，1 个行业居世界第五位，有些行业的增加值遥遥领先于居第二位的国家（UNIDO，2014）。跨国公司的直接投资大量涌入中国，助其成为世界制造基地，另外，中国企业也加快"走出去"步伐，对外直接投资快速增长。2013 年中国制成品出口达到 20772 亿美元，占世界制成品出口额的 17.53%，是排名第二的德国（1237311.2 百万美元）的 1.68 倍。其中，在电子数据处理和办公设备、通信设备、集成电路和电子组件、纺织品、服装等领域占有最大的市场份额，其国际市场占有率分别达到 41.2%、37.8%、21.8%、34.8% 和 38.6%，钢铁的

国际市场占有率达到 12.0%。

2. 中国整体上仍处于国际分工体系的低端

尽管中国产业的规模很大、参与国际分工格局的程度很高，但由于整体产业发展水平较低，仍然处于国际分工体系的低端。主要表现在以下方面：

第一，产业受制于人。企业研发投入低、创新能力不强，核心技术受制于人，具有自主知识产权的国际性技术标准、平台型或行业旗舰企业少，使中国企业缺乏对产业链的控制力，在产业发展和国际产业竞争中缺少话语权。一批涉及高技术产业发展、国防安全的重要原材料、核心零部件、关键设备仍然依赖进口或者实现国产化的产品一致性、稳定性差，同时跨国公司对中国制定高额垄断价格，发达国家对中国进行出口限制，不但使中国经济发展付出巨大代价，而且难以满足国家重大工程建设需求，给国家安全造成巨大挑战。民族品牌的市场影响力有限，特别是缺乏有国际影响力的高端品牌，国内消费品产业竞争激烈、利润率低，大量需求转向国外品牌。中国制造业融入的是被"俘获"型的治理结构，抑制了中国国际营销渠道、营商网络和品牌的建立和关键核心技术的发展，限制了企业对产业升级空间的选择和技术赶超的机会，东部地区被锁定于全球价值链的低端环节，从而压制了中西部地区的发展空间，极易形成以价格竞争为主的低端生产能力过剩格局（刘志彪，2011）。

第二，附加价值低。从表 3 可以看到，中国的全部行业增加值率仅为 32.49%，是对照国家中最低的，2007 年中国制造业增加值率为 21.86%，仅略高于韩国的 20.00%，远远低于美、日、德、英等国家。在制造业内部，中国最具国际竞争力的两大类产业即纺织、电与光学设备的增加值率远远低于其他 7

个工业化国家。2007 年，中国"纺织、纺织品、皮革和鞋"产业的增加值率为 20.68%，而其他国家多在 30% 以上甚至超过 40%；中国的电与光学设备产业的增加值率只有 17.03%，仅略高于墨西哥的 16.80%，该产业的增加值率美国高达 48.24%。由于产品的附加价值低，中国没能充分分享到全球化的利益。Kraemer 等对苹果公司价值分布情况的研究表明，在一部 iPad 中，原材料成本占 31%，苹果公司的利润占 30%，分销和零售占 15%，中国的劳动力投入只占 2%，而在一部 iPhone 中，苹果公司独占 iPhone 58.5% 的利润，而中国的劳动力成本只占到其中的 1.8%（Kraemer 等，2011）。

表3　不同国家主要行业增加值率比较　　　单位:%

	中国	美国	日本	德国	法国	英国	意大利	韩国	墨西哥
全部行业	32.49	54.09	55.01	48.50	49.22	49.58	44.99	36.12	58.25
C10T14 采矿业	47.29	55.44	33.08	35.23	—	69.81	54.91	57.68	82.66
C15T37 制造业	21.86	31.76	29.75	30.95	23.53	34.11	26.25	20.00	32.17
C17T19 纺织、纺织品、皮革和鞋	20.68	45.43	38.40	31.31	31.11	41.79	27.91	25.93	36.96
C29 机械与设备	23.09	36.53	38.94	36.72	31.02	36.82	29.15	24.16	34.71
C30T33 电与光学设备	17.03	48.24	33.91	37.20	29.35	39.80	32.97	24.01	16.80
C34T35 运输设备	19.48	26.97	25.51	25.31	14.70	24.53	19.43	21.24	33.43

注：韩国、墨西哥数据为 2009 年，美国、日本（除服务业）数据为 2008 年，中国、德国、法国、英国、意大利、日本的服务业数据为 2007 年。

资料来源：中国数据根据《中国统计年鉴》有关数据计算，其他国家数据引自 OECD. StatExtracts 数据库。

第三，参与国际分工的代价巨大。通过参与国际产业分工，中国一方面充分利用了劳动力资源丰富的比较优势、实现了经济的高速增长，但另一方面也付出了巨大的资源、能源和环境代价。2010 年，中国单位 GDP 能耗约是世界平均水平的 2.15 倍，即使用购买力平价美元衡量，中国单位 GDP 能耗也是世界平均水平的 1.52 倍，每千克油当量能源使用的 CO_2 排放量为 3.29 千克，亦远远高于其他国家（见表 4）。中国的能源、资源消耗和碳排放很大一部分是蕴含在出口产品之中的。英国 Tyndall 中心的一个政策简报称，2004 年中国净出口内含排放 11.09 亿吨 CO_2，占中国当年总排放（47.32 亿吨）的 23%，略少于日本的总排放，大致相当于德国和澳大利亚的总排放，以及英国总排放的 2 倍（Wang 和 Watson，2007）。自 1993 年以来，高收入国家的金属密集度已在稳步下降，而中国却相反，已经达到高收入国家的 7.5 倍和其他发展中国家的 4 倍（世界银行，2009）。

表 4　主要国家单位 GDP 能源消耗与 CO_2 排放比较（2010 年）

	单位 GDP 能源消费（千克油当量）			单位 GDP CO_2 排放（千克）		
	现价美元	2005 年不变价美元	PPP（现价国际美元）	现价美元	2005 年不变价美元	PPP（现价国际美元）
巴西	0.12	0.24	0.12	0.20	0.38	0.19
中国	0.42	0.66	0.25	1.39	2.16	0.82
法国	0.10	0.12	0.12	0.14	0.16	0.16
印度	0.42	0.58	0.17	1.17	1.61	0.48
意大利	0.08	0.10	0.09	0.20	0.23	0.21
德国	0.10	0.11	0.11	0.23	0.25	0.24
日本	0.09	0.11	0.12	0.21	0.25	0.27
韩国	0.25	0.25	0.18	0.56	0.56	0.40
墨西哥	0.17	0.19	0.10	0.43	0.48	0.26
英国	0.09	0.09	0.09	0.22	0.21	0.22
美国	0.15	0.17	0.15	0.38	0.42	0.38
世界	0.20	0.24	0.16	0.53	0.66	0.44

资料来源：World Bank，World DataBank。

（二）中国分工地位的发展趋势

在科学技术的变革、国际经济的再平衡、国内资源禀赋的变化和发展阶段转换等内外部因素推动下，未来 5～10 年是中国产业结构从以物质产品生产为主向服务经济转变、工业和制造业由大变强的重要时期，国际分工地位也将发生显著的转变。

1. 从依靠廉价劳动力形成的成本优势到综合竞争优势

中国成为世界工厂和国际产业分工体系的重要参与者主要得益于发挥了劳动力丰富和成本低廉的比较优势，并形成了在制成品领域的价格竞争力，然而这一情况正在发生转变。2003 年以来，中国劳动报酬持续大幅上涨，且从 2008 年开始劳动生产率的提高已经无法弥补劳动报酬的上涨，这造成单位劳动成本不但已经超过越南、印度、印度尼西亚等发展中国家，而且相对发达国家的劳动成本优势也正在缩小（李晓华、严欢，2015）。目前已经出现一些劳动密集型产业从中国向周边成本更低的发展中国家转移甚至向发达国家回流的现象，特别是那些自动化程度较高、劳动投入较少、对当时市场变化响应要求较高的产业的回流更为明显。中国已经无法继续依赖于简单的劳动成本优势，而必须将劳动力素质优势、产业配套优势和低成本制造优势结合起来并通过加强创新提高产品的技术水平、精致程度和质量，形成新的综合竞争优势。

2. 从国际直接投资的净流入国转变为对外投资大国

改革开放之初中国吸引外资的重要原因之一就是解决国内的资金短缺，经过 30 多年的发展，中国已经成为最大的外汇储备国，2014 年外汇储备余额达到 3.84 万亿美元，一大批中国企业开始对外投资，从最初海外投资是为了获取满足经济增长的矿产资源和能源，现在已经扩大到服务于当地市场、整合东道国生产要素甚至利用国外的创新资源。近10年来，中国对外直接投资蓬勃发展，FDI 流出额从 2000 年的 9.16 亿美元增加到 2013 年的 1010 亿美元，占世界 FDI 流出的比重达到 7.16%（见表5）。随着国内生产成本的上涨，国内企业已经有意识地将一些在国内丧失优势的产业向国外转移，像联想、三一重工、中联重科等企业正加大对海外企业的跨境并购力度，国家正在实施的"一路一带"战略、自由贸易区谈判也会有力地推动国内企业的"走出去"。可以预见，未来 10 年，中国的对外直接投资仍将快速增长，并很有可能呈现 FDI 的净流出。

表5　中国 FDI 流入和流出情况

年份	2000	2005	2006	2007	2008	2009	2010	2011	2012	2013
FDI 流入	407.15	724.06	727.15	835.21	1083.12	950.00	1147.34	1239.85	1210.80	1239.11
FDI 流出	9.16	122.61	211.60	265.10	559.10	565.30	688.11	746.54	878.04	1010.00
净流出	-397.99	-601.45	-515.55	-570.11	-524.02	-384.70	-459.23	-493.31	-332.76	-229.11

资料来源：根据 UNCTAD 统计数据计算。

3. 从全球价值链的低端向全球价值链的中高端攀升

随着技术、管理水平的提升，国内产业发展正从低端向中高端水平迈进，中国在全球价值链中的分工地位也正在向中高端攀升。以出口的本地附加值比重衡量，中国这一比重在由 1995 年的 88% 下降至 2005 年的 64% 后已经开始回升，2009 年达到 67%（罗长远、张军，2014）。中国出口产品的单位价值也正在缩小与发达国家的差距。从表6 可以看到，中国在高技术产品与中低技术产品上与美国、日本的差距都呈缩小趋势，反映出国际分工地位正在改善。以华为、中兴为代表的一批中国企业已经成为行业的领头公司，华为已经成为全球通信设备排名第一的企业，华为海思的手机芯片已经具备向美国高通高度垄断的市场发起挑战的能力。未来的 5 ~ 10 年，会有越来越多的中国企业通过提高创新能力、打造品牌、建立平台，实现从全球价值链的被动参与者向全球价值链智力的积极参与者的转变，甚至会有一批企业成为全球价值链的主导者。

表6 美国、日本、印度与中国在不同技术类别产品上的价格差异

年份		1996	2000	2005	2007	2009
高技术产品	美国	3.42	6.00	6.16	6.26	2.56
	日本	5.36	5.82	4.78	5.10	5.51
	印度	2.18	1.94	4.23	3.95	2.86
	中国	1.05	0.87	1.09	1.21	1.21
	美国/中国	3.26	6.90	5.65	5.17	2.12
中技术产品	美国	2.79	3.07	2.29	2.41	2.03
	日本	3.86	4.31	3.63	3.33	3.35
	印度	1.35	1.05	1.52	1.56	1.23
	中国	1.04	0.90	1.17	1.35	1.73
	美国/中国	2.68	3.41	1.96	1.79	1.17
中低技术产品	美国	2.47	2.68	2.04	2.32	1.84
	日本	5.47	6.10	4.46	3.53	3.02
	印度	1.48	1.37	1.48	1.49	1.27
	中国	1.00	0.92	1.04	1.25	1.44
	美国/中国	2.47	2.91	1.96	1.86	1.28

资料来源：根据 CEPII 的 BACI 数据库（http：//www.cepii.fr/welcome.asp）的相关出口数据计算。转引自胡昭玲、宋佳：《基于出口价格的中国国际分工地位研究》，《国际贸易问题》2013 年第 3 期。

三、结论与政策建议

前文的分析表明，全球性转变正在发生，原有的以初级产品和制成品为主要交易对象、以产业间水平分工为特点的国际产业分工格局已经转变为服务贸易与商品贸易并重、产业内和产品内分工重要性日益突出的新型产业分工格局。受广大发展中国家特别是新兴经济体的经济高速发展、新一轮技术变革的推动和世界经济再平衡的影响，在未来 5～10 年，上述国际产业分工格局不会发生根本性改变，但服务贸易在国际产业分工中的重要性日益突出，服务业甚至研发活动都将呈现深入的产业内垂直分工特征，发展中国家特别是新兴经济体在国际分工格局中将会扮演日益重要的角色。中国目前已经是国际产业分工格局中的重要力量，但仍存在产业发展水平低、处于全球分工格局低端等问题。在国内生产成本快速上涨的推动下，随着国内企业不断提高创新能力、积极走出国门，中国在全球分工体系中的地位将会不断提升，有望从全球价值链的低端向中高端升级，并在全球价值链治理中发挥越来越积极的作用。

应对国际分工格局变化、提高国际分工地位，根本上还是要"练好内功"，提高自身的产业发展水平和国际竞争力。未来 5～10 年，正是中国产业竞争力来源发生转变和制造业由大做强的关键时期，应按照中共十八届三中全会全面深化改革的战略部署，继续深化改革、扩大开放，为产业的发展创造良好的环境，激发市场微观主体的创新、创业活力，同时积极开展自由贸易区谈判，为中国企业"走出去"利用国外的资源、资金、人才和市场创造条件。要促进传统优势产业转型升级，培育发展战略性新兴产业，推进工业化和信息化的融合与制造业和服务业的融合发展，加强制造业的基础能力，重塑制造业新的国际竞争优势和形成日益强大的国家竞争优势，使中国制造业从高消耗、高污染、低效益的粗放型、低水平扩张转向精益、清洁、高效的速度与质量并重的可持续发展模式，实现工业增长动力由简单劳动和物质要素总量投入驱动向知识、技能等创新要素驱动转型。力争通过10年的发展，在中国形成一批具有国际影响力和掌控力的大型企业集团、一批在细分市场领域做到极致的"隐形冠军"企业和一批具有蓬勃生机、创新活跃的中小微企业，实现中国由"制造大国"向"制造强国"的转变，全面提升中国在全球价值链中的掌控力和国际产业分工地位。

【参考文献】

［1］彼得·迪肯：《全球性转变——重塑21世纪的全球经济地图》，刘卫东等译，商务印书馆2007年版。

［2］邓洲：《发达国家"再工业化"对国际分工格局的影响》，《创新》2014年第1期。

［3］杜德斌：《研发全球化呈现五大发展趋势》，《文汇报》2014年4月14日。

［4］胡超、张捷：《"服务—制造"新形态国际分工的演进及可持续性分析》，《广东商学院学报》2010年第2期。

［5］黄方亮：《全球失衡、国际分工与中国的产业升级》，《宏观经济研究》2011年第5期。

［6］经济产业省、厚生劳动省、文部科学省：《2005年版ものづくり白书（制造基盘白书）》，http://www.meti.go.jp/report/data/g51115aj.html，2005。

［7］李晓华：《比较优势、竞争优势与中国企业的跨境并购》，《经济管理》2011年第5期。

［8］李晓华、严欢：《"中国制造"正在丧失劳动成本优势吗》，《工业经济论坛》2015年第1期。

［9］李扬：《全球经济进入深度调整与再平衡的"新常态"》，《经济参考报》2015年

1 月 5 日。

［10］联合国贸易和发展组织：《世界投资报告 2013：全球价值链：促进发展的投资与贸易》，经济管理出版社 2013 年版。

［11］刘志彪：《重构国家价值链：转变中国制造业发展方式的思考》，《世界经济与政治论坛》2011 年第 4 期。

［12］罗长远、张军：《附加值贸易：基于中国的实证分析》，《经济研究》2014 年第 6 期。

［13］世界银行：《2009 年全球经济展望：处于十字路口的商品》，王辉等译，中国财政经济出版社 2009 年版。

［14］赵文丁：《新型国际分工格局下中国制造业的比较优势》，《中国工业经济》2003 年第 3 期。

［15］周少芳：《世界服务贸易的发展特征及中国的对策》，《国际经贸探索》2014 年第 4 期。

［16］Gary Gereffi, Karina Fernandez – Stark, “ The Offshore Services Value Chain：Developing Countries and the Crisis”, https：//openknowledge. worldbank. org/bitstream/handle/10986/3751/WPS5262. pdf? sequence = 1，2010.

［17］Gereffi G. , “International Trade and Industrial Upgrading in the Apparel Commodity Chain”, Journal of International Economics, 1999, 48（1）：37 – 70.

［18］G. L. 克拉克、M. P. 费尔德曼、M. S. 格特勒：《牛津经济地理学手册》，刘卫东等译，商务印书馆 2005 年版。

［19］Hill C. W. L. , “International Business：Competing in the Global Market Place”, Boston, MA：McGraw – Hill, 2007.

［20］Kraemer, Kenneth L. , Linden, Greg and Dedrick, Jason, “Capturing Value in Global Networks：Apple’s iPad and iPhone”, http：//econ. sciences – po. fr/sites/default/files/file/Value_ iPad_ iPhone. pdf, 2011.

［21］Levine, Linda, “Offshoring（or Offshore Outsourcing）and Job Loss Among U. S. Workers”, http：//fas. org/sgp/crs/misc/RL32292. pdf, 2011.

［22］Olsen, Karsten Bjerring, “Productivity Impacts from Offshoring and Outsourcing：A Review”, http：//www. oecd. org/sti/ind/36231337. pdf, 2006.

［23］The Economist, “ When a Flow Becomes a Flood”. 2009.

［24］UNCTAD, “World Investment Report 2005：Transnational Corporations and the Internationalization of R&D", New York and Geneva: United Nations, 2005.

[25] UNIDO, "International Yearbook of Industrial Statistics 2014", Cheltenham: Edward Elgar Publishing Limited, 2014.

[26] Wang T. , Watson J. , "Who Owns China's Carbon Emissions?", Tyndall Briefing Note, 2007 (23): 1 − 7.

工业4.0架构下产业网络融合发展和升级路径

唐德淼[1,2]

（1. 无锡环境科学与工程研究中心，江苏 214063；

2. 复旦大学，上海 200433）

一、问题的提出

随着云计算、大数据、互联网的出现，互联网已进入工业互联网的时代，它掀起了新一轮产业变革和工业革命。研究表明，我国消费型互联网应用发展很快，在一些领域甚至超过了美国；但是产业互联网的应用，我国与美国仍然存在较大差距。专家推测，到2040年我国的企业型互联网应用才可以赶上美国的产业互联网。同时，新工业革命和互联网将进一步深度协同

［基金项目］国家社会科学基金重大项目"现代产业体系发展的理论与政策研究"（11&ZD142）。

［作者简介］唐德淼（1973—），男，管理学博士，复旦大学应用经济学博士后，无锡环境科学与工程研究中心副教授，高级经济师，高级工程师；研究方向为产业经济学、管理学、公司治理；E-mail：2503335835@qq.com。

融合。将出现能源生产与使用革命，出现制造模式、生产组织方式和生活方式等方面的重大变革；将出现以互联网为支撑的大规模定制智能化的生产方式变革。在新工业革命的进程中，产业内部和产业之间将呈现出组织变化新趋势。网络经济与实体经济的相互融合日趋加深，产业边界出现模糊化，制造业和服务业将深度融合；企业内部组织结构扁平化，产业组织呈网络形态；互联网配置资源的方式影响着产业组织形式，产业集聚出现网络虚拟模式。

应运而生的"互联网＋工业"，即"工业4.0＋工业互联网"，将实现制造业上下游合作的无界限，提升价值链共享经济下的大众参与程度。"互联网＋工业"是"信息共享＋物理共享"，从而开创全新的共享经济，带动大众创业和创新。"互联网＋"动力之源的基础设施是智慧云网，生产要素是大数据资源，其新的分工体系是大规模社会化协同网络。人工智能将主导未来互联网，人工智能将极大地改变我们的生活，改变互联网，在大数据时代，互联网将成为产业发展最重要的推动力量。

互联网推动了我国的消费升级，深刻促进产业转型，加速各产业的市场化进程，创新并激发我国经济"后发优势"，加快推进我国经济进入"新常态"。互联网正在成为现代社会的基础设施之一，既是提高效率的工具，也是构建未来生产方式和生活方式的基础设施，互联网思维将成为一切商业思维的重要基础。互联网思维分为三个层级：层级一，数字化，即互联网是工具，提高效率，降低成本；层级二，互联网化，即利用互联网改变运营流程、电子商务、网络营销等商务活动；层级三，互联网思维，即用互联网改造传统行业、商业模式和产业创新。4V大数据、智能化、移动互联网和云计算，即"大智移云"的推动，促进了信息技术与材料技术，生物技术、能源技术以及先进制造技术的结合，开启了产业互联网的时代，产业互联网对于正处在产业转型和发展方式转变的我国，是跨越发展的重要机遇。以工业 4.0 为代表的新一轮工业革命，将推动我国产业转型升级，互联网等信息产业或知识产业将会独立为第四产业，形成立体式产业分类方式。该方式将推进产业有效规制，推动互联网和产业融合发展和智能升级。《信息化和工业化深度融合专项行动计划（2013～2018）》指出工业 4.0 是两化深度融合的方向。

二、工业 4.0 促进产业融合发展机理

全球先后发生了三次工业革命，发源于西方国家并由它们主导，我国无缘前三次工业革命的全部阶段。1760～1840 年，第一次工业革命创造的蒸汽时代带领着农耕文明向工业文明过渡；1840～1950 年，在第二次工业革命所创造的电气时代，电力、钢铁、铁路、化工、汽车等重工业兴起，石油成为新能源；1950 年至今是第三次工业革命，这个时代日新月异的网络技术让全球信息和资源交流变得更为迅速。

（一）新一代信息技术引领未来新兴产业

工业 4.0 即第四次工业革命，是德国《高技术战略 2020》确定的十大未来项目之一，已上升为国家战略，旨在支持工业领域新一代革命性技术的研发与创新。德国提出工业 4.0 战略，并于 2013 年推行该战略，其目的是为了提高德国工业的竞争力，在新一轮工业革命中占领先机。新工业革命在驱动机制、重点产业、分工体系、影响领域、竞争因素等许多方面都呈现出新的特征，新产业、新技术、新业态与新商业模式不断涌现。

新一代信息技术主导的网络平台产业、新一代信息技术深度应用的智能制造、资源和环境相关的绿色产业、生命和食品相关的健康产业等将成为引领未来的新兴产业。工业 4.0 的范畴包含智能工厂、工业网络系统、IT 系统、生产链的智慧控制等，在新的技术框架下，企业能够通过信息系统建立一个完整的网络系统，包括相互联结的智能机械、仓储系统、高效的产品设备等，这些设备可以独立自主地运作，或者互相交换信息、互相控制，并且通过嵌入式系统来协同运营。

（二）生产控制模式向智能化转变

工业 4.0 本质是由集中式控制向分布式增强型控制的基本模式转变，目标是建立一个高度灵活的个性化和数字化的产品与服务的生产模式。在这种模式中，传统的行业界限将消失，并会产生各种新的活动领域和合作形式。创造新价值的过程正在发生改变，产业链分工将被重组。这是以智能制造为主导的第四次工业革命，或革命性的生产方法。该战略旨在通过充分利用信息通信技术和网络空间虚拟系统——信息物理系统（见图 1①）相结合的手段，将制造业向智能化转型。CPS 把信息物理系统作为计算进程和物理进程的统一体，是集计算、通信与控制于一体的下一代智能系统。通过人机交互接口实现和物理进程的交互，使用网络化空间以远程的、可靠的、实时的、安全的、协作的方式操控一个物理实体，包含将来无处不在的环境感知、嵌入式计算、网络通信和网络控制等系统工程，使物理系统具有计算、通信、精确控制、远程协作和自治功能。

---

① 2006 年美国提出虚拟网络—实体系统 CPS 融合的思想，2013 年美国确定推进该战略。

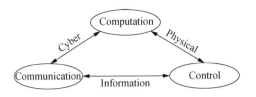

图1 美国CPS（Cyber – Physical Systems）信息物理系统运行模型

资料来源：作者绘制。

工业4.0智能化生产模块（见图2）包括：一是"智能工厂"，智能化生产系统及过程，以及网络化分布式生产设施的实现；二是"智能生产"，主要涉及整个企业的生产物流管理、人机互动以及3D技术在工业生产过程中的应用等；三是"智慧物流"，主要通过互联网、物联网、车联网，整合物流资源，充分发挥现有物流资源供应方的效率，而需求方则能够快速获得服务匹配，得到物流支持。例如，德国博世公司实践4.0包括：智能化原材料供应、国际生产网络系统、流水线操作状况监控和支持系统、远程技术支持和高效设备管理系统。前三次工业革命的发生，分别源于机械化、电力和信息技术。如今，基于工业4.0和信息物理融合系统，将物联网及服务引入制造业的第四次工业革命中。企业将以CPS的形式建立全球网络，整合其机器、仓储系统、生产设施和设计、生产、监控等智慧软件协同运营。

图2 德国工业4.0智能化生产运行模型

资料来源：作者绘制。

三、工业 4.0 融合协同的产业发展新趋势

（一）产业结构软化趋势

在工业 4.0 推进的过程中，将出现产业结构软化（Softening of Industrial Structure）[①] 的趋势。即软产业（服务产业）的比重不断上升，出现了经济服务化的趋势；第三产业内部服务业的不断扩大，同时还表现为第一、第二产业内部服务量的不断扩大。各产业在这种相互联系中相互促进，使经济日益趋向软化和服务化。

（二）智能协同融合趋势

产业发展过程中，高加工度化和技术集约化推进，对互联网、信息技术和知识等软要素的依赖不断加深。用高新技术改造传统产业，用信息技术改造传统服务业，产业发展具有协同智能型和"服务密集"特征，出现横向和纵向的智能协同融合趋势（见图 3）。

同时，工业 4.0 的各项技术因素对各产业发展的影响作用越来越明显，新工业革命催生战略性新兴产业的发展，将出现产业协同融合趋势。工业 4.0 技术将向工业、服务业全面嵌入，以及制造技术的颠覆性创新将打破传统的产品生产流程，制造业和服务业不仅在产业链上纵向融合，产业链本身也将重组，产

[①] 产业结构软化（Softening of Industrial Structure）是指在社会生产和再生产过程中，体力劳动和物质资源的消耗相对减少，脑力劳动和知识的消耗相对增长，劳动和资本密集型产业的主导地位日益被知识和技术密集型产业所取代。

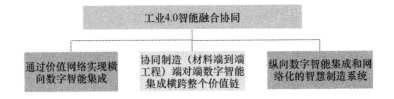

图3　工业4.0智能融合协同模型

资料来源：作者绘制。

品从设计、生产到销售的各个环节都需要实现第二、第三产业的深入融合。

产业融合使得原本分立的产业价值链，部分或者全部实现融合（产业融合是指不同产业或同一产业内的不同行业，通过相互渗透、相互交叉，最终融为一体，逐步形成新产业的动态发展过程）。产业间的融合互动将会程度更深，层次更高，范围更广。其主要动因在于可以相互利用对方的资源，其实质上是产业链价值系统的设计与再设计的过程。以互联网信息技术为核心，产业融合成为制造业价值链结构不断由低级向高级演化的重要途径。通过产业融合，传统产业能够融合高技术产业的技术，不断地创新商业模式，实现价值链上下游的垂直合作和行业间的横向整合，从而带动产业的加速成长。新的价值链节点处融合了两个或多个产业的价值，与原产业相比，融合产业不仅具有更高的附加值与更大的利润空间。产业融合也会在企业经营成本方面发生融合经济效应，即企业的平均成本会随着产业及企业融合程度的增加而不断减少。通过高新技术的渗透融合、产业间的延伸融合、产业内部的重组融合、新产业取代旧产业进行融合等方式推动产业结构不断升级演进，实现产业之间的融合成长；促进了产业价值创造增值，提升了产业的竞争力，产生产业和经济增长效应，从而形成工业4.0架构下的现代产业体系。

四、工业 4.0 产业网络融合发展和升级路径

（一）在工业 4.0 架构下，实现深度融合发展

即以"互联网＋"为重点，促进产业转型升级，提高生产性服务业的发展水平，推动制造业信息化、服务化和智能化。产业网络融合升级的实质是技术升级、产品升级、功能升级和价值链间升级，即两个基本层面：一是产业内向高端产业或产业链高端升级，产业内部的技术、功能等提升视为产业的高度化；二是产业结构升级，而价值链间的升级是产业间的合理化。以"互联网＋"推动制造业升级，推动物联网、大数据、云计算技术在工业领域的广泛应用，实现战略性新兴产业和先进制造业的智能化。优化生产性服务业结构，运用大数据提升信息、研发、设计、物流、销售等生产性服务业发展水平，完成工业由生产制造型向生产服务型的转变。推动制造业的全球化布局，建立我国制造业的全球产业链。要基于工业 4.0 进行产业转型升级，形成新能源领域的高端产业链地位优势。在智能电网、新能源汽车等领域形成新的国际竞争力，形成新能源与互联网融合技术体系和服务体系。实施创新驱动发展战略，促进科技、金融、创新要素的有机结合，奠定工业 4.0 的产业发展基础。形成工业 4.0 架构下产业融合发展的驱动力、关键环节和升级路径（见表 1）。

表 1　工业 4.0 架构下产业融合发展的驱动力、关键环节、升级路径

驱动力	关键环节	升级路径
互联网和再生能源技术融合	标准化和协同架构	嵌入价值链升级—链主培育，互联网在传统领域沿产业链由下游向上游拓展
互联网和数字制造技术融合	复杂系统的解构与建模管理	互联网与传统产业跨界融合（消费—产业互联网）提高云计算、大数据、电商化对产业的渗透能力，带动传统产业向智能化、数字化、网络化发展，尤其是支持利用电子商务整合产业链上下游资源，加快生产流程创新
互联网乘数效应（催化剂）	组织设计	产业规制变革，加强政府引导，搭建平台，结合高精尖的产业构建，建立大数据服务等，以智能移动和大数据应用为核心，孵化创新性产业。在无线传输、海量数据智能化搜索、高端软件、移动智能终端软件等关键技术和产品领域取得突破
技术进步	综合的公共网络设施	推动工业互联网融合增值，从交易环节简单的价值传递到研发、设计、生产、服务环节的价值创造和产业融合协同增值
自主创新	智能制造系统的运营	实施两化融合、"互联网＋"战略和"制造业 2025 战略"等

资料来源：笔者整理。

基于工业 4.0 的智能升级，我国要实施创新驱动发展战略，提高生产力、创新智能生产模式以及提高生产和资源效率；培育先进的技术和高效生产体系。推进两化深度融合，用标准引领信息网络技术与工业融合，提升制造业信息化、数字化、智能化和工业互联网水平。通过技术创新，促进智能制造转型，以高技术含量、优异的产品质量、低能源消耗以及高经济效率和充分利用人力资源优势去发展新型产业和推进工业化。创造共性技术的数字化创新平台，实现产业全生命周期的两化深度融合，打造实现智能制造的数字化平台。实现高效运行，以最小的资源消耗获取最高的生产效率。推进网络应用转变，进行制造技术革命和企业发展互联变革。部署建设国家信息物理系统（CPS）网络平台，启动国家智能制造重大专项工程，产学研用联合推动制造业创新发展，构建有利于产业转型升级的制度保障体系。

（二）产业选择是实现我国工业 4.0 的关键

要根据我国"互联网＋"和"制造业 2025 战略"等重要规划的要求，大力发展新一代信息技术产业、物联网、电子商务、先进材料、添加制造技术、生物制造等产业；形成以信息传送、处理为核心的智能优化系统，提高网络空间治理、发展产业智能化和产业链协同智能化应用。在未来制造模式中布局时，新一代移动通信、基础网络以及智能信息终端应放在首要发展位置。云计算产业是新一代信息技术的关键产业，云计算模式正推动传统设备提供商进入服务领域，带动软件企业向服务化转型，并催生出跨行业融合的新型服务业态；要支持公共云计算服务平台建设，推动传统电信运营商和第三方数据中心向云计算基础设施服务商集成转型，促进三网协同融合。

（三）建立新型制造体系，形成智能化生产的产业结构模式

通过新能源替代、新生产和其组织方式及下一代信息技术的应用，建立新型制造体系，发展环保生态产业，构建循环经济体系，形成环境友好和智能化生产的产业结构模式，打破传统的能源和环境约束。以能源结构优化，网络协同服务，工业智能发展为契机，打造智能电网，以新能源与互联网融合发展为重点，提升战略性新兴产业；大力发展信息服务产业、节能环保、逆向物流等静脉产业；以大数据、云计算、物联网、移动互联网等改造传统产业，进行定制设计、生产和智能运营，

应用新型智能制造技术布局智能制造业，建立智能化和可持续的产业发展模式。

五、结语

我国工业 4.0 战略的实现，重要的是发展以工业智能为技术创新和应用的产业，以大数据为重点的网络协同服务，形成可智慧操作的智能生产系统，促进生产方式由大规模的粗放型生产方式向柔性化、智能化、数字化和生态化的生产方式转变；产业发展从要素驱动、投资驱动转向创新驱动。促进以互联网为基础的大规模智能化定制生产方式为主导，互联网、信息技术与实体产业的融合协同发展，打造低碳、环保和智能化的生产体系，以工业 4.0 元素为主要特征的新型现代产业发展体系。

【参考文献】

［1］［德］乌尔里希·森德勒：《工业 4.0——即将来袭的第四次工业革命》，邓敏、李现民译，机械工业出版社 2015 年版。

［2］［英］维克托·迈尔、肯尼恩·库克耶：《大数据时代》，盛杨燕、周涛译，浙江人民出版社 2013 年版。

［3］历无畏、王振：《中国产业发展前沿问题》，上海人民出版社 2003 年版。

［4］芮明杰：《产业经济学》，上海财经大学出版社 2012 年版。

［5］芮明杰：《第三次工业革命与中国选择》，上海辞书出版社 2013 年版。

［6］田俊荣、吴秋余：《新常态：经济增速》，《人民日报》2014 年 8 月 4 日。

［7］王振：《2014 长三角地区经济发展报告》，上海社会科学出版社 2014 年版。

［8］赵玉林：《主导性高技术产业成长机制论》，科学出版社 2012 年版。

［9］邹昭晞：《北京市产业升级与协调发展研究》，经济管理出版社 2014 年版。

广义资本要素对战略性新兴产业国际竞争力的塑造机理

——一个新的分析逻辑

汪亚青

（南京政治学院，江苏南京 210003）

一、引言

近年来，随着后金融危机时代的负面影响进一步深化和扩散，国际贸易保护主义再度抬头。加之国际分工体系演化及我国经济结构的根本性调整，依托要素驱动和投资驱动的传统国际竞争力形成模式已日渐式微。世界经济发展的走向深深影响着中国经济环境，中国经济新常态不可逆转地到来。虽然经济增速由高速转向中高速，经济结构转型也带来隐隐阵痛，但重

［基金项目］2014 年省社科应用研究精品工程课题"新工业革命与江苏产业竞争优势转型研究"（14SWB-046，主持人：汪亚青）；江苏省第四期"333 工程"科研项目资助计划"世界财富分配权控制方式变迁与江苏战略性先导产业跨越发展"（BRA2012228，主持人：张明之）。

［作者简介］汪亚青（1991—），男，江苏南京人，中国人民解放军南京政治学院马克思主义学院政治经济学专业硕士研究生；主要研究方向为中国经济体制改革。

大战略机遇也随之显现：一是我国经济总量依旧很庞大，即使在增速放缓的背景下实际增量依然可观；二是经济增长更加趋于稳定，增长动力更加多元化；三是经济结构的优化升级带来的发展前景更加明朗，主动升级带来的经济效益显著优于被动转变；四是政府进一步简政放权，市场活力得以充分释放。兴起于金融危机后的战略性新兴产业，在经济新常态下担负着更加艰巨的发展使命和任务。目前，我国战略性新兴产业在国家利好政策及环境的支持下快速膨胀，产业增加值仅次于美国，已经在包括载人航天、超大规模集成电路、超超临界汽轮机组、高性能超级计算机、高速铁路、第四代移动通信标准等尖端领域掌握发展主动权，不仅不再受制于人，甚至形成了具有中国特色的发展思路和竞争优势。但不可否认的是，目前战略性新兴产业终端产品的消化仍多依赖本土市场，国际市场迟迟难以取得突破，类似光伏新能源产业的高端产业低端化生产以及核心器件及技术研发瓶颈仍然制约着战略性新兴产业国际竞争力的形成，我国战略性新兴产业在形成国际竞争力的道路上依旧任重而道远。学界关于战略性新兴产业国际竞争力的分析逻辑多集中于国家政策、产业环境、技术突破等方面，相关文献亦汗牛充栋。在将关注点落于这些竞争力培育的要素的同时，如何平衡和有效控制这些方面是亟待解决的重大问题。因此，一种关于战略性新兴产业国际竞争力分析的新逻辑便具备了易见的现实意义。

二、相关研究综述

由于立场与视角的差异，关于战略性新兴产业国际竞争力形成的研究，学者众说纷纭。有学者从产业链的视角着手研究。岳中刚（2014）认为，产业链必须与技术链协同发展才能促进战略性新兴产业发展。技术链概念的诞生，将技术和技术背后的专利重要性提升了若干等级。专利的控制成为长期稳定获取利润和竞争优势的关键。而金碚（2012）认为，战略性新兴产业的发展不仅要实现产业链的技术创新，更要培育和实现全产业链乃至全产品生命周期的技术成熟和经济合理。刘志彪（2012）指出，未来战略性新兴产业发展面临五大趋势：一是产品内分工替代产业间分工，产业链表现出高度全球性纵向整合趋势；二是价值链分布更加陡峭，差异化、创新的非实物性活动参与的附加值分配比重日增；三是创新能力取代市场和技术成为全球价值链的主导要素；四是硬件制造演变为服务嵌入，服务链在产业高端化中的作用不容忽视；五是产业链与生态链整合，可持续发展成为大势所趋。同时，应当注重战略性新兴产业发展五大平台的搭建，即制造业平台、城市化平台、"外贸、外资、外经、外智、外包"平台、生产性服务平台、居民消费平台。侯水平（2014）结合对日本知识产权发展机制的研究，提出我国新兴产业的国家竞争力提升必须依靠"科研优势→产业优势"的道路。具体说来，就是发展有利于产业化的技术，完善知识产权基础设施和公共服务，优化科研评价机制和完善创新、风投基金。陈绍锋（2011）认为，价值链转型是战略性新兴产业获取国际竞争优势的关键，克服单纯 GVC 外源型模式是战略性新兴产业发展的突破口。战略性新兴产业价值链转型分为五个阶段：单纯 GVC 模式→GVC、NVC 并重→NVC 为主，GVC 为辅→单纯 CVC 模式→以 CVC 和 RVC 为主体构建新 GVC 模式。也有学者将模块化视角应用于战略性新兴产业国际竞争力研究中。传统生产环节中的独立性和关联性是一对不可调和的矛盾。而模块化环境下，通过分割、归纳、移植和扩展等方式实现的模块组合可以在保持模块相对独立性的前提下，从实质上提升模块之间的耦合度，从而实现生产分系统间的独立性与关联性的统一。武建龙（2014）认为，战略性新兴产业的创新应该聚焦于模块化视野下突破性技术的创新。突破性技术发展战略是一种针对性极强的战略，相较于渐进性技术发展战略，其能够有效突破产业技术发展瓶颈和先发地区创新垄断。在发展平台建设、政策导向和评价、知识产权保护、体制机制改革和商业模式创新方面，学界也有一定研究。万钢（2010）指出，战略性新兴产业的培育需要关注五大规律，即科技发展规律、科技超前部署规律、新兴产业发展规律、政策引导规律、人才聚集和成长规律。陈志（2011）提出，政府应从宏观和微观角度双管齐下促成战略性新兴产业商业模式创新。先进技术在当今世界范围内不再是绝对封闭的排他性优势，其扩散程度和速度都是前所未有的。因此，将新技术、新产品和新商业模式有机结合的企业才能获得突出的竞争优势。汪克强（2011）指出，需要通过构建产学研合作创新机制、协调完整的产业生态系统、确认企业的创新主体地位和深化宏观管理与体制改革实现体制机制障碍突破。

结合上述学者的研究成果，不难看出，由于受"要素驱动→投资驱动→创新驱动"的思维影响，多数学者都将关注点放在产品创新、技术创新、产业环境创新和科研体制机制创新等方面。本文认为，对战略性新兴产业国际竞争力形成的分析，应保证对各竞争力要素的有效把握，不可一味强调平衡各要素间关系，亦不可突出某一难以统领全局的要素。如技术虽然是战略性新兴产业发展不可或缺的要素，但其也只是竞争力要素中的一部分，其所体现的不稳定性和独立性决定了其难以成为竞争力核心要素的事实，孤立地考虑技术要素容易陷入思维瓶颈。与之相类似，仅考虑政策导向或者产业环境建设也并不能确保国际竞争力的形成。以资本为核心的新分析逻辑，其主要价值在于最大程度地整合所有关联要素，将分散于不同时空的竞争力要素集中于一个可控和可度量的变量上。坦率地说，由于改革开放后我国经济总量的不断攀升，就本国而言，资本要素相较于其他竞争力要素处于相对优势地位，以资本为纽带形成竞争力培育网络也可以充分调动我国庞大的资本存量，发挥既得优势。

三、基于广义资本要素视角的战略性新兴产业国际竞争 力分析逻辑

（一）广义资本要素分析逻辑剖析

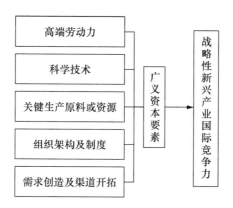

图1　基于广义资本要素视角的战略性新兴产业国际竞争力分析逻辑

71

秉持生产者立场（即仅考虑生产总过程）对影响战略性新兴产业国际竞争力的因素进行筛选，可得关键竞争力因素共分两类：一类是硬性竞争力因素，即高端劳动力、资本、关键生产原料或资源和其他相关要素；另一类是软性竞争力因素，即科学技术、企业组织架构及制度、需求创造及渠道开拓和其他相关要素。广义资本要素是与狭义资本要素相对应的概念。狭义资本要素即经济学中所说的资本，属于竞争力要素的一部分。而广义资本要素则是以资本为代表和传导媒介的包括技术、劳动力、土地在内的竞争力要素集合。广义资本要素从整体性上说包含了绝大多数竞争力要素，但其与传统竞争力要素的区别是：以资本为核心构建互通网络，通过资本运作实现其他竞争力要素的流转和所有权转移，从而实现全竞争力要素的掌握和使用。因而，以资本为核心的广义资本要素在战略性新兴产业国际竞争力形成中有着不可替代的作用。这一分析逻辑能够形成有效作用的关键就在于发挥"桥梁"作用的核心要素，即资本。之所以选择资本作为连接其他一切竞争力要素的纽带，是因为关乎战略性新兴产业发展的诸多竞争力要素都可以通过参并股、收购、租借等资本运作方式实现使用权或者所有权的转移，从而有效支持战略性新兴产业的发展。资本从中调控，形同诸要素中的"一般等价物"。事实上，不论是国外先进企业还是本土企业，都有利用资本实现竞争力要素利己流动的操作。诸如美国思科公司利用技术并购实现技术领先，小米公司通过资本运作挖掘支付宝团队加快互联网金融人才梯队的建设，而立足资本实现生产原料和组织方式控制权获取的案例则不胜枚举。可以确信，资本是所有竞争力要素中最具操作性和使用效率的要素，在知识密集型经济活动中有着良好的代表性。利用广义资本要素实现对高端劳动力要素、科技要素、关键生产原料和资源要素、市场要素和组织架构及制度要素等竞争力要素的控制是基于广义资本要素视角的战略性新兴产业国际竞争力分析逻辑的精髓所在。

（二）广义资本要素分析逻辑的比较优势

学界对于产业国际竞争力分析的求索可谓汗牛充栋，百家争鸣，各有千秋。本文所"立"之广义资本要素分析逻辑并非为"破"狭义资本要素分析逻辑（事实上也无此概念），亦不是针对某一种分析逻辑进行批驳，而是对培育战略性新兴产业这一特定对象的国际竞争力的全新尝试。关于竞争优势分析最为著名的框架莫过于波特教授的"钻石模型"，但钻石模型的视野远超生产者这一角度，同时体现了外部影响因素的价值。广义资本要素分析逻辑的根本立场是生产者，这一限制性考量可以将思维聚焦于企业端在全产业链上的行为。本文分析逻辑的主要优势有两个：一是可以将影响战略性新兴产业国际竞争力的要素串联起来，形成体系化分析结构，克服独立考虑技术、劳动力等偏离生产实际情况的欠妥思维；二是本文分析逻辑将所有竞争力要素都集中于资本这一落脚点，使得原本十分复杂的战略性新兴产业竞争力培育问题简单化，也为生产者进行资源再配置创造更为有效和更具可操作性的突破口。

四、战略性新兴产业国际竞争力塑造的本质要求

国际竞争力具有多重维度的内涵，自微观至宏观依次是"产品竞争力→企业竞争力→产业竞争力→国际竞争力"。在战略性新兴产业竞争分析范式下，国际竞争力既是产业竞争力，

更表现出一种国家层面的竞争力。它既具象于这一产业中，也体现着一个国家在生产力和生产关系上的领先程度。国际竞争力是一个有主体的概念，不同的主体有着不同的形成机制。总的来说，国际竞争力就是产品在一国（或地区）进行市场扩张和占有的能力。根据官方的定义，战略性新兴产业是以重大技术突破和重大发展需求为基础，对经济社会全局和长远发展具有重大引领带动作用，知识技术密集、物质资源消耗少、成长潜力大、综合效益好的产业。因此，战略性新兴产业国际竞争力的形成有其特定的本质要求。关于产业国际竞争力的培育，学界一般有两种思路，即自上而下式和自下而上式。所谓自上而下式，是指通过国家宏观因素的调整去影响产业国际竞争力的形成，诸如提升国家经济实力、优化政策取向、加强立法保护等方式。所谓自上而下式，是指通过企业微观因素的培育去影响产业国际竞争力的形成，诸如优化生产组织方式、革新产业链和产业生态等方式。宏观调整对于产业国际竞争力形成的重要性不言而喻。但本文认为，战略性新兴产业具有其特殊性，企业作为产业发展中的细胞，其个体竞争力的形成对于整个战略性新兴产业国际竞争力的影响较之传统产业更为突出。国内外的发展经验显示，某一领域的一两家企业甚至可以代表国家这一领域的最高水平[1]。因此，自下而上式思路更适合战略性新兴产业国际竞争力的塑造，关乎战略性新兴企业竞争力形成的要素也成为战略性新兴产业整体国际竞争力形成的本质要求。基于国家宏观层面进行竞争力形成分析的相关成果已经较为丰富，但从企业层面上升为产业甚至国家层面的研究成果相对匮

---

[1] 诸如 LNG（Liquefied Natural Gas）运输船的制造工艺极其复杂，被喻为世界造船业"皇冠上的明珠"，目前仅为美、日、中、韩、欧的13家船企掌握。沪东造船集团作为中国的代表企业跻身世界先进行列，也基本代表了中国海工高端装备制造业在这一领域的最高水准。

乏，因而本文从生产者的视角重点考虑生产总过程中支撑战略性新兴产业国际竞争力形成的内部效率要素。

（一）高端研发操作力量

战略性新兴产业是知识密集型产业，具备技术研发能力和复杂精密设备操作能力的高端劳动力资源是产业形成国际竞争力的重要一环。无论是已经具有较大规模和较强制造能力的鑫益达通信技术和新能源汽车产业，还是核心技术依赖进口的节能环保、高端装备制造和新材料产业，对产业前沿的技术研发投入都是推进价值链完善和攀升的重要组成部分。在这一过程中，高端技术研发团队是实现自主研发的灵魂，而集成型人才又是研发力量的细胞。高端研发人才可以完成"基础科学→应用科学→技术产业化"的整个知识链的构建，这是形成差异化竞争和低成本竞争的基础。同时，由于新工业革命的到来，产业生态环境已经发生颠覆性变化。先进的生产组织方式及生产工具已经大量普及，战略性新兴产业的产品加工制造需要大量具备初级工程师能力的高级技术人员，如我国工业机器人的龙头企业——沈阳新松集团的生产车间80%以上的生产者都是经过良好教育和培训的工程师。这一类人力资源能够有效提升企业的生产效率和产品质量，从而支撑企业获取超额剩余价值，占据市场有利位置。因此，具有专业技能的高端操作性人才是将科技领先转化为产品领先的关键要素。

（二）关键竞争力要素

根据波特的划分，竞争力要素可以分为基本要素（Basic Factor）和高级要素（Advanced Factor），这一划分的标准为由天然直接获取还是通过投资和培养得到。波特认为，随着国际贸易结构的变化，基本要素的重要性由于其可获得性的大增而衰退，高级要素的重要性则越发凸显。这一论断置于传统资源密集型和劳动力密集型产业中并无二言，但战略性新兴产业发展所依赖的竞争力要素绝不能仅按照这一思维定式加以考虑。例如，在新材料、高端装备制造产业大量依赖稀土、钨、锑、钛、锗等稀有矿产，生物医药产业也需要部分稀有动植物作为生产原料，而这些矿产和生物原料都属于未加工或者初级加工后的基本要素。而同时，新能源、节能环保等很多产业也需要已经经过深加工的复合材料、元器件等作为再生产的原料，而这些原料属于高级要素。因此，关键竞争力要素，即能够对战略性新兴产业全产业链中重要环节产生重大影响的竞争力要素，在培育国际竞争力过程中都应该被给予足够重视。这些初始竞争力要素或者粗加工竞争力要素都是非劳动力竞争力要素，通过合理的配置和组合，与高端人力资源相结合，对于我国战略性新兴产业形成一般市场绝对竞争优势作用深远。

（三）先进的组织架构与制度

产业竞争力尤其是国际竞争力，需建立在有效的组织架构与制度下。先进的组织架构与制度包含两方面，一是组织管理，二是技术管理。组织管理更倾向于行政侧的管理，意图通过高效的管理模式加快计划流、物资流、资金流和信息流的配置速率，有序整合企业行政管理相关信息。传统"金字塔状"架构由于其人员冗杂、信息传递不及时已经不适应战略性新兴产业的发展需要。扁平化的管理架构则大大缩短企业的信息传导链，将企业决策权延伸至生产与营销一线。技术管理则是知识密集型的战略性新兴产业。由于战略性新兴产业的高技术密集度，必须建立与具体产业相匹配的技术组织架构，形成可持续的技术投入与管理，同时构建内部知识形成、传导、扩散和转化环境，以利于技术工程化、产业化、商业化。无论是组织管理还是技术管理，执行管理的主体都是劳动者本身，但本部分更多强调的是先进的制度和体制。在生产者素质及数量相同的情况下，不同的组织架构形成的生产效率大相径庭。先进的组织架构与制度能够有效整合人力资源与管理资源，巩固国际竞争力形成的内生源。

（四）需求创造与市场开拓

战略性新兴产业无论是生产理念还是产品本身，"概念→研发→产成品"的过程转换周期大大缩短。这种生产的超前性使得市场转换速度跟不上产品更新速度，很多产品的市场成长缓慢。需求创造与市场开拓对于战略性新兴产业的资本周转至关重要，只有形成稳定的资本周转才能支撑产业扩大再生产。目前，战略性新兴产业的市场分为本土市场与国际市场。如波特所言，本土市场客户的过度挑剔会催生产业竞争力的形成，从而更好地应对国际市场的挑战。由于文章主题所限，本土市场的开拓不作论述。战略性新兴产业形成国际竞争力的重要表现就是占据优势的国际市场份额。开辟国际市场并催生需求能够多样化我国战略性新兴产业的市场结构，拉开需求层次，提升产品质量和服务。同时，可以加强与外国消费者和生产者的关系，找出竞争者的优势所在，并借鉴其先进的技术和管理方式，为资本循环、研发循环、体系优化循环创造条件。战略性新兴产业由于其战略性的特征，被赋予普通新兴产业或者传统产业所没有的使命。通过国际市场的开拓，战略性新兴产业显著的国际影响力和话语权将为经济新常态下的我国经济转型升级提供保障。而转型后的经济环境也将正向作用于战略性新兴产业国际竞争力的掌握。

五、广义资本要素的整合价值在国际竞争力形成中的体现

（一）技术研发与生产组织

我国战略性新兴产业，尤其是高端装备制造业、节能环保产业和新材料产业国际竞争力薄弱很大程度上是由于没有掌握关键设备和核心技术。低技术产品严重过剩，高技术产品的原料和市场两头受制于国外。这种研发端和生产端的窘境是获取国际竞争力必须克服的障碍。技术研发与创新是战略性新兴产业的灵魂，而研发力量的培养基本有两种思路，即内部培育和外部引进。内部培育高端研发力量是基础。但由于其培养周期相对较长、风险较大，且国内（或单个企业内）难以形成战略性新兴产业发展所需的完整知识创新链条，因此内部培育不可作为我国战略性新兴产业形成国际竞争力的唯一路径。外部研发力量的吸纳成为关键补充。与此同时，随着智能化生产设备的大量普及，低成本劳动力的使用空间越来越狭小，直接参与生产过程的劳动力也多为能够熟练操作高端数控机床或者工业机器人的高级技工。高级技术操作人员是直接参与生产的力量，能够充分发挥企业先进生产设备的效率，从而降低生产成本，提高产品质量。我国工业职业教育水平相对落后，高级技术操作人员奇缺，这严重制约了战略性新兴产业的发展。与研发力量的培育面临相似的境况，在完善我国职业教育和高级技工培

养模式的同时，引进相关人才成为不可或缺的支撑环节。我国战略性新兴企业通过资本运作收购在专业领域具有绝对优势的国外企业，则相关企业的技术人员能够直接流入我国研发团队，加快技术优势的形成和稳固生产质量的把控。同时，一些国外资源企业对重要生产原料设置的壁垒也由于我国企业的参股或收购而不复存在。例如，徐工集团通过接连收购德国 FT（Flu-itronics）公司、荷兰 AMCA 公司和德国施维英公司，将这些领先企业的研发和制造团队直接并入本土企业，使得研发和生产力量实现了跨越式成长，迅速占据了全球混凝土机械制造领域的先导地位；沈阳新松机器人自动化股份有限公司通过共同入股的方式实现了对德国 C - CON 公司的绝对控股，而德国 C - CON 公司在机械制造、轨道交通，特别是汽车模具研发制造、新材料及生产线一体化设计等方面具有突出优势，这一资本运作使得沈阳新松迅速掌握全球领先的核心技术，快速成长为国内规模最大、产品线齐全的装备制造集团之一。由此可见，通过广义资本要素的整合功能能够有效引导具有优势的研发和竞争力要素流向我方，在壮大我方力量的同时也削弱了竞争对手的实力，这对于战略性新兴产业形成国际竞争力有着突出价值。

（二）规模扩展与市场控制

战略性新兴产业国际竞争力强弱的最显著体现就是对国际市场的开拓和控制程度。由于金融危机后各国遭遇的经济发展瓶颈，以美国为首的西方发达国家不仅实施了再工业化战略，更加大了对我国战略性新兴产业的反倾销与反补贴调查。通过抬高行业标准和环保标准，以及其他严格管控措施，间接推高我国产品成本、缩小可贸易领域，我国战略性新兴产业国际市场的开拓始终遭受巨大阻力。这些国家旨在保持本土市场的行为实质上筑成了新贸易壁垒，如果不加以克服，势必会严重损害我国战略性新兴产业的国际竞争力。广义资本要素的使用能够有效增强我国战略性新兴企业开拓国际市场的能力，其主要路径有三个。

一是通过参股国外具有影响力的企业或者与之合资建立新企业提升国际竞争力。这种方式以往是外资进入中国市场经常采取的方式，如德国大众集团与一汽合资建立一汽大众公司，韩国现代集团与北汽集团合资建立北京现代公司，都是通过合资或参股行为顺利进入他国市场并获取同等甚至优势竞争地位的典型例证。

二是通过资产收购的方式提升国际竞争力。这种以收购方式进入国际市场的行为有两种策略：①直接收购竞争对手以降低竞争压力，并将竞争对手的资源化为己用。例如中航通飞公司以现金方式收购美国西锐公司100%的股权，将其在轻型活塞飞机市场的研发能力、管理层团队以及不断扩大的全球网络和国际化业务纳入本企业的国际市场开拓战略中，成功打开了美国等发达国家及地区的低空空域飞行市场。②收购产业链中与开拓市场相关环节的企业。例如，比亚迪集团的重要投资人巴菲特通过收购美国汽车经销商 Van Tuyl Dealer Group（以下简称 Van Tuyl 公司），为比亚迪集团在美国市场获取竞争优势打下基础。Van Tuyl 公司是美国管理状况最佳的汽车经销集团，这一收购使得比亚迪集团直接可以使用 Van Tuyl 公司的营销网络，节约了基础设施建设经费，加快国际市场部署速度，从而为其新能源汽车获取国际竞争力打下基础。

三是通过"被收购→反收购"的迂回方式获取国际竞争力。通过被收购的方式亦可以打入对方市场，且在他国市场遭遇贸易争端的风险较小，如瑞典沃尔沃集团通过被中国吉利集团收购成功打入中国市场，使得其销售价格较之直接进口大为降低，加之其优异的产品性能，迅速获得竞争优势。这种"被收购→反收购"的方式可以由国内企业先行设立高度独立的子公司，并积极引导该子公司被国外实力企业收购，在他国市场占据稳定份额后再由国内母公司进行反收购，这样可以最大程度地降低贸易壁垒，以低对抗强度的方式获取国际竞争优势。

这三种方式的采用都需要资本从中作用，并引导国外优势竞争力要素流入我国企业，以扶助本国企业形成国际竞争力。

六、相关结论

广义资本要素作为战略性新兴产业国际竞争力整合与形成平台的认识突破了现有研究将资本及相关要素仅视为生产力和竞争力形成支撑与辅助力量的认识局限。竞争力要素是在生产经营过程中起基础性作用的社会资源。战略性新兴产业的发展不仅需要传统意义上资本、土地、劳动力等资源性竞争力要素，更需要技术、信息、交互流转平台等新兴非资源性竞争力要素。无论是劳动力密集型产业、资源密集型产业，还是技术密集型产业、资本密集型产业，本质上都是要素导向型产业，区别只是核心要素的差异。而战略性新兴产业形成国际竞争力需要的核心要素是立体化要素群而非单纯某一项要素，这一要素群的高效利用是获取国际竞争力的关键。从生产者的角度说，资本、技术、劳动力等竞争力要素皆不可或缺，但几乎没有一个国家或者一个企业能完全内生出发展所需的所有要素，要素在生产主体间的流动不可避免。资本作为竞争力要素的组成部分，本身就是发展所需要的基础要素，但同时它又具备其他要素所不具备的特性，如可以表示其他要素的价值且便于交换。因此，利用资本作为连接诸竞争力要素、传导其促进发展的效能的纽带可形成最为高效的资源整合平台。战略性新兴产业国际竞争力的形成主要受研发端、生产端和销售端影响，广义资本要素的合理配置不仅能够满足研发端和生产端的要素需求，更重要的是可以降低国际市场开拓的难度，拓宽国际市场可贸易面，使我国战略性新兴企业能够处于国际竞争的有利位势。

【参考文献】

[1] 陈衍泰、程鹏、梁正：《影响战略性新兴产业演化的四维度因素分析——以中国风机制造业为例的研究》，《科学学研究》2012 年第 8 期。

[2] 崔卫杰：《战略性新兴产业国际市场开拓的现状、问题与对策》，《国际贸易》2010 年第 10 期。

[3] 黄东、易志高、茅宁：《中国企业国际化战略模式分析及其选择》，《现代经济探讨》2009 年第 4 期。

[4] 黄启才：《我国战略性新兴产业的国际地位及升级策略》，《经济纵横》2013 年第 8 期。

[5] 金碚：《产业国际竞争力研究》，《经济研究》1996 年第 11 期。

[6] 金碚、李鹏飞、廖建辉：《中国产业国际竞争力现状及演变趋势——基于出口商品的分析》，《中国工业经济》2013 年第 5 期。

[7] 李苍舒、李金华：《战略性新兴产业发展背景下中国制造业的战略选择》，《西部论坛》2011 年第 3 期。

[8] 李京文、郭金龙、王宏伟：《国际竞争力综合影响因素分析》，《中国软科学》2001 年第 11 期。

[9] 李晓华、吕铁：《国外产业发展研究前沿综述》，《社会科学管理与评论》2012 年第 2 期。

[10] 刘林青、谭力文：《产业国际竞争力的二维评价——全球价值链背景下的思考》，《中国工业经济》2006 年第 12 期。

[11] 南楠：《后金融危机时代战略性新兴产业进入国际市场的有效模式研究》，《经

济体制改革》2012 年第 6 期。

［12］ 裴长洪、王镭：《试论国际竞争力的理论概念与分析方法》，《中国工业经济》2002 年第 4 期。

［13］ 汪亚青：《战略性新兴产业推动先发地区产业升级的突破路径分析》，《实事求是》2014 年第 5 期。

［14］ 伍业君、张其仔：《比较优势演化与经济增长——基于阿根廷的实证分析》，《中国工业经济》2012 年第 2 期。

［15］ 岳中刚：《战略性新兴产业技术链与产业链协同发展研究》，《科学学与科学技术管理》2014 年第 2 期。

搭设厦门自贸区对台开放新平台

——基于厦门自贸区视角

詹圣泽[1,2]

（1. 西北大学经济管理学院，陕西西安　710127；

2. 厦门海投集团，福建厦门　361026）

一、自贸区是新常态下我国对台开放新平台

中央 2015 年 3 月 24 日批准粤津闽自贸区，其于 4 月 21 日挂牌成立，这标志着我国继改革开放经济特区建设和加入 WTO（世界贸易组织）之后，自贸区的建设将成为推动中国经济发展的第三次新引擎。厦门是我国首批特区之一，是两岸合作的最

[基金项目] 国家社会科学基金"非主流思潮对行为的影响及对策研究"（14XKS032）和福建省"中国特色社会主义理论体系研究中心"年度重点项目（2013B010）福建海洋产业经济发展的阶段性合作研究成果。

[作者简介] 詹圣泽（1963—），男，福建龙岩人，西北大学经济管理学院在职博士生，美国工商管理硕士，副研究员，中国软科学研究会理事，中国管理科学研究院学术委员会特约研究员（证号 W14-074），厦门市社会科学院特约研究员，中国优秀职业经理人，厦门海投集团高级经济师、高级政工师；研究方向为经济学、管理学、台海合作及社会科学等；E-mail：zsz88vip@sina.com，地址：厦门海沧钟林路 8 号海投大厦 15F（361026），电话：0592-6881013，15359885818。

前沿，也是福建自贸区中最大的区域，研究厦门自贸区工作，对于福建自贸区和海西经济区，特别是海上丝绸之路"一带一路"的建设，都极其重要也极富代表性。

二、福建自贸区及厦门自贸区概况

根据中央的批复，福建自贸区包括厦门、平潭和福州三个片区，面积共 118.04 平方公里，以"一区三片"的格局镶嵌在八闽大地，其总体战略定位是打造改革创新的试验田、两岸经济合作的示范区、面向 21 世纪海上丝绸之路沿线国家和地区开放合作的新高地。福建将重点突出对接台湾自由经济区以及建设海上丝绸之路（见图 1）。

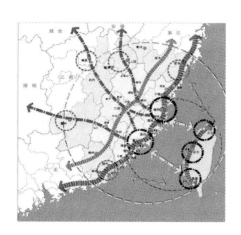

图 1　海西经济区及其对台影响力

厦门自贸区面积为 43.78 平方千米，是福建自贸区最大的片区，是基于厦门区域经济，面向海峡经济区发展的内在需要而设立的自贸区（FTZ）。厦门自贸区先试先行、创新联动的发展目标主要是现代金融中心、两岸服务中心、台海经贸对接中心、东南国际航运中心和"一带一路"的海上丝绸之路（见图2）。

图2 厦门自贸区三大区域

三、厦门自贸区因台而设的重大意义

上海自贸区自成立运作以来，全国不少省市都兴起了自贸区申报热。那么，福建及厦门为何会成为我国获批的第二批自贸区？对于自贸区这个比经济特区还要"特之又特"，可以进行"先试先行"的改革开放体制，厦门到底凭借什么魅力在"众里寻他千百度"中得以脱颖而出？厦门上升到国家战略层面的"顶层设计"中，列入自贸区这一"特之又特"的范畴，究竟具有哪些重要的战略目的意义？厦门又有哪些方面可以进行"先试先行"？厦门自贸区的建设还能为下一步改革开放和社会经济建设，以及台湾方面带来哪些预期成效和深远影响？

（一）中共十八届三中全会指引

中共十八届三中全会《中共中央关于全面深化改革若干重

大问题的决定》指出，要加快自由贸易区建设，扩大对台湾地区开放合作。在以"扩大交流合作，共同振兴中华"为主题的第九届两岸经贸文化论坛上，提出了 19 项共同建议。其中，第 2 条建议指出要"鼓励和支持海峡西岸经济区等与台湾自由经济示范区开展广泛合作，相互借鉴，融合发展"。

（二）对台前沿和"一带一路"核心优势

台海前沿是厦门最大的、独一无二的优势，同时厦门还是我国振兴中华民族"一带一路"核心发展战略的核心区域城市。自古以来，由于独特的地理区位优势，厦门是我国海上丝绸之路的门户，是我国海上通商和对台贸易的前沿，是我国台胞侨胞的主要聚集地，在我国对台贸易、国际贸易和航运物流中有着不可替代的地位和作用。

（三）两岸合作和平发展推动统一的优势

无疑，厦门自贸区的建立有利于完善和推动大陆对台开放新格局。那么，两岸如何才能尽快将"高层互信"转化为"民众互信"？大陆如何主动突破体制障碍，突出并加大两岸经济、民间及基层的交流交往，从而让更多台胞积极参与大陆的经济建设？同时，如何利用自贸区特殊平台和传统文化纽带作用，消除两岸的历史偏见和心理障碍，增强台胞对和平统一祖国的信心？这些历史性的工作重任，都将要借助于厦门自贸区这个两岸深度对接平台来加以解答并落实。

（四）厦门自贸区具备两岸自贸区等多重概念，对台更具政治意义

"一带一路"及区域振兴是实现中华民族伟大复兴宏伟蓝图

的重要线索和重大步骤。海西经济区实施国家战略以来，形成了"延伸两翼、对接两洲，拓展一线、两岸四地，纵深推进、连片发展，和谐平安、服务全局"发展态势，为参与国内外区域经济竞争合作奠定了重要基础。厦门是全国最大的台商投资区，是海西经济区和我国"一带一路"海上丝绸之路及区域振兴的核心，是深度对接台湾的前沿核心，重点担负着我国对接台湾自由经济区以及海上丝绸之路"一带一路"建设的历史重任。可见，我国设立厦门自贸区的意义不亚于当年设立厦门经济特区，是新常态下对厦门经济特区的巩固、加强和开放、发展。因此，厦门自贸区有着厦门经济特区、海西经济区、台商投资区、厦漳泉同城化、厦门岛内外一体化以及两岸两岛自贸区等多重概念（厦门自贸区—台湾自由贸易区，厦门岛—金门免税岛），可望推动形成新的"海峡经济区"，力促"一国两制，统一祖国"宏伟大业的实现。所以，厦门自贸区不仅具有社会经济的现实意义，而且更具重大的长远政治战略意义。

（五）厦门是我国台海经济合作的前沿，厦门自贸区可望带来新的投资热点

（1）厦门自贸区对台经济、政治意义都非同凡响。与上海自贸区相比，厦门自贸区最大的特点就是"对台"。在经济层面，台湾经济体的整体辐射作用将通过一系列方式，如经贸、投资、金融、文化、人才交流等途径进入厦门自贸区，以带动相关产业的发展。因此，厦门自贸区是加强两岸交流合作、推动两岸关系和平发展的重要平台和前沿纽带。

（2）带动厦漳泉同城化区域经济和海西经济区开发，推动我国东南沿海的基础设施建设。《国务院关于支持福建省加快建设海峡西岸经济区的若干意见》提出，加快建设海峡西岸经济

区，要重点做好以下八个方面工作：一是加强两岸交流合作，努力构筑两岸交流合作的前沿平台。二是加快基础设施建设，提高发展保障能力，服务两岸直接"三通"……八是深化改革，扩大开放，实现开放型经济的新跨越。

（3）粤港澳闽强强联合，提升厦门城市价值与魅力。厦门本身就有着较好的文化底蕴和美丽厦门的发展功底，城市性价比高，城市价值的提升自然也会提升厦门的城市品牌魅力。同时，厦门自贸区将进一步加大厦门的经贸、人才吸引力，进一步加强粤港澳台以及国内外资金及物流的流转。厦门自贸区连体纵贯了粤港澳闽四大自贸区和厦深汕三大经济特区的概念，将形成有助于加强粤港澳闽四地强强联合、优势互补的大格局，可极大地提升我国南方经济带城市群的核心价值（见图1）。

（六）突出做好"台味"大文章

（1）厦门台湾两岸"亲像一家人"。厦门与台湾有五缘优势，依托一湾海峡相连相牵，两地具有地缘相近、血缘相亲、商缘相连的紧密又亲密的关系，是台胞台商在大陆的主要聚集地，这使得福建特别是厦门，在对台方面有着其他自贸区无可比拟的天然气场优势。在厦门，闽南建筑、嘉庚风貌和闽南小吃、台湾风味美食遍布大街小巷，人文历史源远流长，民风民俗一脉相传，两岸通婚及其"面线亲"比比皆是，通航与贸易兴旺发达（文教：厦门大学、集美大学等；旅游：鼓浪屿、南普陀、集美学村等；人文：郑成功、陈嘉庚、陈化成、郑小瑛等；语言：闽南语亦即台语；歌曲：鼓浪屿之波、绿岛小夜曲、爱拼才会赢等）。

（2）厦门自贸区因台而设，因台而兴。厦门自贸区的建设是对台商的极大利好，这给台商提供了新的融合平台与发展契机，必将促进闽台经济更为紧密地交流。福建师范大学福建自贸区综合研究院黄茂兴教授称："福建自贸区建设的最大特色应该就是对台，这与福建的发展定位与优势是相符的。只有坚持凸显特色、差异化发展和创新发展之路，福建自贸区的正面效应才能得以最大程度显现。"经过改革开放 30 多年的发展，厦门已积累了与台湾在经济上进一步融合发展的良好基础。厦门目前有台企 4000 多家，10 余万台商台胞在厦门工作生活，每 100 个厦门人中就有 3 个人是台胞。因此，厦门在推进两岸经济建设和经贸往来方面更有得天独厚的优势。

（3）积极练好唱好厦门自贸区这"台"重头戏。厦门自贸区的建设，长期以来得到了台商的高度关注。设立的厦门市"海关特殊监管区域整合和自贸区建设工作组"，重点加强投资贸易最大便利化的监管模式、市场准入的审批制度再改革和对台经贸合作更深度融合方式等方面的研究，加快推进自贸区建设步伐。同时，积极推进两岸海运快件、跨境电商、高新技术、检测维修、融资租赁等业务，积极推动建设两岸关港贸一体化信息平台。可见，突出"台"字是厦门自贸区建设的重头戏。

（4）台企转型升级，政策机会多多。台企大多在厦门投资兴业了几十年，近年来在用工、扩产等方面都遇到一些困难，广大台商希望能从自贸区的建设中找到更大的发展商机，期盼自贸区惠民政策细则的出台，以协助台企转型升级。在政策制定方面，厦门自贸区的对台定位与台商关系最为紧密，已经上报中央的 175 条试验政策中对台部分达到 40%，2016 年有望实施的 46 条政策中，涉台政策多达 23 条，达到了 50%。

（5）做足做好"台味"这一大文章。厦门自贸区是为促进两岸投资便利化、贸易便利化、产业对接化而设，是中央顶层设计推动和闽台地缘多方合作共赢优势长期积聚"水到渠成"

的结果。在企业、商家甚至普通百姓看来，自贸区的设立必将把闽台拉得更近，因此，我们应多在"台味"上做足文章！让台商台胞看到两岸更紧密合作带来的更光明的蓬勃发展前景，享受到厦门自贸区带来的更多福利性实惠！

四、创新对台先试先行联动机制与路径

自贸区的挂牌运作使厦门迎来了新一轮改革开放的经济大潮！就当前而言，厦门自贸区就是要不断充实自主改革创新的试点内容，突出特色，差异发展。要选择一些领域，勇于在重大政策创新上先试先行，在破解发展难题上先试先行。

（一）在重大政策创新上先试先行

（1）稳步推进人民币资本项目可兑换。

（2）进一步扩大人民币对台等跨境使用，实现贸易、金融投资、实业投资并重。

（3）继续扩大金融服务业对外开放，力争涌现更多具有业务特色和独特台资商业模式的民营银行。

（4）允许台商经批准在厦门自贸区设立独资学校、医院、银行、航运及两岸电信一体化便捷服务。

（二）在破解发展难题上先试先行

（1）实施"一线放开、二线安全高效管住"的综合开放平台。厦门自贸区将参照"一线放开、二线安全高效管住"的国际惯例，突出台海特色，建立统一高效的口岸联检机制，把自

贸区建成与国际通行规则接轨的对外开放综合平台。为此，要推进两岸海关"监管互认、执法互助、信息互换"，在保障国家安全的前提下，实现两岸货物自由进出。

（2）联动创新，先试先行的高效激励机制。厦门自贸区根据先行先试推进情况以及产业发展和辐射带动需要，积极拓展试点政策范围，形成与两岸新兴产业和现代服务业合作示范区、东南国际航运中心、两岸贸易中心和两岸金融服务中心建设的联动机制。

（3）清新服务，深度对接台海经济的通达物流。海沧是厦门自贸区中最大的区域。东南国际航运中心海沧核心港区域南侧紧邻大海，东至厦门西海域，西至厦漳跨海大桥，北侧以角嵩路、南海路、南海三路和兴港路为界，区域面积达 24.41 平方公里。其目标定位为发展航运物流、口岸进出口、保税物流、加工增值、服务外包、大宗商品交易等现代临港产业，构建高效便捷、绿色低碳的物流网络和服务优质、功能完备的现代航运物流服务体系，成为立足海西、服务两岸、面向国际，具有全球航运资源配置能力的亚太地区重要的集装箱枢纽港。海沧将围绕产业深度对接、服务业合作等领域，争取两岸通关模式最大便利化，进而推动厦门自贸区与台湾自由经济示范区的"区与区"高效对接。

五、激活自贸区的对台活力与张力

自贸区建设是一项长期的工程。福建自贸区将服务于"一带一路"国家战略，立足于深化两岸经济合作，结合国家战略和福建特点，力求充分发挥福建对台优势，率先推动闽台之间投资贸易自由化和资金人员往来便利化进程，与现有的上海自贸试验区形成互补试验、对比试验。同时，福建省作为国务院确定的 21 世纪海上丝绸之路核心区，应积极拓展与 21 世纪海上丝绸之路沿线国家和地区的经贸合作，进一步优化福建对外开放大格局。

厦门自贸区和台湾自由经济示范区作为大陆和台湾不同区域的自贸区（FTZ），相互之间有着特殊的地理、经济与社会关联，两岸开展紧密型合作无疑是双赢的选择。当前，厦门应按照自贸区建设的自身目标定位，研究出台相关政策和具体的实施方案，既要充分发挥台海这一最大的独特基本优势；又要先试先行，积极大胆地创新联动机制；更要珍惜机遇，努力激活自贸区的活力张力；同时还要更加注重借鉴国内外成功的经验模式，千方百计助推厦门自贸区更快更好地起航及发展。

（一）借鉴台湾经验，因地制宜推陈出新

初期，厦门自贸区可在不断完善市场准入和监管模式基础上，积极吸引台资台商，优先发展临港产业、航运物流、两岸经贸、加工保税、金融服务、高端服务、高新技术、台海旅游、商贸零售等方面业务。其实，厦门台商早已瞄准自贸区巨大的商机，广大台商台资台企投资自贸区的热情高涨，投资与创业空间非常广阔。厦门自贸区应在突出特色、差异互补发展中，加强两岸在金融市场、机构、产品、业务、人才等方面的交流合作，支持两岸产品互挂，拓展"两岸通"等双向投资渠道。

（二）探索实施两岸关港贸一站式联动服务

在体制机制方面，厦门正把两岸经贸合作、飞机融资租赁、商事登记改革、跨境电商等业务模式作为推进自贸区建设的突破口；在创新监管制度方面，厦门海关、厦门检验检疫局还形成了"一站式"查验平台，在海关与检验检疫部门共享的查验场所内，关检双方同步对进口货物进行联合查验。为促进贸易便利化，两岸还可进一步探索海关及商检程序及其单证的互认互通。

（三）实行两岸税收管理"绿名单"制度

厦门自贸区可根据台商台企在台湾及大陆的纳税信用管理情况和企业诚信水平，制定并公告税收管理"绿名单"，探索实施自贸区企业的优先管理和专门服务措施，并加强动态管理。

（四）打造两岸创新创业高地，协同突破高端服务

厦门自贸区要推进体制机制创新，营造更加国际化、市场化、法治化的营商新环境，实现政府管理经济方式的转变，推动经济社会长远发展，把工作重点放在制度创新上。目前，自贸区两岸管理部门间的"区对区"共同协作，有望以单一窗口方式、通过统一平台来实现。台商大多从事传统制造业、航运业和两岸农产品以及两岸旅游业。为此，对于两岸产品标准差异的问题，厦门应该创新相关机制，提出相应解决办法，目前比较好突破的应是农产品进口领域。未来针对不同类别的企业，口岸管理部门要研究推出相应的通关便利化措施。

（五）积极先试先行，破解两岸经济发展难题

厦门希望金融管理部门能够尽快下放权力，在自贸区内进行两岸金融领域的政策试验。为此建议：放宽金融投资政策，

降低台湾及外资银行、证券、保险公司设立机构准入要求，批准设立台海股权交易所，为大陆台资企业开展柜台交易；构建离岸金融中心，允许厦门企业设立离岸账户，扩大新台币现钞兑换业务，探索建立外汇交易市场，推动发行债券等信贷品种，为台资企业提供债券发行、信用担保现融资上市等服务；对金融业实施所得税优惠政策，将金融纳入企业所得税优惠目录，给予落地的银行、保险、证券及其他金融中介机构企业所得税优惠政策。而在两岸货物检验检疫方面，由于两岸标准不同，影响了通关速度。为此，两岸双方如能共同成立检验公司来进行协助，分别针对农产品、药品等不同领域，就有望缓解口岸排长龙的现象。同时，针对台企招工难问题，自贸区可以先行先试引进越南等地的劳工，并针对企业生产淡旺季的倾向，统一引进外劳规范管理。这样，就能有效调配人力，降低企业用工成本。

（六）实施差异互补发展战略，联动辐射海峡经济区

对台是福建自贸区的整体特色，但由于产业结构不同，其三大片区是应该差异互补发展的。厦门应立足自身产业基础和发展方向，把握试验重点，细化政策需求，制定合理的发展战略和发展路径，自觉担负起先行者和探索者这一"敢为天下先"和"冒险家"的大智大勇角色，大胆实施区内率先突破、区外积极跟进策略。为此，建议厦门自贸区放宽对台投资领域，凡是符合产业发展方向，投资高新技术、海洋产业、旅游业、服务业和生态环保业等各类企业，不受股权比例和经营范围的限制，同享国民待遇。并实施自由登记制度，实现商事登记体制和监管体制整体优化。虽然自贸区范围不可能覆盖整个海峡经济区，但是自贸区的社会经济效应是完全可以辐射到台湾，从

而形成两岸联动发展格局的。

（七）积极推进民间先试先行，充分发挥台企协作用

2009 年 6 月，马英九在核定台湾金门中长期规划时，已确定将金门建设成为国际级观光休闲岛屿（免税岛）。2003 年 7 月又颁布了《自由贸易港区设置管理法案》；2013 年初，提出了"建设自由经济示范区"的方案；2013 年 8 月，台湾正式启动自由经济示范区。目前，大陆与台湾的经济交流与合作已具备相当规模，合作的深度和广度也在不断拓展。因此，可先通过两岸的民间组织，包括商会、协会、政党进行广泛的联络，其协商结果由政府各自确认推进。随着两岸关系发展和闽台交流合作的全面提升，台企协可成为联系台商、沟通政府的重要渠道，发挥着牵线搭桥的重要作用。厦门自贸区应在加快促进闽台经济一体化，推动海峡经济区早日形成中发挥更大的积极作用。

（八）降低台资准入门槛，放宽台商投资领域

根据研究，厦门的主要外资来源地是香港和台湾。因此，厦门自贸区要有计划、有步骤地引导台商投资资本密集、技术密集和知识密集型产业；要吸引台湾服务企业前来投资设点，开办分支机构或办事处，放宽台企的准入条件和进入范围；要深化投资体制改革，进一步放宽台湾民间投资市场准入，积极创造条件建立产业投资和创业投资引导基金；要拓展对台多层次金融合作，鼓励台商以台引台；要实行更加开放的对台小额贸易政策，放宽台商开设商贸企业的条件；要鼓励并促进台资企业产品返销台湾；要在促进两岸航运产业发展方面，大力支

持厦门港上升为船籍港，在厦门注册的船舶享受免征关税、进口环节增值税和吨位税；要鼓励台商独资、闽台合资设立发展航运企业，允许其经营国内沿海、长江中下游及珠江三角洲船舶运输、港澳船舶运输、海峡两岸船舶运输和外贸集装箱内支线运输。

（九）加强两岸新型人才、投资、贸易等业态发展

厦门自贸区在两岸融合发展中，一是要降低投资融资成本；二是要打造金融领域高端服务；三是要增加境外募资渠道；四是要优化外币基金投资环境；五是要增加投融资退出渠道。台湾在融合中西方企业管理方面成效较好，职业经理人体制机制较为完善。可通过与台湾合作，定制培养国际性高端人才，实现"近水楼台先得月"，为厦门的开发建设提供源源不断的人才支持。在探索跨境投资贷款，营造便利营商环境，打造现代服务业体制机制创新方面，通过融资等方式，以优惠政策引入台湾财团战略投资者，进一步提升金融、贸易、航运等核心功能合作，使之成为厦门自贸区开发建设的受益者。在贸易形态上，期货贸易、保税期货贸易、转口贸易和离岸贸易应是厦门自贸区重点发展的方向。此外，还可加强两岸法律事务合作，支持两岸教育、医疗、电信等方面的合作。

（十）践行"一国两制"实现"共同管理"

福建省原来提出的"共同规划、共同开发、共同经营、共同管理、共同受益"的"五同"发展思路获得了台湾方面的认同，但核心难题是"共同管理"。为此，一是建议吸纳台办、商务、海关等领导和台湾有关部门领导为厦门自贸区高级顾问，以提高自贸区决策的权威性，强化重大政策的落实、协调和引导，形成快速便捷的决策通道。二是赋予其省市级立法权。自贸区涉及政治、经济和文化交流合作等诸多方面，它既不是纯粹的经济特区、台商投资区，更不是一般意义上的经济技术开发区，而是肩负着重大历史使命，要为两岸人民交流合作建立平台，有效探索两种制度、两种体制深度对接合作与融合发展机制，为两岸和平发展和祖国统一大业服务。所以，这是对"一国两制"理论的丰富发展和实践贡献，应赋予厦门自贸区更多的自主权、行政权，使其能享受省市级立法权。为此，厦门自贸区应尽快实现人员进出自由化，特别是便利两岸人员出入境。可对从厦门口岸出入境的台湾居民，采取落地签注或免签注，同时允许厦门居民办理往来台湾地区三年或五年有效多次往返签注的出入境管理办法，为其自由进出提供便利。

六、结论及展望

综上探索分析，福建特别是厦门自贸区将凸显以下积极影响和作用：

（1）对台"一国两制"祖国统一大业的影响作用。厦门自贸区是在"和平统一、一国两制"方针指导下"特之又特"的对台新型特区，这对于加强两岸经济文化联系和政治互信，形成优势互补、互惠互利、合作共赢的划时代大格局具有重要意义，有助于祖国"一国两制"统一大业的早日实现。

（2）"海上丝绸之路"国家战略的排头兵作用。福建是"一带一路"国家发展战略的两个核心区之一，厦门是我国"海丝"战略支点城市。因此，福建及厦门自贸区的建设，是我国新的历史时期实施"一带一路"新丝绸之路极其重要的核心组成部分,其建设与发展关乎这一国家战略发展大计,我们要把厦门自贸区打造成国家建设"一带一路"、"海丝"战略的排头兵。

（3）两岸全面深度合作对接的主体主导作用。两岸经济自由通商、社会融合发展、文化深度交流和政治互信增强是福建自贸区发展的目标。厦门自贸区作为大陆对台改革开放的最前沿阵地,其改革开放主体与经济特区、台商投资区不同。因此,需要更加充分发挥先行先试的体制优势和特殊载体的作用,加快推进两岸经济、文化、政治等方面的全面深度合作对接的主体主导作用,不断扩大两岸基层与民间交流,加大力度增进两岸民众福祉,增强台湾同胞对祖国统一大业的认同感和自信心。

（4）推动"海峡经济区"的孕育形成和发展的积极作用。确立我国"一带一路"战略的实施和福建自贸区的建设,是新常态下我国对台开放的新高地,这必将进一步打开台海开放的新天地,从而有利于加快推动厦门自贸区与台湾自贸区"区与区"和厦门岛与金门岛（免税岛）的"岛与岛"的深度对接与合作双赢,有助于进一步推进福建与台湾联合孕育形成"海峡经济区"。

（5）必将形成自贸区的政策叠加效应及其示范作用。厦门自贸区政策将与之前实施的厦门经济特区、海西经济区、厦漳泉同城化、岛内外一体化、美丽厦门实施战略、国家台商投资区等政策以及我国的"一带一路"战略紧密融合,将会给厦门的社会经济建设和改革开放事业,带来可能形成的、预期可观的政策叠加效应,从而进一步激发和推动厦门在改革开放新常态下实现历史性的新突破、新飞跃!

（6）对我国其他自贸区的积极影响和借鉴参考作用。厦门自贸区在突出台海特色、先试先行、探索创新和差异化发展中，前景宽广，前途远大，政策可行，效应可期，它的对台排头兵、"海丝"战略支点、粤港澳闽自贸区与三大经济特区强强联合，以及其海西经济区域的重要经济中心等作用，将得到更加充分有效的发挥，厦门的社会经济各项事业将更加兴旺发达、蓬勃发展！

【参考文献】

[1] 新华社：《中央政治局审议通过各地自贸区广东天津自贸区总体方案》，http：//mn. sina. com. cn/news/b/2015 – 03 – 25/detail – iavxeafs2175142. shtml。

[2] 央广网：《粤闽津三大自贸区挂牌　全国第二批自贸区建设正式启动》，http：//news. cnwest. com/content/2015 – 04/21/content_ 12363621. htm。

[3]《第九届两岸经贸文化论坛通过 19 项共同建议》，http：//www. taiwan. cn/xwzx/bwkx/201310/t20131027_ 5104748. htm。

电话服务接触质量对顾客忠诚度的影响研究

王 季 李 倩 袁 华

（辽宁大学商学院，辽宁沈阳 110136）

一、引言

服务接触是顾客与企业员工、服务系统等之间的互动，通过互动，企业为顾客提供所需服务。随着科技的发展以及电话的普及，顾客与企业服务人员的接触方式正在发生着变化，越来越多的企业开始采用电话服务的方式（例如，在公司内部建立呼叫中心）为顾客提供服务。在电话服务的过程中，顾客会对服务人员形成自己的评价，如若顾客实际感知到的服务高于自己期望获得的服务，则顾客满意；否则顾客不满意。一旦顾客

［作者简介］王季，辽宁大学商学院副教授、案例研究中心主任；联系方式：沈阳市沈北新区道义南大街 58 号，110136，电子邮箱：wangji@ lnu. edu. cn，电话：18704041056。李倩，辽宁大学商学院硕士研究生；联系方式：沈阳市皇姑区崇山中路 66 号，110036，电子邮箱：liqian-shiny@ 126. com，电话：15004033891。袁华，辽宁大学商学院硕士研究生；联系方式：沈阳市皇姑区崇山中路 66 号，110036，电子邮箱：462090006@ qq. com，电话：15040179883。

不满意，则势必会影响顾客对企业的忠诚度，造成企业客户流失，不利于企业的发展。Dobbins、Ruyter 和 Wetzels 提出呼叫中心已经成为了一个重要的竞争优势来源。因此，电话服务接触方式的出现为企业间的竞争提供了一种新的方式，企业了解电话服务接触质量中对顾客忠诚度产生影响的因素显得尤为重要。

通过对国外文献的研读，发现虽然探讨电话服务接触与顾客满意度、顾客忠诚度关系的文章较少，但探讨电话服务接触中的呼叫中心对顾客满意度、顾客忠诚度影响的文章较多。如 Bennington 等（2000）研究了呼叫中心的优缺点以及与顾客满意度之间的关系。Feinberg 等（2002）研究了银行/金融业呼叫中心顾客满意度的决定因素。Dean（2002）以保险业与银行业为例，提出了呼叫中心的服务质量对顾客忠诚的意义。Dean（2007）研究了呼叫中心员工顾客导向对于顾客的情感承诺和忠诚度的影响。也有文章虽然题目是探讨基于电话的服务接触、声音—声音的服务接触（Moshavi，2004；Burgers 等，2000）对顾客满意度、顾客期望维度研究，但实际上研究的依旧只是呼叫中心与顾客满意度、顾客期望维度。

通过对国内文献的研读，以电话服务接触为主题对中国知网进行检索发现，只有一篇相关文章，研究的是电话服务接触顾客满意度影响因素，但文章没有对电话服务接触进行清晰界定，并且该研究是在假设电话打通的情况下进行的，忽略了电话打不通、被拒接等情况。另外，该研究的问卷发放集中在两所学校和两所宾馆，可能会存在样本不具有随机性、代表性的问题。

正是由于还没有对电话服务接触进行清晰的分类、界定，所以才造成许多学者对电话服务接触与呼叫中心的混淆。因此，本文通过对电话服务接触的分类以及概念的界定，确定了电话服务接触的内涵，总结出不同类别的电话服务接触质量的测量维度。最后选择电话服务接触中应用相对广泛的一类——呼叫中心，探讨了呼叫中心的电话服务接触质量对顾客忠诚度的影响，构建出概念模型。

二、电话服务接触的内涵

（一）服务接触的概念

有关服务接触的研究最早出现在 20 世纪 80 年代。通过查看文献发现，学者们关于服务接触的概念有狭义与广义之分。狭义的服务接触认为，服务接触是顾客与企业员工之间的面对面的接触，如 Surprenant 和 Solomon（1987）认为，服务接触是"顾客和服务商之间的双向互动"。广义的服务接触则认为，服务接触不仅包括人与人之间的面对面的接触，还包括一些非人员间的非面对面的接触。如 Shostack（1985）提出服务接触包括的范围应更加广泛，不仅包括服务企业的服务人员、有形设施以及其他可以看到的部分与顾客的接触，还暗示包括一些非人员之间的接触。Bitner 等（1990）提出，服务接触的对象不应局限于顾客和服务商的交互，还应该包括顾客和服务设备的接触。

如今随着社会的发展，服务接触方式越来越多样化，除了人与人之间的面对面的接触，还包括一些其他的接触方式。因此目前大多数学者都采用广义的服务接触的概念，本文也认同这一观念，采用了广义的服务接触的概念，认为电话服务接触是服务接触中的一种。

（二）电话服务接触概念界定

与服务接触一样，早在 20 世纪 80 年代就有学者提出了电话接触（Telephone Encounters）。电话接触就是顾客与服务提供者之间通过电话的动态交互过程（不包括自动语音服务）（Shostack，1985；张圣亮，2010）。还有学者提出声音对声音的接触（Voice to Voice Encounters，V2V）。声音对声音的接触（V2V）是发生在公司与顾客之间的通过电话进行的交流，V2V 在顾客与公司交易前以及交易后都是非常重要的（Whiting，Donthu，2006）。还有学者提出声音对声音的服务接触（Voice to Voice Service Encounters）（Burgers 等，2000；Ruyter，Wetzels，2000），也有学者提出电子服务接触（E - service Encounter）以区别于以人际互动为主要方式的服务接触（Zhu 等，2002；白琳，2008）。还有学者提出基于电话的服务接触（Phone - based Service Encounters）（Moshzvi，2004；Simons 等，2011）。除此之外，还有学者将其称为电话服务接触（Telephone Service Encounters）（Maria，2005）。可见学者们对于电话服务接触的称谓还不统一。由于它是广义服务接触中的一种，在服务接触中所采用的媒介是电话，因此本文选择 Maria 的命名，将其命名为电话服务接触（Telephone Service Encounters）。

本文提出电话服务接触概念，电话接触是企业与顾客以电话为媒介，相互间进行沟通，从而提供、获得所需服务，进而实现企业员工不用与顾客面对面，顾客也不用受到时间、地点的限制就能提供、获得所需服务的新型服务接触方式。

（三）电话服务接触的分类

通过文献梳理与回顾，可以得知有些学者将声音—声音的接触、基于电话的服务接触等同于呼叫中心的接触。实际上二者是不等同的，电话服务接触的范围更加广泛，呼叫中心只是其中的一类。本文从客户主动呼叫与被动呼叫角度，将电话服务接触分为两类：

第一类是客户主动联系公司，主要包括以呼叫中心为主的服务系统。呼叫中心既包括服务人员提供的服务，又包括自动语音服务（这类服务一般在选择人工服务等待时间过长，或者问题仅需自动语音就能得以解决时使用）。另外还有非呼叫中心提供的服务，如前台等。

第二类是公司主动联系客户，主要包括三种情况：一是客户维系类，是公司对客户的回访，主要由公司维系中心负责。二是主动营销类，包括陌生访问，即漫无目的地向潜在客户推荐产品以及向已有顾客推荐产品等（注意：营销类是模糊地带，一般认为营销类电话不属于服务电话，但是如果是为已经存在的顾客提供更好的业务推荐，以期更好地满足顾客的需要，则也可以认为是顾客服务的一种，本文中主动营销类主要指这种）。三是自动语音提醒类，如提醒顾客缴费等。具体分类如图1所示。

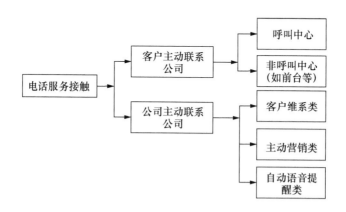

图1 电话服务接触的分类

（四）电话服务接触的内涵

综上所述，电话服务接触作为服务接触的一种方式，是随着科技的发展以及电话的普及而出现的，主要包括两类，一类是以顾客主动联系公司为特征，一类是以公司主动联系顾客为特征。具体而言，电话服务接触是企业与顾客以电话为媒介，相互间进行沟通，从而提供、获得所需服务，进而实现企业员工不用与顾客面对面，顾客也不用受到时间、地点的限制就能提供、获得所需服务的新型服务接触方式。

三、电话服务接触质量的衡量因素确定

（一）服务质量概念界定

学者们关于服务质量的研究兴于 20 世纪 80 年代，在这一时期，大量学者提出关于服务质量的概念。表 1 呈现了各时期不同学者们的观点。

表 1　服务质量的概念

学者	时间	观点
Gronroos	1982 1984	提出顾客感知服务质量，并且把服务质量分为企业形象、技术质量、功能质量。后来又进一步对感知服务质量进行界定，将顾客期望质量与感知到的质量相比较，如果没有满足最初的期望，则顾客不满意；如果服务满足了或者超出了顾客的预期，则顾客是满意的

学者	时间	观点
Parasuraman, Zeithzml 和 Berry	1985	提出了差距模型（共有五个差距），认为服务质量就是顾客期望和顾客体验的差距
Dean	2002	采用了 Parasuraman 等的观点，将感知服务质量定义为它是顾客对实体的卓越的判断，它是一种态度形式，是由顾客的期望和感知质量的比较引起
范秀成	1999	提出了交互质量是服务质量的关键要素，从本质上看，服务质量是一种顾客感知，对其评价带有较大的主观性
汪纯孝	2001	提出顾客感觉中的服务质量，是指顾客对服务卓越性的感知性评估

其中，Gronroos（1982）在对服务质量的研究中，提出了顾客感知服务质量概念，1984 年进一步对感知服务质量进行界定，将顾客期望质量与感知到的质量相比较，如果没有满足最初的期望，则顾客不满意；如果服务满足了或者超出了顾客的预期，则顾客是满意的。这一观点为众多学者所采纳接受。另外，由于在电话服务接触过程中，关于服务质量的好坏，顾客也主要是通过感知获得的，因此本文对服务质量的界定也采用 Gronroos 的感知服务质量的观点。

（二）服务质量的衡量因素

服务质量的衡量维度有多种，并且在不断演进当中。但是通过查看文献可以发现，目前应用更为广泛的是 Parasuraman，Zeithaml 和 Berry 三位学者（1988）的测量服务质量的量表，即 SERVQUAL 量表，主要包括五个测量服务质量的维度：可靠性、响应性、保证性、移情性、有形性，如表 2 所示。

表2　服务质量的测量维度

衡量因素	意义
可靠性	可靠的能够履行对顾客的承诺的能力
响应性	自发地帮助顾客，并且为顾客提供便捷的服务
保证性	企业员工自信，且值得顾客信赖
移情性	员工能够设身处地地为顾客着想，努力满足顾客要求，给予顾客关心，为顾客提供个性化服务
有形性	有形的产品、设备、设施、资产、文字材料等

（三）电话服务接触质量的衡量因素

1. 客户主动联系公司的电话服务接触质量

（1）客户主动联系公司的电话服务接触质量的特殊性。以上 SERVQUAL 量表包括可靠性、响应性、保证性、移情性、有形性五个维度。除了有形性以外，其余的测量维度对电话服务接触质量也适用。但是通过研究可以发现，与传统的面对面的服务接触相比，电话服务接触有其特殊性，因此其质量的衡量因素也具有特殊性。单纯的 PZB 的 SERVQUAL 量表并不能完全适用于对电话服务接触质量进行衡量。客户主动联系公司的电话服务接触质量的特殊性主要有以下四种：

第一，传统的服务接触会涉及有形的产品、设备以及面对面服务等，而电话服务接触主要是顾客与员工通过电话进行沟通，在沟通的过程中并不涉及有形性这一维度。

第二，与传统的服务接触不同，电话服务接触不是面对面的接触，因此对员工的态度（包括语气、语调、礼貌用语情况等）以及服务技能（主要是沟通技能）有了更高的要求，非面对面这一特性决定了顾客主要通过与对方的交流、听觉以及自我感知来判断对方（话务员）的服务质量。Whiting、Donthu（2006）认为，手机用户只能利用听觉，这是唯一可以被用来操纵以改变顾客对等待的感知，进而影响顾客满意度。另外，非面对面性使得顾客看不到与员工的表情等沟通形式，在沟通过程中更容易产生误解。

第三，电话服务接触与传统服务接触的一大区别还在于，电话服务接触需要有完善的系统支持。系统支持完善与否会影响顾客的等待时间，影响顾客与话务员的交谈质量，影响电话接通情况。因此系统支持是电话服务接触质量的一大因素。

第四，呼叫中心自动语音服务类由于不涉及客服人员，顾客通过电话提示的操纵就能获得自己所需的服务，因此自动语音服务类也有自己的特殊性。

（2）客户主动联系公司的电话服务接触质量衡量因素。

1）呼叫中心服务质量的衡量因素。通过查看文献发现，Feinberg 等（2002）沿用了 Anton 提出的衡量呼叫中心质量的因素，共 13 个：平均回答速度、等待时间、首次接通满意率、放弃率（顾客自己挂断电话）、平均谈话时间、坚守工作岗位、挂掉电话后的平均工作时间（记录，探讨）、电话占线率、放弃之前所需时间、客服代表每八小时轮班、客服代表的离职率、总电话数量、服务水平。Zanna（2011）指出现在公司越来越多地通过顾客接触中心为顾客提供服务（Anton，2000；Holman，Batt 和 Holtgrewe，2007；Miciak 和 Desmarais，2001），接触中心通过影响顾客感知服务质量对顾客满意度产生影响。他认为顾客接触中心的质量由七个维度构成：可靠性、同情、客户知识、客户至上、等待成本、用户语音应答单元的友好性、可访问性。沈颂东、丛丽（2011）分析了影响呼叫中心的各个因素，构建了包括服务态度、业务水平、标准性、支持系统、礼貌程度因素在内的呼叫中心服务质量测评体系。

另外，有文章是对呼叫中心顾客期望维度以及顾客满意度的研究。Burgers 等（2000）通过借鉴 Bearden 等（1998）、Boshoff（1999）、Parasuraman 等（1985）的观点最终选择了对 13 个顾客期望维度的属性进行研究，自我效能、适应性、同情、时间、交流方式、可靠性、感知服务质量和顾客满意度的承诺、授权、员工态度、解释、能力、安全、了解客户。通过实证研究，最终提出了电话呼叫服务中心中的四类客户期望维度：适应性、保证性、移情性和授权。Bennington 等（2000）通过对澳大利亚福利署的研究，发现其呼叫中心影响顾客满意度的因素主要有：可靠的跟进、尊重和互相信任、理解关心雇员、迅速有效的服务、容易接通、开放有效的交流、人性化/个性化的服务、可靠的信息。这对其他采用电话服务的企业也具有借鉴意义。刘通（2014）在文章中，通过对 G 银行的呼叫中心的研究，提出了四类影响顾客满意度的因素：电话接通速度、座席业务熟练程度、座席服务态度、业务后台处理速度。

张圣亮、汪峰（2010）在文献研究和深度访谈的基础上，通过分析得出了四类影响电话接触顾客满意度的因素，分别是业务规范、服务技能、适应能力和后台支持。

基于前面所述的理论背景以及电话服务接触质量的特殊性，本文将度量呼叫中心电话服务接触质量的因素分为服务态度、服务技能、顾客导向、系统支持四大类。具体说明如下：

服务态度实际上是顾客的一种内在感受。在电话服务接触中服务态度主要包括语气是否好、用语是否礼貌得当、语调是否轻柔、语速是否适中、声音是否清晰、回答是否富有耐心等。

服务技能是指客服人员为了实现为顾客解决问题和提供优质服务的目标而掌握的专业技能、沟通技能和应变能力。主要包括：客服人员非常了解所在公司的各种规章制度以及各种业务内容，从而能够为顾客提供准确的服务和正确的解答；客服人员具有较好的倾听能力、表达能力与交流能力，并能恰当地应对情绪顾客；客服人员能够快速地为顾客处理好问题，并能够在需要的时候适当地脱离模板，灵活地处理好问题等。

顾客导向是指客服人员能始终秉持以顾客为中心，事事以顾客为先，努力为顾客服务的宗旨。主要包括：客服人员能够满足顾客需求，对于无法满足的需求，能够耐心向顾客说明原因；客服人员注重对顾客的承诺；客服人员会倾听顾客的建议与投诉，并将客户的建议与投诉遵照顾客的意愿反馈给公司；客服人员能够主动为顾客提出解决问题的最佳方案；客服人员面对公司或自己的过错，勇于承认责任，而不是推脱责任；通信公司能够给予客服人员足够的权限来更好地解决顾客的问题等。就自动语音服务而言，这一因素主要包括给予的问题答案是否准确；顾客获得的信息是否是系统设定好的固定模板信息，可用性不大，还需要人工客服解决。

与有形的面对面的服务接触相比，系统支持是电话服务接触所特有的。系统支持指通过通信技术、计算机技术、网络技术等对电话系统的支持，来保证顾客与服务电话的顺利接通和通话顺畅。

具体来说，系统支持主要包括接通电话等待时间的长短，首次拨打能否接通，线路繁忙时有无其他选择，是否会由于人工座席繁忙而屡次被挂断电话，通话音质是否清晰，线路是否稳定不断线等。就自动语音服务而言，这里的系统支持是指自动语音应答系统，主要包括是否能够自动过滤噪声，是否能够识别客户提出的问题，等待时间长短——顾客根据语音提示按键发送要求，获得反馈的等待时间，等待过程中是否可以给顾客提供好的背景音乐，以分散注意力、减少顾客对等待的感知等。

2）非呼叫中心服务质量衡量因素。作为客户主动联系公司的电话服务接触中的另外一种方式，与呼叫中心一样，非呼叫中心服务质量的衡量因素也包括服务态度、服务技能、顾客导向、系统支持。

特殊的地方在于系统支持方面，非呼叫中心也存在接通电话等待时间的长短，首次拨打能否接通，通话音质是否清晰，线路是否稳定不断线等。但是非呼叫中心往往是由一些类似前台的少数几个的服务人员以及几部电话构成，不像呼叫中心在通信技术以及计算机网络技术的支持下，由专门的话务员构成，有着完善的后台系统支持，能够灵活、及时地为客户提供人性化、系统后、标准化服务。因此，非呼叫中心的服务质量在系统支持方面不存在线路繁忙时有无其他选择、由于人工座席繁忙而屡次被挂断电话等情况。

2. 公司主动联系客户的电话服务接触质量

公司主动联系客户的电话服务接触质量的衡量，与客户主动联系公司的电话服务接触质量有相同也有不同之处。

（1）公司主动联系客户电话服务接触质量的特殊性。

第一，与客户主动联系公司的电话服务接触相同，此时公司员工的服务态度、服务技能、顾客导向对顾客感知到的公司的服务质量影响很大。

第二，这类电话服务接触是公司主动打给客户，此时系统支持对顾客的影响不再明显。因此，客户不再受等待时过长、无法接通等情况的影响。

第三，由于此时是公司主动联系客户，因此客户时间的可行性会成为衡量公司电话服务接触质量的一个重要因素。

第四，自动语音提醒类由于不涉及服务人员，其服务质量的衡量也具有特殊性。

（2）公司主动联系客户的电话服务接触质量衡量因素。

1）客户维系类服务质量衡量因素。这种电话服务接触主要发生在公司对客户回访时，同客户主动联系公司的电话服务接触相同，服务人员的服务态度、服务技能、顾客导向仍是客户维系类电话服务接触质量的衡量因素。

此时还有一个很重要的因素——顾客时间可行性，主要是指公司主动联系顾客时顾客是否方便接听电话，是否会对顾客造成困扰等。

2）主动营销类服务质量衡量因素。本文通过研究发现，主动营销类服务质量衡量因素与客户维系类相同，主要包括服务态度、服务技能、顾客导向、顾客时间可行性。

3）自动语音提醒类服务质量衡量因素。此时不涉及公司服务人员，因此服务态度、服务技能、顾客导向等因素不再成为衡量电话服务接触质量的因素。此时电话服务接触质量的衡量因素主要包括可靠性（主要是指给出的提醒信息是否准确等）、顾客时间的可行性，如表3所示。

表3 电话服务接触质量衡量因素

	电话服务接触类别				
	客户主动联系公司		公司主动联系顾客		
	呼叫中心	非呼叫中心	客户维系类	主动营销类	自动语音提醒类
服务质量衡量因素	服务态度	服务态度	服务态度	服务态度	可靠性
	服务技能	服务技能	服务技能	服务技能	顾客时间可行性
	顾客导向	顾客导向	顾客导向	顾客导向	
	系统支持	系统支持（这一因素与呼叫中心不完全相同）	顾客时间可行性	顾客时间可行性	

四、服务质量、顾客满意度、顾客忠诚度的关系

消费者基本遵循感知—态度—行为的模式，通过对服务质量进行感知，通过持续的感知形成满意程度的态度，进而影响消费者的行为。因此，很有必要探讨服务质量、顾客满意度、顾客忠诚度之间的关系。

（一）服务质量与顾客满意度

虽然有关服务质量与顾客满意度的关系至今仍然存在争议，但更多的学者认同服务质量是顾客满意度的前因变量，服务质量与顾客满意度之间具有显著的正相关关系（邓爱民等，2014；吴见平、张玲，2012；杨文超，2013）。

本研究也认为，服务质量是顾客满意度的前因变量，即顾客感知到的服务质量越高，则顾客的满意度越高。

（二）顾客满意度与顾客忠诚度

查看文献发现，学者们关于顾客满意度与顾客忠诚度的研究较多。有学者认为二者关系不显著。如翟庆华、叶明海（2009）研究网络购物顾客忠诚度的影响因素时，用商品满意度和服务满意度衡量顾客满意度，实证结果显示，仅服务满意度对顾客忠诚度有显著正向影响，商品满意度和顾客满意度对忠诚度的影响不显著。

但多数学者都认为，顾客满意度对顾客忠诚度有显著的正向影响（王高等，2006；顾春梅、苏如华，2006；闫涛、高虹，

2014；杨文超，2013）。

本文也认同多数学者的观点，即顾客满意度对顾客忠诚度有显著的正向影响。

（三）服务质量与顾客忠诚度

通过查看文献发现，有学者认为服务质量直接影响顾客忠诚度。如闫涛、高虹（2014）发现服务质量对顾客忠诚度有直接显著的影响。也有学者认为服务质量间接影响顾客忠诚度。如邓爱民等（2014）在研究网络购物顾客忠诚度的影响因素时提出，在线网站特性和线下物流服务质量共同作用于顾客满意度的提升，并间接地影响顾客忠诚度的积累。

多数学者认为，服务质量对顾客忠诚度的影响既有直接影响，又有间接影响。如汪纯孝等（2003）将忠诚感细分为认知性忠诚感、情感性忠诚感、意向性忠诚感和行为性忠诚感。研究发现，顾客感觉中的服务质量对顾客的意向性忠诚感并没有显著直接影响，而是通过顾客对服务性企业的信任感、情感性忠诚感、认知性忠诚感间接地影响顾客的意向性忠诚感。另外，顾客感觉中的服务质量会直接影响顾客的认知性忠诚感和情感性忠诚感。更加一般的观点是，认为服务质量会通过影响顾客满意度进而对顾客忠诚度产生影响。如平怡（2013）研究发现，服务质量对顾客忠诚度有直接的正向影响，同时顾客满意度对服务质量和顾客忠诚度产生部分中介作用。蒋秋霞（2009）认为，整体服务质量对顾客忠诚度有显著的影响，顾客满意度对顾客忠诚度有部分中介作用。如图2所示。

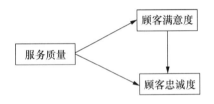

图 2　服务质量、顾客满意、顾客忠诚度的关系

五、模型构建

（一）模型构建

由于电话服务接触所包含的类别具有多样性，因此本文在研究中不一一构建电话服务接触质量对顾客忠诚度的影响模型，而是选择其中应用相对广泛的一类（即呼叫中心）展开研究。

本文将度量呼叫中心电话服务接触质量的因素分为服务态度、服务技能、顾客导向、系统支持四大类。根据服务质量、顾客满意度、顾客忠诚度的关系，本文选择以顾客满意度为中介变量，构建呼叫中心服务接触质量对顾客忠诚度的影响模型，如图 3 所示。

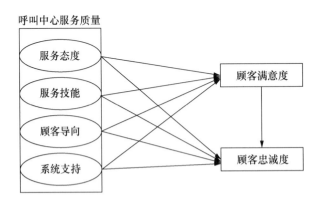

图 3　呼叫中心服务质量对顾客忠诚度影响的模型构建

（二）模型解释

1. 服务态度

服务态度实际上是顾客的一种内在感受，主要包括语气是否好、用语是否礼貌得当、语调是否轻柔、语速是否适中、声音是否清晰、回答是否富有耐心等。

服务态度作为呼叫中心电话服务接触质量的衡量因素对顾客满意度、顾客忠诚度有着直接的影响，同时会通过顾客满意度对顾客忠诚度产生影响。具体来说，顾客感知到的员工的服务态度达到或者超出了最初的期望，则顾客满意。一旦顾客满意，则在未来产生重复购买行为，向别人推荐该企业，以及有多个选择时仍将该企业作为首选的概率会大大增加，即顾客忠诚度提高。

2. 服务技能

服务技能是指客服人员为了实现为顾客解决问题和提供优质服务的目标而掌握的专业技能、沟通技能和应变能力。

3. 顾客导向

顾客导向是指客服人员能始终秉持以顾客为中心，事事以顾客为先，努力为顾客服务的宗旨。

4. 系统支持

系统支持指通过通信技术、计算机技术、网络技术等对电话系统的支持，来保证顾客与服务电话的顺利接通和通话顺畅。

六、结论与展望

随着科技的发展，与面对面的服务相比，通过电话提供、获得服务的方式越来越普遍，企业必须明确在这一过程中对顾客忠诚度产生影响的因素，进而加以完善。这样有利于为企业留住老顾客、吸引潜在顾客，从而不断扩大市场份额，提高企业竞争力，促进企业发展。

另外，本文仅从理论角度构建了呼叫中心电话服务接触质量对顾客忠诚度的影响模型，还未进行实证验证。由于电话服务接触有多种，而每一种电话服务接触质量对顾客忠诚度的影响也不完全相同，本文并没有研究其他类别的电话服务接触。这将是笔者下一步工作的重点。

【参考文献】

［1］白琳：《科技介入型服务接触研究述评》，《外国经济与管理》2008 年第 9 期。

［2］邓爱民、陶宝、马莹莹：《网络购物顾客忠诚度影响因素的实证研究》，《中国管理科学》2014 年第 6 期。

［3］范秀成：《服务质量管理：交互过程与交互质量》，《南开管理评论》1999 年第 1 期。

［4］顾春梅、苏如华：《汽车服务业服务质量、顾客满意度与顾客忠诚度的实证分析》，《商业经济与管理》2006 年第 12 期。

［5］蒋秋霞：《杭州市物业服务企业顾客忠诚度影响因素的实证研究》，《企业经济》2009 年第 5 期。

［6］李雪欣、王迪、叶乔伊：《基于 SSTs 情境的服务质量、顾客满意与渠道迁移关系研究综述》，《辽宁大学学报》（哲学社会科学版）2014 年第 5 期。

［7］刘通：《G 银行信用卡电话服务中心客户满意度提升研究》，首都经济贸易大学硕士学位论文，2014 年版。

［8］平怡：《基于结构方程模型的快递公司顾客忠诚度影响因素研究》，《物流技术》2013 年第 23 期。

［9］沈颂东、丛丽：《呼叫中心服务质量测评模型的构建与分析》，《经济管理》2011 年第 11 期。

［10］汪纯孝、韩小芸、温碧燕：《顾客满意感与忠诚感关系的实证研究》，《南开管

理评论》2003 年第 4 期。

〔11〕汪纯孝、温碧燕、姜彩芬：《服务质量、消费价值、旅客满意感与行为意向》，《南开管理评论》2001 年第 6 期。

〔12〕王高、李飞、陆奇斌：《中国大型连锁综合超市顾客满意度实证研究——基于 20 家大型连锁综合超市的全国调查数据》，《管理世界》2006 年第 6 期。

〔13〕吴见平、张玲：《基于动态视角的工业品顾客忠诚影响因素研究——以珠三角地区电子类制造企业为例》，《企业经济》2012 年第 3 期。

〔14〕闫涛、高虹：《老字号品牌顾客忠诚影响因素模型构建》，《渤海大学学报》（自然科学版）2014 年第 1 期。

〔15〕杨文超：《服务质量、顾客满意度与顾客忠诚度研究》，《经济论坛》2013 年第 11 期。

〔16〕翟庆华、叶明海：《网络购物顾客忠诚度影响因素实证研究》，《经济论坛》2009 年第 18 期。

〔17〕张圣亮、汪峰：《电话服务接触顾客满意影响因素研究》，《西南交通大学学报》（社会科学版）2010 年第 2 期。

〔18〕Alison M. Dean, "The Impact of the Customer Orientation of Call Center Employees on Customers' Affective Commitment and Loyalty", Journal of Service Research, 2007, 10 (2)：161 – 173.

〔19〕Alison M. Dean, "Service Quality in Call Centres：Implications for Customer Loyalty", Managing Service Quality, 2002, 12 (6)：414 – 423.

〔20〕Anita Whiting, Naveen Donthu, "Managing Voice – to – Voice Encounters Reducing the Agony of Being Put on Hold", Journal of Service Research, 2006, 8 (3)：234 – 244.

〔21〕Arjan Burgers, Ko de Ruyter, Cherie Keen and Sandra Streukens, "Customer Expectation Dimensions of Voice – to – Voice Service Encounters：A Scale – development Study", International Journal of Service Industry Management, 2000, 11 (2)：142 – 161.

〔22〕Dan Moshavi, "He Said, She Said：Gender Bias and Customer Satisfaction With Phone – Based Service Encounters", Journal of Applied Social Psychology, 2004, 34 (1)：162 – 176.

〔23〕Dobbins K. , "Achieving Customer Loyalty through Increased Usage of Teleservices. Direct Marketing", 1996, 59 (11)：46 – 49.

[24] Gronroos C. , "A Service Quality Model and Its Marketing Implications", European Journal of Marketing, 1984, 18 (4): 36-44.

[25] Gronroos C. , "An Applied Service Marketing Theory", European journal of Marketing, 1982, 16 (7): 30-41.

[26] Ko de Ruyter, Martin G. M. Wetzels, "The Impact of Perceived Listening Behavior in Voice - to - Voice Service Encounters", Journal of Service Research, 2000, 2 (3): 276-284.

[27] Luuk P. A. Simons, Mark de Reuver, David J. Langley, Roelien Attema - van Waas, Maarten C. Hoeve, Femke Hulsbergen, Nicole de Koning, "Web vs Phone based Service Experiences: Effects of Emotions on Customer Satisfaction AcrossSectors", 24th Bled eConference eFuture: Creating Solutions for the Individual, Organisations and Society, 2011: 114-127.

[28] Lynne Bennington, James Cummane, Paul Conn, "Customer Satisfaction and Call Centers: An Australian Study", International Journal of Service Industry Management, 2000, 11 (2): 162-173.

[29] Maria Economidou - Kogetsidis, "Yes, Tell Me Please, What Time is the Midday Flight from Athens Arriving?", Telephone Service Encounters and Politeness. Intercultural Pragmatics, 2005, 2 (3): 253-273.

[30] Mary Jo Bitner, Bernard H. Booms, Mary Stanfield Tetreault, "The Service Encounter: Diagnosing Favorable and Unfavorable Incidents", Journal of Marketing, 1990, 54 (1): 71-84.

[31] Parasuraman A. , Zeithaml V. A. , Berry L. L. , "A Conceptual Model of Service Quality and Its Implications for Future Research", Journal of Marketing, 1985 (49): 41-50.

[32] Parasuraman A. , Zeithaml V. A. , Berry L. L. , "SERVQUAL: A Multiple - item Scale for Measuring Consumer Perceptions of Service Quality", Journal of Retailing, 1988, 64 (1) : 12-40.

[33] Richard A. , Feinberg, Leigh Hokama, Rajesh Kadam, Iksuk Kim. , "Operational Determinants of Caller Center Satisfaction in the Banking/Financial Services Call Center", International Journal of bank Marketing, 2002, 20 (4): 174-180.

[34] Shostack G. Lynn, "Planing the Service Encounter", J. A. Czepiel, Michael

R. Solomon, and Carol F. Surprenant eds. Lexington, MA: Lexigton Books, 1985: 243 – 254.

[35] Surprenant C. F., Solomon M. R., "Predictability and Personalization in the Service Encounter", Journal of Marketing, 1987 (4): 73 – 80.

[36] Zanna van Dun, Josee Bloemer and Jorg Henseler, "Perceived Customer Contact Centre Quality: Conceptual Foundation and Scale Development", The Service Industries Journal, 2011, 31 (8): 1347 – 1363.

电信通信能力对信息消费影响的计量分析

安鸿辰

（北京邮电大学经济管理学院，北京　100876）

一、引言

2013 年 8 月 14 日，《国务院关于促进信息消费扩大内需的若干意见》出台；2013 年 8 月 17 日，国务院又发布了"宽带中国"战略实施方案，部署未来 8 年宽带发展目标及路径。至此，宽带发展以及信息消费已然成为中国通信产业新的主题。按照工信部《信息化发展规划》的目标，到 2015 年，固定互联网宽带接入用户将超过 2.7 亿户，其中光纤入户超过 7000 万户，城乡宽带接入能力达到 20 兆比特每秒（Mbps）和 4Mbps，部分发达城市达到 100Mbps，有条件的地区实现光纤到村；互联网国际出口带宽达到 6500 吉比特每秒（Gbps）。与此同时，信息消费规模也将超过 3.2 万亿元，年均增长 20% 以上。

［作者简介］安鸿辰（1989—），男，山东人，北京邮电大学经济管理学院，硕士研究生；研究方向：电信运营管理。

可见，在电信通信能力不断提升、电信业务迅速增长的同时，信息消费水平的增长速度将更加迅猛。那么，电信通信能力的提升和信息消费增长的关系如何呢？我们在提升电信通信能力时应侧重哪些方面才能对信息消费的增长更为有利？这些都是本文要着力探讨的问题。

二、信息消费概念及关联性分析

（一）信息消费的概念

国内学者郑英隆（1994）首次提出信息消费的定义：信息消费是社会各种类型决策者将现有的有关决策的信息进行消化吸收，并通过若干转换加工形成行动方案决策或思想决策的过程。继郑英隆之后，贺修铭（1998）从"大情报"观角度提出信息消费是社会信息生产和交流过程的延续，是消费者获取信息、认知信息内容和再生信息等基本环节的社会活动，并将信息消费划分为生活信息消费、学习信息消费、科研信息消费以及决策信息消费四个层次。当前，普遍采纳的是消费经济学的定义，即"信息消费是直接或间接以信息产品和信息服务为消费对象的消费活动"。

（二）电信通信能力与信息消费的关联性分析

根据商品的供求理论，信息消费主要的影响因素可以分成两大类。①影响信息消费品供给方面的因素，属于影响信息消费的客体方面因素：如信息资源开发利用水平、信息产业发展状况、信息商品质量、信息商品价格水平等。②影响信息消费需求方面的微观因素,属于影响信息消费的主体方面因素,主要包括消费者个体的人口统计特征变量。电信通信能力的建设水平决定了信息产业发展的能力,更是现代信息社会中最重要的生产要素——信息传送的载体,对信息消费以及经济的发展具有基础性、先导性的作用。因此,有很多学者对电信基础设施进行研究。

国外学者 M. G. Shane 和 T. S. Pablo(1995)用铺设的光缆数量代替电信基础设施的现代化水平,集中研究美国电信基础设施对 FIRE(金融、保险、房地产)和制造业两大部门的影响,结果表明电信基础设施建设对服务业部门(主要为 FIRE)有显著为正的影响;Madden G.、Simpson M.(1996)基于区域角度,对居民的宽带定制服务建立了 Probit 模型加以分析,并解释了其对区域经济和信息经济的影响。国内学者刘宇(2004)用投入产出法就广东和青海两省电信业的发展对当地经济增长的影响进行了量化测度,表明电信基础设施的投入获得的产出具备间接创造新价值能力,进而带动区域经济的发展;杜武恭、吕廷杰(2005)引入米尔恩提出的普遍服务五阶段模式,通过计量技术论证了我国的电信发展与经济增长间存在着很强的正向关系。

近年来,信息消费对于经济增长的研究也呈现增加趋势,但国内关于电信通信能力对信息消费影响的研究几乎空白,通过上述分析可以看出,电信通信能力的提升可为信息消费提供外部环境的有利条件,尤其是可以提升信息资源开发利用水平以及信息产业的发展,对信息产品的消费能力也具有很好的促进作用,进而更好地促进经济发展水平提升。

三、我国信息消费的发展和电信通信能力的趋势分析

（一）信息消费趋势分析

尹世杰认为，医疗保健、交通与通信、文化教育娱乐用品与服务等信息消费含量高的消费构成广义信息消费项目。吴钢华、杨京英等提出在居民家庭消费支出中属于信息消费的内容包括通信、教育、文化娱乐支出等，即在消费支出构成的八大项目的第五大类中的第二中类以及第六大类，即通信、教育文化娱乐服务。本文采用尹世杰的观点，以医疗保健、交通与通信、文化教育娱乐用品与服务等信息消费含量高的消费作为广义信息消费的构成内容。据此计算出城镇居民和农村居民信息消费（广义）情况如表1所示。

表1 城镇居民和农村居民信息消费（广义）情况

年份	人均交通通信（元）		人均文教娱乐（元）		人均医疗保健（元）		人均信息消费（元）		信息消费额（万亿元）
	城镇	农村	城镇	农村	城镇	农村	城镇	农村	全社会
1997	232.9	53.9	448.4	148.2	179.7	62.5	861	264.6	0.562388232
1998	257.2	60.7	499.4	159.4	205.2	68.1	961.8	288.2	0.63983269
1999	310.6	68.7	567.1	168.3	245.6	70	1123.3	307	0.743277944
2000	427	93.1	669.6	186.7	318.1	87.6	1414.7	367.4	0.94642732
2001	457	110	690	192.6	343.3	96.6	1490.3	399.2	1.033913288
2002	626	128.5	902.3	210.3	430.1	103.9	1958.4	442.7	1.329724715
2003	721.1	162.5	934.4	235.7	476	115.8	2131.5	514	1.51140858
2004	843.6	192.6	1032.8	247.6	528.2	130.6	2404.6	570.8	1.737413158
2005	1097.46	245	808.66	295.5	996.72	168.1	2902.84	708.6	2.043188396

125

续表

年份	人均交通通信（元）		人均文教娱乐（元）		人均医疗保健（元）		人均信息消费（元）		信息消费额（万亿元）
	城镇	农村	城镇	农村	城镇	农村	城镇	农村	全社会
2006	1147.12	288.8	1203.03	305.1	620.54	191.5	2970.69	785.4	2.306154427
2007	1357.41	328.4	1329.16	305.66	699.09	210.24	3385.66	844.3	2.656467956
2008	1417.12	360.18	1358.26	314.53	782.2	245.97	3557.58	920.68	2.868186161
2009	1682.57	402.91	1472.76	340.56	856.41	287.54	4011.74	1031.01	3.298811383
2010	1983.7	461.1	1627.64	366.72	871.77	326.04	4483.11	1153.86	3.777087478
2011	2149.69	547.03	1851.74	396.36	968.98	436.75	4970.41	1380.14	4.339654242
2012	2455.47	652.79	2033.5	445.49	1063.68	513.81	5552.65	1612.09	4.987803763

资料来源：《中国统计年鉴》（2006～2013）。

从上述可知，无论城镇还是农村，我国信息消费额均以接近20%的速度稳步增长，尤其是人均农村信息消费发展速度尤其突出。另外，2012年农村居民人均信息消费额为1612.09元，低于2005年城镇居民人均信息消费额2902.84元，说明农村与城镇之间的信息消费水平有近10年的差距，信息消费的发展水平在农村亟待提升。

（二）电信通信能力的趋势分析

根据国家统计年鉴（数据来源），电信主要通信能力包含固定长途电话交换机容量、局用交换机容量、移动电话交换机容量、光缆线路长度和长途光缆线路长度5项指标。另外，工信部将互联网宽带接入端口数量也纳入通信和网络覆盖能力的体现，因此本文将上述6个指标作为电信通信能力水平的参考指标，如图1至图6所示。

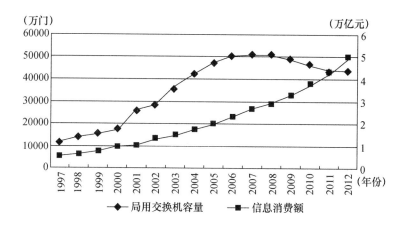

图1 固定长途电话交换机容量与信息消费额增长趋势比对

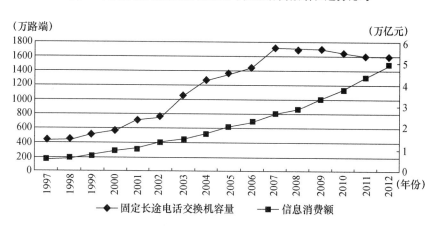

图2 局用交换机容量与信息消费额增长趋势比对

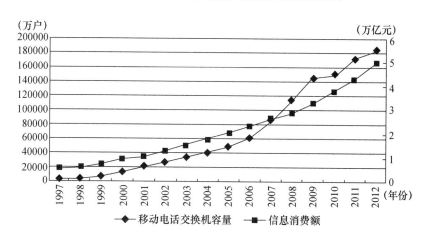

图3 移动电话交换机容量与信息消费额增长趋势比对

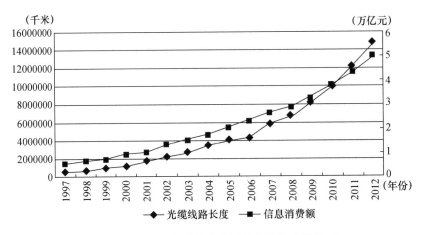

图 4   光缆线路长度与信息消费额增长趋势比对

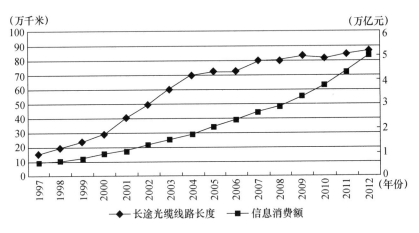

图 5   长途光缆线路长度与信息消费增长趋势比对

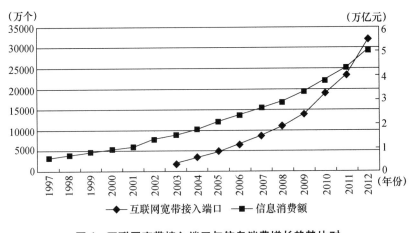

图 6   互联网宽带接入端口与信息消费增长趋势比对

由上述趋势比对可以得出：这 6 个指标在 1997～2012 年与信息消费额的增长趋势基本保持一致，但固定长途电话交换机容量和局用交换机容量的增长趋势在 2007 年时开始呈现下降趋势，主要原因是固定电话消费需求的降低，宽带需求的激增。

四、电信业发展对信息消费影响的计量分析

（一）多重共线性检验与修正

为全面反映电信业发展对信息消费的影响，令被解释变量"信息消费额"为 y，解释变量"固定长途电话交换机容量"为 x1，"局用交换机容量"为 x2，"移动电话交换机容量"为 x3，"长途光缆线路长度"为 x4，"长途光缆线路长度"为 x5，"互联网宽带接入端口"为 x6，从国家统计年鉴中收集到的数据见表 2，建立线性回归模型为：$y = a + b \times x1 + c \times x2 + d \times x3 + e \times x4 + f \times x5 + g \times x6$。

表 2 1997～2012 年电信业发展指标

年份	固定长途电话交换机容量（万路端）	局用交换机容量（万门）	移动电话交换机容量（万户）	光缆线路长度（千米）	长途光缆线路长度（万千米）	互联网宽带接入端口（万个）
1997	436.83	11269.18	2585.7	556921	15.08	NA
1998	449.16	13823.66	4706.7	766582	19.41	NA
1999	503.2	15346.13	8136	952228	23.97	NA
2000	563.55	17825.63	13985.6	1212357.6	28.66	NA
2001	703.58	25566.3	21926.3	1818939.2	39.91	NA
2002	773.01	28656.8	27400.3	2252564	48.77	NA
2003	1061.07	35082.5	33698.4	2734807.2	59.43	1802.3

年份	固定长途电话交换机容量（万路端）	局用交换机容量（万门）	移动电话交换机容量（万户）	光缆线路长度（千米）	长途光缆线路长度（万千米）	互联网宽带接入端口（万个）
2004	1263	42346.9	39684.3	3519224.51	69.53	3578.1
2005	1371.63	47196.1	48241.7	4072787.82	72.3	4874.7
2006	1442.34	50279.9	61032	4279559	72.24	6486.4
2007	1709.22	51034.64	85496.13	5777288.61	79.22	8539.31
2008	1690.72	50863.2	114531.4	6778495.61	79.8	10890.41
2009	1684.9	49265.6	144084.75	8294565.33	83.1	13835.66
2010	1641.46	46537.27	150284.92	9962466.5	81.81	18781.13
2011	1602.34	43428.4	171636	12119302.9	84.23	23239.4
2012	1579.74	43749.31	184023.82	14793300.43	86.82	32108.45

利用 Eviews 软件进行回归估计，结果如表 3 所示。

表 3　回归结果

Variable	Coefficient	Std. Error	t – Statistic	Prob.
C	1.178068	0.619118	1.902817	0.1532
x1	0.000108	0.000570	0.188689	0.8624
x2	$5.94E-05$	$2.80E-05$	2.120234	0.1242
x3	$-9.06E-07$	$3.46E-06$	-0.262022	0.8103
x4	$5.80E-07$	$2.68E-07$	2.165284	0.1190
x5	-0.054984	0.028977	-1.897534	0.1540
x6	$-8.02E-05$	$7.88E-05$	-1.018521	0.3834
R – squared	0.998836	Mean dependent var		2.952618
Adjusted R – squared	0.996508	S. D. dependent var		1.143050
S. E. of regression	0.067542	Akaike info criterion		-2.356107
Sum squared resid	0.013686	Schwarz criterion		-2.144297
Log likelihood	18.78053	Hannan – Quinn criter.		-2.588461
F – statistic	429.1093	Durbin – Watson stat		2.567481
Prob (F – statistic)	0.000173			

根据表 3 可得数据：R – squared = 0.9988；Adjusted R – squared = 0.9965；F = 429.1093；T = （1.902817）（0.188689）

(2.120234)(−0.262022)(2.165284)(−1.897534)(−1.018521)。

由此可见，该模型可决系数很高，F 检验值也明显显著，但 t 检验结果不显著，可能存在严重的多重共线性。而一旦发生多重共线性，就会有两大本质影响：一是使估计量的方差变大，二是使单个解释变量对因变量的影响难以度量。这需要进一步验证是否真的发生多重共线，如果发生，就需要进行修正，以降低多重共线性，得出最切合实际的模型。下面分别做 y 对 x1、x2、x3、x4、x5、x6 的一元回归，结果如表 4 所示。

表 4　解释变量的一元回归

变量	x1	x2	x3	x4	x5	x6
参数估计值	0.002365	7.08E−05	2.14E−05	3.15E−07	0.046851	0.000117
T 统计量	6.412238	4.331460	21.89040	29.40673	6.828442	19.82038
R − squared	0.745994	0.572670	0.971613	0.984068	0.769082	0.980042
Adjusted R − squared	0.745994	0.542146	0.969586	0.982930	0.752588	0.977548

其中，加入 x4 的方程 Adjusted R − squared 最大，以 x4 为基础，顺次加入其他变量逐步回归，结果如表 5 所示。

表 5　解释变量的二元回归

变量	x1	x2	x3	x4	x5	x6
x1、x4	0.000530 (8.405063)			2.66E−07 (36.34002)		
x2、x4		1.49E−05 (9.068586)		2.81E−07 (50.41410)		
x3、x4			6.98E−06 (1.961444)	2.15E−07 (4.125302)		

变量	x1	x2	x3	x4	x5	x6
x5、x4				2.64E−07 (29.87361)	0.010460 (7.033356)	
x6、x4				3.28E−07 (2.581392)		−1.86E−05 (−0.353242)

比较得知，加入 x2 的方程 Adjusted R − squared 为 0.997491，改进最大，且各个参数的 T 检验显著，选择保留 x2 再加入其他新变量逐步回归，结果如表 6 所示。

表 6　解释变量的三元回归

变量	x1	x2	x3	x4	x5	x6
x2、x4、x1	0.000157 (0.590424)	1.06E−05 (1.435360)		2.76E−07 (27.57116)		
x2、x4、x3		1.41E−05 (7.898316)	1.75E−06 (2.076097)	2.58E−07 (11.48289)		
x2、x4、x5		2.40E−05 (2.859348)		2.93E−07 (23.61097)	−0.006855 (−1.110629)	
x2、x4、x6		1.99E−05 (3.847925)		2.78E−07 (3.702582)		1.83E−06 (0.059075)

在 x2、x4 基础上加入 x3 后的方程 Adjusted R − squared 增大为 0.997521，且当可决系数 $\alpha = 0.1$ 时，$t_{\alpha/2}$（n − m − 1）= $t_{0.05}$（12）= 1.782，各个 t 检验都显著。而当加入 x1、x5 或 x6 时，x1、x5、x6 的 t 检验均不显著，说明引起多重共线性，应予以剔除，修正多重共线性影响的回归结果如表 7 所示。

表7　修正多重共线性影响的回归结果

Sample：1997 2012

Included observations：16

Variable	Coefficient	Std. Error	t – Statistic	Prob.
C	0. 261358	0. 052338	4. 993692	0. 0003
x2	1. 41E – 05	1. 78E – 06	7. 898316	0. 0000
x3	1. 75E – 06	1. 63E – 06	2. 076097	0. 3030
x4	2. 58E – 07	2. 24E – 08	11. 48289	0. 0000
R – squared	0. 998017	Mean dependent var		2. 173859
Adjusted R – squared	0. 997521	S. D. dependent var		1. 374506
S. E. of regression	0. 068437	Akaike info criterion		– 2. 313488
Sum squared resid	0. 056204	Schwarz criterion		– 2. 120341
Log likelihood	22. 50790	Hannan – Quinn criter.		– 2. 303597
F – statistic	2012. 884	Durbin – Watson stat		2. 271872
Prob （F – statistic）	0. 000000			

（二）异方差检验与修正

采用怀特检验的估计结果如表8所示。

表8　怀特检验结果

Heteroskedasticity Test：White

F – statistic	0. 813529	Prob. F （9，6）	0. 6254
Obs * R – squared	8. 793746	Prob. Chi – Square （9）	0. 4565
Scaled explained SS	4. 265764	Prob. Chi – Square （9）	0. 8931

Test Equation：

Dependent Variable：RESID^2

Method：Least Squares

Date：11/02/14　Time：20：01

Sample：1997 2012

Included observations：16

Variable	Coefficient	Std. Error	t − Statistic	Prob.
C	0.009211	0.032338	0.284820	0.7854
x2	2.38E − 06	4.92E − 06	0.484526	0.6452
x2^2	− 1.61E − 11	7.23E − 11	− 0.223249	0.8307
x2 * x3	− 7.43E − 11	6.73E − 11	− 1.104874	0.3115
x2 * x4	1.19E − 12	1.24E − 12	0.960302	0.3740
x3	3.85E − 06	3.25E − 06	1.182807	0.2816
x3^2	− 9.73E − 12	1.85E − 11	− 0.526189	0.6176
x3 * x4	3.36E − 13	6.01E − 13	0.559768	0.5959
x4	− 8.53E − 08	6.56E − 08	− 1.300554	0.2411
x4^2	− 1.31E − 15	3.78E − 15	− 0.346097	0.7411
R − squared	0.549609	Mean dependent var		0.003513
Adjusted R − squared	− 0.125977	S. D. dependent var		0.004765
S. E. of regression	0.005056	Akaike info criterion		− 7.467400
Sum squared resid	0.000153	Schwarz criterion		− 6.984532
Log likelihood	69.73920	Hannan − Quinn criter.		− 7.442674
F − statistic	0.813529	Durbin − Watson stat		3.231861
Prob（F − statistic）	0.625440			

由表8可以看出，拟 $nR^2 = 8.7937$，由怀特检验可知，在 $\alpha = 0.05$ 的置信水平下，χ^2 分布的临界值 $\chi^2_{0.05}(5) = 11.07$。因为 $nR^2 < \chi^2_{0.05}(5) = 11.07$，所以不拒绝原假设，表明模型方程不存在异方差性。

（三）自相关检验与修正

三个解释变量的模型，在0.05的显著性水平下，查 DW 统计表可知 dl = 0.86，du = 1.73。模型中 DW = 2.27，而 du < DW，表明模型中不存在自相关性。

综上所述，模型方程式为：y = 0.261358 + 1.41E − 05 * x2 + 1.75E − 06 * x3 + 2.58E − 07 * x4，说明在其他条件不变的情况

下，当局用交换机容量增加 1 门、移动电话交换机容量增加 1 户、光缆线路长度增加 1 千米，分别增加信息消费额为 1410 元、175 元、258000 元。

五、结论及政策建议

我国信息消费的水平与反应电信通信能力的"局用交换机容量"、"移动电话交换机容量"和"光缆线路长度"三个指标有明显的相关性，而与"固定长途电话交换机容量"、"长途光缆线路长度"和"互联网宽带接入端口"没有明显的相关性。因此，作为"宽带中国"战略的重要组成部分，信息消费水平的提升需要重点从"局用交换机容量"、"移动电话交换机容量"和"光缆线路长度"三个指标着手，尤其是"光缆线路长度"的发展将有力促进信息消费额的提升。

电信服务业作为存在进入管制和垄断问题的行业，国家在倡导发展"信息消费"的同时，也需要在政策上对通信企业进行扶持、引导，将有限的资源投入到价值转化最大化的方向，以谋求行业良性化发展和服务社会化的效益。

【参考文献】

[1] 陈燕武：《消费经济学——基于经济计量学视角》，社会科学文献出版社 2008 年版。

[2] 杜武恭、吕廷杰：《经济增长与电信普遍服务的五阶段模式》，《世界电信》2005 年第 3 期。

[3] 贺修铭：《信息消费概念的确立及其理论基础——兼论信息消费学的建设》，《图书情报工作》1996 年第 4 期。

［4］ 沈小玲：《影响信息消费的主体因素分析》，《情报理论与实践》2008 年第 6 期。

［5］ 尹世杰：《消费经济学》，高等教育出版社 2007 年版。

［6］ 郑英隆：《信息消费论纲》，《学术季刊》1994 年第 4 期。

［7］ Shane M. Greenstein，Pablo T. Spiller，"Modem Telecommunications Infrastructure and Economic ActiVity：An Empirical Investigation"，Industrial alld Corporate Change，1995，4（4）：647 – 665.

从御宅消费看 O2O 环境下的 台湾文创产业发展

畲日新　吴淑玲

（暨南国际大学，中国台湾　999079）

一、研究背景

科技网络及各种智能工具的发展，使社会大众愈来愈熟悉实体与虚拟世界的流动与转换，资策会针对 2014 年上半年台湾民众对网络、行动网络、智能型装置、应用程序的认知与普及率进行调查，发现台湾持有智能手机或平板计算机的民众已高达 1330 万人，占 12 岁以上人口约六成的比例。智能型手机普及率为 58.7%、平板计算机为 25.4%，有超过两成比例同时持有智能型手机与平板计算机。此外，脸书与 LINE 的中国台湾地

[作者简介] 畲日新（1962—），财团法人中卫发展中心董事长、财团法人台湾地区实验研究院营运长、暨南国际大学国际企业学系（所）特聘教授、暨南国际大学亚太文化创意研究中心主任，主要从事科技管理与营销、知识产权、策略管理、文创产业经营等领域研究。吴淑玲（1977—），暨南国际大学观光休闲与餐旅管理学系助理教授。主要从事文化消费者、文化创意产业经营及观光与休闲消费者行为研究。
[致谢] 本文感谢中国台湾商业发展研究院予以部分经费补助。

区有效用户数为 1500 万与 1700 万，网络社群及实时通信软件已成为民众使用网络应用服务的重要项目（资策会，2014）。台湾地区民众使用移动工具上网的比例亦有大幅的增长，移动上网由 2012 年的 0.9 小时增长至 2014 年的 2 小时，其中通过智能型手机上网的比例由 2012 年的 32% 增长至 2014 年的 73%，逾 2 倍增长，而通过平板上网的比例增长达 2.58 倍，使用计算机上网时数较 2012 年的 4.5 小时增加至 5.3 小时。而 O2O（On-line to Offline）此项新兴科技应用模式，更为企业提供了经营或服务层面的创新，即为厂商打造了一个能与消费者无缝互动的平台；如知名时尚厂商 Burberry 也致力于追求以全渠道（Ommi - Channel）的模式打造出在线及线下的消费整合模式以为消费者打造 360°的完整体验，即所采用任何科技装置的使用都是为了让消费者能更深地联结于 Burberry 的品牌与文化，因此，不同科技及渠道的整合是 Burberry 能让消费者体验完整化极关键的因素（George 和 Villeneuve，2013）。除了增加消费者的购买意愿及增加消费者的决策效率性外，Gap 通过让消费者在网站上完成信息收集及购买决策后，实体店面只要提供简单的取货功能，亦即实体店面不需要大量的试衣间及产品的展示空间的配置，甚至，在中国台湾地区，消费者的取货功能都能够被宅配所满足。根据美国市调机构 eMarketer 的推估，2008 年全年，美国受到网站影响（Web - influenced）而促成的实体门市交易金额高达 6252 亿美元（预估此数字年增长 19%），由此可知，O2O 此种虚实渠道整合对消费市场的影响。零售渠道的整合及 O2O 对消费者行为的影响是当今 O2O 研究的主轴，研究发现实体及虚拟的服务策略在消费者的认知上是具有差异的，因此厂商亦应针对此认知差异进行营运或服务策略的设计（Harris，Grewal，Mohr 和 Bernhardt，2006；Shen 和 Wang，2014）。

在消费者文化（CCT）的研究系统下，发现社会变迁（Social）及社会形态与结构（Social Pattern 和 Structure）与社会中的消费实践有着极为密切的关系，消费者是社会中的一分子，消费者所处的社会地位及社会角色会影响其对阶级、群体、种族及性别等价值的诠释，进而影响其消费选择及行为（Otnes，Lowrey 和 Kim，1993）。同时，消费者于其所处的社会脉络下，也会通过消费以重新建构其文化本质；亦即，消费者一方面通过消费的行为，接收由产品或服务所传递的文化意义，另一方面，也通过个人对产品或服务的消费以创造个人的文化意义，进而通过与社会的互动，重塑整体社会的文化；在此流动式的社会文化建构下，消费者的品位亦会呈现动态的发展，此现象在文化消费中更显著。因此，在网络经济的推波助澜下，虚拟与真实场域及新、旧消费行为模式之间的转换与互动，便成了网络社会学或行销学的新兴研究领域，而大部分研究亦支持科技进步会造成人类消费或沟通行为改变的论点，如 Bilton（2010）、Shirky（2010）进一步以媒体为人类的社会参与及个人生活行为所带来的影响以及科技对人类行为造成的改变为方向，进行新时代的人类行为的发掘，其研究结果发现，科技进步为人类带来的平权思维，是造成人类主动且愿意花费大量的时间在网络上，并通过网络实践日常生活中的消费、社交、学习、工作、休闲等事务的主要原因。亦即，科技进步为社会带来的绝非仅是便利性或易达性，事实上，科技的进步是由人类的需求所驱动的，而科技的进步更进一步促进人类行为的改变。由此可知，消费行为的改变受到外部的环境影响，同时亦带来了外部机制的改变，因此，除了讨论社会环境因素对消费者的影响，还要回到消费者本身的心理及行为面的改变的意涵及其行为改变对社会造成的影响，才能对于当今消费世界中正在发生或将要发生的趋势进行较为全面的探索（Hayden，2011）。

宅经济在当今台湾是炙手可热的议题，虽然到目前为止，大家对于宅经济的产值计算范围仍未有清楚的定义，最令人质疑的是，若将所有消费者可在家里实施的所有消费活动列入宅经济的范畴，除了无法精确计算的疑虑外，更忽略了"宅"背后所代表的与过去不同的新兴消费者行为。目前最被大家认可的宅经济的定义范畴仍是以动画（Animations）、漫画（Comics）及游戏（Games）为主的产业，简称 ACG 产业，其中又以游戏产业最受瞩目。在新兴的消费模式下，消费者的需求愈来愈多元，且愈来愈具个别性，厂商已无法用传统的人口统计变量或经济变量作为分析的依据，之前宅经济的研究结果认为宅族应以青年或青少年为主，事实上，在这个极易表达自己同时又能隐藏自己的时代里，消费者大多拥有两种或多种年龄及身份表现，宅族的年龄层应在 16~45 岁，不同年龄层的消费者却因同样的因素而表现出十分相似的消费选择。由此可知，厂商唯有缜密地观察并探索消费者内心世界的表现或反应及其行为面所带出的信息，才能得知该如何设计出符合个人主义及多元身份认同与转换世代下的消费族群需求的商品。本研究以极具特异性及个性化表现的宅族情况，以探索新兴消费族群的状态及其行为模式的表征，发掘在文化创意产业中新的商机及价值创造模式。

在后现代的思维中，消费者已非被动的商品信息或服务的接受者，产品本身的实体属性与品质已成为基本评估条件，愈来愈多厂商愿意重视消费者通过多元管道所反映的需求回馈及意见表达，因为消费者的回馈有助于增进厂商进行产品开发的效率，并得以节省营销研究费用，更重要的是能使产品更贴近消费者，此种消费者回馈亦可被纳入并成为厂商产品开发的可用资源。由此脉络的发展可知，消费者虽非直接参与生产，但不可否认的是当今市场面的主动回馈在产品开发上扮演相当重要的角色，亦即消费者为共同生产者或创造者的学者认为，消费者的参与根本性地改写了价值创造与传递的真义，认为价值产生始于消费者进行消费而非生产者提供商品（Holbrook，1996；Vargo 和 Lusch，2004a；Woodruff，1997），消费者有形及无形地参与创造对消费者的满意度将有正向的影响。同时，各种网络社群的兴盛，激发了消费者的创造欲望与潜能，年轻消费族群会因为创作欲望的被满足而协助达成实体物的定制化及个性化目的，未来设计师等生产者通过消费者呈现数字设计品以进行实体商品开发的前景是可被预期的。鉴于此，本研究认为在O2O的发展趋势下，除了探讨虚实渠道整合对未来商业模式或消费者行为的影响外，更应从消费者自主与创造的观点探察在虚拟与实体消费环境的交替中，了解谁是价值创造的真正主责者？市场中的价值是如何被创造、被沟通及被转化的？消费者在消费过程中的角色定位为何？等等。

二、文献探讨

（一）御宅（宅）消费

御宅（宅）族或宅经济的早期研究中，将宅消费的出现单纯地归因于经济不景气及科技贡献的影响，发达的科技让消费者在不减少生活丰富度的同时达到减少人际交往的需求，从而达到节省成本的目标。中国台湾地区的"宅族"一词源自日本的"御宅"，即日语的**おたく**，被较多御宅研究者认为是由社会评论分析者中森明夫，在1983年中期于漫画月刊《漫画**ブリッ**

コ》上连载的《"おたく"の研究》专栏中，首次正式使用这个名词来称呼这个特殊的族群。"御宅"早期指的是那群热爱动画、漫画等次文化的人。因此，日本开始有专业的御宅研究者出现，如，GAINAX 创始人之一，自称"Otaking"（御宅王之王）的冈田斗司夫对整个御宅文化有着举足轻重的影响，更将御宅族美化为一群对影像（Image）有着强烈狂热行为的进化人种。后来因为 1988 年于日本发生著名的"宫崎勤事件"，再加上"御宅"一族的人由于过分热衷特定领域，其中不少人的人际关系与社交能力相对于一般人而言较为薄弱，因此日本社会对于"御宅"多存有负面的观感，当今日本社会对于"御宅"已有较高的接受度。"御宅"一词到了台湾地区后，便直接在"御宅"后被加上"族"字，成为"御宅族"，以词意本身的日文意义将"御宅族"定义为不出门的茧居型人类，进一步将原本为代名词的御宅当成形容词使用，最后更以"宅"简称，因此有"宅男"的产生。早期日本动漫迷以男性居多，后来由于日本女性动漫迷人数增加，"宅女"一词随之出现。发展至今，台湾地区 ACG 迷，特别是专家等级的 ACG 迷只愿以"御宅族"自称，而不认同大众对"宅"的诠释（傻呼噜同盟，2007，2009），此为狭义的"御宅族"，而广义的御宅族则将对某一个领域有重度的爱好并进行深入钻研的人视为"御宅族"，由于台湾地区宅族专注且深入对某一领域进行钻研并与好友分享知识的精神所展现的独特性，再加上群体规模扩增，御宅族亦成为次文化学者关注的研究族群（Leyshon，Webb，French，Thrift 和 Crewe，2005）。

中国大陆地区御宅族的相关研究于 2004 年之后逐渐增多，其研究多为社会文化与视觉艺术的领域，自 2008 年开始，愈来愈多研究者投入消费者行为及商业策略模式的研究（古孟钊，2004；白超熠，2006；章渊博，2008；何晓峰，2009）。

（二）Co - creation

共创早期的研究多着重于厂商的生产流程中，消费者的参与或贡献程度的多寡及为厂商带来的成本节省效益为何，如自助式的取餐，此种新兴的消费者参与模式被称为共生产（Co - production）（Chen，Tsou 和 Ching，2011），后来的研究虽把消费者共同参与延伸至服务提供的消费价值共创（Co - creation）上，但仍仅强调厂商的效益而未针对消费者在价值创造中的角色与所获利益进行探讨（Payne，Storbacka，Frow 和 Knox，2009；Vargo 和 Lusch，2004b）；后续研究发现，消费者与组织的互动以及对组织的贡献并非仅在生产成本的节省上，而是在组织价值的创造上，认为消费方才是价值共创的主要驱动力，而非生产方（Nam，2008；Zwick，Bonsu 和 Darmody，2008），Prahalad 和 Ramaswamy（2004）进一步将共创与体验进行结合，发现价值是由多点且多方的共创行为而产生的，而价值创造的本身是一种共创的体验，基本上，组织（生产方）所应该做的是提供一个能让消费者参与共同建构出共创体验的环境。近期，更多学者对共创领域投入研究，使得共创在行销领域中的研究亦在稳定增加中（Cova 和 Dalli，2009；Hjalager 和 Konu，2011；Payne 等，2009；Xie，Bagozzi 和 Troye，2008）；而且，目前的共创研究也将重心从使用上的价值（Value - in - use）转至脉络上的价值（Value - in - context），即从功能性与结果转移至共创的发展过程与互动性的讨论（Fyrberg 和 Jüriado，2009；Vargo，Maglio 和 Akaka，2008），同时，共创亦是消费者体验及忠诚产生的关键要素（Megehee 和 Spake，2012；Singh 和 Sonnenburg，2012；Tynan，McKechnie 和 Chhuon，2010）。

三、研究方法

本研究采用深度访谈法以近似于日常会话的方式进行，让受访者从容地分享自己的消费故事，通过受访者对消费的自我陈述及对消费的投入和需求，以了解受访者的消费经验。本研究依据较多专家学者认同的 ACG（动漫、漫画、电玩）重度使用者，且具有专注、执着准则并产生除了消费外的延展性行为以进行访谈对象的筛选准则。本研究采用滚雪球（Snowball）的方式，找到作为"ACG 消费爱好者"并符合"御宅精神"的人，本研究的御宅（宅）族消费群的受访者共计 17 人，年龄介于 20~45 岁。通过以上方式，逐步搜集所需的资料，并在访谈进行的过程中，通过对受访者基本资料的剖析，再加上于访谈间不断由受访者消费的活动、消费的方式、消费的强度及通过 ACG 消费所衍生出来的其他消费、社会参与及创作呈现等，不断地检视与调整受访对象的选择，以提高其资料搜集的准确性，受访者的描述如表 1 所示。

表 1 受访者资料

受访者编号 （年龄）（性别）	促发事件及消费选择、行为描述
CH1（40） （男）	从中学开始一直都是动漫迷，对游戏的涉猎较少，为模型制作及模型搜集的狂热分子。大学时开始加入 ACG 社团，并开始发表评论，后来在大学商学院从事教职时，仍未间断相关的社团活动，并参与政府发起的"大宅门"计划，试图将中国台湾地区的科技发展应用至御宅（宅）产业上，后来因为对 ACG 的热爱，再加上看到台湾地区 ACG 产业的产业缺口，于是辞去教职，自行创业并在媒体持续发表御宅（宅）评论，致力于找出未来御宅（宅）商机的可能性。目前除了经营公司外，亦参与大学通识课程的"御宅学"教学

受访者编号 （年龄）（性别）	促发事件及消费选择、行为描述
CH2（35） （男）	从大学时即为 ACG 爱好者，在网络发展早期便在学校 BBS 上经营 ACG 论坛，并定期发表文章，目前为 ACG 专业非营利同好团体——傻呼噜同盟的领袖之一，并致力于御宅族的研究，甚至把 ACG 的元素应用在教学上，是非常受学生欢迎的老师；目前仍是 ACG 之重度爱好者
CH3（35） （女）	为漫画出版社的编辑长，高中时便大量地接触动画、漫画并以此作为生涯规划之重要选项，进入杂志社后，因产业环境的改变而导致公司的营业额下降，并看到 ACG 族群的活跃及未来发展的可能性，因此建议老板将公司的出版类项扩增同人志及 Cosplay 杂志，让公司的经营更为多元且年轻化。其本身为 ACG 爱好者，并积极从事 Cosplay 的活动
CH4（30） （男）	因为工作的关系，需花费较常人多的时间在网络世界中，玩网络游戏是为了变换心情及认识新朋友，为了寻找生活中的新鲜感并维持社会网络，他亦花大量的时间经营自己的部落格，喜欢对搞笑的漫画或图片再创作以表达自己对事情的看法，平常偶尔也看漫画，但为了使自己在部落格上的画技更精进，目前看漫画的量便大幅增加了
CH5（19） （女）	小学的时候，因为家人及同学的关系开始看动画、漫画，从小就喜欢在课本上画漫画，中学的时候已担任动漫社社长，因知心好友的关系，大二开始加入 Cosplay 的行列并开始出同人志，定期上台北与同好相会并贩卖同人志，目前仍在大学里担任动漫社社长，并负责社团的同人志及 Cosplay 美学的教学，目前打工的钱多花在 Cosplay 及同人志创作上
CH6（21） （男）	从大学的时候开始大量地接触计算机并进入网络游戏的世界，由于班上同学联络感情多以计算机，特别是网络游戏组队的方式认识彼此，因此逐渐习惯于虚拟的空间上与熟悉的或不熟悉的朋友建立关系
CH7（24） （男）	小学时开始看动画、漫画，到大学时开始玩电玩，主要是受同学的影响而投入的，目前仍固定地看漫画、玩网络游戏及看轻小说。算是班中的异类，同学对其仍投入时间在动漫社的活动中存在诸多质疑，他自己却把 ACG 的消费当成督促自己更有效率地完成实验及研究的动力，面对别人的质疑，他从不在非同好的面前谈论 ACG，并以更积极地做实验以反抗别人异样的眼光

受访者编号 （年龄）（性别）	促发事件及消费选择、行为描述
CH8（21） （女）	自认为是腐到爆表的人，小学受哥哥的影响开始看动画、漫画，中学跟着哥哥玩计算机游戏，现在因为读书的关系，已不玩游戏，但对漫画及轻小说却仍十分执着，常以 Cosplay 及同人志的方式表达对文中角色的热爱，并已逐渐习惯于虚拟的空间及实体空间之间的生活方式转换
CH9（20） （男）	小学开始看动画、漫画及电玩，是中学时因为同学的关系而接触的，目前在休闲时间仍花大量的时间上网玩游戏，轻小说是最近爱上的东西，潜心研究中。在非御（宅）族中，个性显得乐观、上进，但绝不会发表任何关于御（宅）相关主题的言论，在同好中则显得消极悲观，但会大量地谈论自己对御（宅）消费对象的看法
CH10（21） （男）	大学三年级开始，因为工作及研究的关系，需要花费大量的时间在教授的研究室使用计算机，为了维持高质量的生活，便积极思考如何通过网络而得到质量良好的休闲生活，因此除了睡觉时间外，几乎都"挂"在网上，除了玩玩网络及计算机游戏外，为了保持与世界的联结，常利用 MSN 与朋友联络感情，并花大量的时间浏览网上信息
CH11（25） （女）	大学时期因同学的关系而喜欢网络游戏，但真正让她持续玩网络游戏的主要原因是，在网络游戏中不必处理复杂的人际关系。出国读书后，因为语言及文化的隔阂，无法遇到真正可谈心的人，因此花大量的时间及金钱以网络游戏继续与朋友联系感情，并通过经营自己的部落格以抒发自己的情绪
CH12（25） （女）	大学时为了交朋友而开始玩网络游戏，由于喜欢让别人深入地了解她但又想保持神秘感，花在网络上交友的时间远比实际面对面交友的时间多很多，为了找新鲜的话题并巨细靡遗地把自己的生活点滴交代清楚，会花时间上网浏览别人的部落格、BBS 等，也会自己写部落格，无论是网络游戏或部落格，都是她实践社交的主要工具

受访者编号 （年龄）（性别）	促发事件及消费选择、行为描述
CH13（26） （女）	为广播电台的记者，本身毕业于日文系，由于兴趣及工作之需，长期钻研 ACG 相关领域之研究，并著有专书；本身为 ACG 爱好者，并从事 Cosplay 活动
CH14（22） （男）	从小家教甚严，父母给予较多的限制，于是上大学住宿开始一个人的生活后，十分兴奋自己可以掌握所有的时间，于是跟着班上同学一起成为网络游戏中的一员；后来更把休闲时间的使用，从网络游戏延伸到网络电影、动画下载等，因此除了上课时间外，几乎均"挂"在网络上
CH15（25） （男）	上大学后由于学习上及人际交往上的焦虑而大量地投入时间在网络游戏及电玩上，再加上个性的关系，常在人际团体中扮演隐形人，因而花更多的时间用于网络社交而不愿再拓展其他的人际网络。由于很容易专注在某一特定的主题上并愿意深入研究，因此，在网络上常成为别人请教的对象，因而把生活重心移至网络世界中
CH16（21） （女）	为"大手"级的同人志作家，从中学便和同学开始参加同人志贩卖的活动，后来因为画风特别及漫画技巧精湛，作品非常受同人志同好的喜欢，现在以同人志创作为主业，虽然已有日本的漫画出版社愿意与她签约，但由于自己在同人志场的收入不错，再加上不想失去工作的自由度，至今仍以个人工作室的方式运作，偶尔会和台湾地区的漫画出版社合作
CH17（20） （女）	小学时因为姐姐之故而接触 ACG，目前仍是重度 ACG 迷，亦将兴趣延伸至由 ACG 发展出来的其他对象，特别是轻小说，觉得轻小说内容丰富又不会给读者太大的负担。本身对于 ACG 发展史如数家珍，也喜欢在网络上纠正别人不正确的评论。由于所学的关系，大量地从事同人志的创作，但并不贩卖，只在网络上发表，也参与 Cosplay，纯粹是为了与同好共同进行活动而投入的，并不在乎别人的看法

资料来源：本研究。

四、研究结果与分析

（一）御宅（宅）族之消费历程与动机分析

本研究结果发现，1960 年后出生的受访者及 1985 年后出生的受访者，呈现特殊的消费行为。较成熟的御宅族群几乎是从日本的动漫在中国台湾发展初期便投入，接触的时间多为初中、高中以后，大多数是在大学后成为 ACG 迷。由于当时的漫画与动画，特别是电视动画，出现量稀质差的情况，且多以儿童作品居多，无法完全满足青（少）年的需求，因此，这群消费者会选择在内容上置入科学或历史等相对进入障碍较高的动画，如《新世纪福音战士及机动战士》（钢弹系列），此群 ACG 爱好者非常在乎是否能在消费的过程中与角色及创作者产生知识与心灵交流，并引出知识探求与解决问题的过程，他们将动画当成消费的主轴，将漫画视为其了解动画的信息来源，而游戏对他们而言，是属于较晚期的产品，并认为游戏的画面较为单调。因此，当时的游戏往往以剧情取胜并能满足知识探索的需求，如受访者 CH1 及 CH2 皆把玩游戏当成与创作者斗智的过程，破关并不是他们主要的目的，能将游戏创作者设计游戏的逻辑找出来，才是他们玩游戏的乐趣所在。这群消费者多具有大学以上的文凭，再加上资源的缺乏，反而使他们为自己及别人创造资源的过程中成为重度的使用者。较年轻的御宅族群，相对拥有较为丰富的 ACG 资源，当时日本电视动画，如《无敌铁金刚》、《科学小飞侠》及《小叮当》等动画已在中国台湾地区流行近十年，再加上当时几乎没有台湾地区自制的电视动画，这群消费者从幼儿园或小学阶段便自然而然地接触日本及欧美电视动画，并习惯于异国动画的故事风格及角色形象，如受访者CH9表示在自己的记忆中，在幼儿园里的午觉都是被日本的电视动画声叫起的。

ACG消费者多从较为简单直接且生动的动画入门，然后开始进行漫画消费，最后才进入游戏的世界。受访者CH13的ACG消费历程与大部分的受访者相反，由电玩开始入门，其主要的原因在于小学、中学时因为升学压力，父母严格禁止他看动画、漫画，一直到大学从澳门来台读书后，因为同学集体玩游戏以进行联谊的原因而接触游戏，玩游戏的过程中因为对游戏的背景及角色故事深感兴趣，去主动至漫画及动画中寻找故事及角色的背景信息。而较多的受访者是从小学时开始投入电视动画的消费，如CH7、CH8、CH9、CH13、CH17等受访者皆随着识字能力提升，便开始转向漫画消费，彼此分享漫画及一起泡在书店成了他们在下课或放学后的社交仪式之一。而计算机游戏的故事剧情较为固定且没有与真人互动的压力，因此游戏的新手会从计算机游戏入门，待练至对自我的掌握力有相当的自信后，玩家才会开始进入网络游戏，再加上中学时期正是课业压力最重时，游戏类，特别是网络游戏往往需要消耗不能间断的大量时间，因此大学往往是玩家开始大量投入游戏消费的时期。由此可知，由于ACG消费对象本身的内容设计及角色设定均具有深度意义及故事性，因此，探索与钻研ACG内的知识亦成为御（宅）族对ACG产生黏度的主因，此亦是御宅（宅）消费群与一般从事ACG消费的人最大差异之处。御宅（宅）族的消费动机及历程可被视为一种知识论型的消费（Epistemic Consumption），此形态的消费中，发达科技所造就的消费对象视觉上及感官上的好感以及使用的便利性让消费者愿意投入，而消费对象中内含的不断演化及变形的知识是让消费者愿意持续投入的诱因，消费对象中的知识性使得消费者能利用它而形成消费者自我认同的探索及自我成长的增进（Zwick 和 Dholakia，2006）。

（二）御宅（宅）族的真实与虚拟关系建构

ACG 的消费会依消费者本身的知识能力及可及性而产生一个消费动线，动画相对于漫画是较容易理解且进入障碍低的，而大部分的日本动画是由日本漫画改编而成，因此动画爱好者往往因为想了解动画的故事背景而从事大量的漫画探索，探索的结果除了能满足成就感上的需求，往往也能解决消费者自身认同与成长阶段所遭遇的问题，如受访者 CH2 与 CH4 便将 ACG 中的虚拟角色当成生活困难的咨询者及自我成长的资源库，并与其建构起关系。受访者 CH6 认为网络游戏世界因为要顾及"别人"的感受及自己给别人的观感而不能尽兴玩乐，因此他上网玩游戏是为了与班上的同学互动，而受访者 CH7、CH10 和 CH14 等受访者亦持有相同的看法。对于动漫 ACG 的消费者而言，看动画及漫画的过程，"自己是对动画或漫画里的角色深深认同的，虽然这些角色为二次元的，与真人的三次元呈现不同，但这些二次元的人并非不真实的，他们反而比现实生活中的人更有血有肉，更值得用真心去爱"。他们之所以开始投入同人志及 Cosplay 消费是因为"想以自己的方式把对角色的爱诠释出来"。到后来有些角色，如果要去把他们 Cosplay 出来还不大有信心时，会宁愿不要去做，免得污辱了本来的角色，受访者 CH13 便拥有如此的坚持。

从御宅（宅）消费者的消费动机、历程与互动的剖析中，不难发现御宅（宅）族与消费对象关系建构上的多样性及层次性。ACG 产品本身的剧情铺陈、角色刻画及拟真或夸张的美学设计的确有助于御宅（宅）消费者的投入与参与，如受访者 CH16 及 CH5 表示看漫画书与看动画最大的不同在于前者是用剧情创造空间供消费者想象，消费者自己要花较多的时间投入到想象世界，而动画却能通过精湛的动画技巧提供消费者五官上的刺激，而带领消费者进入想象的世界，消费者大多时候是跟随动画的脉动而进入想象空间。至于游戏则包含动画所有的元素，并以更立体及夸张化的表现手法，让消费者能更快地进入到游戏的空间，通过消费者肢体与头脑的实际参与，而使消费者能得到更多的体验效果。亦即，ACG 产品本身的设计逻辑即是为了将消费者带入异世界以体验日常生活中所无法经历或无法完全经历的事物或经验，如受访者 CH2、CH5、CH6 便认为 ACG 中的夸张手法是二次元世界里理所当然且使爱好者能进入想象的主因。受访者 CH2 更是以激动的神情叙述着《航海王》里的主角鲁夫，认为"他是橡皮人，所以大口吃肉的夸张感，那种灵动感，很棒！里面出现橘色的头发是很正常的，改成一般的黑色反而觉得太不正常了"。虽然夸张及特效被御宅（宅）族认为是引领他们进入梦想（想象）世界的钥匙，但太虚幻或与现实世界完全不符的情节或角色设计，反而会变成继续深入的阻碍，受访者 CH11 则认为太违反人性的角色刻画会让她进入到一个批判的机制中反而无法投入体验，受访者 CH14 及 CH17 均认为《航海王》里面虽然有很多在现实生活中不会出现的元素，比如他哥哥艾斯的设计虽也符合动漫元素的特点，但其平易近人且展现的好哥哥形象，是让大家更喜爱这部作品的原因。由此可知，ACG 在消费对象本身的设计上即拥有其他消费对象所没有的夸张及想象元素，这些独特的元素即形成了让消费者能被吸引而愿意与之发生互动的符号资源池，此符号便能让消费者用以完成自己的消费目的，如自我认同之建构、与他人的互动或区别。

（三）御宅（宅）族消费中的生产性

御宅（宅）消费者从 ACG 中所获得自我成长、人际关系及自我建构的利益后，便会将其对 ACG 消费的热爱延伸至其他以 ACG 的元素为根基而发展成的消费对象上，如同人志及 Cosplay 等消费，亦即，御宅（宅）族重度、持续且多元地投入消费，是在消费者试图从消费对象中获得生活上及心理上需求的满足过程中的消费者投入，同时亦是一种因由 ACG 中获得满足为了对消费对象表达感激与爱意而自主性地投入非 ACG 本身却拥有 ACG 元素的消费对象，御宅（宅）消费者已将消费的功利过程升华为一种追求爱与表达欣赏的过程。受访者 CH13 已把动漫角色拟真当成是能与其一同经历人生的伴侣："有些同人志作家创作出来的作品并不只有爱，是为了盈利，我们就叫他们黑暗同人志界……大部分的人还是因为爱好啊……爱与梦想，像我喜欢《航海王》，所以我想跟里面的人一起冒险，我真的好想跟他们一起，那就是因为爱，为什么有梦想，因为我爱啊！"受访者 CH6 与 CH1 亦同样表示自己即使在忙碌的过程中仍会持续消费 ACG，因为在消费的过程中所激发的爱意很难割舍且已与自己的生活相连。由此可知，ACG 所产生的符号是使御宅（宅）消费者的消费选择与非御宅族相异的主因，受访者 CH2 对"变身"有着强烈的执着与狂热，因此在进行手机购买的选择时，他很直觉地选择了 HTC 的"DESIRE Z"，因为"Z"这个字母使他联想到超合金 Z 机器人，再加上此款手机的后面的某一个零件具有升降的功能，并会发出似机器人变身时的声音，此项特殊联想，使得原本讨厌购物的他，却会因为 UNIQLO 出了钢弹的 T 恤，而为此排队抢购。因此，若单从功能性的消费观点来进行御宅（宅）消费动机的分析，便会忽略了御宅（宅）族对消费对象的情感投注与精神关注所带来的消费驱动力及创造力。

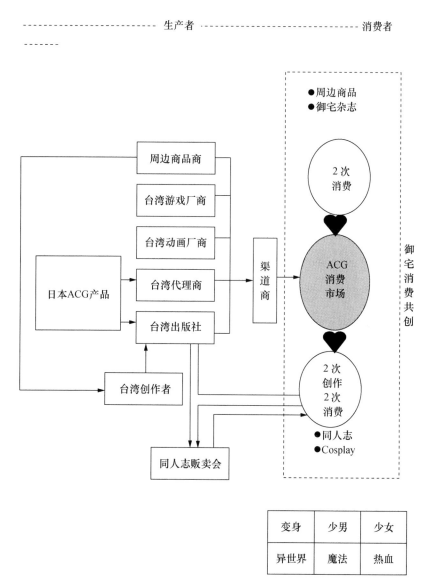

图1　御宅消费的生产性

资料来源：本研究。

同人志是另一个御宅族的消费生产力的表现。ACG 消费的最大特点在于他们对"爱意的表达"及"同好的关系"的重视，忠诚的御宅消费者对于所消费的 ACG 产生出"都是因为爱"的心情，因此为了表达爱意，有些御宅族会把自己看的轻小说、漫画或动画进行改写以补足自己的想象与原作相异之处，同时亦为对原作爱与尊敬的表达，即所谓的同人志；而同人志既然称为二次创作，就表示其不可失去原著的核心精神及基本的故事脉络。一开始御宅圈里的同人志群仅以与同好交换自己的同人志本以分享自己对原著的爱意为主，后来由于愈来愈多的人对于与原著不同的故事脉络或结局感到好奇，并且愿意付费购买品质不错的同人志，因而产生了同人志市场。而同人志作家亦随之出现，热门的同人志作家被称为"大手"，后来"大手"级的同人志作家也会进行一次创作，与传统的漫画家或小说家相似，目前同人志市场中，同时存在一次创作与二次创作的同人志，但仍以二次创作为多，因为同人志的基本精神是为了表达对原著的爱意。这些热门同人志作家最后往往转变为以盈利为目的商业同人志作家，但由于同人志是以同好情怀为基础的创作，因此，大部分的同人志作者虽然会贩卖自己的同人志作品，但大多不以盈利为目的，只为了与同好交流，因此，其贩卖往往仅求回本即可。

同人志及 Cosplay 均可视为消费者对于原著表示爱好的同好行为，Cosplay 同时亦创造了许多商机，受访者 CH2 及 CH17 每年花费相当多的金钱在 Cosplay 的装扮上，而且此种消费形态亦促使台湾的 ACG 厂商发展出了创新的服务，如经营同人志贩卖会的厂商为了满足御宅市场的需求，会同时跨足 Cosplay 市场，举办 Cosplay 爱好者的训练讲座，如 Cosplay 彩妆与美学，并联结 Cosplay 爱好者，将和 Cosplay 族群一起合作，将其引介到企业界举办的尾牙等场合进行表演。由此可看出，在御宅消费市场中消费者所发挥的共创价值角色及自发性的生产力值得研究。

五、研究结论与研究限制

（一）研究结论

1. 御宅消费中的关系与意义建构

无论是早期御宅族还是较年轻的御宅族，他们对 ACG 的爱好不仅在于 ACG 带来的休闲乐趣，而且在于他们对 ACG 符号的了解、认同与执着，以至于造成他们的消费选择与一般非御宅族的人相异。御宅商品所创造的虚拟与真实不断交替的空间亦是导致御宅族的行为及思考模式与非御宅族相异之处，二次元空间是令御宅族觉得较真实的世界，与 ACG 角色与情节的想象、学习与情感的投注，是他们习得解决生活问题之技能的知识库，其中包含了人际需求与技能；在御宅（宅）族的虚拟世界中并不完全只有二次元的角色存在，他们亦能与三次元真实的人互动，如网络游戏操作角色背后的人。御宅（宅）族在 ACG 的世界中找到多元且具动态性的关系建构，让他们对御宅消费具有更大的热忱，如此亦减低了他们对商品的价格敏感度。

2. 御宅消费中的共创性

御宅族的消费反映出了学者 Cova 和 Dall 于 2009 年提出的现代消费者生产性行为的七大特性：

（1）超现实（Hyper – real）的消费体验创造：商品提供给消费者重新想象、创造与建构他们的生活空间的符号资源。

155

（2）消费者抵抗（Consumer Resistance）：消费者抵抗不代表消费者拒绝购买厂商推出的商品或服务，而是当消费者在消费过程中感到不满意时，便会主动性地改造以建构自己的满意度，如同人志的创作。

（3）消费者的服务主导逻辑（Service–dominant）：价值永远是生产者与消费者共创的，生产者应该提供一个方法或空间让消费者为自己创造价值，而非主导价值的创造，如动漫作品只是创造了一个让御宅族与作者、角色及自我互动的空间，而真正对消费者的意义是由消费者自己决定的。

（4）合作式的创新（Collaborative Innovation）：消费者同时扮演三个角色——消费者、生产者及营销者，同一个御宅消费者在同好圈中，可同时进行爱好者的心情分享、作品改良或新创及专家评论或口碑效果传递。

（5）赋能消费者（Consumer Empowerment）：消费者会出于追求消费过程的最大享乐感而使用其对生产或营销的控制力，如果厂商给予消费者主张权利的空间，消费者满意度会增高，如御宅族用论坛告诉同人志贩卖会可能的改进方法。

（6）消费者动能（Consumer Agnecy）：消费者具有建立产品意义脉络的能力，是消费者赋予产品意义，而非营销人员，许多御宅族读完原著漫画后再创作同人志时，发现他们对原著的诠释与理解与当初出版社的营销宣传设定有极大的差异，因此当其漫画改编为动画时，出版社便以同人志创作出的意义进行营销。

（7）消费者聚落（Consumer Tribe）：消费者与其他爱好者共同的世界是以共同爱好的消费对象为基础的，在社群里消费者分享自己的消费经验而共同找出解决问题的答案，御宅族的同好圈里便常因为帮助同好解决问题，而提出好的点子，让厂商采纳。

（二） 研究限制与后续研究

本计划通过对消费者行为的改变与趋势、消费者与消费对象的关系诠释、消费者与厂商的互动关系与地位的演变，已找出新兴的消费行为趋势与态样，唯并未谈及外来文化与本地文化间的互动关系，从而发展出全球地方主义（Glocalization）的概念（Kjeldgaard 和 Askegaard，2006；Thompson 和 Arsel，2004）。后续的研究可从日本的御宅文化进入到中国台湾消费市场后，在外来文化与当地文化之交互作用下，对文化传递过程及市场机制的运作为何？在两种文化力量的交会下，消费者会因暴露在持续性新知识的刺激下，而加速了次文化群体的创新文化更新，当市场机制取得次文化群体发展出的风格并予以进行商业性的使用时，便有可能影响主流意识的发展及其人我认同的建构，因此，了解消费者如何在本地与外来文化两种文化间进行个别认同与群体认同的协商？又如何改变消费资源的选择、使用与再创造，非常重要。

【参考文献】

［1］白超熠：《Cosplay 的视觉文化研究——一个后现代的文化论述》，南华大学环境与艺术研究所硕士学位论文，2006 年。

［2］古孟钊：《漫画同人志在台湾的发展——休闲文化产业的观点》，世新大学观光学系硕士学位论文，2004 年。

［3］何晓峰：《探讨台湾宅男次文化：关系理论观点》，台湾大学国际企业学系硕士学位论文，2009 年。

［4］傻呼噜同盟：《ACG 启蒙书——萌系完全攻略》，木马出版社 2007 年版。

［5］傻呼噜同盟：《台湾阿宅启示录》，时报悦读网，2009 年。

［6］章渊博：《日本漫画与御宅文化》，高雄第一科技大学应用日文系所硕士学位论

文，2008 年。

［7］ Bilton N. , I Live in the Future & Here's How it Works: Why Your World, Work, and Brain are Being Creatively Disrupted: Crown Business, 2010.

［8］ Chen J. - S. , Tsou H. - T. , Ching R. K. , "Co – production and Its Effects on Service Innovation", Industrial Marketing Management, 2011, 40 (8): 1331 – 1346.

［9］ Cova B. , Dalli D. , "Working Consumers: The Next Step in Marketing Theory", Marketing Theory, 2009, 9 (3): 315 – 339.

［10］ Fyrberg A. , Jüriado R. , "What about Interaction?: Networks and Brands as Integrators Within Service – dominant Logic", Journal of Service Management, 2009, 20 (4): 420 – 432.

［11］ Harris K. E. , Grewal D. , Mohr L. A. , Bernhardt K. L. , "Consumer Responses to Service Recovery Strategies: The Moderating Role of Online Versus Offline Environment", Journal of Business Research, 2006, 59 (4): 425 – 431.

［12］ Hayden J. R. , "Cognitive Surplus: Creativity and Generosity in a Connected Age", Journalism and Mass Communication Quarterly, 2011, 88 (1): 199.

［13］ Hjalager A. – M. , Konu H. , "Co – branding and Co – creation in Wellness Tourism: The Role of Cosmeceuticals", Journal of Hospitality Marketing & Management, 2011, 20 (8): 879 – 901.

［14］ Holbrook M. B. , "Special Session Summary. Customer Value – A Framework for Analysis and Research", Advances in Consumer Research, 1996, 23 (1): 138 – 142.

［15］ Leyshon A. , Webb P. , French S. , Thrift N. , Crewe L. , "On the Reproduction of the Musical Economy After the Internet", Media, Culture & Society, 2005, 27 (2): 177 – 209.

［16］ Megehee C. M. , Spake D. F. , "Consumer Enactments of Archetypes Using Luxury Brands", Journal of Business Research, 2012, 65 (10): 1434 – 1442.

［17］ Nam I. , "Relationship Glue: Customers and Marketers Co – creating a Purchase Experience", Advances in Consumer Research, 2008 (35): 7 – 14.

［18］ Otnes C. , Lowrey T. M. , Kim Y. C. , "Gift Selection for Easy and Difficult Recipients: A Social Roles Interpretation", Journal of Consumer Research, 1993 (1): 229 – 244.

［19］ Payne A. , Storbacka K. , Frow P. , Knox S. , "Co – creating Brands: Diagnosing and

Designing the Relationship Experience", Journal of Business Research, 2009, 62 (3): 379 – 389.

[20] Prahalad C. K., Ramaswamy, V., "Co – creation Experiences: The Next Practice in Value Creation", Journal of Interactive Marketing, 2004, 18 (3): 5 – 14.

[21] Shen C., Wang Y., "Online to Offline Business Model", 2014.

[22] Shirky C., Cognitive Surplus: Creativity and Generosity in a Connected Age: Penguin UK, 2010.

[23] Singh S., Sonnenburg S., "Brand Performances in Social Media", Journal of Interactive Marketing, 2012, 26 (4): 189 – 197.

[24] Tynan C., McKechnie S., Chhuon C., "Co – creating Value for Luxury Brands", Journal of Business Research, 2010, 63 (11): 1156 – 1163.

[25] Vargo S. L., Lusch R. F., "Evolving to a New Dominant Logic for Marketing", Journal of Marketing, 2004, 68 (1): 1 – 17.

[26] Vargo S. L., Lusch R. F., "Evolving to a New Dominant Logic for Marketing", Journal of Marketing, 2004 (1): 1 – 17.

[27] Vargo S. L., Maglio P. P., Akaka M. A., "On Value and Value Co – creation: A Service Systems and Service Logic Perspective", European Management Journal, 2008, 26 (3): 145 – 152.

[28] Woodruff R. B., "Customer Value: The Next Source for Competitive Advantage", Journal of the Academy of Marketing Science, 1997, 25 (2): 139 – 153.

[29] Xie C., Bagozzi R. P., Troye S. V., "Trying to Prosume: Toward a Theory of Consumers as Co – creators of Value", Journal of the Academy of Marketing Science, 2008, 36 (1): 109 – 122.

[30] Zwick D., Bonsu S. K., Darmody A., "Putting Consumers to WorkCo – creationand New Marketing Govern – mentality", Journal of Consumer Culture, 2008, 8 (2): 163 – 196.

中篇 产业合作

两岸战略性新兴产业合作发展

——意义与作用、机遇与挑战、思路与策略

唐永红

（厦门大学台湾研究院经济研究所，福建厦门　361000）

一、两岸战略性新兴产业合作的意义与作用

战略性新兴产业是指以科学技术的重大突破为基础，能够引发社会新需求、引领产业结构调整和发展方式转变，对人类社会进步、经济体未来综合实力发展具有根本性重大影响，并正在快速成长的新产业领域。战略性新兴产业具有知识和科技依赖度高、发展潜力大、带动性强、综合效益好、全球竞争激烈和快速发展等特征，已成为世界主要国家和地区经济社会发展的战略重点。

［作者简介］唐永红，经济学博士，教授，福建省第六届优秀青年社会科学专家，现任厦门大学台湾研究院经济研究所所长、两岸关系和平发展协同创新中心经济平台执行长、国家发改委及国台办两岸产业合作研究咨询小组特约专家、国台办海峡两岸关系研究中心兼职研究员、商务部海峡两岸经贸交流协会理事、国家"985 工程"哲学社会科学台湾研究创新基地研究员、教育部人文社会科学重点研究基地台湾研究中心研究员、《台湾研究集刊》编辑部委员会委员，主要从事台湾经济与两岸经贸关系研究；联系方式：18965183595，18965183595@ 189. cn。

面对世界各国及各地区产业发展的趋势与自身发展的需要，海峡两岸几乎同时提出各自的战略新兴产业规划。

2010 年 10 月，国务院发布《关于加快培育和发展战略性新兴产业的决定》，确定战略性新兴产业将成为大陆国民经济的先导产业和支柱产业，明确节能环保、新一代信息技术、生物、高端装备制造、新能源、新材料和新能源汽车七大产业作为战略性新兴产业的重点发展领域，并制定了发展目标。2012 年 5 月 30 日国务院通过的《"十二五"国家战略性新兴产业发展规划》对 2010 年出台的《国务院关于加快培育和发展战略性新兴产业的决定》做了进一步完善和细化，强调发展战略性新兴产业是一项重要战略任务，在当前经济运行下行压力加大的情况下，对于保持经济长期平稳较快发展具有重要意义。显然，未来一段时间，大陆将进一步通过加快培育和发展战略性新兴产业，实现产业结构升级和经济发展方式转变，提升自主创新能力和国际竞争力。

面临世界金融风暴和台湾经济持续下滑的严峻形势，为了加快产业转型升级，台湾当局 2009 年 3～5 月推出了生物科技、观光旅游、绿色能源、医疗保健、精致农业和文化创意产业六大新兴产业规划，随后又提出四大智慧产业（云端计算、智慧电动车、发明专利产业化、智慧绿建筑）规划。旨在扩大内需，吸引外资，促进就业与经济增长，缓解金融危机的冲击，提高自主研发能力，提升中国台湾产业在国际市场上的竞争能力。但台湾的资源少、内需市场空间有限，拓展这些新兴产业的外部市场就显得尤为必要，其中大陆市场就是举足轻重的外部市场之一。

海峡两岸同时提出各自的战略新兴产业规划，无疑为两岸的战略性新兴产业合作提供了新契机。2010 年 7 月召开的第六届两岸经贸文化论坛，将"加强新兴产业合作，提升两岸竞争力"作为主题，这意味着两岸战略性新兴产业合作将成为两岸产业合作的重要抓手。事实上，未来几年，两岸都面临着经济转型升级和增强国际竞争力的挑战，加强两岸在新兴产业方面的合作，共同促进科技进步和创新，符合两岸经济发展方式转变、经济结构调整和产业升级的共同目标，对促进两岸经济的持续稳定增长具有重要的意义与作用。

（一）有利于形成两岸战略性新兴产业链的合理布局与分工

如上所述，台湾近年来为了加快产业转型升级，相继提出了六大新兴产业（绿色能源、生物科技、文化创意、观光旅游、医疗照护、精致农业）、四大智慧产业（云端计算、智慧电动车、发明专利产业化、智慧绿建筑）等规划。但台湾的资源少、内需市场空间有限，必须拓展这些产业的外部市场，尤其是大陆市场，才能够使这些新兴产业的发展获得足够的市场空间。两岸的战略性新兴产业有诸多重合之处，双方应加强合作，把中国大陆日益强大的整体经济、综合实力快速崛起的优势和台湾企业极具活力与竞争力的优势更加紧密地结合起来，通过技术研发、投资经营、品牌推广等领域的合作，突破两岸发展新兴产业共同面临的瓶颈性问题，如核心关键技术的突破、应用技术的拓展和新产品市场的培育等，推动两岸新兴产业链的合理布局与分工，形成跨两岸的新兴产业集群，促进两岸新兴产业的持续快速发展。

（二）有利于提升两岸新兴产业在国际产业分工体系中的地位

过去两岸产业合作采取的主要是台湾接单或上游基地—大

陆中下游组装制造基地—最终产品出口国际市场的分工与合作模式。这种分工与合作模式造成产业链中附加值较高、具备技术与市场垄断性的前端关键技术、产业标准、品牌，以及后端的渠道、服务和市场均以欧美日发达经济体为主导；两岸则主要承担附加值较低、依靠低成本价格竞争的中端加工生产部分，两岸在整个国际产业链中处于较低地位，并深受国际（欧美）市场变动的影响。随着大陆内需市场的逐步兴起与开拓，新形势下两岸新兴产业合作宜基于大陆内需市场寻求新的分工合作模式，在巩固加工制造环节优势的同时，逐步迈向研发设计与市场营销环节，并共建产业技术标准，合作构建产品通路体系，培育自有品牌，争取产品定价话语权，共同提升两岸在国际产业分工中的位置，共同提升两岸产业的国际竞争力。

二、两岸战略性新兴产业合作的机遇与挑战

（一）两岸战略性新兴产业合作具有基础与优势

如前所述，大陆确定的战略性新兴产业主要包括节能环保、新一代信息技术、生物、高端装备制造、新能源、新材料和新能源汽车七个产业。台湾也提出了六大产业振兴方案和四项智能型产业计划，把发展生物科技、观光旅游、绿色能源、医疗照护、精致农业和文化创意等作为产业再造的重点方向。两岸在发展新兴产业的政策规划、发展基础、技术水平、研发能力等方面共同点多、关联度高、互补性强，可充分发挥各自优势，取长补短，携手合作，推进产业规划和产业政策的协调与对接，增强两岸经济的国际竞争力和可持续发展能力。

（二）两岸战略性新兴产业合作将获得更多保障与支持

大陆发展战略性新兴产业的目标是：到 2015 年，战略性新兴产业增加值占国内生产总值的比重达到 8% 左右，对产业结构升级的推动作用显著增强；到 2020 年，战略性新兴产业增加值占国内生产总值的比重达到 15% 左右，成为国民经济的先导产业；到 2030 年，战略性新兴产业的整体创新能力和产业发展水平达到世界先进水平。这意味着未来 30 年大陆将会持续支持战略性新兴产业发展。台湾方面也有类似的规划与做法。这种由政府大力支持与倡导的产业对于刚刚进入制度性合作新里程的两岸来说无疑是一份大礼，两岸若能抓住这一机会，将使战略性新兴产业成为两岸经贸关系持续、稳定的增长点。

（三）两岸双向投资有助于两岸战略性新兴产业合作发展

产业发展需要资本投资推动，两岸产业对接合作基本上需要两岸资本双向投资的推动。多年来都只有大陆开放台商投资，从而主要推动台湾产业向大陆转移，很难促进两岸产业的对接与合作。2009 年 7 月以来，台湾当局逐步开放陆资入台投资，两岸双向投资逐步发展，从而有助于推动两岸战略性新兴产业的合作发展。

（四）保护主义盛行，台湾制约陆资入台与两岸产业合作

当前，台湾保护主义盛行，台湾当局对陆资入台"开大门，不开小门"，陆资看到的投资机会少，投资环境不太好，且存在诸多不便，加之对两岸关系稳定性存在疑虑，使得入台投资意愿不足，投资步伐缓慢。这又制约了两岸产业合作的空间与步伐。事实上，保护主义排斥竞争，正使得台湾产业经济发展失

去活力和竞争力。

（五）台湾方面两岸产业合作理念严重制约合作的空间与步伐

其一，当前台湾方面过度强调现有产业的静态利益，只把眼光瞄准大市场，强调大陆减免关税进口台湾产品，强调大陆开放市场给台湾服务业。两岸产业合作如果仅停留在贸易层面而不进入生产层面，将无法充分整合两岸互补性优势，也无法合作赚全世界的钱。

其二，当前台湾方面过度强调两岸产业分工要按照"台湾做微笑曲线两端、大陆做微笑曲线中间"的垂直分工模式。其实台湾方面相对于大陆方面并不是在任何一个行业的微笑曲线两端都有优势。

三、两岸战略性新兴产业合作的思路

过去，包括两岸产业合作的两岸经贸交流合作主要是在两岸当局的限制性政策约束与扭曲下以民间的、市场的机制展开，两岸的产业合作主要体现为产业转移而非实质性的产业合作，并且，存在着产业政策尚未对接、缺乏规划引导等问题。随着2008年国民党再次执政台湾，在"九二共识"的基础上，两岸经贸交流合作在两岸当局的参与下逐步迈入制度化合作阶段。近年来，两岸的产业合作不断加强，成为两岸经贸交流合作的重要一环。台湾早在2008年8月即开始推动"搭桥项目"，选择了中草药、太阳能光伏、汽车电子、通信、LED、风力发电、信息服务、流通产业、精密机械、食品、车辆等15个合作领域，以"一年交流"、"两年洽商"及"三年合作"为目标，计划建立"一产业一平台",搭建双方交流桥梁。大陆也专门成立了由专家学者组成的产业咨询小组、由国务院各部门组成的产业协调小组、由行业协会和企业组成的项目工作小组负责推动两岸产业合作。截至 2010 年底,两岸已开展了近 30 场产业合作交流会议,促成商谈企业家数超过 285 家,促成企业合作家数(包括签订意向书项数)超过 81 项。ECFA 开创了两岸制度性合作的新时代,未来两岸战略性新兴产业产业合作应超越传统合作思路,以新的思路进行。

(一)要在互信的基础上建立新型"竞合"关系

从两岸各自的战略性新兴产业规划可见,两岸新兴产业发展规划的重点方向有诸多共同之处,如生物医药、新能源等皆为鼓励发展的战略性新兴产业。这既为合作提供了契机,也意味着两岸战略性新兴产业发展中将存在一定的竞争关系。但与此同时,两岸发展战略性新兴产业具有共同的愿景和要求(即提升产业的国际竞争力),更具有互补性优势条件,因此,应该而且可以携手合作。加之,ECFA 时代的两岸合作较之以前最本质上的差别之一是建立了互信机制,这也是两岸战略性产业合作较之以往产业合作最为优越的地方。在这种互信基础之上,两岸战略性新兴产业应建设以"互补为基础,以协同为核心,以共赢为目标"的新型"竞合"关系,从而共同应对国际竞争,抢占全球战略性新兴产业的制高点。

(二)要借助"看得见的手"寻求新的合作模式与机制

过去,在合作机制上,两岸产业合作主要是在两岸当局的限制性政策约束与扭曲下以民间的、市场的机制展开,存在着产业政策尚未对接、缺乏规划引导等问题。在合作模式上,通常是大陆提供劳动力、土地，台湾提供资金，主要体现为单向的产业转移，甚至形成"飞地"，而非实质性的产业合作。这种传统合作模式与机制已经不再能完全适应两岸的产业发展要求。

ECFA 时代，两岸的战略性新兴产业合作应在传统的贸易合作、投资合作的基础上，共同制定和实施产业规划，推进两岸产业融合发展。特别要突出五个"共同"：共同加强技术研发，共同发展两岸技术标准，共同打造产品品牌，共同推动产业升级，共同拓展新兴市场。

（三）要根据产业长期发展需求制定短中长期合作策略

ECFA 第六条"经济合作"项目中，将"研究双方产业合作布局和重点领域，推动双方重大项目合作，协调解决双方产业合作中出现的问题"列为重要工作。这些合作内容是基于两岸长期合作的角度来制定的。两岸战略性新兴产业皆属高成长性产业，合作不应仅着眼于短期利益，更应以长期发展利益为考量。宜根据两岸战略性新兴产业之长期发展需求，制定两岸战略性新兴产业交流合作的短期、中期及长期发展策略，循序渐进推进两岸战略性新兴产业合作发展。另外，两岸的产业规划主管部门应充分利用当前两岸现存的各类沟通机制，尤其是ECFA 的相关联系机制和两岸产业合作搭桥机制进行两岸战略性新兴产业的合作愿景探讨，争取尽快把两岸新兴产业合作内容纳入相关产业发展战略规划。

四、两岸战略性新兴产业合作的策略

台湾在某些战略性新兴产业领域具有全球领先的实力，而大陆拥有广阔的内需市场，资源丰富，产业类型多，发展潜力大。两岸的战略性新兴产业因此具有极好的互补性。同时，两岸战略性新兴产业也皆面临转型及产品附加值不足、关键技术待突破等共同问题。通过加强合作，可以进一步提升双方在全球产业链中的分工地位。作为长期的合作领域，从短期来看，两岸战略性新兴产业还应该正视两岸现阶段的发展状况，优先选择突破点，以点带面，实现战略性新兴产业从量变到质变的飞跃。两岸战略性新兴产业合作可以考虑如下发展策略：

（一）建立两岸战略性新兴产业合作机制，构建制度化的沟通机制与多层次的合作交流平台

加强战略性新兴产业合作，建立两岸战略性新兴产业合作机制。合作机制的目标是进一步加强技术研发、行业标准制定、人才培训、产品开发、市场开拓以及知识产权等方面的交流合作，积极构建信息交流平台，不断创新合作方式，力争在核心领域、关键项目等方面取得实质性突破。通过国际通行的关税措施以及产品标准、检测和认证等方面的合作，为两岸企业创造良好的市场发展环境。

在具体合作机制平台方面，除了通常的在两岸学界、业界等层面搭建研究、交流、合作平台，定期协商或召开会议，交流情况，总结经验，协商解决存在的问题，商定今后合作领域和方式，还可成立"两岸战略性新兴产业合作委员会"，人员由两岸官方、行业发展协会及专家委员会共同组成，共同研究提出两岸新兴产业合作的愿景、目标、路径、方式等框架，建立常态化、制度化的磋商联络沟通机制，推动两岸产业关系正常化和制度化。

171

（二）共建两岸战略性新兴产业合作园区，联手打造两岸战略性新兴产业合作基地

要充分利用台湾发展高科技产业的运作和管理经验，积极引进台湾新竹等高科技产业园区的管理模式，建立两岸战略性新兴产业合作园区，可在大陆与台湾分别设立。两岸可对区内基础配套设施、产业发展布局及前景目标等进行合作规划和设计，进一步加强联合技术研发和创新。通过园区合作，促进两岸市场共享和共同开拓国际市场。

通过实施土地、税收优惠政策以及高新技术研发等相关支持性政策，吸引具有较强研发能力和一定高新技术基础的企业到园区发展，联手打造战略性新兴产业合作基地。引导声像产品、计算机及其外设、显示设备、通信设备等电子信息产业整体进驻园区，选择重点合作项目，建立研发中心，创立自有品牌。重点推动新能源开发利用、电子信息产业、环境保护工程、生物及制药产业、机械制造等领域的合作。

（三）确立两岸战略性产业合作的重点方向，逐步带动其他领域的合作

两岸新兴产业发展规划的重点方向有诸多共同之处，如生物医药、新能源等皆为鼓励发展的战略性新兴产业。因此，两岸应优先将这两个领域的合作作为重点，然后再逐渐带动其他领域的合作。根据两岸各自的产业优势，未来两岸可以在以下几个领域展开重点合作。

1. 生物医药产业

ECFA 开放台湾医疗服务业可在大陆 5 个省份设立医院。医院一设立，相关产业自然会跟进，再加上关税的降低，台湾企

业对两岸在生物医药领域的合作充满期待。两岸应联合发展以基因工程为核心的生物技术药物、新型疫苗和诊断试剂，加快生物医学工程产品的研制和产业化，推进现代中药发展。加快重大动植物新品种培育和产业化，着力培育有创新能力的种子企业；积极发展绿色农用生物产品。加快发展生物制造，突破生物基材料关键核心技术，加速产业化步伐，积极推进微生物制造示范应用及规模化发展。

2. 节能环保和新能源产业

随着绿色经济革命的兴起，节能环保和新能源产业将成为世界经济的主流。两岸已在太阳能光伏、风力发电等领域建立了合作关系，未来可进一步加强此领域合作。双方可以在风力发电、太阳能发电、高效节能、先进环保技术等方面加强联合研发，就共性关键技术开展联合攻关，成果共享，也可加强技术的相互转让，迅速实现技术的产业化和市场化发展，大幅降低成本。可合作突破智能电网、储能系统技术。加快下一代生物质能源技术的开发和产业化。

以太阳能光伏产业和 LED 产业的合作为例。大陆在"十二五"期间加快太阳能热利用技术推广应用，开拓多元化的太阳能光伏光热发电市场。台湾也规划把太阳能光伏产业和 LED 产业作为其绿能产业的主要部分，预计到 2015 年台湾太阳能电池可占全球产值的 20%，连同上下游产值可达 151 亿美元。台湾力图成为全球第三大太阳能电池生产地和全球最大的 LED 光源和模组供应地。目前两岸的太阳能电池产量占世界总产量的 40%，但由于缺乏沟通和协作，两岸在国际光伏市场价格、技术标准等方面并没有形成决定性的话语权。

因此，两岸应实现优势互补，优化整合产业链，共同开拓太阳能光电产业市场，逐步实现太阳能光电产品的规模化应用。

如大陆在上游硅材料方面有较大生产能力，但纯化冶炼技术较弱，台湾具有高品质的中游代工技术，两岸可共同开发材料方面的生产技术，形成完善的太阳能光伏产业链。两岸还可共建国际级的认证实验室，联合开展光伏产品的国际标准制订、检验和认证工作，从而将两岸的产量优势转化为市场优势。在 LED 产业方面双方也可开展关键新材料的共同研发，并制订共同技术标准，大陆也可为两岸 LED 产品的大规模使用提供市场。

3. 新兴信息技术产业

大陆在新一代信息技术产业上的发展目标是推动新一代移动通信、下一代互联网核心设备和智能终端的产业化，加快推进三网融合，促进物联网、云计算的研发和示范应用，着力发展集成电路，新型显示器、高端软件、高端服务器等核心基础产业，加快重要基础设施智能化改造。台湾近年来也加快了信息技术产业的发展步伐，鼓励业者投入通信技术创新应用发展，推动台湾通信产业由制造导向转向需求导向，"爱台十二项"建设中也包括了"智慧台湾"等通信相关应用与基础建设推动方案，将有助于台湾成为国际宽带网路普及与应用形态的示范区。因此，两岸可根据双方信息技术发展战略方向，将两岸信息技术合作的侧重点放在与互联网电视相关的数字技术和芯片技术开发，3G 系统的终端设计制造和 3G 技术的应用、数据增值服务，无线宽带城市基础建设与应用服务，4G 国际技术标准的共同制定等方面。

目前，两岸新兴信息技术产业合作最具潜力的是移动互联网，尤其是智能终端。现在的终端功能较为独立，没有统一的标准进行功能整合。未来的智能终端应当具有四方面功能：电脑、电视、汽车和通信。因此，两岸也应加强信息技术产业的合作，促成大陆和台湾的高技术企业对接，推动两岸产业合作发展。两岸可联合建设下一代互联网、新一代移动通信网，积极推进三网融合，推进物联网的研发应用；大力促进软件、云计算等新兴信息服务业发展，着力发展极大规模集成电路与新型显示产业，提升信息产业核心竞争力。

【参考文献】

［1］单玉丽：《两岸战略性新兴产业合作与推动机制的探索》，《台湾研究》2011 年第 4 期。

［2］王健全：《台湾六大新兴产业的发展策略探讨》，《经济前瞻》2010 年第 127 期。

［3］张莉：《两岸战略性新兴产业合作模式》，《两岸关系》2011 年第 3 期。

［4］《发展改革委解读"战略性新兴产业三步走思路"》，中国政府网，http：//www. gov. cn/jrzg/2010 – 10/24/content_ 1729074. htm，2010 年 10 月 24 日。

［5］钟焰：《"十二五"规划与两岸战略性新兴产业合作思考》，http：//news. chi-na. com. cn/tw/2011 –07/04/content_ 22913867. htm，2011 年 7 月 4 日。

"十三五"海峡两岸产业合作展望

石碧华

（中国社会科学院工业经济研究所，北京 100836）

过去的 30 多年，受政治因素影响，两岸的投资往来并不是正常的双向开放，两岸的产业合作基本上以台湾向大陆的产业转移为主，转移的规模和范围也受限于制度困境。近年来，特别是《海峡两岸经济合作框架协议》（ECFA）签署后，两岸关系发生了重大的积极变化，向宽领域、深层次、制度化迈进，也将两岸产业合作推进到新阶段。由于国际形势以及台湾当局对大陆经贸政策的变化，两岸经贸关系出现了一些值得高度关注的问题。从两岸经贸关系的发展前景来看，两岸未来的潜力在产业合作方面。两岸产业合作具有较强的互补性，加强研究和规划两岸产业合作的未来，对于加快两岸产业转型升级，提升两岸产业国际竞争力具有重要的现实意义，也必将对两岸关系的顺利发展产生深远影响。

　［作者简介］石碧华，中国社会科学院工业经济研究所副研究员，区域经济研究室副主任，经济学博士，中国区域经济学会副秘书长；通信地址：北京市月坛北小街 2 号中国社会科学院工业经济研究所，100836；电话：18611331418；电子邮件地址：shibihua@ sina. com。

一、海峡两岸产业合作的现状及特征

近年来，随着台商在大陆投资规模的不断扩大、投资领域的不断扩展、投资层次的不断提升、投资地域的不断延伸，两岸产业分工合作的广度与深度也在不断提升，并呈现出阶段性新特征。

（一）合作发展态势良好，单向投资格局被打破

自 20 世纪 90 年代中后期台湾对外投资的重心逐渐转移至大陆以来，随着两岸投资的不断深入，两岸的产业合作也更加密切。据商务部统计，截至 2014 年底，大陆累计批准台商项目 92336 个，实际使用台资 611.5 亿美元。按实际使用外资统计，台资占大陆累计实际吸收境外投资总额的 4%[①]。如果加上经第三地转投资，台商投资大陆累计超过 1100 亿美元，大陆是台湾最大的投资目的地，台湾也是大陆吸引外资的五大来源地之一。

近年来，随着台湾局势变化以及大陆经济进入新常态，两岸的产业合作发生重大调整，但大陆庞大的市场与巨大的发展潜力，依然吸引台商持续到大陆投资布局，台商对大陆投资持续增加的格局没有发生变化。据台湾有关部门统计，2014 年，台湾当局批准台商对大陆投资金额 86.1 亿美元，增长 12.8%，远高于同期台湾对外投资金额 68.3 亿美元。就台商对外投资与吸引外资相比，对包括大陆的境外投资远大于吸收境外投资。这表明台湾产业外移现象仍在持续，大陆仍是台商投资的重要

---

① 商务部网站。

地区。据商务部统计数据，2014 年，大陆与台湾贸易额为 1983.1 亿美元，同比增长 0.6%，其中大陆对台湾出口 462.8 亿美元，同比上升 13.9%，自台湾进口 1520.3 亿美元，同比下降 2.8%。而两岸产业合作搭桥、在大陆各地陆续举办台湾产品博览会，以及各地很多两岸经贸交流活动也一直在持续推进，两岸经济合作继续保持良好态势。

两岸单向投资格局开始被打破。2009 年 7 月台湾方面局部开放大陆企业赴台投资，第一批公布的开放项目包括三大类、192 项，其中制造业 64 项，包括电子零组件、电脑电子及光学制造、电力设备、汽车及零部件制造、机械、纺织成衣、橡胶、家具等。虽然，ECFA 的实施，为两岸继续推动陆资入台，建立双向、平衡的投资关系提供了契机。但目前，两岸双向投资还处于初期阶段，由于台湾当局政策限制颇多及大陆企业对台政策及营商环境了解有限，大陆企业赴台投资仍面临诸多困难。2014 年，大陆企业赴台投资出现明显下滑现象。据台湾经济主管部门数据，2014 年大陆赴台投资项目 98 件，同比下降 3.9%；投（增）资金额 3.28 亿美元，同比下降 4.3%。投资项目主要集中在批发及零售业、银行业及港埠业等服务业。同期，中国大陆对外投资总额超过 1000 亿美元，对台投资额与两岸经贸地位极不相称。

（二）合作领域不断拓宽，从制造业向服务业转变

随着台湾产业结构的不断调整，近年来，台商在大陆的投资领域不断扩展。近年来，台商对大陆从过去以制造业为主，开始逐步转向以服务业为主。台商对大陆服务业投资加快，制造业投资比例下降。根据台湾方面的统计，2014 年台湾对大陆投资前五位的产业分别是金融与保险业，计算机、电子产品与

光学制品制造业，批发及零售业，电子零组件制造业及化学材料制造业，合计占核准总额的 60% 以上。其中，台商对大陆金融与保险业投资高居首位，所占比例达 18% 以上。台湾对大陆投资的行业仍以制造业为主。

海峡两岸的制造业分工合作从 20 世纪 80 年代初以来经历了几个代表性的阶段，产业层次趋向高级化，从传统制造业逐步转向高新技术产业。20 世纪 90 年代末期以前，以劳动密集型制造业为主导，但自 2000 年以来，台商在大陆的投资产业结构开始发生变化，由劳动密集型向资本与技术密集型产业转变，包含高新技术产品在内的新兴制造业在大陆急剧扩张。近年来，随着两岸经济交流和合作的升温，台湾企业为了进一步降低代工成本和出于布局市场的需要，高科技产业向大陆转移的趋势日益明显。

（三）合作模式不断深化，出现多元化特征

与台商投资大陆的几个发展阶段的特征相对应，两岸分工合作的模式也在不断演进。在产业合作的初期，由于大陆开放程度和制造业水平较低，两岸产业结构存在高度的互补性，加上这个阶段转移到大陆的台资项目主要以劳动密集型企业为主，因此在很多行业上容易形成垂直的分工体系。两岸产业合作最初的形态一般被认为是"台湾接单、大陆生产"或"台湾开发、大陆制成"。这种模式深入两岸产业合作的各个领域，从而大陆成为两岸产业分工体系中重要的"制造中心"，大陆企业主要承接加工组装环节和低档次中间品制造，台湾母公司负责研发设计、产品营销和关键零部件供应，两岸之间形成不对等产业链垂直分工贸易和产业内水平分工贸易关系，形成了两岸在新兴产业领域内的垂直分工。

179

随着大陆不断扩大改革开放以及制造业水平的提高，两岸产业合作也在不断深化，表现出多元化特征。两岸产业合作已从低层次的土地、劳动力等资源型合作，逐步向人才、研发、金融等市场型合作转化。特别是 21 世纪以来，台商在大陆的投资模式发生变化，由单纯的生产模式转向了生产、研究开发并举的模式。台湾的一些高科技企业生产加工部分转移至大陆，许多台资企业纷纷在大陆设立研发中心，研发基地也逐步向大陆转移。利用台湾应用研究比较发达以及国际销售网络较成熟的条件与大陆雄厚的基础研究力量和广阔的市场相结合，为台湾科技产业寻找新的动力。随着大陆产业结构的不断调整，沿海地区产业竞争力的不断提升，两岸的分工合作模式也出现多元化、多层次的特征。

（四）合作路径出现集群化、本地化趋势

随着台商在大陆的投资动机由最初的关注成本优势转向占领大陆市场，台商在两岸的布局结构发生变化，由初期以大陆为出口加工基地，到以拓展和占有大陆市场投资为主要动因。为了增强在大陆市场的竞争能力，台商产业转移出现本地化和集群化的趋势。台商投资规模出现大型化的趋势，台商投资主体由早期以中小企业为主导，逐渐发展为以大型高科技企业为主，投资方式上由过去的单打独斗转变为产业链上下游相关企业联合投资，或由核心企业带动相关产业链整体转移到大陆，具有明显的集聚特征。同时，随着台商投资规模不断扩大，越来越多的台商企业在采购、销售、用人、资金筹集甚至技术研发方面，呈现出本地化趋势。大陆台商生产所需要的半成品、零组件及原材料逐渐就地取材，改变了过去主要依赖从台湾进口的状况。未来，台湾企业在生产、管理、销售等方面的本地化趋势将越来

明显，并成为台商在大陆经营和发展的重要策略之一。

（五）合作区域具有明显的地域性

台商在大陆投资的聚集度较高，投资的地域性很强。近年来，随着台商在大陆投资动机和投资模式的变化，台商对大陆投资地区布局出现明显调整，由过去主要集中在长三角、珠三角和福建沿海地区，逐步向环渤海以及中西部地区扩散，北上西进的趋势比较明显。从具体分布地区来看，江苏、福建和广东仍是台商重要的集聚地，占到一半以上。根据台湾方面的统计，2014 年 1～11 月，台湾对大陆投资额居前五位的省市是江苏（23.51 亿美元）、福建（11.63 亿美元）、广东（11.25 亿美元）、上海（10.73 亿美元）及四川（7.41 亿美元），分别占核准比例的 26.14%、12.94%、12.51%、11.93% 和 8.24%，合计占到 71.76%。可以看出，长三角和珠三角仍是台商投资最集中的地区，环渤海地区还未形成热点。但与以往数据相比，台商对上海、福建、广东的投资比重有所下降，而对福建的投资增长很快。福建超过广东，成为台商对大陆投资额仅次于江苏的省份，显示出近年来大力发展海西经济区和推动平潭综合经济实验区建设等政策举措已取得了明显成效。同时，台商西进的趋势仍在继续。台商对四川的投资也在大幅增长。

二、两岸产业合作面临的主要问题和挑战

近年来，国际经济形势变化，美国再工业化发展，大陆经济结构调整，以及台湾外贸政策的调整，都对两岸的经贸关系产生影响。多年来，两岸的经贸总体保持较快增长，但波动仍

然较大。ECFA 的实施，虽然为两岸产业合作提供了更大的发展空间，但并未对两岸产业合作给予实质性的安排。当前，两岸产业合作既面临着难得的机遇期和有利条件，也存在不少亟待破解的问题。

（一）两岸产业合作制度化受阻

稳定的两岸关系，是促进两岸产业合作的基础。两岸产业合作最初始于民间交流，随着规模不断扩大，产业合作空间逐步扩大，产业合作机制已不可能再停留在以往的自发性、松散式合作模式上，而需要更高层面的制度设计和战略创新。ECFA 后续协商谈判进展不大。两岸"服务贸易协议"、"货物贸易协议"和争端解决机制等都是 ECFA 后续协商的核心内容，然而 2014 年并未取得任何进展。由于岛内局势的变化以及"太阳花学运"的影响，两岸服务贸易协议在台"立法审批"受挫，为两岸经贸关系制度化蒙上阴影。两岸货物贸易协议谈判方面，双方虽就市场开放和重点产业达成了一定共识。但受两岸"服务贸易协议"的影响，迟迟难以在岛内通过，加之随着大陆地位的提升，台湾岛内恐惧大陆产业竞争的声音增多，两岸"货物贸易协议"谈判难免受到一定程度的冲击。实际上，两岸产业合作具有很强的互补性，加强两岸产业间合作，实现优势互补，不仅有利于两岸出口企业摆脱当前困境，有利于两岸产业的长远发展，而且也能使台湾经济走出经济边缘化的困境。在 ECFA 的后续商谈中，还需多增加促进产业合作的内容和举措。

（二）台商本地化程度低，两岸产业合作深度有待提升

目前，两岸产业合作主要以投资和贸易为主要合作形式，

产业合作的层次仍然较低，大陆企业与台商的生产合作多处于产品包装或运输及后勤服务等非技术领域。近年来，随着台商对大陆投资快速扩张，技术含量和产业层次的不断提升，台资企业多数是以独资方式经营，产业的外向关联度大。台商独资企业通过构筑独立的生产和研发体系，不断提高产品竞争力，在某些行业或产品形成一定程度的市场垄断。两岸产业之间的分工模式大多是由台商在大陆投资所形成的台资在两岸布局产生的各种分工关系。台资企业在空间上形成的产业集聚也主要是集群内部企业之间以及集群内企业与台湾地区或海外企业之间保持的相当紧密的网络联系。这种网络联系基本上可以不依赖当地的供货商网络，与当地相关产业的关联度很低。目前，多数台资企业仍然只把大陆作为其全球生产链的制造加工基地，台商企业与大陆企业的融合度不高，两岸产业合作的深度还有待提升。

（三）两岸产业都面临着结构调整和转型升级的压力

近年来，随着大陆经济进入新常态，大陆在吸引外资方面的政策发生变化，更加注重外资质量以及结构优化，引进外资的重点转到引进先进技术、管理经验和高素质人才，更加注重环境保护、资源能源节约与综合利用效率，从传统的招商引资转向招商选资。两税合一之后，赋予台商的税收优惠已逐步弱化，从超国民待遇到国民待遇。此外，收缩开发区项目、规范土地开发、降低出口退税率、人民币汇率上升、新外商投资指导目录以及新《劳动合同法》出台等，对于台资企业，特别是出口导向型外资项目产生一定的负面影响，加之各地招商引资的优惠政策空间明显缩小，使得在大陆投资的台商，特别是一些科技含量不高的中小企业受到较大的冲击，面临着转型升级或者向具有成本优势的地区转移。再加上近年来台湾当局出台了一些吸引台商回流的政策，大陆台资回流以及向东南亚转移的现象增多。

三、"十三五"海峡两岸产业合作展望

"十三五"是大陆深化改革开放，加快转变经济发展方式，建成小康社会的关键时期。大陆自贸区建设的推进，"一带一路"战略的实施等，为两岸产业合作注入了新动力。抓住新机遇，加强两岸产业深层次的合作，不仅对于加快两岸产业结构调整和转型升级步伐，促进两岸产业竞争力的共同提升具有重要意义，而且对于两岸关系的长远发展影响深远。

（一）两岸产业合作将进一步深化

目前，两岸经济合作制度化机制已经建立。从两岸合作发展的动力机制来看，政府推动下的正常市场机制是两岸未来产业合作中最佳方式。大陆在"十二五"规划中就已明确提出：将建立健全两岸经济合作机制，积极落实两岸经济合作框架协议和两岸其他协议，推进货物贸易、服务贸易、投资和经济合作的后续协商。ECFA 的目标就是促进海峡两岸货物贸易和服务贸易进一步自由化，进一步增进海峡两岸的贸易与投资关系，建立有利于海峡两岸经济繁荣与发展的合作机制。ECFA 只是一个起点、一个平台，未来的两岸经贸合作还将在更宽、更广的领域展开，"十三五"时期，两岸将迎来以 ECFA 为主导的两岸经贸合作新时代。根据 ECFA，两岸将"研究双方产业合作布局和重点领域，推动双方重大项目合作，协调解决双方产业合作

中出现的问题"。目前，两岸通过"搭桥项目"，已经共同推动资讯、通信、环保、新能源、生物科技、中草药、纺织及纤维、LED 照明、石化等业界交流合作。在新能源、钢铁、纺织和创意产业等流域也展开了产业交流。随着两岸产业交流更加频繁，产业合作将更加深化，产业合作重点将更为突出。战略性新兴产业合作、现代服务业合作、农业合作将成为未来两岸经贸关系的新亮点。

（二）两岸新型产业分工体系的建立

当前，两岸产业结构都面临着转型升级，两岸制造业应抓住经济危机后世界产业分工创新洗牌的关键机遇，加强合作，深化分工，突破目前为欧美国家代工的分工体系，提升在全球产业体系中的竞争力。两岸应注重发挥各自的比较优势，改变粗放式的合作关系和模式，着眼于产业链高端合作，重视加强在技术研发、品牌创造即营销策略等方面的合作，着力延伸产业的价值链条，培育两岸产业合作的全球竞争力。对于台湾企业来说，应利用大陆内需市场优势和台湾企业全球化生产销售网络优势，推动实施国际品牌战略，摆脱对代工生产模式的依赖。大陆应在承接台湾制造端转移的同时，更注重借助和汲取台湾在研发和营销方面的优势，把人才、科技的潜在优势转化为技术研发的现实优势，促进制造业向高附加值方向延伸，促进从"制造大国"向"制造强国"的转变。两岸应利用规划未来产业发展的机会，加强两岸新兴产业合作，促进产业共同研发、共同生产、产销合作、共同投资，甚至包括建立产业技术标准等方面的合作，建立两岸产业合作新模式，进而创造两岸合作商机，并携手进军国际市场，提升国际竞争力。

（三）两岸新兴产业合作不断加强

两岸在新兴产业发展方向上大致相同。大陆"十二五"时期就提出了加快发展和培育节能环保、新兴信息产业、生物产业、新能源、新能源汽车、高端装备制造业和新材料七大战略性新兴产业，与台湾提出的六大新兴产业，即生物科技、观光旅游、绿色能源、医疗照护、精致农业、文化创意产业等，以及"四大新兴智能型产业"，即云端运算、智慧电动车、智慧绿建筑、发明专利产业化等，在本质和未来产业趋势发展上有很多相同之处。台湾研发强项配合大陆广大的市场，进行产业水平和垂直的整合，强化供应链的完整度，两岸可结合彼此优势共创双赢。加强两岸产业合作，不仅会带来更多的投资和发展空间，提升双方产业的国际竞争力，而且也有助于加快两岸产业的进一步融合。

此外，两岸在服务业和旅游业都有很大的合作空间。目前，台湾投资大陆的服务业还比较落后，有很大的提升空间。台湾的内需市场比较有限，居民收入增幅趋缓，消费需求不足，制约了台湾服务业的增长，特别是金融业是台湾服务业的核心，大陆有着广泛的市场和对金融服务的需求。与大陆比起来，台湾金融市场发展较成熟，在内部管控、经营管理及风险管理方面的经验与能力较佳，同时在金融商品的创新能力、产品多元化以及客户导向的服务观念方面有较高的水平。2014年，台湾有13家银行在大陆设立16个分行，为台湾建立离岸人民币中心创造了条件。从发展趋势看，两岸的金融合作势不可当，在直接合作方式遇到障碍时，可以充分发挥香港在两岸金融中的桥梁和中转作用。"十三五"时期，可以探索建立两岸金融试验区，为两岸金融合作寻找突破口。

【参考文献】

［1］李平、石碧华：《"十二五"时期海峡两岸制造业企业合作展望》，《发展研究》2011 年第 9 期。

［2］李应博、刘震涛：《全球经济危机影响下两岸产业合作的框架、机制与模式创新》，《台、港、澳研究》2010 年第 2 期。

［3］林纾：《后 ECFA 时代台湾工业转移与大陆承接对策》，《经济地理》2012 年第 7 期。

［4］王建民：《2014 年两岸经贸关系》，《两岸关系》2015 年第 2 期。

［5］谢邦昌：《两岸新兴产业合作"十二五"展望》，《财经界》2011 年第 1 期。

［6］庄荣良：《海峡两岸产业分工的发展阶段、模式演进和发展机遇》，《福建论坛》（人文社会科学版）2009 年第 5 期。

台商投资与深化两岸产业合作

——以半导体产业为例

熊俊莉

（中国社会科学院台湾研究所，北京　100836）

一、引言

长期以来，台商投资在两岸产业合作中扮演重要角色。台商基于岛内投资环境变化和企业经营策略布局对大陆地区投资，成为两岸产业合作的集中体现，也一定程度左右着两岸产业合作的方向。

近期两岸经济合作的总体环境发生变化，对台商投资大陆造成一定影响，主要体现在：一是自岛内爆发"反服贸"运动以来，受"绿营"势力误导，台湾民众对两岸经济合作的支持度有所下降，部分亲"绿"学者一直在制造"不投资自己，却热衷于投资大陆，伤害台湾经济自主"等言论，对台商赴大陆

［作者简介］熊俊莉，中国社会科学院台湾研究所副研究员。

投资形成不利氛围。二是大陆地区经济新常态对台商提出相应的转型要求，随着大陆地区转变经济发展模式、加快对外开放及国际化水平提升，过去台商依靠土地、税收优惠及低成本劳动力发展的模式需要尽快转变，但显然目前台商并不能很好适应。三是台湾当局希望投资成为拉抬岛内经济的重要助力，出台一系列鼓励台商回流的政策，对于赴大陆投资的台商往往要求其在当地投资具相当规模或以先加码岛内投资为条件。四是东南亚地区如越南、印度等地经济提速，加上低成本等优势，对部分传统产业特别是转型困难的台商形成较大吸引力，这部分台商已不具备赴大陆投资的优势。

这些对台商的影响开始逐渐投射到两岸产业合作领域。首先，台商在大陆的投资出现缩减趋势，两岸产业合作过去的重心制造业方面的动力开始减弱，台商投资大陆服务业的比重虽然相对提高，但受限于两岸服务领域开放有限（原通过服务贸易协议可大幅开放），本应接替制造业成为两岸产业合作重心的服务业并未发挥应有的作用。据商务部统计，2014 年大陆实际利用台资减少了 3.3%。其次，大陆部分台商经营出现困难，有的向外（东南亚）转移，有的向基础设施和配套刚刚起步的大陆中西部地区转移，它们基本维持传统的两岸产业合作模式，并没有从内容、方式上进行深化。台商的市场由外销逐渐转向大陆本地市场，本土厂商的优势变得明显，加上大陆企业近年来实力增强，对台商形成较大压力，两岸产业竞争关系忽然表现得尤为突出。

在台商投资及产业合作面临的挑战增多的背景下，两岸应深入研究，积极探索深化两岸产业合作的方式方法。本文将以半导体产业为主要研究对象。对两岸而言，半导体产业是共同的关键产业：半导体产值（超过 2 万亿新台币）约占台湾 GDP 的 1/5，台湾出口近 1/4 为半导体产品；大陆地区自 2005 年已成为全球最大的 IC（半导体）市场，半导体产品是大陆地区进口比重最高的产业类别。研究半导体领域台商投资大陆情况，以及推动该领域两岸产业深度合作的创新举措，具有典型代表性，同时也有望为未来两岸深化产业合作做出示范。

二、台商投资大陆半导体产业的现状及特点

自 20 世纪末以来，台商对大陆投资的重点由传统劳动密集型产业向资本和技术密集型产业转移，如电子、计算机及相关零组件等厂商已基本都在大陆投资设厂。但半导体产业是台湾关键的支柱性产业，对台湾整体经济的拉动、保证就业及薪资增长等都有不可替代的作用，岛内各界对该产业的发展动向明显关注，在投资大陆方面对"产业空洞"、"技术流失"、"人才出走"的恐惧心态更胜从前。大陆地区随着经济发展已逐渐成为全球半导体产业最重要的市场，对半导体产业投资的集聚愈来愈明显，台湾半导体厂商加快投资大陆是应对国际竞争、保证企业成长的必然选择。

（一）投资总体增长，台资厂商在大陆半导体产业体系中居重要地位

2000 年以来，随着全球半导体产业进入快速增长时期，加上两岸先后加入 WTO，贸易带动投资等影响，台湾对大陆半导体产业投资也呈增长态势。根据台湾"行业标准分类"（第 9 次修订），电子零组件制造业（26）定义为从事半导体及其他电子零组件制造行业，从具体产业来看，半导体及其零组件、面板及其零组件都属该行业范畴内。根据台湾"投审会"统计，

2000 年台商投资大陆电子零组件业 4.1 亿美元，2010 年增长至
48.5 亿美元，增加了 11 倍。但 2010 年以来，受国际金融危机
影响，全球半导体产业走入低迷和调整期，台商投资也随之缩
减。2014 年，全球特别是美国经济复苏明显，消费电子产品
（如 iPhone）等带动全球通信、半导体领域景气，台商对大陆半
导体投资也出现回升，如图 1 所示。

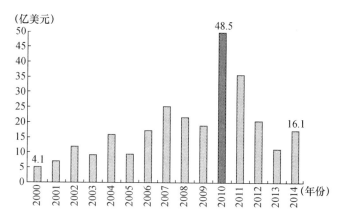

图 1 台湾半导体产业对大陆投资趋势

资料来源：根据台湾"投审会"数据绘制。

　　大陆地区半导体市场的快速成长，加上人力成本优势和政
策红利的双重推动，台湾半导体厂商先后赴大陆投资设厂。根
据台湾证券市场上市公司的资讯披露，截至 2014 年底，台湾主
要半导体厂商在大陆投资总额超过 700 亿美元。在半导体制造
业方面，台积电在大陆成立全资子公司，投资规模（实际到资，
下同）达 189.4 亿美元；联电除重点投资（苏州）和舰外，也
进入大陆太阳能、LED 等领域，总投资规模达 89 亿美元。在半
导体封测业方面，日月光在大陆上海、昆山、威海、无锡、深
圳等多地投资设厂，其全资或持股的大陆公司多达 24 家，投资
规模高达 259.6 亿美元；硅品在大陆苏州设立全资子公司，投
资规模 41.1 亿美元。在半导体设计业方面，联发科全资设立了

191

联发博动科技（北京）、联发软件设计（深圳）、联发芯软件设计（成都）、晨思电子科技（上海）等公司，包括持股共计17家企业，对大陆投资规模约116亿美元，如表1所示。

表1　台湾主要半导体厂商对大陆投资（截至2014年底）

台湾企业	投资大陆企业数(家)	投资大陆金额（亿美元）	投资企业名称
台积电（制造）	1	189.4	台积电中国子公司
联电（制造）	9	89.0	永盛（山东）能源、和舰科技（苏州）、冠铨（山东）光电、真宏企业管理顾问（上海）、华鸿（山东）能源、济宁华瀚光伏、联发（山东）光伏、联华骐商贸（北京）、联暻半导体（山东）
力晶（制造）	1	4.4	晶旺光电（徐州）
茂德（制造）	1	42.5	渝德科技（重庆）
南亚科（制造）	1	0.3	南亚科科技（深圳）
联发科（设计）	17	116.0	晨思电子（上海）、和信锐智（北京）、壹绿鲜食品(成都)、奕微半导体（上海）、晨星软件（深圳）、汇顶科技（深圳）、杰发科技（合肥）、创发信息科技（苏州）、联发利宝（北京）、联发芯软件（成都）、联发科技（合肥）、联发科科技（上海）、联发科软件（武汉）、联发软件（深圳）、联发通讯（南京）、联发通讯（苏州）、联发博动（北京）
联咏（设计）	3	1.6	咏传科技（苏州）、咏传电子（上海）、联咏电子（西安）
日月光（封测）	24	259.6	上海鼎威房地产、上海鼎汇房地产、上海鼎裕房地产、日月光半导体（上海）、日月光半导体(昆山)、日月光半导体（威海）、日月光投资(昆山)、日月光封装测试（上海）、日月光集成电路制造（中国）、日月光电子元器件（上海）、日月光电子元器件（昆山）、昆山鼎泓房地产、昆山鼎悦房地产、硅翔微机电系统（上海）、无锡通芝微电子、云涌电子（上海）、云电贸易（上海）、环旭电子、环胜电子（深圳）、环维电子（上海）、环豪电子（上海）、环铨电子（昆山）、环鸿电子（昆山）、苏州日月新半导体
硅品（封测）	1	41.1	硅品科技（苏州）

资料来源：根据台湾"公开资讯观测站"统计整理绘制。

（二）台湾当局政策是制约台商投资大陆半导体产业的重要因素

对外投资是产业及企业发展到一定阶段的必然选择，通常考虑的因素包括企业经营策略、市场规模、投资地政策、被投资地政策等。台湾自 20 世纪 80 年代末起对外投资快速增长，随着产业结构升级转型，对外投资的产业重点也逐渐发生变化。1992 年以前，台商对外投资 90% 以上集中于制造业，但服务业迅速取代其成为除大陆地区外的其他地区的投资重点。半导体产业是台湾制造业对外资本输出的主要产业之一，特别是 2000 年以来占制造业对外投资比重约四成。在亚洲地区，日韩是中国台湾地区半导体产业最大的竞争者，但日本也是中国台湾半导体厂商对外投资的重要区域。根据中国台湾地区 "投审会" 的统计，2012 年中国台湾地区电子零组件产业对外投资额（大陆除外）共计 13.5 亿美元，其中对日本投资约占 71%，其次是新加坡（10.87%）和越南（10.85%）。若与投资大陆情况相比较，2012 年台湾对大陆制造业投资 75.2 亿美元，是对其他地区制造业投资（25.3 亿美元）的约 3 倍；2012 年台湾对大陆电子零组件产业投资 19.5 亿美元，是对其他地区该产业投资的 1.4 倍（见图 2）。这意味着，台湾半导体产业资本的区域流向明显区别于其他制造业，对大陆的投资规模显然不是正常状态。

在大陆半导体市场快速发展的背景下，台商半导体产业具良好发展基础，却未在大陆市场迅速布局，其中重要原因是台湾当局对厂商赴大陆投资的 "防范心态" 和 "限制举措"。长期以来，台商投资大陆受到台湾当局政策限制，如 "在大陆地区从事投资或技术合作许可办法" 及 "在大陆地区从事投资或技术合作审查原则" 2008 年以前规定，台商赴大陆投资个人及中小企业不能超过 8000 万新台币（约 267 万美元），大企业不能

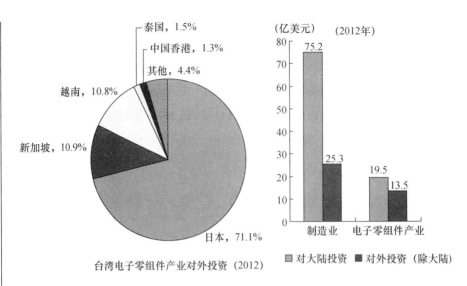

台湾电子零组件产业对外投资（2012）

■ 对大陆投资　■ 对外投资（除大陆）

图2　台湾半导体产业对外投资统计

资料来源：根据台湾"投审会"统计数据绘制。

超过净值的40%（部分为30%、20%）。2008年两岸关系走入和平发展新时期，实现了"三通"，台湾当局放宽上限至个人每年500万美元和企业净值的60%。但就半导体产业而言，普遍投资规模大，不少外商赴大陆投资都争取融资以扩大规模，而台湾对投资规模的规定限制了台商的经营。以台积电为例，截至2014年底，赴大陆投资已达到"投审会"规定的上限189亿美元，不能再向大陆子公司增资。此外，台湾当局要求对晶圆制造厂、集成电路设计、集成电路封装、集成电路测试及液晶显示器面板厂投资大陆进行"关键技术审查"，要求投资厂商提供详细的大陆投资规划（含制造、产能、时间、投资金额、员工雇用），以及台湾和大陆各厂制造、产能与时间对照示意图等，目的是审查厂商是否符合"投资大陆技术必须比台湾低'一代'"的规定（2013年10月前规定须高出"两代"）。许多台湾厂商因此无法赶上大陆推动半导体产业发展的"顺风车"，以联电为例，目前大陆鼓励投资 28 纳米制程以下的半导体制造业并给予优惠政策，但联电按台湾当局规定只能投资最高 40 纳米制程（比台湾 28 纳米制程低"一代"），如表 2 所示。

表 2　台湾"投审会"对投资大陆半导体产业的限制

规模审查	个人：每年 500 万美元
	中小企业：8000 万新台币或净值（合并净值）的 60%，以较高者为投资上限
	非中小企业：净值（合并净值）的 60%
技术审查（并购、参股）	须落后该公司在台湾制程技术一个世纪以上
	使用台湾母公司技术须支付权利金
	投资应可取得全球市场优势地位，或可扩大全球市场占有率
	投资应对台湾经济发展有重大贡献：增加台湾母公司收益，或可大幅提升技术水准或运筹能力
	不得因大陆投资而裁减台湾员工

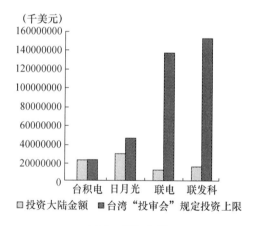

图 3　投资金额

资料来源：根据台湾"投审会"、"公开资讯观测室"资料整理绘制。

（三）台商在大陆半导体产业的布局相对滞后，外商已占据优势地位

随着经济发展及产业结构的变化，大陆地区在全球半导体市场及产业中的地位快速提升。根据《中国半导体产业发展状况报

告》，中国大陆地区半导体市场需求占全球市场份额由 2006 年的 28.9% 提升至 2012 年的 54.1%，半导体产业销售额占全球市场份额同期由 8.8% 提升至 19.6%。大陆市场的潜力对全球半导体厂商产生巨大吸引力。就在台湾担忧投资大陆造成"技术外流"的同时，全球其他地区的半导体厂商却加快在大陆的投资步伐。2014 年底，英特尔对外宣布，将在未来 15 年内投资近百亿元（约 16 亿美元）升级成都工厂，并将英特尔最新的"高端测试技术"（Advanced Test Technology）引入中国。除了英特尔，包括三星、SK 海力士及德州仪器在内的诸多半导体巨头都在加大中国市场的投资，如图 4 所示。

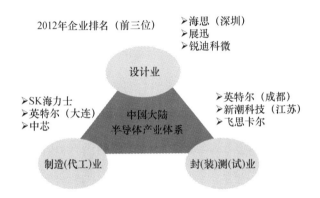

图 4 大陆半导体产业体系的企业排名

资料来源：根据中国半导体行业协会《中国半导体产业发展状况报告（2013 年）》整理绘制。

目前，外商在大陆半导体产业中占据了关键地位。据估计，约八成半导体封装测试业销售收入集中于外资企业，制造业领域投资数额大的新建项目大多来自外商，同时外商向产业链上游设计业转移已初露端倪。据大陆半导体产业协会统计，半导体产业链的各环节，包括制造、封装、测试等前几大企业都为外商。制造业前三大企业分别为 SK 海力士、英特尔（大连）和中芯；封测业前三大企业分别为英特尔（成都）、新潮科技（江苏）、飞思卡尔；设计业前三大企业分别为海思（深圳）、展讯、锐迪科微。总体看，台资半导体厂商在大陆半导体产业体系中除制造业占据一定地位，设计及封测领域都相对薄弱，前者主要因为台湾强调"与大陆产业垂直分工"，对作为半导体产业上游的设计业投资大陆抱谨慎态度；后者则由于技术密集度相对较低，大陆地区已经发展具一定规模，台商投资将面临较大竞争压力。据大陆半导体行业 2013 年统计，台资半导体厂商台积电和联电（和舰）在大陆半导体制造业中排名分别为第5 和第 9，如表 3 所示。

表3　2012 年中国十大半导体制造企业

排名	企业名称	销售额（亿元）
1	SK 海力士半导体（中国）有限公司	137.8
2	英特尔半导体（大连）有限公司	125.6
3	中芯国际集成电路制造有限公司	106.8
4	华润微电子有限公司	35.2
5	台积电（中国）有限公司	34.2
6	天津中环半导体股份有限公司	25.4
7	上海华虹 NEC 电子有限公司	23.5
8	上海宏力半导体制造有限公司	12.5
9	和舰科技（苏州）有限公司	13.5
10	吉林华微电子股份有限公司	10.6

资料来源：中国半导体行业协会《中国半导体产业发展状况报告（2013 年)》。

三、深化两岸半导体产业合作的思路与建议

当前两岸半导体产业合作处于关键路口，一方面，台资半

197

导体厂商在大陆的发展本就受产业特性、政策等因素影响基础较薄弱，同时大陆地区投资环境的变化也对台商经营提出了更高要求；另一方面，大陆地区转变经济结构、深化改革、推动创新，为台商发展提供了更公平、更良好的制度保障，未来若两岸合作推动半导体产业协同发展，将有望建立完整的半导体"两岸产业链"，开创两岸产业合作新模式，为两岸经济合作和两岸关系和平发展提供新动能。

（一）发挥比较优势，做大做强两岸半导体产业

从全球范围看，半导体产业的竞争十分激烈，同时企业资本、技术进入的壁垒很高。当前两岸均积极推动半导体产业发展，但各自优势并不相同。大陆方面，尽管半导体产业起步较晚，但巨大的市场、丰沛的资金以及品牌建设经验都是发展的显著优势。据统计，过去十年中国大陆半导体产业市场规模年均增长率为 19.2%，预计潜在市场规模近 4000 亿元。政府及企业对该产业"下重金"，2013 年底北京成立规模 300 亿元的集成电路发展股权基金，2014 年 9 月成立总额度达 1200 亿元的集成电路扶持基金（2014～2017 年），民间也有愈来愈多私募基金、企业（如紫光等）纷纷加大注资。大陆还拥有华为、中芯等一批上下游垂直整合、知名度快速提升的品牌支持半导体产业，这些企业在通信设备、终端设备的高市占率将支持大陆半导体产业的发展。例如，以华为为后盾，其控股企业海思已成为当前大陆最大的设计厂商。

台湾的优势是半导体产业起步较早，在技术基础、人力资源及管理经验上的积累十分可观，这从台湾半导体产业在全球的地位即可看出。目前，台湾半导体制造业、封测业产值均居全球首位，设计业排名第 2。代工领域，台积电和联电分别排名

全球第1、第4；设计领域，联发科排名全球第7；封测领域，日月光和硅品分别排名全球第1、第3。台积电（TSMC）自2002年进入全球半导体排行榜前十位后，10年来发展迅速，2013年提升至前五名。另外，由于长期作为欧美国际品牌（如苹果）的供应链，台湾厂商非常了解国际大厂及产品，这对推动产业全球化具有较大优势（见图5）。若两岸积极促成优势互补，将有望形成两岸整体的新的产业优势及竞争力，实现"1＋1＞2"的效果。

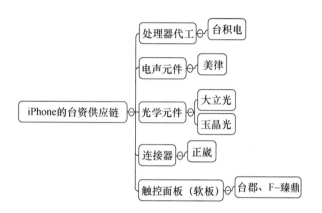

图5 台湾半导体厂商的供应链优势

（二）上下游整合，降低半导体产业进口对外依赖

大陆地区半导体市场需求快速增长，但自有产量却很有限，大量电子零组件产品依赖进口。据统计，2012年起大陆地区半导体进口金额已经超过石油进口金额，成为最大单一进口产品。2013年大陆集成电路进口额为2322亿美元，逆差高达1441亿美元。为此，大陆地区提出加大力度发展半导体产业，提升产品国产化比例的目标，这为两岸半导体产业合作提供了较大空间。2014年，大陆对台湾半导体产品加计电机设备、视听设备等进口总额约300亿美元，对台湾半导体的采购虽然逐渐增长，

但总体看占进口比重并不算大。两岸可考虑采取进口替代策略，将台商进口视作"自制"，将两岸企业间采购关系视作"集团"内上下游垂直整合，则既可"外部交易内部化"，提升自制率，降低对外依赖，又给台资企业提供巨大商机，使其提升市占率。

（三）鼓励策略联盟，减少产业内部竞争

大陆的半导体产业经快速发展，已具有参与国际竞争的能力。但总体看，与高通、英特尔等国际龙头厂商相比，中国公司实力差距较大，因此竞争主要集中于低端及中下游，这使台湾半导体厂商感到较大压力。例如，大陆海思规模已经超过台湾第二大 IC 设计厂联咏，未来在华为终端设备的带动下将直追联发科。

业务上的高度重合会使两岸企业竞争性加剧，争抢客户或压价竞争等对两岸整体产业利益而言是不利的。出于企业经营竞争压力的考虑，当前台湾岛内出现不少要求大陆给台湾产业"留出空间"、两岸"合理"布局的声音，言下之意是大陆不要发展台湾已有的产业，保持台湾厂商当前对大陆的上游优势。大陆虽然在"一家亲"理念下愿意表示善意，但客观看这对两岸产业发展长远并不有利。从市场面看，"划地而治"难以落实，无论从区域还是产业领域制造界限都较难。更重要的是，以台湾的经济规模和产业发展潜力，若不与大陆合作，很难在激烈的国际竞争中（主要是对日韩）占据长期优势，大陆若退出，最后可能造成两岸关键产业都被国外大厂掌控。从大陆角度看，建立品类齐全、独立完整的工业体系是国家战略，目前联合国工业类别 30 多大类、200 多中分类、500 多细项，中国是唯一全部都有的国家。因此，台湾应积极参与两岸整体共建产业体系的过程，两岸可策略联盟，合作参与国际竞争，使联

发科、海思成为能与高通抗衡的企业，使台积电、中芯成为能与英特尔抗衡的企业。

（四）协调和完善两岸知识产权保护机制

两岸半导体产业合作应将知识产权制度对接和完善保护机制赋予更重要地位。首先，知识产权逐渐成为厂商的核心竞争力。高通、英特尔等国际厂商每年从专利授权中赚取大量利润，而两岸厂商却支付大量权利金。其次，知识产权保护制度影响厂商的投资意愿。在半导体领域，业内推广"提供整体解决方案"模式，即从设备采购直至量产的总承包方式：由设备厂商向用户提供含有技术经验的设备，随着技术人员的指导，半导体技术也会随之转移。这种"只要有资金即可轻松实现量产"的做法，使投入庞大技术力量及费用开发出来的半导体技术发生了"廉价"转移。大陆厂商虽然通过技术转移实现了快速追赶，但长期是不可持续的。一方面，形成不重视知识产权和技术经验保护的氛围，台湾及国外的半导体厂商将对大陆地区投资产业线的技术、人才外流引以为虑，不敢将最尖端的技术和产品投入大陆生产；另一方面，更严重的是，厂商由于取得技术过于容易和"廉价"，将对这种以资金购买技术的方式形成依赖，不愿在研发领域投入时间和资金，不利于创新和技术独立。两岸已于 2010 年签署了《海峡两岸知识产权保护合作协议》（台湾称"海峡两岸智慧财产权保护合作协议"），但落实程度不够，实际仍有很多"法"外空间，未来可以先在半导体产业领域建立统一的知识产权标准，既可推动两岸半导体产业的深度合作，也可成为两岸深化知识产权合作的一个"样板"。

（五）鼓励研发和人才合作，共同掌握新的国际规则

两岸产业合作应以共建标准、引领国际产业技术发展方向为高级目标，落到实处就是大力促进研发和高级技术人员交流合作，就产业发展方向（技术、标准）进行共同的顶层设计。

半导体产业领域，大陆地区的研发资源仍显薄弱。尽管科研经费增长很快，从 2004 年的低于 2000 亿元提升至 2013 年的 1.2 万亿元。但由于产业分散，加上政府资金占相当大比重，流入半导体产业的资金并不太多。按最新统计，大陆半导体厂商科研经费支出均未排名全球前十（见图 6）。台湾研发资源大量

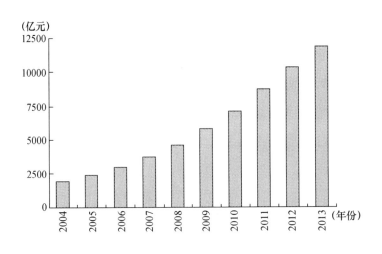

图 6　大陆地区研发经费变化

集中于半导体产业，特别是半导体厂商提升技术的内生动力强，研发是其营收支出的重要项目。根据 IC Insights 最新统计，台积电 2014 年研发费用达 18.74 亿美元，联发科 2014 年的研发费用总额达 14.3 亿美元，台积电和联发科研发费用年增率分别为 15% 和 29%。但与国际厂商相比，两岸科研投入远远不够。据

统计，英特尔在 2014 年的研发费用约 115 亿美元，占其全年营收约 22%；高通 2014 年研发费用约 55 亿美元，同比增长 62%，占全年营收比重约 28.5%。

（六）福建"先行先试"推动两岸半导体产业深度合作

当前两岸经济合作虽然遇到一些阻力，但大陆不断深化改革，新的自贸区升级方案和"一带一路"规划将为台商在大陆持续发展带来全新机遇。

两岸深化产业合作的最佳联结点是福建。2015 年 4 月，大陆将自由贸易试验区由上海扩大到天津、福建、广东三地。根据《中国（福建）自由贸易试验区总体方案》，福建自贸区将成为深化两岸经济合作的示范区，重点包括探索两岸产业合作新模式，对接台湾自由经济示范区、推进与台湾投资贸易自由化。同时，福建也是"一带一路"核心区，自贸区的战略定位包括建设"海丝"沿线国家和地区开放合作的新高地。这个定位已经为台湾参与"一带一路"建设留出空间。未来福建将成为台商既分享自贸区商机，又参与"一带一路"沿线地区投资的重要入口。

在半导体产业领域，当前闽台在半导体照明产业合作上已有一定基础，"一带一路"规划提出的"五通"，如基础设施互联互通将带来大量半导体产品、设备需求，福建应积极发挥自贸区优势，加快体制机制创新，吸引两岸产业深度合作。特别值得一提的是，福建自由贸易区的平潭片区具有后开发、产业可塑性强以及福州工业区配套等优势，可以作为对台体制创新、政策创新的重点，对台商投资可率先推动"国民待遇"，如允许台资半导体厂商在平潭自贸区内独资等，预计将对台商产生较大吸引力。

【参考文献】

［1］陈慧娟：《政府放宽对中国 40% 投资上限对台湾半导体设备产业的影响》，《itis 产业评析专栏》，2010 年。

［2］台湾"公开资讯观测室"：《上市公司（台积电）年报》，2014 年。

［3］台湾"国际贸易局"统计数据查询，http：//www. trade. gov. tw。

［4］台湾"经济部工业局"：《产业发展策略与措施》，IDB 报告文档，2013 年。

［5］台湾"经济部工业局"：《两岸半导体产业竞合关系迈入新阶段》，《半导体产业推手》2013 年第 33 期。

［6］台湾"投审会"：《2014 年对海外投资事业营运状况调查分析报告》。

［7］台湾"投审会"：《大陆投资负面表列——农业、制造业及服务业等禁止赴大陆投资产品项目》，2013 年 10 月。

［8］台湾"主计总处"：《台湾地区行业标准分类》（第 9 次修订），2011 年。

［9］王秀丽等：《两岸产业合作与转型升级》，《中国工业经济》2013 年第 11 期。

［10］张冠华：《两岸产业合作的回顾与前瞻》，《北京联合大学学报》2013 年第 2 期。

［11］中国半导体行业协会：《中国半导体产业发展状况报告（2013 年）》，2013 年。

［12］《2014 年研发费用排名前十半导体厂研发费用高达 318 亿美元》，《中国证券报》，http：//www. cs. com. cn/sylm/jsbd/201502/t20150226_ 4651405. html。

两岸产业合作中的政府角色

——以"搭桥专案"为例

庞建国

（中国文化大学中山与中国大陆研究所，中国台湾 999079）

一、前言

在经济增长过程中，政府是否应该扮演积极的角色，通过产业政策的制定，导引资源配置，促进特定产业发展，一直是一个颇有争议而需要持续关注的课题。如果涉及两个不同的经济体，则问题更为复杂。"搭桥专案"是由海峡两岸官方支持的产业发展合作方案，其中，双方应该扮演何种角色，采取哪些策略，解决哪些问题，值得做系统性的探讨。

本文将以全球价值链作为主要的分析框架，结合发展中国家理论和新结构经济学的观点，尝试对"搭桥专案"中的政府

[作者简介] 庞建国（1953—），男，中国文化大学中山与中国大陆研究所教授，财团法人海峡交流基金会顾问，主要从事国家发展理论、台湾与大陆发展经验以及孙中山思想的研究。2010~2014 年，接受台湾有关部门委托，从事两岸产业合作制度安排和政策制定的研究。期间曾在海峡两岸举办过 46 场小型座谈会（每个场次邀请 4~5 人），并访谈过参与和关心两岸产业合作的人士约 150 人次。本文的许多观点受惠于这些参与座谈会和接受访谈的人士，谨在此致谢。电子信箱：pangck@ms11.hinet.net。

角色做较为系统性的梳理，探讨推动该方案必须面对的挑战或问题，政府在因应挑战或解决问题上可以扮演的角色，适合采取的策略，以及相关的政策建议。

二、"搭桥专案"推动概况

"搭桥专案"是在台海两岸之间建立合作机制，以共同推动特定产业发展的一个构想。该构想于 2008 年 8 月由台湾当局通过，成为官方的政策措施，并获得了大陆官方正面回应。于是，海峡两岸从 2008 年 12 月开始，陆续展开了相关活动，为两岸产业合作搭桥铺路，至今已经推动了 7 年有余。①

"搭桥专案"的政策意旨和主要做法包括以下几个重点：第一，从全球分工体系中，挑选出海峡两岸可以优势互补并且具有庞大商机或者发展潜力的产业项目。第二，采取"政府搭桥，民间上桥"的做法，由政府拨发经费，举办两岸产业合作及交流会议，搭建交流桥梁与合作平台。第三，以一产业一平台的模式，让民间企业在各个平台上进行互补性合作。第四，互补性合作的形式包括共同研发、共同生产、产销合作、共同投资，乃至两岸跨国企业携手，展开营运管理、产业集资、金融服务和仓储转运等方面的合作。第五，通过两岸产业合作机制，促成两岸企业联手进军国际市场，以期在全球化竞争中，创造海峡两岸产业发展的互利双赢。第六，在期程规划上，以"一年交流，两年洽谈，三年合作"作为政策目标。

---

① 有关"搭桥专案"政策依据、推动架构和策略做法的说明，可参阅如下报告：http://www.ey.gov.tw/Upload/RelFile/26/77275/11311673871.pdf。

为了推动"搭桥专案",台湾方面成立了"两岸产业合作指导委员会",下设"搭桥专案办公室",作为台湾方面的联络窗口,该办公室设有"两岸产业智库咨询小组"和"两岸产业合作工作小组",邀请相关的公协会、智库和学者专家组成了协力团队。对应台湾方面的动作,大陆方面由国务院台湾事务办公室邀集有关部委派员成立了"协调小组",由国台办的经济局作为联络窗口。在"协调小组"下,设有"专家小组"和"工作小组",与台湾"两岸产业智库咨询小组"和"两岸产业合作工作小组"对接。2011年1月,依据"两岸经济合作(框)架构协议"(ECFA)成立"两岸经济合作委员会"之后,有关部门也配合既有的制度安排,设置了"产业合作工作小组"。①

截至2014年底,"搭桥专案"选择了19项产业,② 在两岸轮流举办了60个场次的"产业合作及交流会议",与会的人数超过21000人,促成了两岸1740家企业洽商合作,并签订了340件合作意向书。台湾方面认为,6年下来,"搭桥专案"分别对个别产业和总体经济成长发挥了一定的效益。在个别产业方面,台湾的企业在技术升级和转型之时,通过"搭桥专案",有利于与大陆内需市场结合,扩大营运规模,并开启海外的应用与服务商机。在总体经济成长方面,"搭桥专案"显现了"全球链接"的功能,经由两岸产业互补与共同发展,得以完善相关产业链,不仅能够开发大陆市场,也可以吸引欧美日的跨国企业通过台湾转进大陆,除了促成台商增加在台湾的投资之外,

---

① 有关"两岸经济合作委员会"的说明,可参阅:http://www.mac.gov.tw/ct.asp?xItem=91939&ctNode=5650&mp=1。

② 这19项产业包括中草药、LED照明、通信、资讯服务、车辆、车载资通信、太阳光电、风力发电、电子商务、连锁加盟、物流、精密机械、食品、生技与医材、纺织与纤维、数位内容、电子废弃物回收与利用、金属材料及TFT-LCD。

也促成跨国企业与台商携手开拓大陆和全球市场。①

不过，若以"搭桥专案"原先所设定的"一年交流，两年洽谈，三年合作"的政策目标来衡量，那么，"搭桥专案"实际上的推动成效和此目标有相当差距。如果以共同进行试点作为达成"合作"的指标，那么，已经举办过"合作及交流会议"的 19 项产业中，只有通信、LED 照明、冷链物流和电动车 4 个项目进入了共同进行试点的层次，以及太阳光电在检测认证上取得了进展。其余项目，大多停留在签署了合作意向书，但未进入实质性合作的阶段。同时，近两年来，"产业合作及交流会议"的举办出现了疲态，一方面，业者参与的意愿降低，另一方面，大陆与会者的层次有所下降。

"搭桥专案"的推动成效为何不如预期？两岸产业合作的主要障碍是什么？两岸政府可以采取哪些措施来克服这些障碍？首先，从相关的理论探讨切入，通过理论的梳理建立分析框架；其次，依据分析框架来鉴别两岸产业合作必须面对的挑战，并提出相应的政策建议。

三、理论探讨与分析框架

"搭桥专案"推动之初，海峡两岸的专家学者就达成了共识，两岸产业合作的主要愿景是，要在双方选定的合作项目上，通过优势互补，打造具有国际竞争力的完整产业链。对于这个愿景的解析，可以从全球价值链的分析出发。

---

① 《两岸搭桥确有成效，已有具体协助产业造商机之效果》，http：//www.moea.gov.tw/MNS/populace/news/News.aspx？kind＝1&menu_id＝40&news_id＝40689，2015 年 1 月 30 日。

（一） 全球价值链

本文所谓的全球价值链（Global Value Chain），是指由 Gary Gereffi 等所构建的一套理论，这套理论主要用来分析全球化的环境下，一个国家或者企业寻求产业发展和产业升级时，应该考虑的因素，以及适合采取的策略。这套理论在近年来成为联合国所属经济组织探讨国际经贸活动，尤其是发展中国家的产业发展和升级时经常采用的理论依据及分析框架。[①]

融合了产业（产品）供应链、交易成本经济学、生产网络以及技术能力和企业学习的相关学说，全球价值链分析提供了一套比较全面和细致的论述，这套论述告诉我们，在全球化和区域经济整合的趋势下，发展中国家的产业升级必须基于本身既有的要素禀赋，依据比较优势的原则，进入产业或产品供应链中具有竞争力的环节，先成为发达国家领导厂商的供货商，与国际经贸网络挂钩接轨。然后，再通过从做中学习的过程，获得生产和营销的技术及知识，向价值链中高附加价值的环节攀爬，向领导厂商的位置迈进。[②]

不过，在发展中国家厂商企图向高附加价值环节移动之时，全球价值链上的领导厂商会设法维持其本身的主宰地位。领导厂商所拥有的优势是研发能量、专利技术乃至标准制定的能力，

---

① 如联合国贸易和发展会议（United Nations Conference on Trade and Development，UNCTAD）和联合国工业发展组织（United Nations Industrial Development Organization，UNIDO）等机构都运用此理论来建立分析框架，提出研究报告。联合国贸易发展会议 2013 年的《世界投资报告》（"World Investment Report 2013"），其副题就是"全球价值链：追求发展的投资和贸易"（Global Value Chains：Investment and Trade for Development）。

② 全球价值链的理论论述和政策应用可参考以下文献：

Gary Gereffi，John Humphrey and Timothy Sturgeon，"The Governance of Global Value Chains"，Review of International Political Economy，2005，2（1）：78 - 104.

Gary Gereffi and Karina Fernandez - Stark，Global Value Chain Analysis：A Primer，Durham，NC：Center on Globalization，Governance and Competitiveness，Duke University，2011.

以及知名品牌和营销渠道。在全球价值链的治理上，领导厂商经常会借着垄断技术及标准和品牌及营销形成各式各样的经济租，筑起壁垒，防止发展中国家的产业升级行动影响到它们的既得利益。① 所以，发展中国家的厂商必须能积累足够的技术能量和品牌实力，才可能打破领导厂商的垄断。

正是从突破发达国家领导厂商技术和品牌壁垒的角度观察，我们发现两岸产业合作的重大意义和必要性。从产销流程规划和生产要素联结观察，两岸在全球价值链的治理上存在着优势互补的空间，可以通过沟通协调来减少恶性竞争和资源浪费，在许多产业内形成具有国际竞争力的组合。概括而言，可以将台湾的研发创意、设计能力、商品化效率和管理知识，与大陆的市场规模、生产条件、科研实力和政策力道进行适当组合，以打造出更完整且更具竞争力的产业链。

对于此种优势互补组合更细致的分析以及相应制度安排和政策配套的探讨，我们可以采用全球价值链所建议的分析框架。这个分析框架包含四个维度，分别是投入—产出结构（Input - output Structure）、地理范围（Geographic Scope）、治理（Governance）和制度系统（Institutional Context）。有关的分析探讨会在本节之后的段落中展开。

Gereffi 等所提出的全球价值链分析虽然可以提供一个比较细致的分析框架，用来探讨发展中国家产业发展与升级的课题，但是，此分析框架中，对于政府可以扮演何种角色、发挥什么作用缺乏系统性的论述。这方面的缺失，可以用发展中国家和新结构经济学的论述来补充。

---

① Raphael Kaplinsky and Michael Morris, Kaplinsky, Raphael and Michael Morris, "Governance Matters in Value Chains", Developing Alternatives, 2003, 9 (1).

（二）发展中国家

在经济增长过程中，政府是否应该制定产业政策影响资源配置，以促进特定产业发展？新古典经济学派或主张新自由主义的学者，会强调顺应市场机能，避免政府干预，所以，对于"搭桥专案"这样的发展策略，恐怕会持保留态度。不过，发展中国家（the Developmental State）理论则认为，第二次世界大战后日本和"东亚四小龙"相对优越的经济发展表现，乃至中国大陆和东南亚国家进入 20 世纪 80 年代之后比较快速的经济增长，[①] 主要得力于发展中国家的制度安排和政策制定。

发展中国家会以经济增长作为国家发展的首要目标，并通过产业政策引导资源配置，促进特定产业的发展。只是，在发展中国家，政府通过保护措施来扶持产业发展是常见的作为，那么，为什么同样的保护措施和扶持作为，在不同的国家却常有不同的效果？Peter B. Evans 认为，国家机关的自主性和职能是否足够，也就是政府廉政与否，是产业政策能否有效执行的关键因素。[②] 不过，有利于产业发展的国家自主性，并非不和企业界打交道、不食人间烟火地高高在上，而是一方面能够将决策机制镶嵌进社会网络中，了解市场运作实况和产业发展需求，另一方面又不会被个别企业或财团收买，能够从大局着眼，独立决策，突破既得利益包围的镶嵌自主性（Embedded Autono-

---

① Gordon White, Developmental States in East Asia, London：Macmillan, 1988；Gordon White, The Chinese State in the Era of Economic Reform：The Road to Crisis, Armonk, NY：M. E. Sharpe, 1991；Richard P. Appelbaum and Jeffrey Henderson, States and Development in the Asian Pacific Rim, Newbury Park, CA：Sage Publications, 1992.

② Peter B. Evans, Dietrich Rueschemeyer and Theda Skocpol, Bringing the State Back, New York：Cambridge University Press, 1985.

my）。①

同时，Evans 虽然认为政府可以在产业发展上采取主动作为，发挥主导作用，但是，也强调要做好角色功能的拿捏。他提出了四种政府可以扮演的角色类型，分别是监护人（Custodian）、领头羊（Demiurge）、助产士（Midwife）和当家者（Husbandry）。其中，监护人会采取贸易保护措施，扶持想要发展的产业；领头羊是政府带头成立国营企业，投入某种产业的发展；助产士提供减税或补助之类的诱因，协助私人企业茁壮；当家者则是本身投入，或号召私人企业一起投入回收较迟或风险较高的研究发展工作，等到可以商业运转时，再移转技术或让研发团队自立门户。Evans 发现，政府若采取监护人和领头羊的作为，往往会因为过度违反比较优势和市场机能，以失败收场。相对来说，政府比较适合扮演的是干预程度较低、不过度违反市场机能的助产士和当家者的角色。

20 世纪 80 年代和 90 年代，强调政府职能的发展中国家论述和强调市场机能的新自由主义是两个对立的理论阵营，不过，进入 21 世纪之后，出现了汇流现象。② 例如，Evans 在坚持政府职能重要性的同时，主张政府职能和市场机能不必是相冲相克的，政府的主要职责应该是维持社会秩序，防止市场失灵，促进公平交易和提供公共服务（如教育、健康、保险和公共设施等）。政府可以提出积极的产业政策，只是这些产业政策必须顺应市场机能，依循比较优势的原则，善用或诱发竞争条件。③ 同

---

① Peter B. Evans, Embedded Autonomy: States and Industrial Transformation, Princeton, NJ: Princeton University Press, 1995.

② 庞建国：《孙中山思想的时代意义：国家发展研究的视角》，韦伯文化国际出版公司 2012 年版。

③ Peter B. Evans, In Search of The 21st Century Developmental State（Working Paper No. 4），Brighton, UK: The Center for Global Political Economy, University of Sussex, 2008.

样地，由于"休克疗法"（Shock Therapy）在苏联经济转型上的失败，中国大陆双轨制渐进改革的成功，[①]以及全球金融海啸的冲击，新自由主义的声势大受打击，使得经济学界出现了反思，让相信市场机能但肯定政府在产业发展上能扮演一定角色的学说应运而生，其中，林毅夫的新结构经济学值得我们引介和采用。

（三）新结构经济学

Gary Gereffi 和 Peter B. Evans 都是社会学家出身，对于产业发展的思维走的是发展社会学或政治经济学的理路。与 Gereffi 和 Evans 的思维脉络相通，林毅夫的新结构经济学（New Structural Economics）则尝试超越旧结构经济学和新自由主义的偏失，以新古典经济学的方法作为基调，融合新制度经济学的观念，研究经济结构的决定因素和动态发展过程，主张"有效的市场"和"有为的政府"可以相辅相成，不必局限在"政府失灵"或"市场失灵"的偏执中。[②]

林毅夫认为，在经济发展过程中，市场应该成为资源配置的基本机制，政府不应做不当的干预，扭曲了市场机能。不过，政府可以在以下三方面扮演关键角色，发挥积极作用：第一，对于产业信息进行搜集、整理和传播；第二，对于企业竞争和投资行为做必要的协调；第三，对于新兴产业或技术研发的先行者所遭遇的外部性予以补偿。

发展中国家的产业升级，应该基于本身既有的要素禀赋结构，从全球分工体系中找寻具有比较优势和自生能力的产业，

[①] 林毅夫：《解读中国经济》，时报文化出版公司 2009 年版。
[②] 林毅夫：《新结构经济学——反思经济发展与政策的理论框架》，苏剑译，北京大学出版社 2012 年版。

在不扭曲市场机能的前提下鼓励民间投入。政府主要的作用在于提供产业信息，让企业知道依据本国的要素禀赋结构，哪些产业具有比较优势；协调相关企业，避免重复投资或恶性竞争；从事必要的基础建设；对于产业发展过程中具有外部性的活动给予补贴；通过创新育成或者吸引外商直接投资来催生新兴产业，克服社会资本短缺或其他的无形约束。

以下按照全球价值链分析框架的四个维度，依次检视"搭桥专案"的推动情形，说明其各自遭遇的挑战，以及克服困难的政策建议。

四、投入—产出结构

（一）问题分析

投入—产出结构基本上是产业分析上常用的供应链分析，指的是一项产品（货品或者服务），从起初构思到最后进入消费者手中，其投入和产出的联结过程，如研究与设计、生产要素投入、制造、配送和营销、销售，有时候还包括使用后的回收。这个维度的分析重点是找出全球价值链上的主要环节和相应活动有哪些，以及各个环节的参与者有什么样的特性和动力（如了解相关公司是经营全球市场或者国内市场、是公营还是民营、公司规模大小等）。

投入—产出结构的分析，很重要的工作是市场情报或产业信息的搜集。从企业经营的层次来说，个别企业会在本身可控的范围内，投注资源从事市场情报或产业信息的搜集和分析，以掌握市场生态和产业趋势，拟定本身的经营战略。值得注意的是，信息搜集通常需要耗费成本，甚至相当昂贵，个别企业只会搜集和本身经营有关的信息，作为拟定经营战略的依据，不会在本身需求之外去搜集信息，更不会将本身所获得的信息无偿地提供给其他企业使用。

在国家整体竞争力提升或者产业整体发展的层次上，显然无法依靠个别企业自利性的信息搜集来制定产业政策，此时，需要政府部门的人员具有更宏观的视野，进行信息的搜集、整理与分析，作为政府制定政策的参考，并且在必要时提供给市场或社会免费或有偿地使用。林毅夫认为，后进国家的产业升级，应该基于本身既有的要素禀赋结构，从全球分工体系中找寻具有比较优势的产业，在不扭曲市场机能的前提下，因势利导地鼓励民间投入。政府主要的作用在于提供产业信息，让企业知道依据本国的要素禀赋结构，哪些产业具有比较优势；协调相关企业，避免重复投资或恶性竞争；从事必要的基础建设；对于产业发展过程中具有外部性的活动给予补贴；通过创新育成或者吸引外商直接投资催生新兴产业，以克服社会资本短缺或其他的无形约束。其中，提供产业信息、了解要素禀赋结构和鉴别比较优势，就是在投入—产出维度上，政府必须发挥的功能作用。①

（二）政策建议

"搭桥专案"在推动之初，海峡两岸相关的专家学者就达成了一项共识，即两岸产业合作要依据优势互补的原则，共同打造具有国际竞争力的完整产业链。那么，如何认定哪些产业是

---

① 林毅夫：《新结构经济学——反思经济发展与政策的理论框架》，苏剑译，北京大学出版社2012年版。

两岸可以优势互补并且具有国际竞争力的？依据前述的理论，就是要由两岸的政府智库做好信息搜集与整理分析的工作，然后，进行信息的交换和研商，寻找出可以在产业链的组合上进行优势互补且具有国际竞争力的产业。同时，通过适当的制度安排，让这个信息交换和研商的机制能够发挥作用。

"搭桥专案"推动至今，两岸参与人士虽然都有建立信息交换平台的认识，也进行了一些分工合作的研究计划，但是，投入的人力和物力有限，双方在信息交换上仍然存在着防范与隔阂，成效并不显著。所以，在投入—产出维度上，两岸政府可以做的主要工作，就是搭建一个通畅无碍、可以充分降低交易成本的信息交换平台。通过这个信息交换平台，鉴别出两岸可以经由优势互补而具有国际竞争力的产业链，并配合要素禀赋结构，依循比较优势原则，制定因势利导的产业政策或配套措施。

五、地理范围

（一）问题分析

地理范围的分析和生产网络（Production Network）的研究相通是指全球价值链参与者的地理分布情形。有些学者认为，"价值链"或"供应链"之类的用词，容易让人以为产业发展或企业经营只是一个上下游垂直串联的线性（Linear）现象，而忽略了其中各个环节的网络状关系，所以，偏好使用"全球生产网络"（Global Production Network）的说法。例如，地理经济学者 Dieter Ernst，Jeffrey Henderson 和 Peter Dicken 等将地理空间分布的概念导入产业发展的研究，注重产业发展或企业经营地理位置的选择、产业聚集现象的形成以及经营网络的空间扩散现象。① Gereffi 的全球价值链理论将这个维度的分析纳入，作为整体分析架构中的一个环节。

地理范围这个维度的分析，通常是先找出领导厂商，然后根据领导厂商带领的供应商所坐落的地理位置，描绘出全球价值链的地理分布。这项分析认为，虽然通信和运输技术的进步，使得以领导厂商为核心的生产网络可以扩大到十分宽广的地理范围，但是，运输成本、靠近市场和集聚效应等因素会限制地理范围的扩张或形成地理集中现象。所以，在产业发展或企业经营的研究上，空间因素不容忽视。

值得注意的是，在空间成本考量和区域经济整合制度构建的影响下，全球价值链的地理分布出现了区域化的走向，形成了德国与东欧、美国与墨西哥、东亚国家等几个比较显著的区域生产网络。② 其中，东亚区域生产网络近年来快速崛起，成为世界各个区域经济板块中参与成员最多、生产品项最广、创造价值最大、增长速度最快的生产网络。同时，这个生产网络的枢纽或核心已经从日本移到了中国。③

① Dieter Ernst，"Global Production Networks and the Changing Geography of Innovation Systems：Implications for Developing Countries"，Economics of Innovation and New Technology，2002，11（6）：497–523；Jeffrey Henderson，Peter Dicken，Martin Hess，Neil Cole and Henry Wai–Chung Yeung，"Global Production Networks and the Analysis of Economic Development"，Review of International Political Economy，2002，9（3）：436–464；Peter Dicken. Global Shift：Reshaping the Global Economic Map in the 21st Century（4th edition），London：Sage Publications，2003.

② Mitsuyo Ando and Fukunari Kimura，The Formation of International Production and Distribution Network in East Asia（Working Paper 10167），Cambridge，MA：National Bureau of Economic Research，2003.

③ 吴湘宁：《东亚区域合作分析——中国信息通信技术产业发展与东亚区域生产网络变迁》，北京大学出版社 2012 年版；许博翔：《全球价值链及其对台湾的启示》，《台湾经济研究月刊》2014 年第 6 期；刘伟：《东亚生产网络、全球价值链整合与东亚区域合作的新走向》，《当代亚太》2014 年第 4 期。

两岸产业合作的基础之一，就是地理范围上的邻近，台湾与大陆之间虽然隔着台湾海峡，最窄的部分两岸大约相距 130 千米，最宽的部分大约相距 400 千米。这个距离，已经随着两岸直航而让运输成本得以降低。随着台商多年来在大陆的经营，在珠江三角洲和长江三角洲形成了产业集聚。近年来，随着大陆"调结构"和"城镇化"总体发展政策的推动，台商所参与的生产网络和产业集聚也开始产生变化，包括就地的升级或转型，迁移至大陆其他地区、东南亚国家，乃至"鲑鱼返乡"。这些动作，基本上仍然在东亚区域生产网络的范围内进行，其效应是强化而不是弱化了以大陆为核心的生产网络运作。

除了地理范围的邻近之外，两岸产业合作的另外一个基础是语言文化相通。相通的语言文化使得两岸之间的交流合作能够降低交易成本，台商多年经营所建立的社会（人脉）网络（Social Network），有利于社会资本的积累。换句话说，两岸产业合作在文化和社会镶嵌（Embeddedness）的意义上，有着比较优势，其有效利用则有赖于制度安排和政策作为。[①]

（二）政策建议

从地理范围的维度切入，政府在两岸产业合作上可以做的

---

① 此处所谓的"社会网络"（Social Network）和"社会镶嵌"（Social Embeddedness）（大陆有时译为"社会根植性"），是采用 Mark Granovetter 等的说法。以 Granovetter 为代表的新经济社会学的研究认为，人类社会实际的经济活动或交易行为，并不像新古典经济学家所主张的那样，发生在抽象的自由市场当中，而是镶嵌在一张张的人际关系或社会网络里，人际关系的串联或社会网络的运行则会受到文化背景、制度规范、地理范围和交友情况等因素的影响。有关论述可参阅以下文献：

Mark Granovetter, "Economic Action and Social Structure: The Problem of Embeddedness", American Journal of Sociology, 1985 (91): 481 – 510.

Granovetter, Mark, "A Theoretical Agenda for Economic Sociology", in Mauro Guillen, Randall Collins, Paula England and Marshall Meyer eds., The New Economic Sociology: Developments in an Emerging Field, New York: Russell Sage Foundation, 2002: (1) 35 – 59.

是，通过产业园区和自由贸易区的开发与对接，协助海峡两岸的企业在地理分布上形成合理配置，降低交易成本，提高营运综效。同时，两岸官方可以协助企业搭建交流平台，联结人脉关系，形成彼此镶嵌、利害与共的生产网络。

在产业园区和自由贸易区的开发与对接上，大陆方面分别在江苏昆山设立了"深化两岸产业合作试验区"，以及在福建平潭岛设立了"平潭综合实验区"，作为推动两岸产业合作的基地。同时，先后启动了上海、天津、广东和福建等自由贸易试验区的试点工作。台湾方面则规划了五个海港和一个空港的"自由经济示范区"，但相关立法工作尚未完成，且并未对大陆企业开放。站在推进两岸产业合作的立场，台湾的自由经济示范区应该及早对大陆企业开放，让两岸产业合作可依循点对点或区对区的模式开展。

在搭建企业交流平台方面，"搭桥专案"举办的各种"产业合作及交流会议"和"海峡两岸产业合作论坛"，逐渐出现了疲态，企业参与的热情退潮，不过，在串联人脉关系和拓展资源交换网络方面，仍有其一定作用。另外，"两岸企业家峰会"企图组成一个层次较高、涵盖面较广的两岸工商团体人脉平台，其效益则有待观察。

六、治理

（一）问题分析

全球价值链的治理维度融合了交易成本以及技术能力和企业学习的概念，探讨在领导厂商和供货商权力不平衡的情况下，全球价值链各个环节如何得到控制和协调。Gary Gereffi，John Humphrey 和 Timothy Sturgeon 等，依据交易的复杂程度、交易符码化（标准化）的可能性和供货商的能力，区分出五种不同类型的全球价值链治理方式：

（1）市场型（Market），当产品构成简单，供货商能力强（数量众多，供应充足），且资产专用性低时（生产的设备、技术和原料容易获得），可以采用这种治理方式，此时，双方只要通过市场公开买卖就可以完成交易，不需要太多的协调。

（2）模块型（Modular），当产品构成较复杂，供货商能力较强，资产专用程度较高，买卖双方数量虽然有限，但更换合作伙伴不难时，可以采用这种治理方式，它的情况比市场型复杂，但可以用标准化的契约来降低交易成本。

（3）关系型（Relational），当产品构成复杂，双方需要交换的信息量庞大，供货商的能力较强，而领导厂商和供货商之间互赖关系紧密时，可以采用这种治理方式，此时，双方可以通过信誉、空间邻近性和人脉关系降低交易成本。

（4）俘虏型（Captive），当产品构成复杂，供货商能力低，需要领导厂商的大量投入和技术支持，资产专用化程度高时，会出现这种治理方式，此时，供货商对领导厂商的依赖性强，很难改变交易对象，因而成为领导厂商的"俘虏"。

（5）层级型（Hierarchy），当产品构成很复杂，外部交易成本很高，而供货商的能力很低时，领导厂商必须采取这种治理方式，此时，交易可能涉及领导厂商的核心能力，如商业秘密和专利技术，领导厂商无法通过契约控制机会主义行为（如窃取专利技术），于是，只能采用企业内生产。[1]

---

[1] Gary Gereffi, John Humphrey and Timothy Sturgeon, 2005：(1)：84 – 88.

在上述的五种治理方式中，市场型和层级型并没有明显的领导厂商和供货商的联结或网络关系存在，而模块型、关系型和俘虏型则存在着越来越紧密的网络关系，且各自对应不同的治理手法。基本上，领导厂商的控制力量越强，供货商进行产业升级所要跨越的门槛越高。Tilman Altenburg 的研究发现，随着全球化的开展，全球价值链的治理形式有趋中的现象，即坐落在两端的市场型和层级型比例减少，越来越多的企业间权力结构是朝着中间的三种形式靠拢。①

对两岸产业合作来说，市场型和层级型的治理方式不需要政府协助牵线配对，只需要两岸官方打通两岸的往来，在两岸之间建立开放的市场和公平的交易秩序，让企业自行发挥。相对而言，模块型、关系型和俘虏型需要找寻适当的合作伙伴，共同打造产业链或生产网络，两岸官方可以通过"搭桥专案"这样的行动方案，协助两岸的企业进行彼此的合作。

值得注意的是，就共同打造产业链而言，大陆拥有市场规模的先天优势，是台湾无法企及的。依托在庞大的市场规模和一定的科研实力上，大陆可以动员人力（包括海归人士和海外华人）和物力，投入大型技术研发、技术标准制定、市场开拓和品牌打造等领域，并因而拥有筹码，可以和世界上科技领先的国家以及全球价值链上的领导厂商进行谈判周旋，寻求合作机会，要求技术移转或共同研发。因此，越来越多的大陆企业开始具备成为领导厂商的实力，能够在许多产品（产业）供应链上扮演领头羊的角色。相对来说，台湾方面的强项在于专业性的优势，如研发创意、设计能力、商品化效率和管理知识等，

---

① Tilman Altenburg, "Governance Patterns in Value Chains and their Development Impact", The European Journal of Development Research, 2006, 18 (4): 498–521.

走的是"快速追赶者"的产业发展路线，① 主要扮演供货商的角色。就全球价值链的治理来说，两岸政府需要注意双方产业发展路线和企业经营模式上的异同。

（二）政策建议

由于台湾企业在全球价值链的布局上，到目前为止，主要是切入制造、加工和组装的环节，采用欧美日所拥有的专利技术和所制定的产业标准，为品牌大厂或大市场商代工。通过把代工的环节做大做强，台湾的企业练就了"快速追赶者"的本领，能够将新的技术或设计转化为商品，在全球市场中占有一席之地。但是，就附加价值来说，代工毕竟是利润最微薄、最容易被挤压的段落。台湾若想走产业升级的道路，就势必要向专利技术与产业标准，或者营销市场与自有品牌等高附加值的阶段迈进。然而，受到科研实力、人才数量和市场规模的限制，台湾不容易凭借自身的力量突破现有格局，大陆在这些环节上可以和台湾形成优势互补的组合。

所以，从全球价值链的治理来看两岸产业合作，台湾方面需要采取更务实开放和积极进取的态度，包括大幅松绑对大陆企业赴台投资的限制（如对大陆企业赴台投资项目列表采取负面表列和给予大陆专业人士赴台出入境与居留的方便），开放两岸产业研发机构交流合作（如允许台湾的研究院到大陆设点和允许大陆同类型的机构到台湾设点），参与大陆方面产业技术标准研发制定的计划等，设法将台湾的竞争力镶嵌进大陆的成长

---

① 所谓"快速追赶者"的产业发展路线，是指在产业链的组合中，台湾企业通常不直接投入上游的标准或专利，也不直接进攻下游的市场与品牌，而是当某项新技术可以商品化，或者某个品牌大厂打出新产品之后，追随这个新技术或新产品的标准与规格，争取代工订单，然后，很快地达到大规模的量产。此论点可参阅王振寰：《追赶的极限——台湾的经济转型与创新》，巨流图书公司 2010 年版。

势头中。

七、制度系统

（一）问题分析

　　制度系统的分析是想了解在地方、国家和国际的层次上，社会经济条件和官方的制度与政策如何影响全球价值链的组合及运行。在经济条件方面，如劳动成本、基础设施和资金取得；在社会条件方面，如劳工的教育水准、妇女的劳动参与率和教育训练机会；在制度和政策方面，如租税规定、劳工律法、补助方案、教育政策和创新政策等。这些制度系统的相关因素，形成了企业经营或产业升级的外生变量。从两岸产业合作的角度看制度系统，主要的观察点是官方的制度安排和政策措施。

　　两岸产业合作需要双方的官产学研共同参与，台湾方面在官产学研合作上有比较丰富的经验，已经习惯通过专案办公室的制度设计，组成跨部委的任务编组，处理跨部委的产业发展方案。大陆方面由于组织体系庞大，传统上常有"条条块块"的问题，不仅横向之间较少以跨部委的任务编组来推动政策，纵向方面也经常出现中央政策未必能下达地方的"诸侯割据"问题。① 所以，一旦事涉跨部委或者上下层的协调时，工作推动会比较困难。在"搭桥专案"推动过程中，就遭遇到一些部委之间不协调和地方政府不能贯彻中央政策的情形，需要在制度

---

　　① 郑永年认为，中国大陆形式上是中央集权，事实上则是联邦式的地方分权。有关论点可参阅 Yongnian Zheng, De Facto Federalism in China：Reforms and Dynamics of Central – Local Relations，Singapore：World Scientific Publishing Co. , 2007.

系统上下功夫。

以两岸产业合作来说，制度系统主要牵涉双方如何安排信息交换、生产要素流通和产业发展协调的机制。在信息交换机制方面，无论是产业合作项目的筛选、产业集聚地点的规划，还是参与厂商之间分工合作的布局，都需要做翔实的信息搜集、交换和研判。由于这方面的工作，或者需要耗费大量的人力与物力，或者涉及两岸之间乃至厂商之间的利益冲突，所以，需要由政府出面承担任务，或者支持与督导民间受委托机构推动有关工作。

在生产要素流通机制方面，由于两岸之间的经贸往来并未达到完全的自由化，双方对于对方的投资行为和生产要素的往来流通设有一定的门槛与管理规则，所以，有必要检视既有的制度安排与政策作为，是否对两岸的产业合作形成了障碍，增加了不必要的交易成本，然后，相应地采取降低门槛、排除障碍、减少交易成本的应有作为。

在产业发展协调机制方面，两岸为了发展战略性新兴产业，都出台了激励性的措施，因而出现了投资过度、产能过剩和恶性竞争的现象。① 所以，两岸之间有必要做好产业发展规划的沟通协调，避免出现重复投资、浪费资源和恶性竞争的问题。

（二）政策建议

从 2011 年开始，由两岸专家学者所组成的两岸产业合作专家咨询小组成员，曾就两岸产业合作整体性架构或运行机制达成原则性的共识，即两岸产业合作可以分成"顶层设计"、"政

---

① 以"搭桥专案"选定的两岸产业合作项目来说，LED 照明和太阳光电这两个项目，就出现了产能过剩的情形，并造成了某种程度的恶性竞争。

策制定"和"实际执行"三个层次来设计，建立起"有规划指导、有政策支持、有产学研参与"的运行机制。从全球价值链制度系统的维度观察，两岸产业合作可以从前述的三个层次寻求合宜的制度安排和政策措施。

首先，为了让两岸产业合作在大陆的体制中取得更高的政策优先性，两岸有必要从顶层设计的层次，建立两岸产业合作整体性和长效性的制度化机制，可行的做法包括：①由两岸经济合作委员会发表《海峡两岸产业合作共同意见》。②由海峡交流基金会和海峡两岸关系协会签署《海峡两岸产业合作协议》。③在《中华人民共和国国民经济和社会发展第十三个五年规划纲要》中，提高两岸产业合作的政策位阶。

其次，为了让两岸产业合作能够突破大陆体制上"条条块块"的问题，可通过顶层设计的制度安排或政策宣示采取一些具体策略，包括：①由国家发展和改革委员会牵头，统筹协调各个相关部委提出推动两岸产业合作的工作计划。②将两岸产业合作工作计划列入相关部委年度工作项目中，编列适当的人力与经费，制定考核指标。③通过两岸经济合作委员会、两岸产业合作论坛和两岸产业合作及交流会议等交流平台，定期检讨工作计划执行成效。

最后，两岸产业合作目前仍有过多的人为障碍，付出了不必要的交易成本，应该在制度安排上促成信息通畅的交换，资源有效的联结汇整，以及行动上足够的沟通协调，与此有关的政策建议如下：①台湾方面及早实施《海峡两岸服务贸易协议》，两岸之间尽快完成《海峡两岸货品贸易协议》的签署。②台湾官方所制定的《大陆地区人民来台投资业别项目》改为负面表列，并简化陆资赴台投资审议程序。③台湾方面放宽规定，方便大陆专业人士赴台的出入境和居留。④两岸产业研究智库和技术研发单位建立实质合作关系。⑤两岸产业合作各工作团队搭建通畅无阻的信息交换机制（包括运用互联网平台建立加密的封闭性社群，分工进行联合研究或交换试点工作经验）。

八、结语

本文运用全球价值链的分析框架，融合发展中国家理论和新结构经济学的观点，探讨两岸产业合作所遭遇的问题，以及政府适宜扮演的角色。作者认为，面对全球化和区域经济整合的大潮流，受限于市场规模和技术能量，台湾方面促进产业升级较佳的途径之一是利用海峡两岸地理邻近和语言文化相通的特性，通过产业合作方案与大陆形成优势互补的组合，将台湾的竞争优势镶嵌进大陆的产业发展行动中。对大陆方面来说，两岸产业合作也有助于大陆以较低的成本更有效地调整产业结构，促进经济增长。所以，海峡两岸的政府应该发挥合作与协调功能，从制度安排和政策措施着手，促成优势互补的组合，共同打造具有国际竞争力的全球价值链或区域生产网络。

不过，任何交易都需要一定程度的互信才能进行，两岸产业合作亦是如此。推动"搭桥专案"的制度安排和政策措施能否见到实效，还要看参与其中的成员，尤其是两岸官方人士，是否具有足够的互信，愿意积极主动地面对挑战，解决问题。两岸产业合作目前尚未建立足够的互信，尤其台湾方面容易受困于习惯性的防卫心理，对两岸产业合作表现出比较大的戒心，并因而在两岸产业合作的路径上设下了比较多的障碍，增加了不少交易成本。就此而言，在两岸产业合作的推动上，台湾方

面需要更多地发挥"以小事大"的智慧，大陆方面需要更大地
展现"以大事小"的胸怀。

【参考文献】

［1］林毅夫：《解读中国经济》，时报文化出版公司 2009 年版。

［2］林毅夫：《新结构经济学——反思经济发展与政策的理论框架》，苏剑译，北京
大学出版社 2012 年版。

［3］刘中伟：《东亚生产网络、全球价值链整合与东亚区域合作的新走向》，《当代亚
太》2014 年第 4 期。

［4］庞建国：《"国家"在东亚经济转化中的角色》，《奇迹背后——解构东亚现代
化》，牛津大学出版社 1997 年版。

［5］庞建国：《孙中山思想的时代意义：国家发展研究的视角》，韦伯文化国际出版
公司 2012 年版。

［6］王振寰：《追赶的极限——台湾的经济转型与创新》，巨流图书公司 2010 年版。

［7］吴湘宁：《东亚区域合作分析——中国信息通信技术产业发展与东亚区域生产网
络变迁》，北京大学出版社 2012 年版。

［8］许博翔：《全球价值链及其对台湾的启示》，《台湾经济研究月刊》2014 年第 37
卷第 6 期。

［9］Altenburg, Tilman, "Governance Patterns in Value Chains and their Development Im-
pact", The European Journal of Development Research, 2006, 8 (4)：498 – 521.

［10］Amsden, Alice H. , "Asia's Next Giant：South Korea and Late Industrialization",
New York：Oxford University Press, 1989.

［11］ Amsden, Alice H. , "The State and Taiwan's Economic Development", In Peter
B. Evans, Dietrich Rueschemeyer and Theda Skocpel eds. , Bringing the State Back
In, New York：Cambridge University Press, 1985：78 – 106.

［12］Ando, Mitsuyo and Fukunari Kimura, "The Formation of International Production and
Distribution Network in East Asia (Working Paper 10167)", Cambridge, MA：Na-
tional Bureau of Economic Research, 2003.

［13］Appelbaum, Richard P. and Jeffrey Henderson eds. , States and Development in the
Asian Pacific Rim, "Newbury Park, CA：Sage Publications", 1992.

[14] Deyo, Frederic C. ed. , The Political Economy of the New Asian Industrialism, "Ithaca, NY: Cornell University Press", 1987.

[15] Dicken, Peter, Global Shift: Reshaping the Global Economic Map in the 21st Century (4th edition), London: Sage Publications, 2003.

[16] Ernst, Dieter, "Global Production Networks and the Changing Geography of Innovation Systems: Implications for Developing Countries", Economics of Innovation and New Technology, 2002, 11 (6): 497 - 523.

[17] Evans, Peter B. , Dietrich Rueschemeyer and Theda Skocpol, eds. , Bringing the State Back In, New York: Cambridge University Press, 1985.

[18] Evans, Peter B. , Embedded Autonomy: States and Industrial Transformation, Princeton, NJ: Princeton University Press, 1995.

[19] Evans, Peter B. , In Search of The 21st Century Developmental State (Working Paper No. 4), Brighton, UK: The Center for Global Political Economy, University of Sussex, 2008.

[20] Gereffi, Gary and Karina Fernandez - Stark, Global Value Chain Analysis: A Primer, Durham, NC: Center on Globalization, Governance and Competitiveness, Duke University, 2011.

[21] Gereffi, Gary, John Humphrey and Timothy Sturgeon, "The Governance of Global Value Chains", Review of International Political Economy, 2005, 2 (1): 78 - 104.

[22] Gold, Thomas B. , State and Society in the Taiwan Miracle, Armonk, NY: M. E. Sharpe, 1986.

[23] Granovetter, Mark, "A Theoretical Agenda for Economic Sociology", in Mauro Guillen, Randall Collins, Paula England and Marshall Meyer eds. , The New Economic Sociology: Developments in an Emerging Field, New York: Russell Sage Foundation, 2002: 35 - 59.

[24] Granovetter, Mark, "Economic Action and Social Structure: The Problem of Embeddedness", American Journal of Sociology, 1985 (91): 481 - 510.

[25] Haggard, Stephan, Pathways from the Periphery: The Politics of Growth in the Newly Industrializing Countries, Ithaca, NY: Cornell University Press, 1990.

[26] Henderson, Jeffrey, Peter Dicken, Martin Hess, Neil Cole and Henry Wai - Chung Yeung, "Global Production Networks and the Analysis of Economic Development",

Review of International Political Economy, 2002, 9 (3): 436 – 464.

[27] Johnson, Chalmers, MITI and Japanese Miracle: The Growth of Industrial Policy, 1952 – 1975, Stanford, CA: Stanford University Press, 1982.

[28] Kaplinsky, Raphael and Michael Morris, "Governance Matters in Value Chains", Developing Alternatives, 2003, 9 (1): 11 – 18.

[29] Pang, Chien – kuo, The State and Economic Transformation: The Taiwan Case, New York: Garland Publishing Inc. , 1992.

[30] UNCTAD, World Investment Report 2013: Investment and Trade for Development, New York: United Nations, 2013.

[31] Wade, Robert, Governing the Market: Economic Theory and the Role of Government in East Asian Industrialization, Princeton, NJ: Princeton University Press, 1990.

[32] Weiss, Linda and John M. Hobson, States and Economic Development: A Comparative Historical Analysis, Cambridge, UK: Polity Press, 1995.

[33] White, Gordon ed. , Developmental States in East Asia, London: Macmillan, 1988.

[34] White, Gordon ed. , The Chinese State in the Era of Economic Reform: The Road to Crisis, Armonk, NY: M. E. Sharpe, 1991.

[35] Zheng, Yongnian, De Facto Federalism in China: Reforms and Dynamics of Central – Local Relations, Singapore: World Scientific Publishing Co. , 2007.

由两岸产业竞合现况看两岸产业合作的挑战

李冠桦　张婷慈

（财团法人工业技术研究院，中国台湾　999079）

一、"十二五"规划时期两岸产业竞合情况

2008 年的金融海啸与 2010 年的欧债危机使全球经济迄今仍处于缓步回暖的低成长环境，亦凸显出台湾以外销导向为主的产业发展问题。因产业过度集中，缺乏多元化发展，易受国外经济波动的影响。虽然全球金融风暴的负面冲击已逐渐消失，但全球经济仍未大幅度好转，也使得台湾产业难以获得进一步的成长能量。此外，全球区域经济整合的风潮，加速产业洗牌重组的力度，使台湾产业面临更为激烈的全球竞争。在这样的

　　［作者简介］李冠桦（1970—），男，财团法人工业技术研究院产业经济与趋势研究中心资深研究员，主要从事半导体产业分析、两岸产业研究与顾问咨询；张婷慈（1983—），女，财团法人工业技术研究院产业经济与趋势研究中心研究员，主要从事中国大陆产业发展与趋势研究、两岸产业竞合策略分析。联系作者：张婷慈，电话：＋886－3－5919055；地址：新竹县竹东镇中兴路四段 195 号 10 馆；电子信箱：tingtzu@ itri. org. tw。

背景下，台湾当局于 2012 年 7 月提出"黄金十年，地区愿景"计划，同时搭配六大新兴产业、四大新兴智能产业以及十大具发展潜力服务业的推动，希望能开创台湾产业下一波的发展契机。台湾当局于 2012 年 10 月，为应对台湾在未来十年内，产业发展所要调整的方向与策略，提出"台湾产业结构优化策略——'三业四化'"行动计划，使台湾未来朝向"制造业服务化、服务业科技化与国际化、传统产业特色化"发展，作为优化台湾产业的具体施政措施。

在大陆方面，为解决外部环境受到国际金融危机影响，造成世界经济成长速度减缓，全球需求结构出现明显变化；内部环境仍然存在发展过程中出现的不平衡、不协调、不可持续等问题。在 2011～2015 年实施的第十二个五年规划时期（简称"十二五"规划），以"加快转变经济发展方式"为愿景，希望在经济平稳发展、GDP 年均成长率维持在 7% 的情况下，在结构调整上取得重大进展。产业政策以建立"现代产业体系"为目标，提出三大策略方向，包括改造提升制造业、培育七大战略性新兴产业与加快发展现代服务业。

由于两岸产业发展主轴均走向主力产业升级与新兴产业培育，使得台湾以往的两岸产业垂直分工模式逐渐产生变化。在主力产业方面，中国大陆在过去改革开放 30 年以来，通过市场开放吸纳各国技术，不断孕育自己的产业实力，目前已从代工制造开始，不断往上游关键零组件及设备与下游品牌延伸，企图建立完整产业链，亦在通信设备、石化、太阳光电等产业领域培育出强势企业，并带动自主产业链快速成长；在新兴产业方面，中国大陆希望由标准订立开始，通过推动自主标准，打破过去产业发展受制于欧美国家的局面。

两岸产业以往虽长期存在垂直分工合作关系，然而随着中国政府对其产业转型升级显露旺盛企图心，产业国际竞争力逐步提升，两岸既有分工体系弱化；加上中国产业发展以建构完整自有产业链为目标，并未把台湾视为产业发展中可以长期引用的资源。这些导致两岸在类似的产业项目上竞争力加大，甚至若干产业已发生恶性竞争，或存在重复投资引发恶性竞争的高度风险。

两岸产业发生重复投资乃至恶性竞争，背后因素不脱离政策面、产业面、市场面与企业面。其中，政策面的成因影响最大。

1. 两岸产业发展政策方向雷同且欠缺协调

近年国际局势快速变化，催促两岸产业加快进行主力产业升级转型与扶植新兴产业发展，在追求相似目标的过程中，一旦双方各自站在本位主义，未将彼此的禀赋纳入产业发展可运用的资源，相继以保护手段干涉市场优胜劣汰的运作机制时，极易促使两岸企业因轻视风险与高估收益而大量投入，产生重复投资现象，进而竞争力加大。

2. 中国产业政策目标的导引，导致厂商过度乐观的预期心理

在"十二五"政策目标与地方政府的"推波助澜"下，厂商对市场需求成长存在过度乐观的预期心理，也对投资所需面对的可能风险轻视，短时间内快速扩大投资，进而导致若干资本密集、退出障碍高的产业产生过度投资的现象。

3. 关税与非关税贸易障碍与地方政府保护主义，导致厂商低估营运风险

在关税与非关税贸易障碍及地方政府保护下，一方面，企业远远低估本身面对的营运风险，持续不合理地扩大投资；另一方面，竞争力较低的企业持续存在于产业之中，不仅导致产业链效率无法提升，也使产业长期陷入重复投资甚至恶性竞争之中。

4. 两岸产业相互投资的限制与障碍，导致两岸产业无法有效 串联

目前两岸基于对彼此信任不足、经济制度的差异、产业发展阶段的快慢等因素，仍存在许多投资限制与障碍。由于两岸相互投资的限制，与促进资本合作、利润共享的保障环境欠缺，中国大陆与台湾的厂商欲通过资本合作，寻求上下游最佳伙伴联结的空间被大大缩小。

观察目前两岸重点发展产业中，包括太阳光电、LED 产业等已出现过两岸恶性竞争问题，导致产品单价一年内快速下跌超过 50%，进而引发两岸企业亏损甚至破产等情形，并冲击产业永续发展能力；而 TFT－LCD 与工具机产业等亦出现两岸重复投资现象，未来两岸在类似产业发展定位下将争抢同一市场，进而引发可能的恶性竞争。以下通过太阳光电及 TFT－LCD 产业案例探讨，了解重复投资问题发生背景、造成影响，最后归纳问题成因。

二、太阳光电产业

(一) 问题背景

2004 年后，德国率先以优厚的再生能源购电费率吸引民众使用太阳能发电，成功塑造太阳光电推广的模式，各国陆续起而效尤，带动全球太阳光电需求量快速增长，除需求市场的德、日企业快速建立产业领导地位外，中国大陆与台湾厂商也利用引入欧美整套设备解决方案（Turnkey Solution）的方式抢进此商机，两岸竞相扩充产能使中国自2008年起已成为全球第一大太阳能电池生产国，中国台湾也在2010年一举超越德、日成为全球第二大生产地区，产业链明显集中于大中华地区。

然而，欧洲国家等主要需求市场受2009年金融海啸与2011年欧债危机两大经济冲击，对于再生能源的补助被各国政府大幅调降，需求热度明显下滑，但两岸的扩厂趋势到2011年初仍未停止。据统计，目前两岸硅晶太阳能电池总产能已达52吉瓦，然而2012年全球需求量仅31吉瓦，过度投资现象相当明显。由于两岸技术差异性不大，供过于求问题引发两岸企业杀价竞争，如图1所示，2012年全球太阳光电主要产品，包括硅晶圆、硅晶电池、硅晶模块等，产品单价均较2011年下跌超过50%。

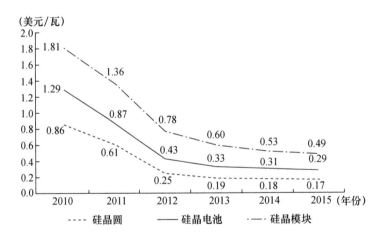

图1　2010~2015年主要太阳光电产品销售单价

资料来源：中国台湾工研院IEK，2013年7月。

（二）影响分析

受到价格竞争影响，两岸企业均有巨额亏损。在台湾方面，2012 年包括茂迪、昱晶、新日光等 6 家太阳能电池厂合计亏损金额达 166.6 亿新台币。在中国大陆方面，龙头企业无锡尚德已宣告破产，而江西赛维 2012 年估计亏损超过 30 亿元。同时，北京商报投资周刊统计已公布年报的 58 家中国大陆上市公司发现，负债从 2010 年的 2550 亿元增加到了 2012 年的 3251 亿元，三年时间负债大幅增加 701 亿元。

（三）问题成因探讨

1. 两岸产业发展政策方向雷同且欠缺协调

太阳光电产业为台湾六大新兴产业中"绿色能源"的重点产业之一，与 LED 照明产业并列为"能源光电双雄"，属于已有产业良好基础，具跃升能量的主力产业。目标 2015 年产值达 4500 亿新台币，成为全球前三大太阳电池生产地区，并且为国际 PV 能源技术研发重镇。

太阳光电亦为中国大陆战略性新兴产业中，"新能源产业"的重点发展领域之一，目标是到 2015 年，多晶硅领先企业达到 5 万吨级；太阳能电池领先企业达到 5 吉瓦级。

由上述规划方向可知，两岸同时积极布局于太阳能电池产业，且多着重于产能的提升，为日后的恶性竞争埋下隐忧。

2. 中国大陆产业政策目标导引

2013 年"两会"期间，时任国家发改委主任张平曾表示，中国包括太阳光电、风电设备等新兴产业，均出现产能过剩问题，其中太阳光电产能利用率不到 60%，距离 75% ~80% 的合理区间仍有很大差距。

中国太阳光电产业的严重产能过剩问题，主要由政府的盲目投资，并给予各种政策优惠与财政补贴所导致。"十一五"期间，中国太阳能产业快速发展，太阳能电池产量年均增长率超过100%，且在2007~2010年连续四年产量世界第一，90%以上的产品出口，2010年出口额达到202亿美元。由于前景一片光明，在"十二五"期间，中国继续推动各项扶持措施促进太阳光电产业发展，各地亦纷纷设立太阳能企业园区，许多不具备技术能力的企业亦通过转型从事太阳能组件制造，取得相关政策补贴。

3. 关税/非关税贸易障碍保护与地方保护主义

在中国太阳能企业出现经营困难后，由于已经投入超过百亿元资金，其中绝大部分来自银行贷款，加上雇用大量地方就业人口，在"大到不能倒"情况下，使得地方政府有压力维持其继续营运，因此不断注入政府资源加以协助。凭借政府救助，使得企业兼并重组步伐进展缓慢。

由于地方政府持续以行政力量进行干预，经营不善的企业无法退出市场，导致市场机制无法发挥，未来台湾企业仍将持续面对市场秩序的混乱。

4. 两岸产业相互投资的限制与障碍

目前，台湾对于陆资来台投资太阳能电池制造业，虽然已经解除持股比例限制，但仍然要求：①应提出产业合作策略并经专案审查通过；②对投资事业不得具有控制能力。因此，虽然在欧美双反调查下，陆企纷纷通过转单台厂以规避高额关税，但仍未见具体合资行为发生。

三、TFT – LCD 产业

（一）问题背景

中国，为电视的主要加工制造与消费市场，但长期以来面板均需向外采购，台湾即为主要供货商之一。为达到电子视像产业的升级转型，摆脱对外资面板厂的严重依赖，使产业发展不再受制于人，中国大陆以国家政策进行引导，目标是彩电行业达成"把握数位化、平板化发展新机遇，完善产业链，培育产业实现自主性和可持续发展的能力"。因此，中国大陆已设定 2015 年平板电视面板自给率达 80%，将影响台湾对中国大陆面板的供应地位。

为达成 2015 年平板电视面板自给率 80% 的目标，目前，中国大陆正大力支援华星光电、京东方、中电熊猫等国企设立 8.5 代厂。京东方除了北京厂外，已加速合肥厂、重庆厂的投资，华星光电第 2 座 8.5 代厂已投产，中电熊猫则规划将与日本夏普合建 8.5 代厂。而外资企业如三星、LGD 等，为取得中国大陆市场商机，亦获得国家发改委高世代液晶面板线审批，将分别在苏州与广州兴建 8.5 代厂。2015 年中国大陆将至少有 8 座 8 代面板厂完成建设并量产，如表 1 所示。

（二）影响分析

面对中国大陆积极兴建高世代面板厂，加上关税保护与本地采购的成本优势，现有台湾厂商对中国大陆面板的供应地位势必将遭受侵蚀。根据市调机构统计，2013 年台湾"面板双虎"

237

表 1　2015 年中国大陆高世代面板厂规划

厂商	8 代工厂	装机阶段	世代	基板尺寸（毫米）	液晶技术	生产面板	设计产能（千片基板/月）	量产时间
BOE	BOE Beijing B4	1	8	2200×2500	a－Si	LCD	45	Q3′11
		2	8	2200×2500	a－Si	LCD	45	Q2′12
		3	8	2200×2500	a－Si	LCD	30	Q3′13
	BOE Chongqing B8	1	8	2200×2500	a－Si/Qxide	LCD	40	Q2′15
		2	8	2200×2500	a－Si/Qxide	LCD	40	Q3′15
	BOE Hefei B5	1	8	2200×2500	a－Si/Qxide	LCD	30	Q1′14
		2	8	2200×2500	a－Si/Qxide	LCD	30	Q3′14
		3	8	2200×2500	Qxide	LCD+AMOLED	30	Q4′15
CEC Panda	PND Nanjing G8	1	8	2200×2500	a－Si	LCD	40	Q1′15
China Star	COST Shenzhen 1	1	8	2200×2500	a－Si	LCD	60	Q4′11
		2	8	2200×2500	a－Si	LCD	60	Q2′12
	COST Shenzhen 2	1	8	2200×2500	a－Si	LCD	40	Q2′15
LG Display	LGD Guangzhou 1	1	8	2200×2500	a－Si	LCD	70	Q3′14
Samsung Display	SD Suzhou	1	8	2200×2500	a－Si	LCD	30	Q4′13
		2	8	2200×2500	a－Si	LCD	25	Q3′14
		3	8	2200×2500	a－Si	LCD	55	Q4′15

资料来源：NPD Display Search，2013－06.

群创与友达仍是中国大陆电视面板最大供应商，合计市场占有率为 41.3%。但随着中国大陆面板厂增加出货力度，华星光电将成为中国大陆电视面板第三大供应商，而华星、京东方、中电熊猫 3 家面板厂合计市场占有率将拉高到 30.8%，至于韩国面板厂市场占有率则由 2012 年的 32.0%，滑落到 2013 年的 26.6%。

2013 年友达约有 35% 的电视面板销往中国大陆，群创则有 38%，中国大陆电视厂对台厂面板的采购量比重超过四成，当中国大陆电视面板自制率冲上三成以上的新高水平时，将使得中国台湾、韩国面板厂供货空间进一步遭到压缩，其中，中国台湾厂商又较韩国厂商更依赖中国大陆市场，受冲击程度更大。

从财务指标看，2012 年在全球电视需求疲弱，面板价格不佳情况下，台湾 4 家面板厂亏损超过 981 亿新台币，亦影响对技术与产能的投资能力。若再失去中国大陆出海口，其严重性不言而喻。

反观中国大陆，2012 年京东方获利 2.58 亿元，其中政府补贴 9.3 亿元，华星光电获利 3.15 亿元，其中政府补贴 7.8 亿元。中国大陆面板厂在地方政府提供土地、厂房，乃至资金补贴等支援下，形同分担部分风险，使企业资金运用更有余裕，可以加速扩产，并投入新技术研发。

（三）问题成因探讨

1. 两岸产业发展政策方向雷同且欠缺协调

TFT – LCD 为台湾 2002 年所提出"两兆双星"重点产业之一，目标是 2006 年产值突破 100 万新台币。其后在台湾当局及民间业者投入大量资源，并引进国外技术后，目前已建构上下游完整产业链，产值亦成功突破 100 万新台币，全球市场占有率排名第二。

TFT – LCD 亦为中国大陆战略性新兴产业中，"新一代信息技术产业"的重点发展领域之一，目标是 2015 年新增产值超过 5000 亿元，并将积极有序发展大尺寸 TFT – LCD、PDP 面板产业，完善产业链，同时加快推进 OLED、3D、激光显示等新一代显示技术研发和产业化。

由上述规划方向可知，中国大陆将加速发展大尺寸 TFT – LCD，势必与台湾地区既有掌握的 TFT – LCD 市场相互竞争，进而引发未来的重复投资乃至恶性竞争问题。

2. 中国大陆产业政策目标导引

中国大陆"十二五"规划中，针对 TFT – LCD 产业自给率目标为，新型平板显示面板满足国内彩电整机需求量的 80% 以上。为了达成此目标，各地方政府纷纷拉拢外资与国企，开始加速兴建高世代面板线，并从中国台湾、韩国、日本等地招聘技术人才，快速补齐所需的技术缺口。

3. 关税/非关税贸易障碍保护与地方保护主义

中国大陆过去各面板尺寸产品进口关税为 5%，但 32 英寸以上的产品则享有 3% 的优惠税率。但 2012 年 4 月 1 日后，中国财政部取消 32 英寸以上液晶面板的优惠关税，恢复 5% 税率。中国大陆官方调整电视面板税率的主要因素即为保护中国大陆本地面板产业，协助本土产品与进口产品竞争。中国大陆本土业界更呼吁将关税进一步提高至 8% ~ 10%。

随着夏普与中电熊猫合资建设 8.5 代厂，三星与 LGD 也在中国大陆兴建 8.5 代厂，若中国台湾面板业无法解决此问题，与中国大陆、韩国竞争时将在成本上趋于劣势。

4. 两岸产业相互投资的限制与障碍

目前，台湾对赴大陆投资规定已在 2011 年调整为：6 代以上 TFT – LCD 面板厂，技术应等同或落后台湾该公司已设厂的最高世代。亦即取消过去赴大陆投资需落后台湾 1 个世代的规定。

在开放陆资来台方面，台湾对于陆资来台投资液晶面板制

240

造业，虽然已经解除持股比例限制，但仍然要求：①应提出产业合作策略并经专案审查通过；②对投资事业不得具有控制能力。

由于台湾缺乏终端出海口，因此台湾地区希望促成中国大陆彩电企业与台湾面板企业结盟，形成紧密的伙伴关系。但对陆企而言，面板投资金额庞大，若无法在投资后取得控制能力，形同面板产能无法保障，对大陆企业来说此条件并不具吸引力。因此每年仍然仅见中国大陆八大彩电企业来台采购面板，不见两岸更进一步的合作案例。

目前，两岸虽然通过"搭桥专案"与经合会产业合作工作小组展开多项产业试点工作，希望建立两岸产业合作模式，达到两岸产业互补共创双赢目标。但迄今未见显著成效，除了法规制度面的因素限制外，根本原因在于两岸所面对的国际情势与各自内部的产业状况，已与过去大不相同，使得两岸产业合作面临更多实务上推动的困难。

四、两岸产业竞合情势变化之观测

当前，中国以及亚太区域正进行一场涵盖产业、市场与技术的合纵连横格局变化，其结果势必将给过去数十年所形成的亚太分工体系带来深远的影响。而两岸均作为亚太分工体系的一环，可想而知的是，此种深远影响势必亦呈现为两岸产业竞合局面的改变。在此多方驱动力的交互影响下，两岸竞合情势复杂，难以简单分辨，有必要进一步厘清驱动力的形态，以利于未来持续进行两岸产业竞合情势变化的观测。

本研究将影响两岸产业竞合的重要驱动力分为四大方面进

行探讨：

1. 全球/区域情势变化

两岸身为东亚区域分工中的一员，将因东亚各国产业政策与发展环境的变化，产生不同的影响。同时，外资的布局动向亦极为关键，部分外资可能考虑中国制造成本上升而离开，向东南亚移动；亦有部分外资因觊觎中国市场潜力而加速研发的布局，这都将影响两岸产业竞争力的消长。

2. 全球/区域市场发展趋势

全球/区域市场发展趋势的变化，将影响未来产业发展趋势，并进一步影响两岸产业技术投入方向，两岸可能因为新市场机会而扩大合作空间，亦可能因为共同竞逐相同市场商机而增加竞争可能。

3. 中国大陆产业动态

中国大陆的产业环境，包括土地、劳动力等生产要素的变化，将影响企业在布局及成本上的考量；此外，政府政策的变化和倾向，以及政府干预产业的行为，将冲击现行的产业秩序；大陆企业通过扩大产能、研发投入、对外并购等方式，提高规模与技术的竞争力，亦将影响两岸竞合情势。

4. 台湾产业动态

台湾的产业环境，包括土地、劳动力等生产要素的变化，将影响企业在布局上的考量；此外，政策的变化和倾向，将影响未来资金、技术等政策资源投入方向；台湾企业面对竞争所产生的积极行为，包括整并、联盟等，亦将影响两岸竞合情势。

上述四大方面对两岸竞合情势的影响，整理如图2所示。

本研究依上述思维，综合评估重点产业在环境驱动力交互影响下，未来两岸产业竞合情势变化，可以大致归纳为下列三

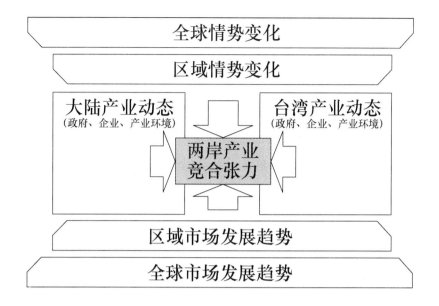

图2　影响两岸竞合的驱动力类型

资料来源：中国台湾工研院 IEK，2014 年 8 月。

种结果：①环境驱动力将给两岸产业竞合带来重大冲击，产业竞合环境短中期内将向不利方向移动：以 IC 设计、面板、通信、工具机为代表。②环境驱动力将对两岸产业竞合带来不利影响，长期有隐忧存在：以 LED、PCB、石化产业为代表。③环境驱动力对两岸产业竞合带来的影响并不明显：包含 IC 制造、IC 封测等产业。

整体而言，面对两岸产业竞争的加剧，两岸在思维上都必须摒除过去固化的思维、适应全球环境的变化而有所调整，以期将竞争转向合作，重建两岸产业新合理分工体系。其中，台湾必须意识到，中国大陆在产业规模上超越台湾的态势，将是未来各产业都可能面临的情境。加上中国大陆通过与外资合资合作、加大自身的技术投入，不断提高技术水准，使得台湾在规模与技术两方面都遭遇中国大陆的挑战。台湾如何在中国大陆扩大规模与提升技术的同时，还拥有自己的一方天地，并与大陆产业既竞争又合作，成为不可或缺的价值创造伙伴，是未来产业发展规划前应思考的要点。

同样地，中国大陆亦应思考摒除"包山包海"全产业链发展思维，善用台湾的优势禀赋，将台湾视为经济与产业发展中的永续性战略伙伴。以 5G 为例，中国大陆欲在全球争取制高点，未来势必将与各国开启标准与技术规格主导之争。既然是标准之争，即需要众多厂商共同形成生态体系。台湾可凭借在硬体制造上的效率与品质优势，以及应用服务的丰富开发经验，协助中国大陆竞逐国际市场，亦在其中取得台湾产业的最大利益。

五、未来两岸产业合作方向建议

目前，中国大陆正处于"十三五"规划制定的初期，两岸宜把握此时机，积极探索并建立不同于过往两岸产业合作的新思维与新模式，扭转在"十二五"规划时期两岸产业逐渐走向竞争的态势。

在探讨如何促进两岸产业合作共创双赢时，必须认识到唯有务实检视两岸产业现阶段所面对客观环境以及各自具备的条件，方能突破现有的合作思维，重新建立新的合作模式与默契。深入来说，以往两岸产业链合作往往奠基在以制造为核心的互补概念上，但随着大数据和物联网等新信息经济的崛起，全球许多产业的脉络已逐渐从传统的制造供应链，延伸成为一个多向交织的"服务型应用生态体系"（Service - based Applications Ecosystems），其中除了制造供应链，还包含以使用者为中心的

244

消费文化、营运服务、应用软体、系统平台等关键系统。未来国际的竞争态势是谁能掌握此模式的创新典范，以应用系统整合面对消费社群的服务型商业模式，就能进而引导系统内关键技术的开发和应用，立足高利润和高壁垒的产业竞争制高点。举例而言，苹果利用软硬体系统整合的消费电子商品为载具（如 iPod、iPhone、iPad、Apple Watch 等），提供以使用者为中心的创新服务（如线上音乐、App、移动影音、移动支付等），进而整合与智能行动和智能生活相关的 Apple 生态体系。

因此，两岸产业合作的新体系应思考摒除传统的产业供应链分工思维，转化为以"满足使用者需求的应用服务"为驱动核心，并鼓励两岸企业在市场下整合各自发挥核心优势，共同构建出最具竞争制高点的"服务型应用生态体系"，共同合作竞逐全球市场，在互利互惠的前提下，展开两岸间跨领域的技术、标准、制造、服务、营运模式、实验场域等交流合作，在新兴科技与应用领域抢占全球领先地位。初步建议双方可在物联网、智能城市、移动通信等应用领域思考合作。以物联网为例，两岸可在既有两岸产业合作机制下，搭建两岸物联网新应用跨域产业对话与交流平台，针对 B4G/5G 环境下的物联网关键技术、全球物联网产业标准、关键元件规格、新应用两岸实验场域等进行共同推动。

不过，在赋予合作体系新基石与新思维的同时，双方都必须注意在产业合作环境建立上所应扮演的关键角色以及政策面的适时配合。由于两岸特殊关系、不同的政策思维以及迥然殊异的经济与产业运作体系，以往两岸政府都对双方产业分工合作施加了太多的局限，导致双方产业走向高度竞争局面。故在政策面上，建议可思考更开放，以"重构两岸产业分工整合、互利互赖的合作体系"为目标，以经济发展上的策略伙伴为诱因，建立积极对话机制，探讨两岸产业迈向深化合作过程中可能的冲突与调和，以及所需的限制解除、制度接轨与法规保障，进而规划两岸产业可合作的生态体系与策略路径，凝聚双方产业发展与分工共识，并通过限制解除、共建产业合作试点、共设智能基础建设、共同创新合作模式与共同开发国际市场等做法，一起营造促成两岸产业整合各自优势共同参与、公平竞争、共享利益的合作环境。如此方能真正促成两岸产业新合作体系成形，延续迄今所累积的互利共荣基础，进一步齐力同登全球化竞争的浪潮巅峰。

【参考文献】

［1］陈丽芬：《孰敌孰友？从大陆产业链日趋完整谈台湾产业的切入机会与挑战》，IEK产业情报网，2013年。

［2］工研院产经中心：《2012平面显示器年鉴》，IEK产业情报网，2012年。

［3］工研院产经中心：《2012新兴能源产业》，IEK产业情报网，2012年。

［4］黄女瑛：《太阳能厂出走遭遇重重门槛台厂暂静观其变》，DIGITIMES产业会员网，2014年。

［5］纪昭吟等：《十大ICT产业关键议题》，IEK产业情报网，2014年。

［6］李冠桦、张婷慈、郭怡萍、陈丽芬：《两岸产业竞合对台湾经济影响及如何避免重复投资之研究》，2013年。

［7］李冠桦、张婷慈、郭怡萍、陈丽芬：《两岸产业竞合及因应对策之研究》，2014年。

［8］彭茂荣：《IEKView：穿戴装置对半导体产业之影响》，日经BP【技术在线！】，2014年。

［9］王家显：《关于遏制企业恶性竞争的思考》，《商情》（理论研究）2011年第Z1期。

［10］王孟杰：《硅晶太阳光电产业链重整后之态势》，IEK产业情报网，2013年。

［11］徐红梅：《中国市场恶性竞争产生的原因及影响分析》，《理论导刊》2004年第9期。

两岸产业发展趋势与分工态势

张建一

（台湾经济研究院，中国台湾 999079）

一、两岸产品竞合的变迁与发展

自大陆采取改革开放政策后，随台湾开放大陆探亲、投资解禁等两岸交流政策的放宽，两岸产品的竞合关系也随着产业竞争形态与分工模式的转变而转变，产业间的竞合关系也日趋复杂及多元化。两岸之间的产业竞合关系，也从较单纯的国际竞争与产业间互补贸易，逐步发展至产业内垂直分工、水平分工等形态，甚至有部分产业内产品也已经开始转向产业内的竞争关系。

在 1990 年以前，两岸在特殊的关系下，几乎没有贸易互动，因此两岸在没有相互出口的情况下，所有出口产品都进入国际市场，形成两岸出口互斥的国际市场竞争的状态。但由于

［作者简介］张建一，男，台湾经济研究院研究二所所长，主要从事产业发展与政策研究、品牌策略规划、两岸与亚洲区域产业竞合研究、制造业与服务业议题研究；电话：886 - 2 - 25865000；地址：台湾台北市德惠街 16 - 8 号 7 楼；电子信箱：d8501@ tier. org. tw。

贸易壁垒，大陆与台湾的出口贸易对象重叠度低，因此当时的国际市场竞争程度相当低。

但自从 1992 年中国大陆改革开放后，扩大引进外资，参与国际产业分工生产与贸易活动，对外出口快速增加，开始扩大与台湾产品在国际市场上的竞争。

而 20 世纪 90 年代台湾地区劳动成本较高的厂商，因面临新台币升值与地区内劳动成本上扬等经营压力，纷纷转向东南亚、中国大陆等劳动成本较低廉的国家投资与生产，带动台湾对大陆出口贸易，也使得两岸展开了国际市场的产业分工发展模式。

由于大陆在改革开放初期，缺乏资金、技术与人才，只有低廉的劳动与土地，因此多数台商与外资企业前往投资，采用的是"三来一补"[①] 的投资生产形态，在生产设备与上游原料自行提供下，使得两岸的产业垂直分工关系较为明确。

在国际市场竞争状态方面，台商前往大陆生产产品多作为国际市场出口之用，使得同产业的大陆台商生产产品与台湾厂商生产产品，在国际进口市场形成了直接竞争关系。也就是原由台湾出口产品所取得的国际市场，由大陆出口所取代，形成国际市场被大陆的替代关系。而此替代关系，其背后存在产业间贸易分工、产业内的垂直分工以及产业内产品的水平分工的复杂两岸竞合关系。[②]

其后，大陆原本依赖进口的机械设备、原物料、中上游中间产品等，在计划政策推动及三资企业的导入下，内需供应能

---

① 所谓"三来一补"的"三来"，是指来料加工、来样加工、来件装配，而"一补"是指补偿贸易，也就是出口退税。

② 所谓产业间贸易分工，是指 A 国生产并出口 a 产业，B 国生产并出口 b 产业；产业内垂直分工是指 A 国生产并出口 c 产业上游中间产品、进口 c 产业最终产品，B 国进口上游中间产品，生产出口下游最终产品；产业内产品水平分工是指 A 国生产 d 产业的高阶产品，B 国生产 d 产业的泛用或低阶产品。

力逐步提高，而部分低级与泛用产品，日渐具备出口竞争能力，使得两岸产品不仅存在国际市场替代关系，而且开始出现大陆国产产品替代台湾对大陆出口的"大陆国产竞争关系"；随着大陆产业生产与技术能力的提升，对台湾中间产品的出口金额日渐提高，显示两岸产业内垂直分工，不再是台湾上游、大陆下游的中国台湾—中国大陆—国际市场的单向关系，而开始出现中国大陆—中国台湾—国际市场或是国际市场—中国大陆—中国台湾等三角贸易复杂的贸易形态。

而中国大陆进口市场的竞争，则导致其他国家对中国大陆直接投资增加，产生的投资带动贸易效果，使得中国台湾与其他投资国在中国大陆进口市场的竞争更加激烈；另外，大陆进口市场所需求产品随着经济发展与产业结构的转变产生了变化，使得更多的国际竞争者积极抢占中国大陆的进口市场；再加上中国大陆与东盟十国的 ASEAN + 1 自由经贸区的生效，均使得中国大陆整体进口市场竞争环境复杂化，也使得近年中国台湾出口产品与其他国家产品在中国大陆市场的产业竞争与合作形态更为复杂。

二、两岸产业国际市场竞争现况与情势

本文利用两岸出口贸易相关指标，观察台湾与大陆整体出口、制造业、二分位产业与复分类产业的最新年度表现变化，检视中长期趋势有无产生显著变化。

（一）两岸制造业出口现况与趋势

表 1 显示，大陆制造业出口金额在 2013 年达到 2186 亿美

元，增长率则较 2012 年微幅下降为 7.92%。若与 2008 年金融风暴前后的趋势相比，大陆制造业出口增长率在 2008 年以前都长期维持两位数的大幅增长，2009 年受金融风暴影响而大幅下滑后，2010 年与 2011 年一度出现 31.42% 和 20.41% 的大幅增长。

表1　两岸制造业出口金额与变动率

年份	大陆制造业			台湾制造业		
	出口金额（百万美元）	变动率（%）	占总出口比重（%）	出口金额（百万美元）	变动率（%）	占总出口比重（%）
2005	745003	28.38	97.77	182506	5.23	99.63
2006	952663	27.87	98.31	207618	13.76	99.66
2007	1201164	26.08	98.62	234242	12.82	99.65
2008	1406658	17.11	98.48	242685	3.60	99.54
2009	1184517	-15.79	98.57	193029	-20.46	99.60
2010	1556729	31.42	98.66	260433	34.92	99.57
2011	1874417	20.41	98.73	290593	11.58	99.56
2012	2025739	8.07	98.87	282900	-2.65	99.55
2013	2186223	7.92	98.91	286654	1.33	99.55

资料来源：台经院计算。

台湾制造业出口金额在 2013 年达到 286 亿美元，增长率则回升到 1.33%，虽然与 2012 年制造业出口增长率衰退 2.65% 的情况相比，出口增长率已经转负为正，但若与 2008 年金融风暴发生前后的台湾制造业出口增长趋势比较，可以发现，台湾制造业产品的出口表现仍未恢复到金融风暴发生之前的水平。这当中也同样反映出台湾制造业出口竞争力衰退的结构性因素。

（二）两岸制造业出口及国际市场表现

由表 2 综合观察大陆与台湾各产业的出口增长表现，2008

年金融海啸至今，大陆各产业出口恢复的幅度普遍优于台湾，其中若比较近六年复合增长率的两岸差距，台湾复合增长率低于大陆超过10%的产业是成衣及服饰品制造业、皮革毛皮及其制品制造业、纸浆纸及纸制品制造业、橡胶制品制造业、塑料制品制造业、电子零组件制造业、家具制造业以及其他制造业。显示在经历了2008年金融海啸后，台湾上述产业的出口市场恢复程度仍大幅度落后中国大陆。

表2为两岸各产业出口结构比较，即使经历了金融海啸的冲击，台湾的各产业出口结构仍高度集中在电子零组件制造业，2013年该产业占全经济出口金额的比重较2012年增加。相较之下，大陆的各产业出口结构则较为分散，结构比重最高的计算机、电子产品及光学制品制造业的出口结构比，也由2009年的24.45%逐步下降到2013年的19.96%。另外，大陆的电子零组件产业出口结构比也开始逐年上升，由2008年的7.92%上升到2013年的10.66%，显示大陆产业出口分布的结构逐渐分散，电子零组件在大陆所有出口产品当中的相对重要性也逐年提升。2013年，两岸出口结构差距最大的仍为电子零组件制造业，结构差距达到24.05%。

表3为中国大陆出口到各国或主要市场的情况，若以2009年因金融风暴而大幅度出口衰退为分界点分析，2009年以前，中国大陆出口到各国与主要市场的金额大都维持两位数以上的增长，在2009年以后，对东盟6国与东盟4国仍维持高度增长，但是对欧盟、美国、日本、韩国与中国台湾则明显地出现出口增长减缓的情况。2013年，对日本的出口甚至衰退至1.07%。由于对发达地区的出口增长减缓情况明显，对发展中地区的出口反而维持高度正增长，显示中国大陆在2008年金融风暴之后，产业的出口结构已经出现转变。若就出口金额的占比来看，美国、

表2 两岸各产业出口结构比较年资料

产业名称	大陆各产业出口结构（%）						台湾各产业出口结构（%）						2013年两岸结构差距（%）	近六年结构变化（%）	
	2008年	2009年	2010年	2011年	2012年	2013年	2008年	2009年	2010年	2011年	2012年	2013年		大陆	台湾
制造业	98.48	98.57	98.66	98.73	98.87	98.91	99.54	99.60	99.57	99.56	99.55	99.55	0.63	0.43	0.00
食品制造业	2.03	2.19	2.06	2.16	2.10	2.08	0.81	0.83	0.72	0.80	0.95	0.92	-1.16	0.05	0.11
饮料制造业	0.16	0.15	0.13	0.14	0.15	0.12	0.05	0.08	0.08	0.08	0.10	0.10	-0.03	-0.04	0.05
烟草制造业	0.05	0.07	0.06	0.06	0.06	0.06	0.01	0.01	0.01	0.02	0.03	0.03	-0.03	0.01	0.02
纺织业	4.72	5.18	5.03	5.11	4.81	4.96	3.21	3.44	3.12	3.17	3.09	3.05	-1.91	0.25	-0.16
成衣及服饰品制造业	8.04	8.51	7.81	7.69	7.39	7.62	0.42	0.39	0.32	0.29	0.28	0.26	-7.36	-0.42	-0.15
皮革、毛皮及其制品制造业	3.35	3.72	3.73	3.78	3.83	3.87	0.54	0.52	0.45	0.42	0.43	0.41	-3.46	0.53	-0.12
木竹制品制造业	0.77	0.74	0.68	0.66	0.66	0.63	0.09	0.08	0.07	0.06	0.06	0.07	-0.56	-0.15	-0.03
纸浆、纸及纸制品制造业	0.46	0.53	0.51	0.59	0.58	0.63	0.51	0.60	0.55	0.54	0.57	0.55	-0.08	0.17	0.04
印刷及数据储存媒体复制业	0.26	0.29	0.26	0.26	0.26	0.26	0.11	0.12	0.10	0.09	0.10	0.09	-0.16	0.00	-0.02
石油及煤制品制造业	1.49	1.15	1.27	1.29	1.15	1.25	7.26	5.65	5.11	5.51	6.52	6.73	5.49	-0.24	-0.53
化学材料制造业	3.55	2.99	3.33	3.78	3.44	3.27	10.64	10.80	10.89	11.32	10.61	10.79	7.52	-0.28	0.15
化学制品制造业	1.17	1.16	1.23	1.39	1.23	1.24	1.49	1.68	1.67	1.67	1.73	1.71	0.47	0.07	0.22
药品及医用化学制品制造业	0.59	0.74	0.70	0.64	0.60	0.57	0.17	0.24	0.22	0.23	0.28	0.28	-0.30	-0.02	0.11
橡胶制品制造业	0.80	0.88	0.91	1.06	1.05	1.03	0.62	0.63	0.62	0.67	0.68	0.64	-0.39	0.22	0.02

产业名称	大陆各产业出口结构（%）						台湾各产业出口结构（%）						2013年两岸结构差距（%）	近六年结构变化（%）	
	2008年	2009年	2010年	2011年	2012年	2013年	2008年	2009年	2010年	2011年	2012年	2013年		大陆	台湾
塑料制品制造业	1.78	1.91	1.94	2.06	2.39	2.45	2.44	2.68	2.55	2.50	2.59	2.57	0.12	0.66	0.13
非金属矿物制品制造业	1.81	1.93	1.94	2.03	2.22	2.31	0.59	0.71	0.65	0.79	0.92	0.82	−1.49	0.50	0.23
基本金属制造业	5.58	2.46	2.98	3.31	2.91	2.78	5.87	5.83	5.41	6.09	5.26	4.54	1.76	−2.80	−1.32
金属制品制造业	4.37	3.86	3.81	4.12	4.21	4.14	5.85	5.01	5.17	5.45	5.47	5.28	1.14	−0.24	−0.57
电子零组件制造业	7.92	8.37	9.24	8.81	9.28	10.66	31.86	33.78	34.71	32.01	33.18	34.72	24.05	2.74	2.86
计算机、电子产品及光学制品制造业	22.90	24.45	23.04	21.04	20.88	19.96	11.19	11.44	12.05	12.40	10.52	10.24	−9.72	−2.94	−0.94
电力设备制造业	7.67	7.61	7.89	7.81	7.68	8.07	2.64	2.52	2.51	2.33	2.33	2.27	−5.81	0.41	−0.37
机械设备制造业	7.83	7.74	7.57	7.69	7.60	7.41	6.21	5.15	5.91	6.43	6.54	6.26	−1.16	−0.42	0.05
汽车及其零件制造业	2.62	1.87	2.32	2.67	2.59	2.55	1.71	1.89	1.89	2.04	2.33	2.37	−0.18	−0.06	0.66
其他运输工具及其零件制造业	2.86	3.61	3.83	3.67	3.30	2.61	2.51	2.65	2.23	2.09	2.21	2.09	−0.52	−0.24	−0.42
家具制造业	2.35	2.62	2.62	2.53	2.86	2.82	0.77	0.76	0.69	0.68	0.74	0.72	−2.10	0.47	−0.05
其他制造业	3.35	3.84	3.76	4.41	5.63	5.55	1.98	2.11	1.88	1.90	2.03	2.04	−3.51	2.20	0.06
非制造业	1.52	1.43	1.34	1.27	1.13	1.09	0.46	0.40	0.43	0.44	0.45	0.45	−0.63	−0.43	0.00

资料来源：台经院计算。

253

单位：百万美元

表3　中国大陆出口情况

年份	总出口金额	中国台湾	中国香港	韩国	日本	美国	东盟6国	东盟4国	欧盟15国	欧盟12国	其他地区
2005	761999	16550	124481	35109	83992	162900	53744	1627	134839	10684	138074
2006	969073	20735	155385	44526	91639	203472	69140	2174	169025	20825	192151
2007	1218015	23458	184432	56141	102071	232704	91316	2863	221328	23864	279837
2008	1428319	25881	190771	73885	116067	252256	110573	3471	260687	32193	362533
2009	1201670	20460	166082	53671	97074	220624	102533	3681	209205	27007	301331
2010	1577940	29626	218144	68764	120171	283114	132475	5673	275413	35733	408828
2011	1898539	35057	267503	82896	147157	324224	161413	8351	314703	41174	516062
2012	2048935	36760	322774	87622	151373	351680	193141	10570	294089	39803	561124
2013	2210206	40626	383232	91151	149759	368295	229602	14173	295885	41618	595864
占当年总出口比重（%）											
2005	100	2.17	16.34	4.61	11.02	21.38	7.05	0.21	17.70	1.40	18.12
2006	100	2.14	16.03	4.59	9.46	21.00	7.13	0.22	17.44	2.15	19.83
2007	100	1.93	15.14	4.61	8.38	19.11	7.50	0.24	18.17	1.96	22.97
2008	100	1.81	13.36	5.17	8.13	17.66	7.74	0.24	18.25	2.25	25.38
2009	100	1.70	13.82	4.47	8.08	18.36	8.53	0.31	17.41	2.25	25.08
2010	100	1.88	13.82	4.36	7.62	17.94	8.40	0.36	17.45	2.26	25.91

254

年份	总出口金额	中国台湾	中国香港	韩国	日本	美国	东盟6国	东盟4国	欧盟15国	欧盟12国	其他地区
2011	100	1.85	14.09	4.37	7.75	17.08	8.50	0.44	16.58	2.17	27.18
2012	100	1.79	15.75	4.28	7.39	17.16	9.43	0.52	14.35	1.94	27.39
2013	100	1.84	17.34	4.12	6.78	16.66	10.39	0.64	13.39	1.88	26.96
年增长率（%）											
2005	28.42	22.18	23.40	26.21	14.25	30.37	29.93	5.69	35.06	22.51	36.43
2006	27.18	25.29	24.83	26.82	9.10	24.91	28.65	33.56	25.35	94.92	39.17
2007	25.69	13.13	18.69	26.09	11.38	14.37	32.07	31.71	30.94	14.59	45.63
2008	17.27	10.33	3.44	31.61	13.71	8.40	21.09	21.23	17.78	34.91	29.55
2009	-15.87	-20.94	-12.94	-27.36	-16.36	-12.54	-7.27	6.07	-19.75	-16.11	-16.88
2010	31.31	44.80	31.35	28.12	23.79	28.32	29.20	54.10	31.65	32.31	35.67
2011	20.32	18.33	22.63	20.55	22.46	14.52	21.84	47.20	14.27	15.23	26.23
2012	7.92	4.86	20.66	5.70	2.87	8.47	19.66	26.57	-6.55	-3.33	8.73
2013	7.87	10.52	18.73	4.03	-1.07	4.72	18.88	34.08	0.61	4.56	6.19

注：1. 东盟6国指新加坡、马来西亚、菲律宾、印度尼西亚、泰国与越南。东盟4国为缅甸、柬埔寨、老挝与文莱。

2. 欧盟15国指2004年以前加入欧盟的欧洲国家，欧盟12国指2004年后至今新加入欧盟的12国。

资料来源：笔者计算。

欧盟与东盟 6 国是中国大陆产业主要出口地区。但由 2005 ～ 2013 年的趋势变化看，中国大陆对日本、美国与欧盟的出口占比都明显地逐年下滑，反之对东盟 6 国与东盟 4 国则持续上升。其中，对东盟 4 国的占比虽小，但增长幅度惊人，总出口金额由 2005 年的 16 亿美元快速增加到 2013 年的 141 亿美元。

表 4 为中国台湾出口到各国与主要市场的历年情况，中国台湾对国际主要市场的出口表现都没有明显的成长，其中 2013 年对日本、美国、欧盟 15 国甚至出现衰退，对东盟各国则为正增长，但增长幅度也远不及中国大陆。

（三）两岸复分类产业贸易趋势

由复分类产业的出口表现可以直接观察一国或地区出口产业在不同的产业结构下的表现，进而分析一国或地区出口增长与结构主要反映在该国或地区哪种产业特征之上。

表 5 为两岸产业出口增长率依照生产要素与科技形态区分的历年数据比较，若以 2008 ～ 2013 年的六年复合增长率观察，可以明显地发现，经过了 2008 年的金融海啸冲击，中国大陆的出口增长仍然主要反映在能源密集度中、技术人力密集度低、劳动力密集度高以及低科技产品上。上述类别产业都有 10% 以上或将近 10% 的复合增长率。台湾则在劳动力密集度低、技术人力密集度高、资本密集度低、能源密集度低以及高科技产品上，有较高的复合增长率。显示两岸在出口的增长上，仍有完全不同的结构特征，并且呈现高度互补的情况。大陆仍在能源密集度中高、技术人力密集度高、劳动力密集度高、低科技产品上有出口优势。台湾则在劳动力密集度低、能源密集度低、高科技产品上享有出口优势。但就两岸增长率的差距而言，大陆的出口增长率在各复分类产业的表现都较中国台湾为佳，其中

表4　中国台湾出口情况

单位：百万美元

年份	总出口金额	中国大陆	中国香港	韩国	日本	美国	东盟6国	东盟4国	欧盟15国	欧盟12国	其他地区
2005	183191	39565	29725	5394	14003	27553	25288	414	19681	1709	19861
2006	208323	47258	32812	6669	15252	30711	29095	475	21259	2583	22210
2007	235058	58495	34252	7484	15163	31076	34790	513	23325	3206	26754
2008	243803	62968	29684	8342	16397	29692	37341	531	24403	3030	31416
2009	193805	50873	26801	7026	13574	22720	29142	434	18855	2045	22337
2010	261554	72537	34396	10342	16937	30305	39736	598	23934	2806	29964
2011	291878	78274	36710	11949	16879	34996	47873	796	24851	2917	36633
2012	284186	75951	33960	11465	17063	31824	52142	828	22568	2919	35467
2013	287961	77192	34757	11665	17016	31432	54764	873	21508	2975	35779
占当年总出口比重（%）											
2005	100	21.60	16.23	2.94	7.64	15.04	13.80	0.23	10.74	0.93	10.84
2006	100	22.68	15.75	3.20	7.32	14.74	13.97	0.23	10.20	1.24	10.66
2007	100	24.89	14.57	3.18	6.45	13.22	14.80	0.22	9.92	1.36	11.38
2008	100	25.83	12.18	3.42	6.73	12.18	15.32	0.22	10.01	1.24	12.89
2009	100	26.25	13.83	3.63	7.00	11.72	15.04	0.22	9.73	1.06	11.53
2010	100	27.73	13.15	3.95	6.48	11.59	15.19	0.23	9.15	1.07	11.46

续表

年份	中国大陆	中国香港	韩国	日本	美国	东盟6国	东盟4国	欧盟15国	欧盟12国	其他地区
2011	100	26.82	12.58	4.09	5.78	11.99	16.40	0.27	8.51	1.00	12.55
2012	100	26.73	11.95	4.03	6.00	11.20	18.35	0.29	7.94	1.03	12.48
2013	100	26.81	12.07	4.05	5.91	10.92	19.02	0.30	7.47	1.03	12.43

年增长率（%）

年份	中国大陆	中国香港	韩国	日本	美国	东盟6国	东盟4国	欧盟15国	欧盟12国	其他地区
2005	5.27	16.32	-0.34	0.76	6.09	-2.04	10.80	16.08	-7.01	41.64	10.68
2006	13.72	19.44	10.38	23.66	8.92	11.46	15.06	14.88	8.02	51.12	11.83
2007	12.83	23.78	4.39	12.22	-0.58	1.19	19.57	7.91	9.72	24.12	20.46
2008	3.72	7.65	-13.34	11.46	8.13	-4.45	7.33	3.49	4.62	-5.46	17.43
2009	-20.51	-19.21	-9.71	-15.79	-17.22	-23.48	-21.96	-18.16	-22.73	-32.53	-28.90
2010	34.96	42.59	28.34	47.20	24.78	33.38	36.35	37.71	26.94	37.25	34.15
2011	11.59	7.91	6.73	15.54	-0.34	15.48	20.48	33.08	3.83	3.93	22.26
2012	-2.64	-2.97	-7.49	-4.05	1.09	-9.06	8.92	4.03	-9.19	0.08	-3.18
2013	1.33	1.63	2.35	1.75	-0.28	-1.23	5.03	5.41	-4.70	1.94	0.88

注：1. 东盟6国指新加坡、马来西亚、印度尼西亚、菲律宾、泰国与越南。东盟4国为缅甸、柬埔寨、老挝与文莱。东盟6国加东盟4国后扩至含今新加入欧盟的12国。

2. 欧盟15国指2004年以前加入欧盟的欧洲国家，欧盟12国指2004年后加入欧盟的12国。

资料来源：笔者计算。

258

表5 两岸各产业出口增长率比较年数据

产业名称	大陆各产业出口增长率（%）						台湾各产业出口增长率（%）						2013年两岸增长率差距（%）	近六年复合增长率（%）	
	2008年	2009年	2010年	2011年	2012年	2013年	2008年	2009年	2010年	2011年	2012年	2013年		大陆	台湾
制造业	17.11	-15.79	31.42	20.41	8.07	7.92	3.60	-20.46	34.92	11.58	-2.65	1.33	-6.60	9.22	3.39
食品制造业	10.58	-9.33	23.73	26.00	4.86	6.77	21.49	-17.79	17.08	23.09	16.18	-1.97	-8.74	9.62	6.18
饮料制造业	-2.30	-23.12	15.02	32.86	12.46	-9.50	7.14	17.99	34.59	16.28	18.34	1.85	11.35	3.64	17.36
烟草制造业	16.27	18.33	16.19	11.78	10.64	4.69	-9.29	13.35	32.19	50.95	41.38	3.18	-1.51	12.23	26.96
纺织业	14.50	-7.58	27.46	22.30	1.60	11.25	-3.87	-14.79	22.47	13.33	-5.03	-0.01	-11.26	10.24	2.35
成衣及服饰品制造业	4.19	-11.02	20.61	18.49	3.61	11.34	-7.98	-25.20	9.41	0.31	-5.06	-4.73	-16.08	7.97	-5.78
皮革、毛皮及其制品制造业	14.66	-6.49	31.78	21.73	9.60	8.92	1.36	-23.00	17.56	2.82	-0.01	-2.29	-11.21	12.36	-1.88
木竹制品制造业	-0.39	-19.40	21.45	17.00	6.91	2.45	-14.76	-26.57	7.22	6.28	-1.86	2.46	0.01	4.64	-3.39
纸浆、纸及纸制品制造业	8.57	-3.00	27.04	38.41	6.03	18.26	2.02	-6.52	23.78	10.19	2.68	-2.58	-20.84	16.42	4.98
印刷及数据储存媒体复制业	19.50	-3.86	18.51	17.46	9.16	6.16	0.86	-15.89	16.07	-1.37	9.15	-5.26	-11.42	9.17	-0.08
石油及煤制品制造业	59.90	-34.93	45.07	22.05	-3.36	16.39	33.42	-38.19	22.18	20.20	15.17	4.72	-11.67	5.32	1.83
化学材料制造业	33.12	-29.16	46.10	36.48	-1.55	2.42	7.73	-19.29	36.03	15.99	-8.71	3.04	0.62	7.33	3.68
化学制品制造业	19.14	-16.24	38.19	36.26	-4.01	8.01	3.05	-10.43	34.15	11.81	0.86	0.09	-7.92	10.34	6.28
药品及医用化学制品制造业	32.96	6.00	22.85	10.63	1.17	2.99	6.60	16.42	20.99	16.70	20.98	-1.08	-4.07	8.46	14.49
橡胶制品制造业	13.60	-7.92	36.10	39.39	7.73	5.17	3.77	-19.34	34.02	19.22	-1.05	-4.64	-9.81	14.63	3.99

259

续表

产业名称	大陆各产业出口增长率（%）						台湾各产业出口增长率（%）						2013年两岸增长率差距（%）	近六年复合增长率（%）	
	2008年	2009年	2010年	2011年	2012年	2013年	2008年	2009年	2010年	2011年	2012年	2013年		大陆	台湾
塑料制品制造业	14.33	-9.87	33.15	27.75	25.50	10.44	5.57	-12.86	28.82	9.17	0.86	0.63	-9.81	16.27	4.46
非金属矿物制品制造业	20.64	-10.50	32.16	25.57	18.24	12.20	6.61	-4.81	23.91	36.57	12.89	-9.76	-21.95	14.53	10.41
基本金属制造业	28.79	-62.97	59.55	33.35	-5.08	3.22	4.43	-20.99	25.12	25.68	-15.87	-12.50	-15.72	-5.05	-1.77
金属制品制造业	21.88	-25.76	29.58	30.04	10.35	6.04	7.19	-31.90	39.42	17.55	-2.30	-2.24	-8.28	7.92	1.28
电子零组件制造业	17.61	-11.09	44.89	14.69	13.69	23.98	1.78	-15.72	38.67	2.92	0.91	6.03	-17.95	15.80	5.18
计算机、电子产品及光学制品制造业	9.61	-10.18	23.74	9.87	7.13	3.11	-9.47	-18.74	42.13	14.84	-17.34	-1.36	-4.47	6.17	1.58
电力设备制造业	20.18	-16.51	36.21	19.00	6.20	13.39	3.81	-24.06	34.13	3.91	-2.83	-1.31	-14.70	10.26	0.30
机械设备制造业	29.69	-16.84	28.45	22.12	6.68	5.26	0.50	-34.04	54.71	21.46	-0.85	-3.12	-8.38	7.93	3.55
汽车及其零件制造业	19.70	-39.95	62.89	38.45	4.83	6.33	2.15	-12.28	34.82	20.59	11.39	2.85	-3.49	8.58	10.31
其他运输工具及其零件制造业	39.54	6.33	39.30	15.51	-3.05	-14.59	21.19	-16.07	13.40	4.75	2.90	-4.14	10.45	7.22	-0.33
家具制造业	19.20	-6.31	31.08	16.29	21.88	6.55	-1.61	-21.55	22.05	9.75	5.65	-0.44	-6.99	13.15	2.02
其他制造业	14.92	-3.40	28.46	41.26	37.58	6.36	1.96	-15.62	20.62	12.45	4.03	2.04	-4.32	20.73	3.97
非制造业	28.55	-20.81	23.66	13.73	-3.84	3.39	37.11	-30.64	44.50	14.68	0.08	1.65	-1.75	2.06	3.17

资料来源：台经院计算。

2013 年差距最大的为劳动力密集度低、能源密集度高以及低科技产业。

若对表 6 两岸产业出口结构的历年数据比较发现，2013 年两岸结构差距大陆高于台湾最多者，仍为劳动力密集度高产业，其次为资本密集度中产业，最后为低科技产品产业。台湾出口结构高于中国大陆者多为资本密集度高、劳动力密集度低以及高科技产品。因此若由出口结构的生产要素与科技形态来观察，中国大陆与台湾的出口产业互补特性更加明显。台湾的主要出口产业集中在资本密集度高、劳动力密集度低与高科技产品，大陆则集中在劳动力密集度高、资本密集度中与低科技产品。然而大陆在技术人力密集度高的产业出口结构过去 6 年增加幅度高于台湾，两岸技术人力密集度高的产业出口结构差距正在逐渐缩小。

若由产品特性来观察，表 7、表 8 与表 9 显示两岸的出口结构台湾明显集中在中间产品 A 类、B 类及重化工业，大陆的出口结构则集中在非耐久消费产品、机械设备与非重化工业。若由增长率来观察，大陆中间产品 B 类、非耐久消费产品、耐久消费产品、机械设备与运输设备的近六年复合增长率明显高于台湾。观察与电子零组件产业高度重合的中间产品 A 类的增长率变化，则可发现与前文电子零组件产业出口变化同样的趋势，同时中国大陆中间产品 A 类的出口结构，从 2008 年以来也逐年降低占全部出口产品的比重。

三、两岸产业国际分工与贸易互补情况

以下将通过不同的指标，厘清台湾产业在两岸的国际市场

表6 两岸产业出口增长率的比较——依生产要素与科技形态

生产要素与科技形态	大陆各产业出口增长率（%）						台湾各产业出口增长率（%）						2013年两岸增长率差距（%）	近六年复合增长率（%）	
	2008年	2009年	2010年	2011年	2012年	2013年	2008年	2009年	2010年	2011年	2012年	2013年		大陆	台湾
劳动力密集度高	14.48	-12.35	29.29	19.83	9.07	7.68	0.51	-25.58	31.32	11.73	0.08	-0.70	-8.38	9.78	1.65
劳动力密集度中	19.57	-12.36	34.91	14.60	2.75	4.16	1.86	-23.77	40.84	1.86	-5.24	-0.29	-4.45	7.72	0.66
劳动力密集度低	28.34	-36.43	37.67	33.14	9.54	14.09	8.34	-13.54	35.21	16.50	-3.66	3.76	-10.33	7.81	6.36
资本密集度高	29.01	-23.73	46.63	20.86	4.27	10.95	5.25	-17.55	36.26	8.01	-1.07	4.79	-6.16	9.35	4.69
资本密集度中	14.45	-14.39	29.31	21.15	9.23	7.14	2.36	-23.87	33.73	15.60	-4.81	-2.32	-9.47	9.44	1.82
资本密集度低	16.61	-10.76	18.98	13.04	5.67	7.05	0.45	-16.65	31.15	14.14	4.58	-2.28	-9.33	6.31	4.98
技术人力密集度高	15.86	-11.32	31.03	19.07	11.25	9.50	3.70	-19.76	38.12	8.20	-2.28	3.59	-5.90	11.00	3.95
技术人力密集度中	19.41	-20.63	31.65	21.08	5.15	6.71	4.02	-22.65	31.15	16.78	-3.17	-1.67	-8.39	7.26	2.44
技术人力密集度低	10.93	-8.72	30.81	22.81	6.39	5.38	1.41	-11.52	27.99	13.00	-2.52	-1.35	-6.73	10.45	4.24
能源密集度高	18.38	-23.95	32.97	26.51	5.60	7.87	9.24	-22.40	28.65	16.92	-3.66	-2.46	-10.33	7.82	1.87
能源密集度中	23.58	-14.42	40.22	23.79	11.38	9.99	9.47	-19.71	42.31	6.82	-3.75	3.43	-6.56	12.72	3.97
能源密集度低	14.53	-12.25	27.34	16.05	7.62	6.94	-2.73	-19.53	35.52	10.67	-1.28	2.88	-4.06	8.34	4.15
高科技产品	11.60	-10.21	28.99	10.87	8.34	9.75	-1.41	-16.13	39.38	5.57	-4.13	4.25	-5.50	8.83	4.28
中高科技产品	27.18	-15.54	35.32	23.16	5.05	5.24	6.28	-21.17	37.13	15.17	-2.49	0.59	-4.64	9.25	4.07
中低科技产品	24.68	-34.96	39.30	31.96	10.82	5.64	12.62	-28.63	28.62	19.81	-0.75	-2.41	-8.05	6.96	1.28
低科技产品	9.81	-8.30	25.73	21.71	8.63	10.03	-0.86	-16.93	21.74	12.24	-0.31	-0.92	-10.95	10.90	2.31

资料来源：中国大陆与台湾贸易数据。

表7 两岸产业出口结构的比较——依生产要素与科技形态

生产要素与科技形态	大陆各产业出口结构（%）						台湾各产业出口结构（%）						2013年两岸结构差距（%）	近六年结构变化（%）	
	2008年	2009年	2010年	2011年	2012年	2013年	2008年	2009年	2010年	2011年	2012年	2013年		大陆	台湾
劳动力密集度高	66.64	69.43	68.36	68.08	68.81	68.68	39.33	36.82	35.82	35.87	36.87	36.13	-32.55	2.04	-3.20
劳动力密集度中	18.76	19.54	20.08	19.12	18.21	17.58	21.81	20.91	21.82	19.92	19.39	19.08	1.50	-1.18	-2.73
劳动力密集度低	14.60	11.03	11.57	12.80	12.99	13.74	38.87	42.27	42.35	44.21	43.75	44.79	31.06	-0.86	5.93
资本密集度高	19.67	17.83	19.91	20.00	19.32	19.88	49.83	51.69	52.18	50.51	51.32	53.07	33.19	0.20	3.24
资本密集度中	70.41	71.65	70.56	71.04	71.91	71.42	47.22	45.22	44.81	46.42	45.38	43.75	-27.68	1.01	-3.47
资本密集度低	9.92	10.52	9.53	8.95	8.77	8.70	2.95	3.09	3.01	3.08	3.30	3.19	-5.52	-1.22	0.23
技术人力密集度高	42.16	44.43	44.34	43.88	45.23	45.91	56.39	56.92	58.26	56.48	56.69	57.96	12.05	3.76	1.57
技术人力密集度中	50.83	47.95	48.08	48.38	47.13	46.63	39.02	37.97	36.90	38.61	38.40	37.26	-9.37	-4.20	-1.76
技术人力密集度低	7.02	7.61	7.59	7.74	7.63	7.46	4.59	5.11	4.84	4.90	4.91	4.78	-2.68	0.44	0.19
能源密集度高	27.27	24.65	24.96	26.24	25.68	25.68	32.65	31.87	30.38	31.83	31.50	30.32	4.65	-1.59	-2.33
能源密集度中	19.73	20.07	21.43	22.05	22.76	23.20	23.73	23.97	25.27	24.19	23.91	24.41	1.21	3.47	0.68
能源密集度低	53.01	55.28	53.61	51.71	51.57	51.12	43.62	44.16	44.34	43.98	44.59	45.27	-5.85	-1.88	1.65
高科技产品	29.88	31.89	31.32	28.87	28.98	29.48	40.91	43.16	44.57	42.17	41.52	42.72	13.24	-0.40	1.81
中高科技产品	26.37	26.47	27.28	27.93	27.18	26.52	27.21	26.98	27.41	28.29	28.33	28.13	1.61	0.15	0.92
中低科技产品	19.09	14.76	15.65	17.17	17.63	17.27	23.52	21.12	20.12	21.61	22.02	21.21	3.95	-1.82	-2.30
低科技产品	24.67	26.89	25.74	26.04	26.21	26.74	8.37	8.74	7.89	7.93	8.12	7.94	-18.79	2.07	-0.42

资料来源：同表4。

263

表8　两岸产业出口增长率的比较——依产品特性

产品特性	大陆各产业出口增长率（%）						台湾各产业出口增长率（%）						2013年两岸增长率差距（%）	近六年复合增长率（%）	
	2008年	2009年	2010年	2011年	2012年	2013年	2008年	2009年	2010年	2011年	2012年	2013年		大陆	台湾
农林渔牧狩猎产品	1.80	7.22	28.85	15.38	-0.57	11.58	14.94	-6.25	48.81	21.86	-0.92	2.82	-8.76	12.08	11.61
食品加工业产品	12.94	-2.78	23.76	26.01	4.56	6.14	21.70	-17.99	16.97	22.69	16.70	-2.07	-8.21	10.97	6.11
饮料及烟草业产品	-0.63	-17.06	17.03	29.02	18.15	0.64	1.29	25.82	36.03	22.85	22.99	3.15	2.51	8.29	21.68
矿业及能源产品	69.49	-60.05	27.27	14.02	-18.55	3.53	150.68	-69.16	97.52	3.37	5.55	-27.13	-30.66	-13.34	-13.50
建筑材料	21.62	-10.87	22.25	21.98	18.26	22.32	6.58	-1.05	-9.28	-6.58	-4.19	13.51	-8.81	13.97	-1.83
中间产品A类	25.04	-44.16	53.57	33.86	-0.61	4.21	6.03	-19.82	32.95	18.63	-9.22	-1.80	-6.00	3.52	2.43
中间产品B类	20.70	-18.82	36.04	22.11	9.54	10.42	5.22	-20.18	36.12	7.65	0.57	3.78	-6.64	10.28	4.07
非耐久消费产品	11.09	-8.26	23.07	18.47	9.61	10.10	-5.72	-13.24	25.49	10.82	-0.20	-0.32	-10.42	10.05	3.72
耐久消费产品	8.15	-14.65	22.48	14.07	9.54	7.87	-14.31	-29.60	11.94	-19.40	5.68	8.59	0.73	7.10	-6.13
机械设备	16.08	-9.06	30.32	17.55	9.24	7.23	2.78	-23.50	49.33	24.97	-8.62	-3.35	-10.59	10.29	4.75
运输设备	39.52	0.03	41.35	19.96	-1.11	-15.09	26.75	-14.49	19.46	7.13	7.67	-4.17	10.92	7.33	2.46
重化工业	19.77	-18.80	34.41	18.52	6.01	6.63	3.65	-20.87	36.91	11.28	-3.38	1.71	-4.92	7.90	3.45
非重化工业	13.34	-11.01	26.62	23.20	10.88	9.70	4.03	-18.89	26.44	13.06	0.83	-0.37	-10.07	11.05	3.10

资料来源：中国大陆与台湾贸易磁带数据。

表9 两岸产业出口结构的比较——依产品特性

产品特性	大陆各产业出口结构（%）						台湾各产业出口结构（%）						2013年两岸结构差距（%）	近六年结构变化（%）	
	2008年	2009年	2010年	2011年	2012年	2013年	2008年	2009年	2010年	2011年	2012年	2013年		大陆	台湾
农林渔牧狩猎产品	0.64	0.82	0.80	0.77	0.71	0.73	0.27	0.31	0.35	0.38	0.38	0.39	-0.34	0.09	0.12
食品加工业产品	1.87	2.16	2.03	2.13	2.06	2.03	0.81	0.83	0.72	0.79	0.95	0.92	-1.11	0.16	0.11
饮料及烟草业产品	0.20	0.20	0.18	0.19	0.21	0.20	0.05	0.08	0.08	0.09	0.11	0.12	-0.08	-0.01	0.06
矿业及能源产品	1.19	0.57	0.55	0.52	0.39	0.38	0.10	0.04	0.06	0.05	0.06	0.04	-0.34	-0.82	-0.06
建筑材料	0.73	0.77	0.72	0.73	0.80	0.91	0.15	0.18	0.12	0.10	0.10	0.11	-0.79	0.18	-0.03
中间产品A类	10.26	6.81	7.96	8.86	8.16	7.88	20.44	20.62	20.31	21.59	20.13	19.51	11.63	-2.38	-0.93
中间产品B类	28.13	27.14	28.11	28.53	28.96	29.65	53.11	53.33	53.79	51.89	53.60	54.89	25.24	1.52	1.78
非耐久消费产品	20.13	21.96	20.58	20.26	20.58	21.00	5.20	5.67	5.27	5.24	5.37	5.28	-15.73	0.87	0.08
耐久消费产品	8.57	8.69	8.10	7.68	7.80	7.80	5.10	4.52	3.75	2.71	2.94	3.15	-4.65	-0.77	-1.95
机械设备	25.31	27.35	27.15	26.52	26.85	26.69	13.11	12.62	13.96	15.64	14.67	14.00	-12.69	1.38	0.89
运输设备	2.98	3.54	3.81	3.80	3.48	2.74	1.66	1.79	1.58	1.52	1.68	1.59	-1.15	-0.24	-0.07
重化工业	62.37	60.20	61.62	60.70	59.62	58.94	81.70	81.33	82.50	82.28	81.64	81.95	23.01	-3.43	0.25
非重化工业	37.63	39.80	38.38	39.30	40.38	41.06	18.30	18.67	17.50	17.72	18.36	18.05	-23.01	3.43	-0.25

资料来源：同表4。

分工中，存在贸易互补与上下游产业链分工关系的类别为何。再结合前文的直接竞争态势，才能描绘出台湾与大陆产业在产品竞合上的完整面貌。

（一）台湾在两岸产业国际分工中的主要形态与趋势

为了方便判断台湾在两岸之间的分工程度，本文定义第一指标为台湾出口大陆中间产品占台湾出口大陆全部产品的比重，第二指标为中国大陆自台湾进口中间产品占中国大陆自全世界进口中间产品的比重。通过两项指标的交叉分析，来判断台湾产业与大陆产业的中间产品的互相依赖程度。若该产业的第一与第二指标值皆高，显示两岸该项产业的中间产品相互依赖程度高，因此可以判别为该产业在两岸之间呈现高度分工关系。本文依据实际的指标值，将第一指标分为高标（高于70%）、中标（50%～70%）、低标（低于50%），第二指标分为高于10%与低于10%，作为交叉分析的依据。若第一指标达到高标，同时第二指标高于10%，则为高度分工产业，若第一指标达到中标，同时第二指标高于10%，则为中度分工产业。若第一指标达到中标以上，但第二指标低于10%，则归类为单向分工。其余皆为低度分工产业。

依据以上的分类方式，根据表10所得的结果，2013年属于两岸高度分工的产业类别为：纺织业、化学材料制造业、塑料制品制造业、非金属矿物制品制造业、电子零组件制造业等。属于中度分工的产业则为计算机电子产品及光学制品制造业。其他部分产业台湾出口中间产品到大陆的金额占该产业出口总金额高于50%，但中国大陆进口中国台湾中间产品占自世界各国进口中间产品金额低于10%的产业有皮革毛皮制品制造业、纸浆纸制品制造业、石油煤制品制造业、化学制品制造业、橡胶制品制造业、基本金属制造业、金属制品制造业、汽车及其零件制造业以及家具制造业。这类产业台湾对大陆分工依赖程度高，但大陆对台湾中间产品依赖程度低，因此归类为单向分工产业。

此外，本文进一步对台湾各产业出口金额与三大市场进口台湾金额的近四年复合增长率进行比较。若该产业在两岸之间存在中间产品互相或单向依赖关系，同时该产业台湾出口增长率大于三大市场对台湾的进口增长率，则该产业定义为垂直分工，其余定义为水平分工。

表 10 为利用 2013 年的中间产品对大陆出口比重资料以及 2010～2013 年的台湾出口复合增长率与三大市场自台湾进口复合增长率的交叉对照，依据上述原则所筛选的台湾制造产业中，垂直分工与水平分工的产业类别。其中，属于高度垂直分工的产业为非金属矿物制品制造业与电子零组件制造业；属于单向垂直分工的产业为纸浆纸及纸制品制造业、石油及煤制品制造业、化学制品制造业、橡胶制品制造业、汽车及零件制造业以及家具制造业；属于水平分工的为纺织业、皮革毛皮及其制品制造业、化学材料制造业、塑料制品制造业、基本金属制造业、金属制品制造业以及电力设备制造业。

（二）两岸产业互相贸易与出口产业优势比较

本部分利用台湾与大陆的产业间进出口贸易偏向指标，也称贸易专业化系数，观察两岸相互之间的贸易活动情况的变化，观察台湾对大陆出口具比较利益的产业是否出现变化，发生比较利益或优势丧失的情况。另外，也可观察大陆对台湾出口比较利益是否提升或衰退。

　　表11为台湾与大陆进出口贸易偏向指标计算结果，其中台湾具出口大陆优势比较利益的产业，也就是贸易偏向指标小于-50%的产业，2004年为纺织业、皮革毛皮及其制品制造业、纸浆纸及纸制品制造业、印刷及数据储存媒体复制业、石油及煤制品制造业、化学材料制造业、化学制品制造业、塑料制品制造业、金属制品制造业、电子零组件制造业、机械设备制造业、汽车及其零件制造业等。2013年，台湾具备出口中国大陆优势的产业类别转变为纺织业、印刷及数据储存媒体制造业、石油及煤制品制造业、化学材料制造业、塑料制品制造业、非金属矿物制品制造业、电子零组件制造业等。

　　其中，汽车及其零件制造业在2004年仍为台湾具出口优势产业，2013年则转为大陆出口到台湾金额已经高于大陆进口自台湾金额的大陆具出口优势产业。此外，电子零组件制造业、计算机电子产品及光学制品制造业、电力设备制造业、机械设备制造业、金属制品制造业、基本金属制造业、化学材料制造业、化学制品制造业等高资本、高技术密集度产业，台湾出口大陆的比较利益也下降明显。但电子零组件制造业2013年的贸易偏向指标仍维持在-75.83%，为各产业中对大陆最具贸易比较利益的产业。

四、预测两岸产业发展趋势与分析

　　本文进一步针对两岸产业未来（4年后）的发展趋势进行预测与推算，并利用两岸各自的出口增长率预测表现进行交叉分析，确立两岸产业发展未来的比较利益。最后利用台湾与大陆在发达国家市场的出口产品相对价格表现，作为台湾产业品质差异化能力的替代指标，检视台湾与大陆出口产品的品质差

表10 台湾产业水平与垂直分工判断

年份	中间产品第一指标（%）2013	中间产品第二指标（%）2013	两岸分工产业类别	A：台湾出口金额复合增长率（%）2010~2013	B：三大市场进口台湾金额复合增长率（%）2010~2013	※：A＞B	垂直分工与水平分工
食品制造业	2.94	0.08		11.92	-1.70	※	
饮料制造业	0.00			11.91	19.38		
烟草制造业				30.10			
纺织业	96.39	12.55	高度分工	2.48	3.51		水平分工
成衣及服饰品制造业	3.97	12.27		-3.19	-6.04		
皮革、毛皮及其制品制造业	94.51	3.89	单向分工	0.15	6.61		水平分工
木竹制品制造业	68.17	0.19		2.24	4.18		
纸浆、纸及纸制品制造业	87.95	1.48	单向分工	3.30	-0.26	※	单向垂直分工
印刷及数据储存媒体复制业	0.65	0.34		0.66	-2.46	※	
石油及煤制品制造业	100.00	2.14	单向分工	13.17	-28.08	※	单向垂直分工
化学材料制造业	99.99	12.76	高度分工	2.95	7.15		水平分工
化学制品制造业	92.59	6.22	单向分工	4.12	-3.68	※	单向垂直分工
药品及医用化学制品制造业	20.69	0.71		11.78	17.84		

续表

年份	中间产品第一指标（%）2013	中间产品第二指标（%）2013	两岸分工产业类别	A：台湾出口金额复合增长率（%）2010~2013	B：三大市场进口台湾金额复合增长率（%）2010~2013	※：A＞B	垂直分工与水平分工
橡胶制品制造业	98.68	2.05	单向分工	4.00	3.65	※	单向垂直分工
塑料制品制造业	79.47	13.76	高度分工	3.48	8.57		水平分工
非金属矿物制品制造业	96.43	11.65	高度分工	11.64	3.88	※	高度垂直分工
基本金属制造业	100.00	4.37	单向分工	-2.56	13.78		水平分工
金属制品制造业	94.20	9.29	单向分工	3.93	7.82		水平分工
电子零组件制造业	79.96	29.92	高度分工	3.27	-1.13	※	高度垂直分工
计算机、电子产品及光学制品制造业	53.79	10.83	中度分工	-2.17	-5.42		
电力设备制造业	49.48	6.44	单向分工	-0.12	3.77		水平分工
机械设备制造业	31.98	3.73		5.27	10.62		
汽车及其零件制造业	96.94	0.86	单向分工	11.37	7.79	※	单向垂直分工
其他运输工具及其零件制造业	29.93	4.37		1.10	1.33		
家具制造业	72.19	4.90	单向分工	4.90	2.00	※	单向垂直分工
其他制造业	14.43	2.77		6.08	2.94	※	单向垂直分工

270

表 11 台湾与大陆进出口贸易偏向指标

年份	2004	2005	2006	2007	2008	2009	2010	2011	2012	2013
食品制造业	56.46	56.68	64.79	65.11	67.31	65.19	70.11	64.33	60.51	58.36
饮料制造业	80.99	71.89	55.92	44.17	24.78	-3.89	-20.15	-11.35	-24.51	-27.59
烟草制造业	100.00	100.00	100.00	67.02	41.26	20.17	3.91	62.83	44.24	44.92
纺织业	-81.43	-79.20	-80.08	-80.29	-74.39	-74.38	-70.30	-66.18	-67.87	-67.18
成衣及服饰品制造业	84.06	84.27	84.85	83.29	82.44	84.02	89.58	89.13	88.14	88.63
皮革、毛皮及其制品制造业	-58.86	-49.94	-53.42	-51.37	-44.41	-39.49	-33.94	-9.68	-2.30	2.16
木竹制品制造业	59.90	60.26	71.18	71.55	69.68	74.76	77.66	80.07	76.09	81.77
纸浆、纸及纸制品制造业	-64.10	-49.79	-38.92	-35.91	-24.45	-22.27	-15.57	-6.86	-9.05	5.72
印刷及数据储存媒体复制业	-62.82	-47.16	-22.16	-17.17	-29.76	-43.27	-61.89	-66.70	-64.89	-65.77
石油及煤制品制造业	-82.82	-85.34	-89.86	-81.90	-87.16	-88.92	-72.77	-66.62	-75.98	-60.40
化学材料制造业	-85.65	-84.49	-81.12	-81.10	-78.63	-80.96	-76.46	-73.48	-71.90	-74.71
化学制品制造业	-68.36	-63.03	-58.70	-53.46	-50.25	-54.04	-49.10	-44.85	-48.09	-42.78
药品及医用化学制品制造业	41.24	18.67	16.71	9.59	-4.78	3.13	-5.86	-1.84	-10.93	-17.84
橡胶制品制造业	-47.27	-37.53	-31.20	-28.48	-24.57	-33.45	-24.45	-19.08	-21.28	-13.53

续表

年份	2004	2005	2006	2007	2008	2009	2010	2011	2012	2013
塑料制品制造业	-75.42	-67.97	-64.22	-63.66	-64.39	-68.44	-69.81	-63.64	-63.25	-59.89
非金属矿物制品制造业	-47.26	-42.29	-44.96	-44.85	-31.15	-28.36	-36.60	-46.03	-57.32	-50.36
基本金属制造业	-32.75	-39.98	-23.15	-28.43	-28.75	-58.87	-38.48	-17.26	-23.63	-8.00
金属制品制造业	-70.87	-67.63	-58.83	-54.69	-45.04	-56.45	-52.32	-48.05	-36.73	-34.44
电子零组件制造业	-83.96	-82.78	-83.10	-82.59	-80.35	-78.51	-76.16	-74.42	-72.74	-75.83
计算机、电子产品及光学制品制造业	-33.09	-25.12	-12.28	-10.24	-9.16	-4.11	-17.75	-22.20	-20.90	-20.72
电力设备制造业	-29.91	-24.63	-19.64	-14.85	-9.22	-13.32	-9.07	-1.87	-2.56	-5.02
机械设备制造业	-73.86	-68.47	-65.73	-57.64	-45.20	-41.24	-48.75	-50.96	-46.59	-41.83
汽车及其零件制造业	-53.27	-11.13	15.50	36.13	58.52	36.25	40.38	43.62	26.03	52.48
其他运输工具及其零件制造业	26.68	26.63	35.19	49.96	50.80	54.41	47.16	40.25	35.50	28.81
家具制造业	25.92	45.67	49.42	44.98	54.40	58.72	50.89	52.98	52.20	54.74
其他制造业	2.86	5.78	11.64	15.56	10.88	16.61	-6.14	23.05	25.32	23.46

注：进出口贸易偏向指标计算方式为：（大陆出口到台湾金额－大陆进口自台湾金额）／（大陆出口到台湾金额＋大陆进口自台湾金额）×100。

资料来源：中国大陆进出口贸易数据。

距变化趋势。

（一）两岸产业出口成长模型推算结果

根据前文所取得的台湾与大陆出口成长模型推算结果，分别计算 HS 六位码产品的调整指标，再以台湾与大陆过去 10 年的出口平均年增长率为基础，根据每个产品码的调整指标，推算每个产品的 2017 年出口增长率及预估出口金额，再加总成各四分位及二分位产业，据此得出 2017 年台湾与大陆各产业出口年平均增长率的预测。

表 12 显示，在本文出口成长模型的预测下，2017 年台湾出口成长最多的产业为药品及医用化学制品制造业，其次为汽车及零件制造业。显示在综合考虑了台湾以目前出口份额、发达国家产业发展经验、产品技术密集度、最新的进出口贸易偏向趋势以及其他指标①的综合影响下，与其他产业相比，上述两项产业的未来出口相对比较利益最大。值得注意的是，在本文的出口成长模型推算下，目前占台湾出口份额最高的电子零组件产业的相对比较利益在各产业中并非最佳，每年调整指标值在 1 以下。也因此推估未来 4 年台湾电子零组件产业的出口增长率将低于过去 10 年台湾平均出口增长率 5.74% 的水准。

表 12 为本文出口成长模型预测下，大陆 2017 年制造业各产业出口年平均增长率的预测结果，其中显示若以过去 10 年大陆出口年平均增长率 15.88% 的表现为基准，考虑各产业的相对比较利益后，2013～2017 年年平均增长率最高的产业为汽车及其零件制造业及其他制造业，其次为化学材料制造业、石油及

---

① 其他综合影响指标包括过去 RCA 变动趋势、成本对获利影响力、国内投资、国外投资、对外投资及研发升级投入等。

表12　2017年台湾制造业各产业出口年平均增长率的预测

	出口比重（%）		2013~2017年平均增长率（%）	平均每年调整指标（%）
	2013年	2017年		
制造业	99.55	99.55	5.74	1.0000
食品制造业	0.92	0.82	2.75	0.4792
饮料制造业	0.10	0.10	6.12	1.0662
烟草制造业	0.03	0.03	8.52	1.4835
纺织业	3.05	2.52	0.83	0.1439
成衣及服饰品制造业	0.26	0.24	2.90	0.5057
皮革、毛皮及其制品制造业	0.41	0.32	−1.01	−0.1755
木竹制品制造业	0.07	0.06	3.59	0.6249
纸浆、纸及纸制品制造业	0.55	0.51	4.06	0.7068
印刷及数据储存媒体复制业	0.09	0.10	7.07	1.2312
石油及煤制品制造业	6.73	6.74	5.76	1.0034
化学材料制造业	10.79	11.03	6.31	1.0992
化学制品制造业	1.71	1.92	8.84	1.5392
药品及医用化学制品制造业	0.28	0.39	15.61	2.7182
橡胶制品制造业	0.64	0.68	7.44	1.2961
塑料制品制造业	2.57	2.69	6.97	1.2138
非金属矿物制品制造业	0.82	0.73	2.60	0.4523
基本金属制造业	4.54	4.28	4.14	0.7213
金属制品制造业	5.28	5.05	4.59	0.7989
电子零组件制造业	34.72	33.74	4.99	0.8688
计算机、电子产品及光学制品制造业	10.24	10.94	7.50	1.3054
电力设备制造业	2.27	2.60	9.38	1.6327
机械设备制造业	6.26	6.70	7.58	1.3207
汽车及其零件制造业	2.37	2.80	10.29	1.7917
其他运输工具及其零件制造业	2.09	2.09	5.67	0.9881
家具制造业	0.72	0.67	3.70	0.6450
其他制造业	2.04	1.81	2.66	0.4628
非制造业	0.45	0.45	5.74	1.0000

注：1. 本文以过去10年台湾出口复合增长率5.74%作为未来台湾总出口年平均增长率。

2. 因本文主要是预测制造业各产品（HS六位码），非制造业的预测不具参考价值，因此本文假设未来非制造业占总出口比重不变，也等同整体制造业占总出口比重不变。即整体制造业出口年平均增长率等于未来总出口年平均增长率。

资料来源：笔者计算。

表 13　2017 年台湾制造业二分位产业各类型产品未来出口年平均增长率的预测

	各产业所属的各产品占该产品全经济出口比重（%）								2013～2017 年年平均增长率（%）			
	高度增长型产品		中度增长型产品		低度增长型产品		衰退型产品		高度增长型	中度增长型	低度增长型	衰退型
	2013 年	2017 年	2013 年	2017 年	2013 年	2017 年	2013 年	2017 年				
食品制造业	0.31	0.33	0.85	0.89	0.22	0.22	5.20	4.85	16.09	9.48	4.31	-3.90
饮料制造业	0.10	0.10	0.19	0.18	0.02	0.02	0.09	0.08	14.16	7.06	3.16	-6.19
烟草制造业	0.00	0.00	0.07	0.07	0.00	0.00	0.00	0.00	27.11	8.53		-7.00
纺织业	0.18	0.21	0.37	0.37	3.36	3.12	14.38	14.82	18.75	7.93	1.80	-1.48
成衣及服饰品制造业	0.13	0.13	0.16	0.15	0.24	0.23	0.92	0.93	14.74	7.91	2.64	-2.09
皮革、毛皮及其制品制造业	0.16	0.24	0.10	0.11	0.17	0.16	3.10	2.74	28.02	8.84	2.07	-5.14
木竹制品制造业	0.03	0.04	0.03	0.03	0.07	0.07	0.19	0.18	23.35	8.35	3.41	-2.78
纸浆、纸及纸制品制造业	0.17	0.23	0.46	0.46	0.57	0.55	1.05	0.96	22.33	8.25	2.91	-4.23
印刷及数据储存媒体复制业	0.07	0.07	0.18	0.17	0.04	0.04	0.03	0.03	12.85	7.75	4.52	-4.13
石油及煤制品制造业	1.80	1.75	13.83	12.99	2.85	2.57	0.01	0.02	13.59	6.72	1.01	-0.32
化学材料制造业	25.12	25.04	10.33	10.42	9.14	8.93	12.77	12.92	14.38	8.65	3.08	-1.93
化学制品制造业	5.55	5.37	2.77	2.88	0.55	0.54	1.01	1.01	13.53	9.47	3.34	-2.17
药品及医用化学制品制造业	3.92	4.43	0.10	0.10	0.02	0.02	0.14	0.13	18.04	9.10	4.77	-4.90
橡胶制品制造业	0.20	0.24	1.11	1.14	0.40	0.39	0.15	0.15	19.76	9.17	2.99	-2.41

续表

	各产业所属的各类产品占该产品全经济出口比重（%）								2013～2017年年平均增长率（%）			
	高度增长型产品		中度增长型产品		低度增长型产品		衰退型产品		高度增长型	中度增长型	低度增长型	衰退型
	2013年	2017年	2013年	2017年	2013年	2017年	2013年	2017年				
塑料制品制造业	1.11	1.07	4.22	4.17	1.89	1.94	0.04	0.04	13.36	8.05	4.47	-4.16
非金属矿物制品制造业	0.53	0.52	0.66	0.65	0.56	0.56	3.02	2.58	13.90	7.94	3.59	-6.05
基本金属制造业	4.20	4.75	2.55	2.46	5.32	5.18	9.10	9.35	18.01	7.44	2.97	-1.55
金属制品制造业	1.31	1.31	3.62	3.55	7.44	7.36	3.37	3.59	14.49	7.86	3.41	-0.63
电子零组件制造业	12.39	11.78	19.85	20.24	49.97	50.81	31.32	32.00	13.03	8.95	4.11	-1.69
计算机、电子产品及光学制品制造业	10.99	10.84	18.07	18.07	5.11	5.21	3.58	3.38	14.09	8.42	4.18	-3.67
电力设备制造业	5.69	5.52	4.34	4.50	0.63	0.64	0.05	0.05	13.61	9.42	4.24	-1.82
机械设备制造业	13.11	13.48	8.35	8.47	4.70	4.64	1.50	1.45	15.27	8.80	3.39	-3.01
汽车及其零件制造业	7.40	7.20	4.92	5.16	0.18	0.20	0.00	0.00	13.68	9.75	5.13	-15.30
其他运输工具及其零件制造业	2.69	2.52	2.00	1.92	2.50	2.48	0.01	0.00	12.62	7.35	3.55	-9.05
家具制造业	0.15	0.16	0.37	0.35	1.18	1.15	0.16	0.16	16.49	6.72	2.84	-2.67
其他制造业	2.67	2.66	0.50	0.50	1.91	1.91	8.81	8.58	14.32	8.62	3.60	-2.88

资料来源：笔者计算。

煤制品制造业、其他运输工具及其零件制造业、药品及医用化学制品制造业以及机械设备制造业。上述产业都是平均年增长率超过 20% 的产业类别。值得注意的是，在本文出口成长模型预测下，2013 年占大陆出口比重最高的计算机、电子产品及光学制品制造业，由于调整指标值仅为 0.6933，因此预估 2013~2017 年平均年增长率将远低于过去 10 年的平均水准，也导致 2017 年该产业的出口比重将大幅下降到 16.81%。

由于本文的大陆出口调整指标计算，除了考虑现今大陆各产品出口占总出口值的比重，也综合考虑大陆进出口偏向变化趋势、大陆政府投资以及其他重要指标①等未来对各产业的相对比较利益的影响。因此，本文出口增长模型所推算的 2017 年大陆各产业出现的出口增长变化，也显示出大陆目前的产业结构转型下，各产业的综合比较利益将出现大幅度的转向，过去长期占出口比重重要地位的计算机、电子产品及光学制品制造业，虽然预估 2017 年仍将为出口比重第一的产业，但未来 4 年的出口重要性将逐渐下降。

由表 12 及表 13 的两岸出口增长模型推算结果可以发现，在两岸各产业各自的比较利益发生变化的情况下，各产业的出口增长表现都将出现与过去不同的趋势，其中两岸的出口主力产业：台湾的电子零组件制造业与大陆的计算机、电子产品及光学制品制造业都将逐年降低在各自出口金额中的比重。而台湾在药品及医用化学制品制造业、汽车及其零件制造业、电力设备制造业、化学制品制造业、橡胶制品制造业、计算机及电子产品制造业等，皆高于平均值。大陆则在汽车及零件制造业

---

① 包括过去 RCA 变动趋势、产业要素密集特性、产值增长率、固定资产投资、研发升级投入、毛利率等。

及其他制造业，其次为化学材料制造业、石油及煤制品制造业、其他运输工具及零件制造业、药品及医用化学制品制造业以及机械设备制造业等有较高的表现。

以下将根据各细项产业的出口增长率预测结果，进一步将两岸出口产品区分为高度增长型、中度增长型、低度增长型以及衰退型产品，再加总后观察两岸各产业中，以上四项产品分类的预估出口表现。

表 13 为 2017 年台湾制造业二分位产业所属之各类型产品比重，以及未来出口年平均增长率预测。在高度增长型的产品中，以化学材料制造业占全经济的出口比重最高，其次为机械设备制造业、电子零组件制造业、计算机电子产品光学制品制造业等。中度成长型的产品中则以电子零组件、计算机电子产品及光学制品、石油及煤制品及化学材料制造业占全经济的出口比重最高。在低度成长型产品中，以电子零组件产业所占的比重最高，并且 2013 年与 2017 年中，都超过 50% 的水准。显示在低度增长型产品中，大部分皆属于电子零组件产业。在衰退型产品中，则有超过三成属于电子零组件产品，将近 15% 属于纺织业产品，另外也有 13% 的衰退型产品属于化学材料制造业。以上显示在低度增长与衰退型产品类别中，大部分的产品都集中在电子零组件产业。

表 14　2017 年大陆制造业各产业出口年平均增长率的预测

	出口比重（%）		2013～2017 年平均增长率（%）	平均每年调整指标（%）
	2013 年	2017 年		
制造业	98.91	98.91	15.88	1.0000
食品制造业	2.08	1.92	13.69	0.8623
饮料制造业	0.12	0.12	15.00	0.9447
烟草制造业	0.06	0.05	10.81	0.6810

	出口比重（%）		2013~2017 年平均增长 率（%）	平均每年 调整指标 （%）
	2013 年	2017 年		
纺织业	4.96	3.91	9.16	0.5769
成衣及服饰品制造业	7.62	6.60	11.79	0.7423
皮革、毛皮及其制品制造业	3.87	2.72	6.10	0.3841
木竹制品制造业	0.63	0.63	15.97	1.0056
纸浆、纸及纸制品制造业	0.63	0.62	15.53	0.9782
印刷及数据储存媒体复制业	0.26	0.29	19.19	1.2088
石油及煤制品制造业	1.25	1.62	23.79	1.4984
化学材料制造业	3.27	4.35	24.41	1.5375
化学制品制造业	1.24	1.42	19.88	1.2517
药品及医用化学制品制造业	0.57	0.71	22.20	1.3981
橡胶制品制造业	1.03	0.90	12.13	0.7640
塑料制品制造业	2.45	2.21	12.99	0.8178
非金属矿物制品制造业	2.31	2.19	14.40	0.9068
基本金属制造业	2.78	2.83	16.36	1.0305
金属制品制造业	4.14	4.60	18.99	1.1962
电子零组件制造业	10.66	10.25	14.73	0.9276
计算机、电子产品及光学制品制造业	19.96	16.81	11.01	0.6933
电力设备制造业	8.07	7.36	13.23	0.8334
机械设备制造业	7.41	9.03	21.72	1.3678
汽车及其零件制造业	2.55	3.85	28.39	1.7879
其他运输工具及其零件制造业	2.61	3.40	23.76	1.4965
家具制造业	2.82	2.51	12.51	0.7876
其他制造业	5.55	8.02	27.05	1.7035
非制造业	1.09	1.09	15.88	1.0000

注：1. 本文以过去 10 年大陆出口复合增长率 15.88% 作为未来大陆总出口年平均增长率。

2. 因本文主要是预测制造业各产品（HS6 位码），非制造业的预测不具参考价值。因此本文假设未来非制造业占总出口比重不变，也等同整体制造业占总出口比重不变。即整体制造业出口年平均增长率等于未来总出口年平均增长率。

资料来源：笔者计算。

表 14 显示 2017 年大陆制造业二分位产业各类型产品形态占全经济出口比重，以及未来出口年平均增长率的预测。其中，高度成长型产品中，以汽车及其零件制造业占全经济比重最高，其次为机械设备制造业、其他制造业、石油及煤制品制造业、化学材料制造业等。中度成长型产品中，以其他制造业占全经济比重最高，其次为机械设备制造业、化学材料制造业、金属制品制造业、电子零组件制造业等。在低度成长型产品中，以计算机电子产品及光学制品制造业占全经济的比重最高，其次是电子零组件制造业、成衣服饰品制造业、电力设备制造业。在衰退型产品类别中，以基本金属制造业占全经济的比重最高，且高达 40% 以上，其次为纺织业的近 30%。在 2013~2017 年年平均增长率的预测方面，大陆属于高度成长型产品类别的产业，平均增长率相当高。但在衰退型产品类别中，部分产业出现大幅度的衰退，其中以药品及医用化学制品制造业、其他运输工具及其零件制造业、电力设备制造业、机械设备制造业等最高。

若比对台湾与大陆高度成长型产品类别与衰退型产品类别的 2013~2017 年平均增长率表现，可以发现一个有趣的现象。由于本文的出口增长模型是根据两岸各产业在各种衡量指标下，综合计算 HS 六位码产品相对比较利益变化，以此为依据推算未来 4 年的出口增长调整指标。再根据此调整指标与过去 10 年的全产业平均出口增长率，推估 HS 六位码产品的出口预测金额，并依 HS 六位码与行业标准分类码对照表归入所属四分位及二分位产业。根据 HS 六位码产品在各产业的分布，区分出高度、中度、低度与衰退型产品在各产业中的金额分布。因此，计算各产业高度、中度、低度与衰退型产品类别的 2013 年与 2017 年金额增长率差异，可以观察出两岸各产业在所属的 HS 六位码产品比较利益变化情况下，同一个产业下不同增长类别形态出口增长率的差异。

（二） 两岸产业出口增长预测交叉分析

　　表 15 为整理后两岸产业（产品）竞争形态交叉分析结果。此交叉分析结果计算方式以 HS 六位码产品类别为基础，分别计算台湾与大陆各产品 2013～2017 年的预估年平均增长率。再将 HS 六位码产品分别依高度增长率、中度增长率、低度增长率与衰退型各自加以分类。再将各产品码中，台湾属于高度增长型①，而大陆分别属于高度、中度、低度以及衰退型②的产品码分别加以归类并计算该产品码台湾 2013 年出口金额。

　　表 16 "A 两岸均具有比较利益的产品" 一栏下的 "本类产品占该产业出口金额比重" 栏目中资料，即为各二分位产业所属的 HS 六位码产品中，属于两岸 2013～2017 年预估年平均增长率皆为高度与中度成长型的产品，其台湾 2013 年出口金额占台湾该产业 2013 年全部出口金额的比重③。因此，此比重可以衡量台湾各二分位产业出口比重中，属于 A 类型，或其他 B、C、D 各类型的份额。此指标主要用来衡量未来 4 年各产业在面对大陆的同类型产品的竞争时，彼此竞争优劣势的消长变化情况。A 类型为两岸具有比较利益产品，B 类型为台湾免受大陆威胁的产品，C 类型为台湾可能会被大陆取代的产品，D 类型为两岸竞争情况不明确的产品。由于同一个产业可能同时包含以上四种类型产品，因此通过观察同一产业的出口份额在这四种类型中的分布状况，可以分析该产业未来 4 年台湾面对大陆的竞

---

　　① 台湾产业其余类型依此方法类推。
　　② 台湾高度、中度、低度增长，大陆衰退类型中，也包括大陆没有该产品出口，但台湾有出口金额的产品码。
　　③ 其他 B、C、D 产品类型的该栏数据意义以此类推。

表15 台湾与大陆各类型产品交叉分析——二分位产业

二分位产业名称	2013年出口结构	A 两岸均具有比较利益的产品			B 陆消台长的产品			C 陆长台消的产品			D 竞争情况不明确的产品		
		本类产品占该产业出口金额比重	国际市场差异化相对优势	国际市场差异化相对劣势	本类产品占该产业出口金额比重	国际市场差异化相对优势	国际市场差异化相对劣势	本类产品占该产业出口金额比重	国际市场差异化相对优势	国际市场差异化相对劣势	本类产品占该产业出口金额比重	国际市场差异化相对优势	国际市场差异化相对劣势
食品制造业	0.92	9.64	9.48	1.19	27.70	23.46	3.42	39.70	4.95	2.28	22.96	7.59	0.82
饮料制造业	0.10	7.25	3.60	46.84	72.78	5.44	22.46	11.17	0.00	0.00	8.80	82.20	4.57
烟草制造业	0.03	48.87	0.00	0.00	51.04	100.00	0.00	0.10	0.00	0.00	0.00	15.75	84.25
纺织业	3.07	1.48	7.08	0.14	3.56	20.04	3.90	51.22	14.99	2.55	43.74	17.42	1.04
成衣及服饰品制造业	0.26	0.19	22.84	0.00	25.24	25.72	1.22	37.15	27.54	1.70	37.42	11.69	0.67
皮革、毛皮及其制品制造业	0.41	0.86	18.66	0.33	10.83	8.54	1.03	65.50	9.00	3.24	22.81	28.47	2.94
木竹制品制造业	0.07	11.01	77.16	1.36	9.82	12.49	0.59	39.99	24.80	1.11	39.17	3.58	62.54
纸浆、纸及纸制品制造业	0.55	13.58	4.87	4.07	20.12	19.52	5.78	40.65	1.81	10.41	25.66	0.66	0.05
印刷及资料储存媒体复制业	0.09	47.88	42.17	2.19	29.33	55.88	19.74	15.84	47.68	0.00	6.95	8.93	7.40
石油及煤制品制造业	6.76	79.96	17.36	16.92	0.00			19.20	0.11	41.42	0.84		
化学材料制造业	10.84	40.28	10.36	7.77	8.97	1.23	2.86	44.61	11.15	9.26	6.13	2.95	4.11
化学制品制造业	1.72	68.11	30.06	8.43	11.41	20.56	40.08	19.80	63.46	1.85	0.68	87.16	0.45
药品及医用化学制品制造业	0.28	90.03	47.28	4.77	1.49	24.83	0.00	8.49	85.42	7.55	0.00	0.92	99.08
橡胶制品制造业	0.64	15.38	12.36	0.27	52.86	13.89	0.04	6.03	13.05	0.27	25.73	41.76	0.25

中 产 业 合 作

二分位产业名称	2013年出口结构	A 两岸均具有比较利益的产品			B 陆消台长的产品			C 陆长台消的产品			D 竞争情况不明确的产品		
		本类产品占该产业出口金额比重	国际市场差异化相对优势	国际市场差异化相对劣势	本类产品占该产业出口金额比重	国际市场差异化相对优势	国际市场差异化相对劣势	本类产品占该产业出口金额比重	国际市场差异化相对优势	国际市场差异化相对劣势	本类产品占该产业出口金额比重	国际市场差异化相对优势	国际市场差异化相对劣势
塑料制品制造业	2.58	25.69	12.61	1.50	39.49	6.44	3.22	18.75	4.04	0.03	16.08	1.64	3.02
非金属矿物制品制造业	0.82	24.68	6.59	8.12	9.54	15.78	3.22	54.09	76.51	0.76	11.69	6.30	19.10
基本金属制造业	4.57	18.56	20.88	0.94	8.02	44.75	0.27	53.18	0.46	1.02	20.23	6.96	17.79
金属制品制造业	5.30	13.46	23.59	8.56	14.13	28.76	0.25	48.36	16.30	0.98	24.06	8.99	1.31
电子零组件制造业	34.88	2.29	23.81	6.14	21.49	55.73	7.30	61.24	73.15	2.02	14.97	5.05	0.31
计算机、电子产品及光学制品制造业	10.29	9.83	9.09	1.35	63.44	23.80	5.25	8.30	4.96	2.57	18.43	57.01	9.74
电力设备制造业	2.28	21.92	22.15	9.19	64.77	34.11	4.27	3.99	45.73	1.77	9.32	50.12	2.87
机械设备制造业	6.29	52.03	44.35	4.49	10.33	43.06	2.55	37.55	28.73	2.31	0.09	87.74	12.26
汽车及其零件制造业	2.38	96.31	36.62	3.34	0.00		73.16	3.02	41.42	0.00	0.67	1.11	0.00
其他运输工具及其零件制造业	2.10	42.57	43.03	3.65	1.34	4.74		27.04	47.73	1.20	29.05	99.85	0.00
家具制造业	0.73	2.26	15.64	0.02	18.27	2.98	0.69	9.84	10.37	0.00	69.63	10.66	2.56
其他制造业	2.05	16.31	37.65	8.02	0.13	19.45	0.17	83.56	32.80	1.39	0.00	97.05	2.95

注：国际市场差异化相对优势为本类产品中，该产业中国台湾产品价格高于中国大陆产品价格2倍以上的出口金额，在欧美日三大市场总出口金额中的占比。

国际市场差异化相对劣势为本类产品中，该产业中国台湾产品价格低于中国大陆产品价格1/2以下的出口金额，在欧美日三大市场总出口金额的占比。

资料来源：笔者计算。

表16 2017年中国大陆制造业二分位产业各类型产品未来出口年平均增长率的预测

产业	各产业所属的各类产品占该产品全经济出口比重（%）								2013～2017年年平均增长率（%）			
	高度增长型产品		中度增长型产品		低度增长型产品		衰退型产品		高度增长型	中度增长型	低度增长型	衰退型
	2013年	2017年	2013年	2017年	2013年	2017年	2013年	2017年				
食品制造业	1.30	1.56	1.37	1.26	2.44	2.44	4.03	3.21	48.60	20.58	10.88	-8.04
饮料制造业	0.04	0.05	0.10	0.09	0.14	0.15	0.27	0.19	45.66	19.72	12.96	-10.36
烟草制造业	0.05	0.20	0.01	0.00	0.09	0.07	0.26	0.15	106.32	17.38		-15.15
纺织业	0.76	1.18	1.24	1.09	6.81	6.13	28.40	29.55	58.72	19.14	7.99	-1.68
成衣及服饰品制造业	0.08	0.06	0.34	0.29	11.41	11.75	0.23	0.25	35.59	18.48	11.68	-0.25
皮革、毛皮及其制品制造业	0.00	0.00	0.05	0.04	5.85	4.90	0.11	0.10		18.43	6.04	-3.03
木竹制品制造业	0.13	0.14	0.96	0.85	0.48	0.50	0.32	0.30	44.80	19.33	12.07	-4.64
纸浆、纸及纸制品制造业	0.55	0.79	0.62	0.59	0.64	0.64	0.83	0.62	55.69	21.64	10.79	-9.59
印刷及数据储存媒体复制业	0.25	1.01	0.43	0.38	0.17	0.17	0.00	0.00	101.61	19.56	10.12	
石油及煤制品制造业	13.89	12.04	3.14	2.85	0.01	0.01	0.00	0.00	37.16	20.13	15.52	
化学材料制品制造业	10.98	10.80	8.23	8.63	0.66	0.73	0.42	0.32	41.59	24.53	13.67	-8.93
化学制品制造业	2.37	2.47	2.75	2.56	0.44	0.47	8.56	8.67	43.72	20.93	12.89	-2.35
药品及医用化学制品制造业	0.57	0.58	1.38	1.41	0.18	0.20	0.00	0.00	42.68	23.58	13.93	-22.95
橡胶制品制造业	0.04	0.03	0.44	0.40	1.31	1.32	8.84	9.44	34.49	19.75	10.96	-1.04

| | 各产业所属的各类产品占该产品全经济出口比重（%） | | | | | | | | 2013~2017年年平均增长率（%） | | | |
| | 高度增长型产品 | | 中度增长型产品 | | 低度增长型产品 | | 衰退型产品 | | 高度增长型 | 中度增长型 | 低度增长型 | 衰退型 |
	2013年	2017年	2013年	2017年	2013年	2017年	2013年	2017年				
塑料制品制造业	0.00	0.00	1.62	1.47	2.92	2.92	0.00	0.00	0.00	20.05	10.82	
非金属矿物制品制造业	1.09	0.98	2.40	2.15	2.30	2.31	2.03	1.90	38.66	19.68	11.00	-4.19
基本金属制造业	1.29	1.88	4.82	4.42	1.68	1.63	43.54	43.77	56.14	20.41	9.95	-2.53
金属制品制造业	3.58	3.15	8.58	7.96	1.98	2.21	1.67	1.21	37.67	20.74	13.89	-10.14
电子零组件制造业	0.58	0.93	7.86	7.90	12.32	12.64	0.02	0.01	60.05	23.19	11.55	-13.56
计算机、电子产品及光学制品制造业	0.91	0.96	3.98	3.71	28.34	27.66	0.19	0.16	44.35	20.93	10.18	-6.98
电力设备制造业	1.68	1.49	4.62	4.03	9.95	10.26	0.00	0.00	38.11	18.86	11.68	-18.13
机械设备制造业	18.91	19.88	14.78	14.82	3.54	4.00	0.27	0.14	43.96	23.14	14.23	-17.23
汽车及其零件制造业	21.65	21.49	6.80	7.42	0.00	0.00	0.00	0.00	41.91	25.75	8.91	
其他运输工具及其零件制造业	2.46	3.05	7.03	7.32	0.46	0.52	0.01	0.01	49.98	24.30	13.93	-20.04
家具制造业	0.00	0.00	0.44	0.38	4.07	4.26	0.00	0.00		19.05	12.13	
其他制造业	16.86	15.27	16.03	17.98	0.15	0.14	0.00	0.00	38.69	26.63	8.11	

资料来源：笔者计算。

争，可能的优劣势变化。

为了更精确地掌握台湾各产业出口竞争力的消长变化。除了出口增长的相对比较利益变化指标外，利用两岸出口至先进国家产品价格相对倍数指标，观察台湾出口产品溢价能力，作为台湾产品在国际市场与大陆之间所具备的非出口相对优劣势竞争的另一项观察指标。国际市场差异化相对优势指标的定义为，A、B、C、D 四类产品中，各产业 2013 年台湾产品价格高于中国产品价格 2 倍以上的出口金额，占该产业欧美日三大市场总出口金额比重。国际市场差异化相对劣势指标的定义为，A、B、C、D 四类产品中，各产业 2013 年台湾产品价格低于中国产品价格 1/2 以下的出口金额，占该产业欧美日三大市场总出口金额比重。

若进一步观察各产业 A、B、C、D 四类产品类型的国际市场差异化指标，则发现虽然电子零组件业在 C 类的出口比重高达六成，但在同一类型的产品中，具有国际市场差异化优势的出口金额比重则高达 73.15%，显示虽然未来大陆大部分的电子零组件产品因国内相对比较利益增加，具备比台湾同类产品更佳的出口竞争优势。但由主要国际市场价格溢价所反映出的品质差异上，台湾仍具备一定程度的品质优势。但根据产业发展与竞争的规律，随着大陆该产品的相对比较利益提升下出口竞争力增加，品质的提升是竞争对手下一步努力的方向。另外，值得关注的是，在 B 类产品中，其他运输工具及其零件制造业的国际市场差异化相对劣势的比例高达 73.16%，显示虽然这类产品近期内在台湾仍具有出口竞争优势，但可能是通过低价策略换取的，其优势无法长久维持。因此，单单由出口竞争的比较利益优劣势的指标，仍不足以完整地判断台湾与大陆产业之间的相对竞争情况。因受篇幅限制，本文无法对四分位产业进行分析。

通过本文出口增长预测模型所显示的产业间相对比较利益下，各产业 2013~2017 年预估平均出口增长率的交叉分析，以及衡量两岸出口产品在三大主要国际市场的品质差异化相对优劣势指标，我们已经大致了解各产业在面对大陆产业未来的相对比较利益变化下，两岸各产业所面临的竞争局势转变，以及不同产业的两岸竞合关系的重大产业变动因素。

五、结论

两岸于 2008 年 11 月正式启动"搭桥专案"，目的是希望两岸产业能够在技术开发、生产、产销及投资等方面进行合作与交流。现阶段具体做法是举办两岸产业合作及交流会议，搭建两岸产业合作平台。

截至 2013 年底，"搭桥专案"已经在两岸轮流举办了 53 个场次的两岸产业搭桥会议，涵盖了中草药、LED 照明、通信、信息服务、车辆、车载资通信、太阳光电、风力发电、电子商务、连锁加盟、物流、精密机械、食品、生技与医材、纺织与纤维、数字内容、电子废弃物回收利用、金属材料、TFT - LCD 19 个产业项目。两岸相关业者共计 19000 余人次参与活动，促成了 1675 家企业进行合作洽谈，签署合作意向书 332 份，成果可观。

未来应就两岸产业均高度成长，甚至是彼消我长或是彼长我消的产业，根据双方的比较利益进行分工合作。

大陆发展新兴产业可借鉴台湾的经验与研究可能合作模式，而非一味扩大产能。两岸在产业发展上要共存共荣，两岸未来在规划特定产业发展愿景与策略上（例如大陆的"十三五"计划），可考虑在两岸搭桥的平台上，留给双方参与讨论的空间。

【参考文献】

［1］李宥苍、张国益：《垂直式与水平式产业内贸易决定因素之实证分析——台湾主要制造业之验证》，《台湾经济预测与政策》2012 年第 2 期。

［2］台湾当局主计总处，http：//www. dgbas. gov. tw/。

［3］台湾投资审议委员会，http：//www. moeaic. gov. tw/。

［4］台湾银行，http：//www. cbc. gov. tw/。

［5］滕人杰：《大陆产业供需状况对两岸产业分工之对策分析》，2013 年。

［6］滕人杰：《两岸产品竞合及依赖监视指标之研究》，2013 年。

［7］台湾投资审议委员会：《华侨及外人投资统计月报》，各期。

［8］许松根、林幸君：《重新确认台湾 50 年代消费财产业的进口替代及其对产业成长的贡献》2008 年。

［9］叶懿伦：《台湾出口在中国大陆相对竞争力之变化》，2005 年。

［10］张建一：《进出口货品结构别复分类之修订》，2004 年。

［11］中国产经资料库，http：//cie. tier. org. tw/。

［12］中国商务部，http：//www. mofcom. gov. cn/。

［13］中国投资指南，http：//www. fdi. gov. cn/。

［14］Chenery，"PatternsofIndustrialGrowth"，American Economic Review，1960（50）：624 – 654.

［15］Greenaway D. ，R. C. Hine and C. Milner，"Vertical and Horizontal Intra – Industry Trade：A Cross – Country Analysis for the United Kingdom"，Economic，1995（105）：1505 – 1518.

［16］Greenaway D. ，R. C. Hine and C. Milner，"Country – Specific Factors and the Pattern of Horizontal and Vertical Intra – Industry Trade in the UK"，Weltwirtschaftliches Archiv，1994（130）：77 – 100.

［17］Grubel Herbert G. ，Lloyd Peter J. ，"Intra – industry Trade：The Theory and Measurement of International Trade in Differentiated Products"，New York：Wiley，1975.

［18］Hsu，"A Consistent Measure of Import Substitution"，2006.

大陆台商投资布局与产业趋势研析

花佳正

（台湾经济研究院，中国台湾　999079）

一、研究动机与目的

中国台湾属中小型的开放经济体系，由于受到天然地理与国际环境限制，经济发展与国际资源及市场的相互结合甚深。数十年的国际贸易、投资与技术合作交流，促使中国台湾成为了全世界各国企业高度信任的贸易采购对象与产业分工伙伴。而造就中国台湾产业发展具备与国际产业高度连动、快速跟随能力的关键角色，就是以高度机动能力与经营弹性闻名全球的台湾企业与个人——台商。

伴随长期台湾内部、两岸以及国际政经环境的变迁与发展，台商自20世纪80年代末开始积极对大陆投资布局，至今已经超过30年。而根据统计，截至2013年底，台湾累计核准台商

［作者简介］花佳正（1976—），男，台湾经济研究院研究二所副所长，主要从事产业发展与政策研究、两岸与亚洲区域产业竞合研究、国际金融理论研究。

赴大陆投资案件数已超过 4 万件，核准投资金额达 1337 亿美元，占台湾核准对外投资总额的 61.8%，占核准对外投资总件数的 74.6%。因此，现阶段对台湾而言，大陆不仅是对外投资区域最重要区域，大陆台商更成为影响两岸与国际经贸交流的重要角色。

大陆台商赴大陆投资期间，运用当地劳动力、土地等生产要素资源，进行两岸产业分工与国际三角贸易的生产制造活动，参与超过数亿人口的民生消费广大市场的经营，所长期累积的生产资本、技术经验与市场开发，不仅直接影响台湾与大陆的经济发展，也促进了中国台湾、大陆与全球三者间的经贸合作，并使产业链接模式产生了复杂的变化。

虽然大陆台商对两岸经济结构与产业发展具有显著的影响能力已不容置疑，但大陆台商对两岸的经济、产业发展的贡献，则因两岸各方对于大陆台商的定义、范畴统计不同而产生了极大的落差。在两岸长期缺乏系统性的大陆台商投资与经营实况调查下，现行有关两岸经贸分析，因无法具体掌握台商投资现况，提出台商对台湾与大陆的经济贡献与影响力的相关论述，导致两岸产业合作协议等相关政策的效益难以评估。

大陆台商与大陆对台湾的对外投资与国际经贸交流，占有相当大的比重，及两岸官方相关统计信息存在若干差异与限制，难以充分反映台商在大陆投资全貌与实际状况。因此，本文将聚焦于大陆台商的研究与分析，借以掌握台商在大陆的投资现状，以及对两岸经济贡献和重要性，作为各界对两岸经贸交流评估与决策的参考，并针对大陆台商现况研究与对两岸经济贡献的研究，提供相关建议，以利于未来两岸相关单位制定规划政策与辅导措施。

二、台商赴大陆投资历程与政策影响

台商赴大陆投资的缘起、发展与规模，与两岸政经环境、当时两岸领导人对于国家政策的看法与态度有着紧密的关系。可以将两岸交流开放政策时期分为以下五个阶段：

第一阶段：20 世纪 70 年代末大陆改革开放时期。

1978 年中共十一届三中全会决定"对内改革、对外开放"的基本战略政策后，结束了自 1949 年起的对外封闭，正式开始嵌入国际产业分工价值链，也启动了大陆经济高速发展的引擎。

当时中国政府意识到要使国家人民脱离贫穷落后的现况，必须要发展经济，欲使经济快速发展，必须吸引各国的资金、技术与人才，因此，于 1978 年底中国政府确立了改革开放的政策，并于 1979 年在深圳、珠海、汕头及厦门四地试办经济特区。1984 年大陆进一步开放广州、上海等 14 个沿海港口城市，1985 年中国国务院批准《长江、珠江三角洲和闽南厦漳泉三角地区座谈会纪要》，决定在长江、珠江三角洲及厦漳泉三角地区开辟沿海经济开放区，以吸引外资进入大陆。

该时期受投资地区、生产环境与基础建设等条件限制，外资企业赴大陆投资项目多以加工配装为主，而在投资形态上虽允许少量外商以独资企业方式注册，但中国改革开放目的在于取得海外资金与技术，故外商投资形态多以合作、合资经营为主。

在此阶段，台湾对大陆投资活动尚在试探期，赴陆投资契机多为探亲或外贸采购关联所牵起的人脉关系，而投资项目大多集中在劳动力密集与技术含量较低的产业，投资地区则多在地缘与文化相近的福建沿海一带，整体投资数量、金额均相当有限。

第二阶段：20 世纪 80 年代台湾对大陆管制开放时期。

1987 年 7 月，台湾解除戒严令与外汇管制，并于当年 11 月开放民众赴大陆探亲，促使人民纷纷以探亲的名义，赴陆考察或寻找投资机会。在此背景下，中国国务院于 1988 年 3 月发出《关于进一步扩大沿海经济开放区范围通知》，并于同年 6 月公布《关于鼓励台湾同胞投资规定》，积极地实施投资区域开放与台商投资奖励优惠政策，正式启动了台商赴陆投资的热潮。

台湾当局于 1990 年正式公布《对大陆地区从事间接投资或技术合作管理办法》，由官方正式开始有条件的开放，以间接方式对大陆进行事业投资。然而至 20 世纪 80 年代末期台湾经济环境发生了大幅变化，使得台湾产业在发展条件、国际竞争力方面，均面临了重大的挑战。

（1）台湾剩余资金过量、物价攀升，不利于产业经营。

（2）新台币兑美元大幅升值，不利于产业出口。

（3）劳动力短缺与工资上涨，不利于产业生产。

（4）环保与土地取得等其他相关因素，不利于产业生存。

基于上述各项国内生产环境变化因素，使得 20 世纪 80 年代的台湾企业对外投资意愿较 20 世纪 70 年代末期大幅提高，而当时中国大陆正迈入的第二阶段改革开放政策，也积极吸引外资投入，并提供诸多优惠，启动了第一波台湾企业前往大陆投资的热潮；而台商在大陆的投资、生产活动，将台湾部分的生活消费模式带入大陆，形成两岸产业分工与经济发展相对稳定与共荣时期。

第三阶段：1996 年"戒急用忍"时期。

1995 年以后，随外资对大陆投资生产活动的扩大，大陆市场对于机械设备、原物料、零组件等进口需求提高，使得许多台湾企业配合下游产业，且预期大陆内需后续产业需求与发展机会，加快布局大陆机械设备、石化、钢铁等资本设备、生产需求型产业。1996 年，台湾当局提出"戒急用忍"主张，以"高科技、五千万美元以上、基础建设"明确界定台湾对大陆投资规范，并纳入对大陆地区从事投资或技术合作审查原则，以避免台湾产业研发优势与资金流失加速。1997 年，对台商赴陆投资项目规范变动，也使得台湾当局扩大掌握台商赴大陆投资实际状况，第二次进行了大陆台商企业补登记，当时适逢台湾民主化进程推动，引发台湾对于产业外移的疑虑，使得台湾当局对台湾企业赴大陆投资活动，转为积极管理与限制。

第四阶段：2001 年积极开放、有效管理。

2000 年，当时适逢国际信息电子业产业经济与经营环境出现变化，当时适应产业界意见，松绑高科技产业，开放笔记本电脑制造业赴大陆投资，进而带动电子相关产业赴陆投资设厂脚步加快。2001 年在美国"9·11"恐怖攻击与网络泡沫冲击后，台湾地区经济陷入衰退，台湾当局松绑"戒急用忍"政策，改为"积极开放、有效管理"，放宽 5000 万美元的投资限制，并于同年开放"小三通"使两岸间交流更为频繁。

2001 年至 2002 年初，大陆与台湾相继加入世界贸易组织（WTO），也在 WTO 会员的规定下解除对大陆直接投资的限制，使台湾企业赴陆不再需要经由第三地转投资，两岸之间的贸易障碍大幅降低。因台湾政策松绑与大陆参与国际合作组织，台湾对大陆投资出现大幅度的增长。在此期间，赴大陆投资的主力台商从过去的中小型企业转变为大中型企业，投资的产业形态，则从早期的传统劳动力密集与资本密集产业转变为技术密集与高科技产业，金融与服务产业也开始初步交流。另外，因大陆经济快速增长、人均收入提高、市场消费力提高，台湾许多租赁保险、零售以及餐饮等大型连锁服务业，也适应大陆内需市场需求，开始前往大陆发展。

第五阶段：2008 年两岸经贸交流正常化。

2008 年台湾第二次的政党轮替，也使得两岸经贸交流形态出现重大的转变。自 2008 年 6 月 12 日第一次两岸两会高层会谈（海基会与海协会）重启谈判以来，两岸政经互动模式从间接模式进入了直接模式。2010 年 6 月 29 日，两岸经济合作架构协议（ECFA）的签署，则宣告了两岸经贸整合的正式启动。

2008 年后，台湾大幅放宽对台商前往大陆投资的限制，大陆对于过去各种限制投资的产业，也开始放宽对台湾投资规范，例如金融业投资；而现阶段两岸也在 ECFA 架构下，持续进行两岸贸易磋商与产业合作等，如服务贸易协议、货品贸易协议等，而众多两岸政策可能出现的变革，未来也将成为影响台商在大陆投资活动的关键因素。

表1　大陆占台湾核准对外投资活动的变化

年份	核准对外投资		核准对大陆投资		占比（%）	
	（件）	（亿美元）	（件）	（亿美元）	（件）	（亿美元）
1991	602	18.30	237	1.74	39.37	9.51
1992	564	11.34	264	2.47	46.81	21.78
1993	9655	48.29	9329	31.68	96.62	65.61
1994	1258	25.79	934	9.62	74.24	37.31
1995	829	24.50	490	10.93	59.11	44.61
1996	853	33.95	383	12.29	44.90	36.21
1997	9484	72.28	8725	43.34	92.00	59.96
1998	2180	53.31	1284	20.35	58.90	38.17
1999	1262	45.22	488	12.53	38.67	27.71
2000	2231	76.84	840	26.07	37.65	33.93

年份	核准对外投资		核准对大陆投资		占比（%）	
	（件）	（亿美元）	（件）	（亿美元）	（件）	（亿美元）
2001	2573	71.76	1186	27.84	46.09	38.80
2002	4041	100.93	3116	67.23	77.11	66.61
2003	4589	116.67	3875	76.99	84.44	65.99
2004	2662	103.23	2004	69.41	75.28	67.24
2005	1818	84.54	1297	60.07	71.34	71.05
2006	1568	119.58	1090	76.42	69.52	63.91
2007	1460	164.41	996	99.71	68.22	60.65
2008	1030	151.58	643	106.91	62.43	70.53
2009	841	101.48	590	71.43	70.15	70.38
2010	1161	174.41	914	146.18	78.73	83.81
2011	1193	180.73	887	143.77	74.35	79.55
2012	957	208.91	636	127.92	66.46	61.23
2013	927	144.22	554	91.90	59.76	63.72
累计	54611	2163.05	40762	1336.80	74.64	61.80

注：核准对外投资为对国外与对大陆合计，累计含1991年以前对其他海外地区投资金额。

资料来源：投资审议委员会，核准侨外投资、陆资来台投资、国外投资、对大陆投资统计年报。

三、台商赴大陆投资现况与发展趋势

（一）台商在大陆投资产业形态

根据表2、表3、表4的数据，归纳以下台商近年在大陆投资产业类型发展的观察结果发现：

1. 制造业为大陆台商布局主力，累计投资金额达八成

由台湾核准台商投资累计金额观察，截至2013年底，对制

造业投资比重最高，占 79.7%，金额为 1065.41 亿美元；其次为服务业，占 19.2%，金额为 256.57 亿美元；再次为水电燃气与营建业、农林渔牧业、矿业及土石采取业，分别占 0.7%、0.2% 以及 0.2%，三大产业累计投资金额约为 14.74 亿美元。

2. 制造业大陆台商投资朝中上游原物料与零组件产业发展

以台商赴大陆投资制造业的产业类型观察，四大制造业累计投资与占比状况如下：

（1）投资比重朝信息电子业集中，近 6 年投资比重近五成。台商对信息电子业投资金额与比重为最高，累计核准金额为 438.74 亿美元，占累计总核准金额的 32.8%，以电子零组件累计核准投资金额达 255.1 亿美元为最高，占 19.1%，其次则为计算机、电子产品及光学制品制造业，占累计总额 13.7%；若观察 2008 年前后的投资产业申请类型，则可看出信息电子业近六年申请投资比重占制造业的 48.3%，且投资产业项目转向中上游的电子零组件业。该结果显示，近年台商在大陆投资产业同台湾现行最主力的生产与出口产业相同，当台湾企业赴大陆投资电子零组件业后，两岸电子零组件产业生产与进出口贸易活动，都将因台商投资而产生变化。①

（2）金属机电工业的最终产品投资比重下滑，转往原物料产业。台商对金属机电工业投资居次，累计核准金额为 283.1 亿美元，占 21.2%，其中以电力设备制造业累计投资金额达 97.8 亿美元为最高，占 7.3%，其次则为金属制品制造业，占 4.5%；比较台商赴大陆投资累计金额在 2008 年前后的变化，从投资产业类型可发现金属制品、电力设备、其他运输工具制造业

---

① 根据统计，2012 年电子零组件占台湾制造业生产与出口比重分别约为 24%、35%。

表2　近6年台湾核准对大陆投资产业的变化

产业类别	1991~2007年			2008~2013年			1991~2013年累计		
	件数（件）	金额（百万美元）	结构（%）	件数（件）	金额（百万美元）	结构（%）	件数（件）	金额（百万美元）	结构（%）
合计	36538	64860	100	4224	68811	100	40762	133671	100
农林渔牧业	544	242	0.4	10	46	0.1	554	289	0.2
矿业及土石采取业	114	131	0.2	9	76	0.1	123	208	0.2
制造业	30555	58032	89.5	2551	48509	70.5	33106	106541	79.7
金属机电工业	8990	16621	25.6	790	11689	17.0	9780	28310	21.2
信息电子工业	4651	20439	31.5	897	23435	34.1	5548	43874	32.8
化学工业	7116	10838	16.7	426	8028	11.7	7542	18866	14.1
民生工业	9797	10134	15.6	437	5343	7.8	10234	15476	11.6
水电燃气与营建	336	518	0.8	55	459	0.7	391	977	0.7
服务业	4989	5937	9.2	1599	19720	28.7	6588	25657	19.2
批发零售业	1977	2088	3.2	779	5898	8.6	2756	7986	6.0
运输仓储业	195	481	0.7	63	294	0.4	258	775	0.6
住宿餐饮业	434	252	0.4	87	526	0.8	521	778	0.6
金融、保险、不动产服务	288	832	1.3	180	8902	12.9	468	9735	7.3
信息与专业服务业	1252	1072	1.7	346	2443	3.6	1598	3515	2.6
教育、医疗、娱乐与个人服务	843	1088	1.7	117	1181	1.7	960	2269	1.7
未分类	0	124	0.2	27	475	0.7	27	599	0.4

资料来源：经济部投资审议委员会，核准侨外投资，国外投资，陆资来台投资，对大陆投资历年统计年报，本研究整理。

表3 台湾核准对大陆投资制造业产业的变化

产业类别	1991~2007年			2008~2013年			1991~2013年累计		
	件数（件）	金额（百万美元）	结构（%）	件数（件）	金额（百万美元）	结构（%）	件数（件）	金额（百万美元）	结构（%）
制造业	30555	58032	100	2551	48509	100	33106	106541	100
金属机电工业	2206	16621	28.6	790	11689	24.1	9780	28310	26.6
基本金属制造业	584	1376	2.4	103	2007	4.1	687	3382	3.2
金属制品制造业	2482	4342	7.5	136	1691	3.5	2618	6032	5.7
电力设备制造业	2900	6026	10.4	219	3753	7.7	3119	9780	9.2
机械设备制造业	1871	2717	4.7	173	2666	5.5	2044	5383	5.1
汽车及其零件制造业	548	1162	2.0	113	1139	2.3	661	2301	2.2
其他运输工具制造业	605	998	1.7	38	396	0.8	643	1394	1.3
产业用机械设备维修及安装业	0	0	0.0	8	37	0.1	8	37	0.0
信息电子工业	4651	20439	35.2	897	23435	48.3	5548	43874	41.2
电子零组件制造业	2046	10361	17.9	708	15150	31.2	2754	25510	23.9
计算机、电子产品及光学制品制造业	2605	10078	17.4	189	8286	17.1	2794	18364	17.2
化学工业	7116	10838	18.7	426	8028	16.5	7542	18866	17.7
皮革、毛皮及其制品制造业	1484	974	1.7	45	462	1.0	1529	1437	1.3
纸浆、纸及纸制品制造业	634	1129	1.9	47	766	1.6	681	1895	1.8
印刷及数据储存媒体复制业	249	202	0.3	10	40	0.1	259	243	0.2

续表

产业类别	1991~2007年			2008~2013年			1991~2013年累计		
	件数（件）	金额（百万美元）	结构（%）	件数（件）	金额（百万美元）	结构（%）	件数（件）	金额（百万美元）	结构（%）
石油及煤制品制造业	60	44	0.1	1	218	0.4	61	261	0.2
化学材料制造业	765	2787	4.8	81	3189	6.6	846	5976	5.6
化学制品制造业	1189	1002	1.7	44	567	1.2	1233	1569	1.5
药品制造业	138	329	0.6	22	470	1.0	160	800	0.8
橡胶制品制造业	367	1017	1.8	23	297	0.6	390	1315	1.2
塑料制品制造业	2230	3353	5.8	153	2018	4.2	2383	5371	5.0
民生工业	9797	10134	17.5	437	5343	11.0	10234	15476	14.5
食品制造业	2206	1760	3.0	149	1198	2.5	2355	2959	2.8
饮料制造业	322	398	0.7	32	348	0.7	354	746	0.7
烟草制造业	1	0	0.0	1	14	0.0	2	14	0.0
纺织业	1069	1778	3.1	47	444	0.9	1116	2222	2.1
成衣及服饰品制造业	1287	742	1.3	13	228	0.5	1300	970	0.9
木竹制品制造业	593	250	0.4	3	96	0.2	596	346	0.3
非金属矿物制品制造业	1504	2942	5.1	94	2313	4.8	1598	5255	4.9
家具制造业	315	369	0.6	18	121	0.2	333	489	0.5
其他制造业	2501	1894	3.3	81	596	1.2	2582	2489	2.3

资料来源：经济部投资审议委员会，核准侨外投资、国外投资、陆资来台投资，对大陆投资历年统计年报，本研究整理。

等最终产品的投资比重下降，仅基本金属工业的投资比重明显提高，而机械设备、汽车及其零组件等内需资本微幅增长。

（3）石油炼制、化学材料等上游产业与药品成为台商投资主力。台商对化学工业投资居第三，累计核准金额为188.66亿美元，占14.1%，其中以化学材料制造业累计投资金额达59.76亿美元为最高，占4.5%，其次则为塑料制品制造业，占4.0%；近六年台商投资产业项目同样向石油及煤制品、化学材料等上游原物料以及内需市场发展需求的药品制造业发展，对于最终产品或末端产业，投资金额与比重均呈现下滑。

（4）民生工业仅食品、饮料以及非金属矿物较具投资意愿。民生工业累计核准投资金额为154.76亿美元，占11.6%，其中以非金属矿物制造业为最高，金额达到52.55亿美元，占3.9%，其次则为食品制造业累计投资金额，占2.2%。虽然台商对民生工业的投资申请案件数量最多，但合计投资金额却为四大产业中占比最少的产业，显示大陆民生工业台商以中小型厂商为主。而在近6年的台商投资申请核准案件与金额数量的变化上，则可发现民生工业申请案件数量且投资金额占比下降幅度最为显著，而饮料业、非金属矿物与食品制造业台商的投资金额跌幅，累计至2007年合计未超过50%。

3. 服务业投资金额与比重倍数增长，金融保险不动产为投资主力

在2007年以前申请核准赴大陆投资的服务业，仅占投资金额的9.2%，金额为59.37亿美元，但2008～2013年，申请赴大陆投资的台商案件与金额数占比，分别达到37.8%与28.7%，6年合计投资金额为197.2亿美元，约为2007年累计金额的3倍，呈现台商对大陆投资项目大幅转向服务业的情况。

观察近6年台商大陆投资的服务业产业类型，可发现核准投资金额最高的产业为金融、保险与不动产业，投资金额达89.02亿美元，占整体投资比重达12.9%，占服务业则接近五成；批发零售业为第二大投资标的，投资金额较2007年增长了2.8倍，金额达到58.89亿美元，而信息与专业服务业、住宿餐饮也出现倍数增长。

表4 2008～2013年台湾核准赴大陆投资金额——依产业别

单位：百万美元

产业类别	2008年	2009年	2010年	2011年	2012年	2013年
合计	10691	7143	14618	14377	12792	9190
农林渔牧业	16	7	8	4	9	2
矿业及土石采取业	9	0	14	14	8	32
制造业	8761	5892	10841	10375	7519	5121
金属机电工业	2718	1344	2377	2276	1511	1464
信息电子工业	3835	2821	6090	5018	3470	2201
化学工业	1506	898	1016	1922	1781	905
民生工业	702	830	1344	1160	757	551
水电燃气与营建	61	46	120	110	65	57
服务业	1845	1198	3635	3873	5191	3979
批发零售业	499	743	1115	1233	1272	1036
运输仓储业	58	31	23	94	63	25
住宿餐饮业	69	80	67	60	172	78
金融、保险、不动产服务	284	66	1629	1669	3064	2190
信息与专业服务业	549	124	533	458	394	386
教育、医疗、娱乐与个人服务	124	79	143	345	227	263
未分类	262	74	126	13	0	0

资料来源：经济部投资审议委员会，核准侨外投资、陆资来台投资、国外投资、对大陆投资历年统计年报，本研究整理。

（二）台商在大陆投资的产业趋势分析

从动态情势观察近期大陆台商投资产业形态出现的趋势，对两岸产业产出与互动关联可能的影响，说明如下：

1. 大陆内需市场因消费力提升与需求转变，促使台商投资标的转变

随着大陆积极通过"十二五"等五年产业结构调整规划，中西部开发、城镇化推动等区域均衡政策，以及《劳动合同法》等社会发展政策的运用，大陆经济增长的驱动力量，由国际市场转为内需消费市场。在此趋势下，以服务业为主体的第三产业占大陆的国内生产额比重将可望持续提高，而以工业为主的第二产业比重则持续下滑。面对此大陆市场需求环境的发展趋势，台商在大陆投资标的也势必转变。

从前述统计资料可看出，近年台商赴大陆投资以金融、保险、不动产服务以及批发零售业投资金额增幅最为明显，而批发零售业投资件数则为最多，显示台商对大陆的投资正顺应着大陆市场发展的需求趋势，朝向大陆民生消费主力与资产交易服务业发展。

造成台商赴大陆投资于服务业金额与比重扩大的原因，除了两岸经贸交流正常化推动，大陆对金融业等服务产业相关投资与管制政策的松绑外，大陆本地因国内所得提高、资产累积等对金融、保险、不动产等资产管理需求提高，以及长期大陆金融管制造成大陆相关服务业生产与效率与风险管理问题，使得大陆政府必须按照 WTO、FTA 等国际与区域合作所约定的开放进程，加速相关服务产业国际接轨脚步，因大陆金融服务业市场需求扩大，与未来大陆金融市场国际化发展机会，台商于大陆开放松绑后即积极布局大陆市场。

从大陆平均每人 GDP 由 2007 年的 2 万元，提高到 2013 年的 4.2 万元，可知大陆民众的年所得在近几年显著增加，进而带动大陆内需市场对民生消费产品与个人服务需求快速提高，并诱使台商对大陆投资形态，由工业转向服务业，积极扩大批发零售、住宿餐饮、教育、医疗、娱乐与个人服务等产业布局。

表5 大陆国内生产额与结构的变化

单位：百万元、%、万元/每人

年份	GDP总额	第一产业	第二产业	工业	建筑业	第三产业（服务业）	平均每人GDP
2003	13.6	12.8	46.0	40.5	5.5	41.2	1.1
2004	16.0	13.4	46.2	40.8	5.4	40.4	1.2
2005	18.5	12.1	47.4	41.8	5.6	40.5	1.4
2006	21.6	11.1	47.9	42.2	5.7	40.9	1.6
2007	26.6	10.8	47.3	41.6	5.8	41.9	2.0
2008	31.4	10.7	47.4	41.5	6.0	41.8	2.4
2009	34.1	10.3	46.2	39.7	6.6	43.4	2.6
2010	40.2	10.1	46.7	40.0	6.6	43.2	3.0
2011	47.3	10.0	46.6	39.8	6.8	43.4	3.5
2012	51.9	10.1	45.3	38.4	6.8	44.6	3.8
2013	56.9	10.0	43.9	37.0	6.9	46.1	4.2

资料来源：中国国家统计局，国家数据库。

2. 服务业与制造业投资变化，影响台湾商品与劳务贸易需求类型

近6年制造业核准投资金额为485.09亿美元，仅为2007年以前累计的0.84倍，占整体核准总额的比重由89.5%大幅下降至70.5%；服务业近6年核准投资金额为197.2亿美元，较2007年以前增加3.32倍，比重则由9.2%大幅增加至28.7%，就产业比重变化与趋势变化可知，台商赴大陆投资意向转向服务业。

由于服务业投资对母国的商品与劳务贸易需求，与制造业投资会有显著的差异，服务业的批发零售投资可能带动的商品贸易需求，偏向于销售给一般消费者的消费金、资本金等最终产品，而金融、保险、不动产、住宿、餐饮、信息与专业服务

303

业等，生产性与生活型服务，对于直接商品贸易的需求程度则较低，主要为劳务服务的供应，而制造业投资下游组装产业所产生的贸易需求，则以中上游原物料与零组件为主。因此，以服务业为主投资活动，对台湾产生的贸易需求，将会与过去以制造业为主投资形态有显著的变化。

但受到现行台湾制造业产业结构发展，偏向于中间产品与生产相关资本金，而非民间消费所需产品，以及现行两岸劳务服务采购等规范，受到大陆服务业投资与对外采购管制问题，商品或劳务的出口贸易，都未必能因大陆台商投资扩大，而提高最终产品对大陆的商品出口贸易与跨境劳务服务。因此，近年台商赴大陆投资偏向服务业的状况，对台湾可能产生经由商品与劳务出口贸易的产出、投资与就业带动效果，会低于过去以制造业为主的投资时期。

3. 台商制造业投资转向中上游产业，不利于两岸产业关联发展

从制造业各产业投资情况看，台商在大陆投资明显出现申请投资案件规模大型化、由外需转内需以及朝向电子零组件业、基本金属制造业、石油煤制品、化学材料等中上游产业发展的现象，使得近6年申请赴大陆投资累计金额超过2007年以前累计金额，也使得2008年以后，台商整体在大陆投资累积资本存量结构较2007年累计的形态，出现一定的变化。

台商对大陆中上游原物料、零组件等高感应度产业的投资案件规模越大、金额比重越高，则表示台商赴大陆投资对当地产业链建立，将从下游最终产品持续往中上游的中间投入产品延伸，该结果将使得大陆提高自主供应能力，并降低大陆下游相关台商或其他厂商对台湾中间产品的进口需求。因此，当台商赴大陆投资中上游中间产品金额与项目越多，则表示大陆台商替代台湾对大陆出口可能性越高，而大陆台商在大陆投资产出所创造的台湾产业关联效果也可能降低，进而对台湾产出、就业与投资产生负面影响。

4. 台商制造业投资意愿放缓对两岸贡献与影响力下滑

受到大陆劳动、税率等政策调整，中小型台商对大陆增资意愿明显降低，使得近年赴大陆投资几乎都集中于中大型台商企业，而大陆提出的"退二进三"对大陆当地的工业与服务业发展与需求转变，"十二五"规划的制造业产业升级与自主化等，均影响了台商企业在大陆的投资环境与空间。

从大陆台商企业在当地投资规模来看，自 2010 年起制造业申请投资金额连续三年下滑，其中以信息电子业对大陆投资金额减少最多，金属机电工业居次，化学工业投资金额虽在 2011～2012 年扩大，2013 年即开始减少，民生工业投资则连续 4 年放缓，可明显看出不论何种规模厂商，对大陆投资信心与 2001 年的积极态度有明显的不同。

由于大陆近年的产业发展政策，是以发展国内产业的国内外需求市场的主导能力为主轴，对于大陆本地产业链缺乏，需高度依赖进口（如 LCD、半导体）产业，或有助于产业升级发展（如绿能、生技医药）等产业，以宽松融资政策奖励民间投资，或以补贴方式扩大内外需市场规模。

在大陆政府政策扶植、技术人才争取、自主生产投资扩大趋势下，大陆内资企业在国内外市场的影响力，可望因产业价值链的延伸、产品产业的升级、自有品牌的构建而持续提升。相较之下，面对产业经营风险与成本压力提高的台商，对大陆投资意愿已出现减缓迹象。在陆企高速扩张、台商转为保守的情况下，大陆台商恐因难以追上陆企资本与市场扩大速度与规模，而对大陆经济发展贡献占比下降。

四、主要结论

（一）台商对大陆投资朝大型化发展但总量有减缓趋势

台商对大陆投资于 2010 年达到高峰：据统计，截至 2013 年底，台湾累计申请核准赴大陆投资案件为 40762 件，金额为 1336.8 亿美元，2013 年台湾申请核准赴大陆投资金额为 91.9 亿美元，较 2012 年的 127.92 亿美元减少 28.16%。对大陆投资金额高峰为 2010 年，近三年新增投资金额下降，且投资金额减少的幅度扩大。

（二）2008 年两岸经贸交流正常化后，对大陆投资 6 年内倍增

2008 年以来，两岸经贸交流正常化发展，在大陆经济内需市场吸引力以及两岸政府投资规范改善情况下，台商申请核准赴大陆投资金额出现显著变化，对大陆投资金额迅速倍增。依据相关资料，2008 年至 2013 年底，台商累计赴大陆投资金额为 688.1 亿美元，超过 1991～2007 年累计的 648.7 亿美元；而根据大陆各省份统计资料，2009～2013 年达 1308 亿美元，与 2008 年以前累计 1663 亿美元接近。

台商对大陆投资规模有朝大型化发展的趋势：2008 年台湾当局放宽投资上限后，新增申请案件（不含补登记）平均金额为 2000 万美元以上，显示台商赴大陆投资活动，在两岸经济交流正常化发展与大陆积极进行产业结构调整后，开始出现赴大陆投资大型化的趋势。

台商赴大陆投资扩大因素来自实质与名目两层面：近6年台商企业申请赴大陆投资脚步加快、步伐放大，其背后存在实质投资增加与名目投资增加两种不同对资本存量的影响。在实质投资上，因大陆经济增长稳定，内需商品消费与服务业需求提高，加上政策松绑放宽赴大陆投资上限，台商投资规模放大，带动台商实质对大陆投资增加，造成大陆资本存量提高的实质投资增加；在名目统计上，活化金融交易市场的相关政策，如第三地转投资的大陆台商回台公开发行规范的松绑，以及2008年后多项台商政策，如减轻台商罚则、所得税期间内免税与遗产税率调降、两岸投资保障和促进协议等政策，导致返台补登记台商企业增加，形成台商原有投资台面化。由于前述投资案件对大陆台商的资本存量并未造成改变，故属于名目层面台商对大陆投资增加。

（三）台商对大陆投资仍以制造业为主但服务业成长快速

1. 制造业仍为主体，但投资产业往中上游、零组件发展

依据相关统计数据，制造业为大陆台商布局主力，累计投资金额达八成（79.7%），服务业占两成（19.2%），其余产业仅占1%。在趋势上，制造业大陆台商投资朝中上游原物料与零组件产业发展，而制造业四大产业发展呈以下主要趋势：①投资比重朝信息电子业集中，近6年投资比重近五成，但投资产业项目从信息电子业下游的计算机、电子产品转向中上游的电子零组件业；②金属机电工业的最终产品投资比重下滑，转向原物料产业，金属制品、电力设备、其他运输工具制造业等最终产品的投资比重下降，仅基本金属工业的投资比重明显提高，而机械设备、汽车及其零组件等内需资本金则微幅增长；③石

油炼制、化学材料等上游产业与药品成为台商投资主力，皮革毛皮制品、化学制品、橡胶制品、塑料制品等最终产品或末端产业，投资金额与比重均下滑；④民生工业仅食品、饮料以及非金属矿物较具投资意愿，纺织、成衣、木竹制品、家具与其他制品投资减少。

2. 服务业投资倍数增长，金融、保险与不动产业为主力

根据相关资料，2008～2013年，6年合计核准投资金额为197.2亿美元，与2007年以前累计金额59.37亿美元相比，新增投资约3倍，投资比重由2007年以前的9.2%，近6年提高至28.7%，呈现投资大幅转向服务业的态势。近6年金融、保险与不动产业、批发零售业、信息与专业服务业、住宿餐饮等产业投资均出现了倍数的增长。

3. 台商对陆投资转为台湾主力产业，投资对台带动效果下降

随着大陆内需市场的消费力提升与需求转变，台商投资标的发生转变，但近期大陆台商投资产业形态出现的趋势为，服务业扩大、制造业向中上游产业发展，导致大陆台商投资对台湾产业产出与互动关联产生变化。台商由于近六年对制造业投资比重从九成跌至七成，且投资产业转向台湾现行出口主力的电子零组件制造业、化学工业的石油与煤制品、化学材料，以及金属电机业的基本金属工业等中上游、零组件制造业。由于台商投资行为对大陆中上游产业链的产能与技术有正面效益，经由大陆台商在大陆投资生产就近提供，将对台湾中上游与零组件产业对大陆的出口产生替代，导致对大陆投资对台湾经济贡献与产业带动效益减缓。

4. 台商对陆投资转向服务业将使对台经济贡献偏向 GNP

台商投资近6年明显转向服务业，投资比重由一成提高至三成，且投资活动主要标的偏向与对台商品贸易出口关联较小的金融、保险与不动产服务业。由于服务业属高度内需型产业，主要产值与附加价值的创造来自劳务服务，需要经由台湾提供大陆地区的跨境服务才能创造台湾生产总额（GDP）。若是由台湾地区户籍人士前往大陆就业提供劳务服务，则台商投资转向服务业的经济效益创造偏向于国民生产额（GNP）。因现行大陆对台湾服务贸易对跨境服务开放比重仍低，故台商赴大陆投资将对台湾 GNP 贡献显著。

在本研究分析两岸台商相关统计资料与台商投资特性后，初步推算台湾赴大陆投资的投资资金存量，合理范围大致介于台湾"投审会"与大陆各主要省市台资企业投资案件统计结果之间。台商赴大陆投资至今，原始台商投资案件约为4.1 万～12万件，累计原始投资金额为 1337 亿～2979 亿美元，平均每件案件投资金额为 251 万～328 万美元，投资区域则应以华东地区为最高，中南地区为次。

而大陆主要经济地区的投资情况，各区间参考大致如下：①华东地区为 875 亿～1497 亿美元；②中南地区为 314 亿～913亿美元；③华北地区为 68 亿～226 亿美元；④西南地区为54 亿～242 亿美元；⑤东北地区为 20 亿～102 亿美元。

大陆主要省市累计至今的台商合同案件与相关统计申请核准赴大陆投资案件数和金额相比，件数为台湾统计的 2.93 倍，金额约为 2.24 倍，两岸差距明显，其中未申报投资案件以华东地区为最多，比率则以东北地区为最高。在大陆台商企业投资模式上，从 1046 家现存的大陆实际经营台商企业分析结果来看，属于服务业的企业数近三成，制造业企业数约七成，且平均投资省市超过 2 个，面对大陆产业结构调整政策、经济发展趋势，影响较为直接的制造业大陆台商，大多已经实行相应对策，从管理部门的相关成本精简、生产流程的自动化设备投入与劳动效率提升、产品研发等技术升级活动，到通过投资转型如由制造业延伸服务化或直接转投资服务业，由贸易服务业投资专业技术服务业等，或是由扩大内销市场布局、调整大陆内外销市场的配置等"升级"、"转型"策略，适应近年大陆生产与市场环境的变动对企业营收与获利的冲击。

【参考文献】

［1］台湾经济研究院：《台商在大陆投资现况调查及大陆台商对两岸经济贡献之研究》，2014 年。

［2］台湾经济研究院：《制造业发展策略与升级指标发布研究（二）专题：海外投资生产（大陆投资生产）对制造业之影响评估》，2004 年。

［3］台湾经济研究院：《中国大陆与台湾经济之互动与对策计划》，2004 年。

［4］台湾经济研究院：《两岸贸易依存度之研究》，2004 年。

［5］台湾经济研究院：《中国大陆经济发展对全球原物料市场之影响》，2005 年。

［6］台湾经济研究院：《两岸产品竞合及依赖监视指标——台湾出口产业在中国大陆相对竞争力之变化》，台湾经济研究院，2005 年。

［7］台湾经济研究院：《亚洲区域产业竞争研究及政策规划先期推动计划——因应两岸竞合争取产业发展优势分析》，2006 年。

［8］台湾经济研究院：《两岸贸易及大陆投资趋势对台湾经济的影响研究》，2006 年。

［9］台湾经济研究院：《调查大陆投资环境与台商经营情况》，2007 年。

［10］台湾经济研究院：《两岸贸易与投资影响评估报告》，2007 年。

［11］台湾经济研究院：《大陆产业供需状况对两岸产业分工之对策分析》，2007 年。

［12］台湾经济研究院：《两岸产品竞合及依赖监视指标之研究》，2007 年。

［13］台湾经济研究院：《因应两岸竞合争取产业发展优势——两岸产品竞合及依赖监视指标之研究》，2008 年。

［14］台湾经济研究院：《因应两岸竞合争取产业发展优势分析——大陆产业供需对两岸分工之对策分析》，2008 年。

［15］台湾经济研究院：《两岸产品竞合指针分析》，2009 年。

［16］台湾经济研究院：《大陆产业供需状况对两岸产业分工之对策分析》，2009 年。

［17］台湾经济研究院：《引进中国产业人才之策略性分析》，2009 年。

［18］台湾经济研究院：《台湾地区主要港口因应两岸直航发展策略规划》，2010 年。

［19］台湾经济研究院：《华人市场品牌发展策略与两岸合作机制探讨》，2010 年。

［20］台湾经济研究院：《全球化下台湾出口依赖度及集中度等相关问题之整合研究》，2010 年。

［21］台湾经济研究院：《大中华区域整合对台湾产业经济的影响》，2010 年。

［22］台湾经济研究院：《两岸产品竞合及依赖监视指标之研究》，2011 年。

［23］台湾经济研究院：《两岸产业技术密集度及关联之研究》，2012 年。

［24］台湾经济研究院：《制造业及其相关技术服务业之升级指标》，2013 年。

311

台湾产业在大陆区域经济整合战略中的机遇与挑战

谭瑾瑜

（财团法人政策基金会，中国台湾　999079）

一、前言

大陆自改革开放以来大力促进经济增长，从世界制造工厂逐渐成为世界消费市场，并在 2010 年成为全球第二大经济体，不但对全球经济荣枯有其重要性，大陆与区域之间的经贸往来亦是亚太地区发展的重要引擎。

为适应经贸往来与战略考量，中国 1997 年亚洲金融风暴后，与东盟 10 国积极深化经贸合作，参与亚太区域经济整合，并在习近平总书记上任后，提出"一带一路"路径图，推动新一代区域经济整合战略。有鉴于中国对亚太及全球经济发展的重要性，中国大陆区域经济整合战略的变化，将影响亚太及全

［作者简介］谭瑾瑜（1970—），女，财团法人政策基金会研究员、台湾中央大学经济学博士，主要从事两岸及大陆经济、区域经济等研究；电话：＋886－988－226336；电子信箱：cytan@ npf. org. tw。

球经济，台湾地区经济及台商自然亦不例外。

基于此，本文拟从大陆区域经济整合战略的成果与挑战出发，先分析当前中国大陆区域经济整合战略新思维，以及新思维所衍生出的商机，然后提出台湾产业在当前中国大陆区域经济整合战略新思维下的机遇与契机，最后提出政策建议。

二、中国大陆区域经济整合战略成果

中国大陆经济整合战略以多边为主，通过遵守世界贸易组织（WTO）承诺而进行贸易自由化进程，双边自由贸易协定则以周围国家和地区为主要洽签对象，迄今中国大陆已与巴基斯坦、智利、新西兰、新加坡、秘鲁、哥斯达黎加、冰岛、瑞士、东盟、中国香港、中国澳门等完成自由贸易协定，正在谈判中的国家及区域协定则包括澳大利亚、挪威、韩国、中日韩自由贸易协定、区域全面经济伙伴协议（RECP）、中国—东盟自贸区升级谈判、斯里兰卡、巴基斯坦第二阶段谈判等。

中国大陆在东亚区域经济整合方面，以深化与东盟国家经贸合作为主。1997 年亚洲金融风暴后，东盟邀请中国、日本、韩国启动"东盟 + 3"的合作机制之后，2000 年 11 月中国大陆提出中国自由贸易区的倡议，2002 年 11 月签署全面经济合作架构协定，2004 年 1 月施行早期收获计划，2005 年 7 月货品贸易协定生效，2007 年 7 月服务贸易协定生效实施，2010 年 2 月投资协定生效，并于 2010 年如期完成东盟—中国大陆自由贸易区。

2013 年 10 月，李克强总理出席中国—东盟（10 + 1）领导人会议时提出"2 + 7"合作框架，包括两点政治共识和七

313

个领域合作，除了持续深化战略互信、聚焦经济发展之外，提出积极探讨签署中国—东盟国家睦邻友好合作条约、启动中国—东盟自贸区升级版进程、加快互联互通基础设施建设、加强本地区金融合作与风险防范、稳步推进海上合作、加强安全领域交流与合作、密切人文、科技、环保等领域的交流合作，正式提议推动东盟—中国自由贸易区升级版，强化与东盟合作关系。

此外，中国大陆积极参与 RCEP，支持东盟 + 6 以推动 RCEP 方式，进行五个东盟 + 1 整合的工作，中国大陆希望通过融入并推动东亚区域整合的方式，拓展中国大陆在东亚地区的影响力。

除了与东盟的密切经济合作之外，中国大陆 2014 年通过举办第 22 届 APEC 领袖会议，成功通过亚太自贸区（Free Trade Area of the Asia Pacific，FTAAP）路径图倡议，并修正 APEC 在 2010 年领袖宣言共识，不再出现 "以东盟 + 3、东盟 + 6、TPP 及 RCEP 促进 FTAAP 诞生" 字眼，转从 APEC 研拟路径图实践方式落实 FTAAP。而 2015 年初菲律宾所举办的第一次 APEC 资深官员会议，已经成立 FTAAP 特别工作小组，显示作为 2015 年 APEC 主办国的菲律宾，积极实践北京宣言中有关推动 FTA-AP 的 APEC 经济领袖共识，并有助于各界增加对 FTAAP 实践的信心。而中国大陆在此过程中，成功运用 APEC 场域，提升中国大陆对于亚太区域经济整合议题的影响力。

中国近年来，积极参与东盟 + 6、RCEP、APEC 等多边区域经贸组织，提升中国大陆在东亚地区的话语权，并在东亚区域经济整合中，运用经济援助及合作，增进与柬埔寨、老挝、缅甸等国家的友好关系。

314

三、中国大陆区域经济整合战略的挑战新战略思维

中国大陆区域经济整合战略虽然成果丰硕，然而在美国倡议推动跨太平洋伙伴协定（Trans – Pacific Partnership，TPP）之后产生变化，在 TPP 与 RCEP 同步推动中，东亚区域经济整合与亚太区域经济整合逐渐面临竞合的抉择。

TPP 是第一个联结亚洲、太平洋与拉丁美洲地区的区域贸易协定。2014 年 TPP 成员 GDP 约达 2725 万美元，占全球 GDP 的 38%，其经济规模大于 RCEP 的 29%，不但是高标准的协定，亦是新形态的协定，其 29 个章节涵盖合作与能力建构、电子商务、环境、金融服务、电信与劳工等新兴议题，并在知识产权、投资、金融、电信等议题上朝向超越世界贸易组织（WTO）承诺，与许多传统自由贸易协定相比，TPP 对于贸易自由化要求更高。

面对高标准的 TPP，东盟（ASEAN）+6 国家推动 RCEP，2011 年 11 月 20 日第 19 届东盟高峰会（ASEAN Summit）正式倡议，自 2013 年 5 月启动谈判，目前已进行 8 个回合谈判，预定于 2015 年前完成五个东盟 +1 整合的谈判。依据"RCEP 谈判指导原则与目标"，RCEP 将对货品贸易、服务贸易、投资、经济与技术合作、知识产权、竞争政策、争端解决等议题进行谈判，目前以货品、服务及投资为三大优先谈判议题。

RCEP 虽然在推升东盟 +6 区域经济进一步深化方面有其贡献，然而相较于 TPP 仍有一段距离，且在 RCEP 成员发展程度不同情况下，自由化进展有限。举例而言，RCEP 虽然将订单减少，然而在允许有限度的弹性下，各成员难以快速大幅完成关

税减让，即使各成员都同意减让，大部分成员目前也仅同意生效日起立即实施65％货品税项关税减让，与TPP基本上倾向全面货品贸易关税减让方式程度有别。此外，在服务贸易方面，RCEP成员倾向采用服务贸易承诺表正负面表列并用方式，然而仍无法达成共识，而TPP成员则以负面表列方式进行谈判，TPP开放程度亦大于RCEP。

此外，TPP与RCEP成员重复度高，两者均加入的亚太国家包括马来西亚、澳大利亚、新西兰、文莱、新加坡、越南、日本等，因而在亚太区域经济整合为主的TPP与东亚区域经济整合为主的RCEP推动中产生竞合的关系。

面对TPP的推动，中国大陆区域经济整合战略面临新的挑战。首先，中国大陆虽然已是全球第二大经济体，然而仍属发展中经济体，在WTO开放承诺亦以发展中经济体标准拟定，面对高标准的TPP，中国大陆认为其经贸开放程度尚不足以加入TPP，加以中国大陆经济正值结构调整的关键期，在新常态下，中国大陆需防范贸然加入TPP对于经济转型的冲击。

其次，中国大陆原本寄望于RCEP进程，倘若RCEP顺利于2015年底完成，表示东亚区域经济整合深化程度又向前推展，可以稍微减少中国大陆未加入TPP所可能造成的冲击。然而RCEP为五个东盟+1的整合，其中整合程度最低的东盟+印度自由贸易协定，受制于印度对于大幅提升经贸自由化的决心不强，使得RCEP整合程度不如TPP，无法以RCEP弥补未加入TPP的遗憾。

最后，中国大陆在区域经济整合过程中，一直通过释放经贸红利诱因强化与东盟经贸关系，然而就国际产业分工体系而言，中国大陆难以通过东亚区域经济整合深化，获取中国大陆调结构中所需的关键零组件技术。

因此，虽然顺利担任 APEC 主办经济体，成功通过以 APEC 研拟路径图实践方式落实 FTAAP，中国大陆对是否通过参与 TPP 方式融入亚太区域经济整合陷入长考。

四、中国大陆区域经济整合新战略思维

为对应上述区域经济整合战略中所面临的挑战，中国大陆近一年在亚太区域经济整合策略上展现企图与新意，除了推动亚太自由贸易区（FTAAP）路径图倡议、持续参与正在推动的全面区域全面经济伙伴协定（RCEP）之外，中国大陆推动筹建亚洲基础设施投资银行（AIIB，简称亚投行）的构想，预计在 2015 年底投入运作，并于 2015 年 3 月 28 日公布《推动共建丝绸之路经济带和 21 世纪海上丝绸之路的愿景与行动》（以下简称"一带一路"），正式发布"一带一路"路线图。中国大陆推动"一带一路"区域发展战略，配合亚投行设立，将成功减缓中国大陆未参与 TPP 所可能面临的冲击，开启亚太区域经济整合新的方向与竞合。

中国大陆于 2013 年提出"一带一路"策略，希望通过丝绸之路经济带及 21 世纪海上丝绸之路，贯穿亚欧非大陆，建构联结东亚经济圈及欧洲经济圈的新陆权时代。

中国提出的"一带一路"路线图，分时代背景、共建原则、框架思路、合作重点、合作机制、中国大陆各地方开放态势、中国大陆积极行动、共创美好未来八大部分进行诠释。

"一带一路"希望通过丝绸之路经济带及 21 世纪海上丝绸之路，从中国大陆辐射贯穿亚欧非大陆。丝绸之路经济带包括三大路线：路线一是经过中亚及俄罗斯，到达欧洲（波罗的

317

海）；路线二是经中亚、西亚，到达波斯湾及地中海；路线三是东南亚、南亚、印度洋方面。21 世纪海上丝绸之路分两路，从中国大陆沿海港口过南海后，路线一到印度洋再延伸至欧洲，路线二则延伸至南太平洋。

从路线可以看出，丝绸之路经济带难度高过 21 世纪海上丝绸之路，在"一带一路"路线图中提及的亚欧大陆桥、中蒙俄国际经济合作走廊、中国—中亚—西亚国际经济合作走廊、中国—中南半岛国际经济合作走廊、中巴经济走廊、孟中印缅经济走廊等，都需横越中国边防险峻大山，因此打破自然屏障向西向南拓展，是"一带一路"路线图的出发点。

"一带一路"路线图强调共商共建共享，在政策沟通、设施联通、贸易畅通、资金融通、民心相通等部分加强合作，联结欧亚非大陆所需的资源与需求，达成推进沿线国家发展的目标。

除了推动"一带一路"策略之外，中国大陆以亚投行筹募"一带一路"策略中基础建设所需的资金，提升"一带一路"成功概率。2013 年 10 月 2 日，习近平主席在雅加达提出筹建亚投行的构想，希望整合中国大陆周边亚洲国家资金进行基础建设开发。2014 年 10 月 24 日，21 国正式签署《筹建亚投行备忘录》，① 使亚投行在 2015 年底前投入运作。

原来以亚洲国家为主要成员的亚投行，在对融资需求及供给者都有好处的情况下，欧洲国家亦因着眼于亚投行贷款获利预期及开发亚洲基础建设的利基而纷纷加入。在英国正式申请后，目前亚投行意向创始成员共计 57 个，其中域内成员 37 个、

---

① 21 国包括中国、孟加拉国、文莱、柬埔寨、印度、哈萨克斯坦、科威特、老挝、马来西亚、蒙古、缅甸、尼泊尔、阿曼、巴基斯坦、菲律宾、卡塔尔、新加坡、斯里兰卡、泰国、乌兹别克斯坦及越南。

域外成员 20 个。①

虽然亚投行与亚洲开发银行（ADB）职能有若干重复，然而亚洲地区每年平均 8000 亿美元的基础建设资金需求仍有相当大的缺口，加上中国大陆提出"一带一路"路线图，更加大基础建设资金需求，亚投行适时成立，并得到欧洲国家支持申请加入，有助于实践"一带一路"基础建设共建。

通过顺利招募亚投行成员，"一带一路"策略已经跨出成功的第一步，在基础建设资金筹措上取得欧洲国家支持，亚投行意向创始成员国已先后于 2014 年 11 月底，2015 年 1 月、3 月、4 月、5 月举行五次首席谈判代表会议，商定亚投行章程草案，并于 6 月底前签署章程，2015 年底前正式成立亚投行。

五、中国大陆区域经济整合新战略目的及商机

（一）中国大陆区域经济整合新战略目的

综观亚投行及"一带一路"策略，中国大陆区域经济整合新战略可以达到以下三个目的：

1. 为新常态找成长动能

在 2015 年已面临调结构的关键时期，中国大陆经济已不像以往那样高速增长，而进入经济增长目标为 7% 的新常态。新常

---

① 域内成员包括：中国、文莱、柬埔寨、印度、斯里兰卡、孟加拉国、尼泊尔、哈萨克斯坦、乌兹别克斯坦、科威特、老挝、越南、马来西亚、蒙古、阿曼、菲律宾、卡塔尔、巴基斯坦、新加坡、泰国、缅甸、印度尼西亚、马尔代夫、新西兰、沙特阿拉伯、塔吉克斯坦、吉尔吉斯斯坦、格鲁吉亚、俄罗斯、阿塞拜疆、伊朗、阿联酋、土耳其、韩国、澳大利亚、以色列、约旦；域外成员包括：卢森堡、英国、瑞士、德国、意大利、法国、马耳他、西班牙、奥地利、荷兰、巴西、芬兰、丹麦、埃及、挪威、瑞典、南非、冰岛、葡萄牙、波兰。

态显示中国大陆正从发展中阶段迈向发达阶段。中国大陆长期依靠外贸和外资两大成长引擎带动增长的模式，在 2008 年全球金融风暴和接连发生的欧债风暴之后被迫面临调整。在欧美发达国家经济增长力道薄弱之下，内需增长必须迅速支撑外需疲软，才有可能在当前全球经济还没有复苏之际，维持稳定增长局面。

中国大陆为了面对新常态，除了通过推动经贸自由化适应自身结构调整之外，必须寻求促进内需的新增长动能，通过"一带一路"及亚投行战略，拓展外交之余增加向邻国输出基础建设的机会，提升自身基础建设产能，进一步加深和东盟及周围国家的经贸关系，也为新常态时期注入新增长动能。

2. 为调结构找技术合作

中国大陆自 2013 年起成为以服务业为主的产业结构形态，正式面对调结构的产业转型阶段，除了提升服务业品质之外，中国大陆亦于 2015 年 5 月 8 日正式提出《中国制造 2025》行动纲领，以 30 年为期，希望从制造大国转型成为制造强国。

成为制造强国的关键之一在于技术升级，必须掌握关键核心技术，除了自身潜心研发之外，与国际企业合作引进技术，仍是较为快速的方法。因此，提高中国大陆制造业国际合作的比重，通过技术合作及交换掌握关键技术，才是真正成功与否的关键。

从当前中国大陆积极提出"一带一路"、亚投行等联结欧亚大陆的策略观察，中国大陆引进欧洲国家先进技术的可能性最高，且以德国为最适合及最有可能的技术合作对象。因此，《中国制造 2025》仿照德国工业 4.0 方式撰拟，欧洲国家也积极支持亚投行，未来通过欧亚大陆之间的技术合作及分享资源，将提升《中国制造 2025》成功的概率，通过"一带一路"及亚投行策略，将

320

有助于中国大陆在调结构中进行技术合作，提升制造水平。

3. 以陆权思维突围海权思维所引发的区域经济整合封锁困境

"一带一路"路线图希望联结东亚经济圈及欧洲经济圈，全球海权时代将转为新陆权时代。就亚洲而言，亚洲区域经济整合原本以太平洋为中心，长期以太平洋为主的环太平洋的亚太地区海权思维，形成以往的东亚区域经济整合及亚太区域经济整合。倘若中国大陆区域经济整合新战略实践成功，将会转为以欧亚大陆为主体的新陆权时代。

以欧亚大陆为主的新陆权时代，有助于提升中国大陆与欧洲大陆的联结，通过欧洲参与亚洲事务，进一步稀释东盟国家在东亚区域经济整合中的话语权，在向西及向南拓展的同时，突破美国以推动 TPP、拓展亚太区域经济整合的方式封锁中国大陆向东北及西南拓展经贸影响力的可能。

（二）中国大陆区域经济整合新战略商机

中国大陆区域经济整合新战略，主要商机为亚投行所构建的金融互联体系，以及"一带一路"的基础建设互建体系等合作商机。

1. 金融互联体系

中国大陆以边防基础建设合作诱因，吸引欧洲资金注入亚投行，通过亚投行所建立的国际联贷体系，可以补足亚洲开发银行（ADB）职能，增加溢注于亚太地区基础建设的额度，提供亟须改善基础建设的国家财源。因此，就亚洲发展中国家而言，中国大陆倡议成立亚投行，对于正需资金改善基础设施的东南亚及非洲国家，犹如止旱甘霖。对于亚洲国家而言，参与亚投行等于多了一个融资渠道，并预期亚投行融资限制不会如 ADB 一样，必须附带发达国家加诸于融资条件上的环保要求。

此外，对于欧洲发达国家，加入亚投行有贷款获利预期，并可以加入亚洲金融互联体系，对于欧洲国家金融服务业进驻亚洲有所助益。因此，亚投行的倡议对于融资需求及供给者都有好处。

2. 基础建设互建体系

"一带一路"策略首先打通欧亚大陆之间阻碍，由于打破自然屏障耗费大，加上陆路拓展涉及邻国边防，"一带一路"采用共建原则降低自身及邻国财政负担，并以共同商讨及共同享用的参与方式，降低"一带一路"建设边防的阻碍。

其中最能引起大家兴趣的仍在于基础设施互联互通，希望通过共同建设国际骨干通道，逐步连接亚欧非之间的基础设施网络，而能源基础建设及跨境光缆等通信干线网络建设，也是当前全球经贸组织及区域贸易协定所难突破的合作重点，倘若成功于"一带一路"策略中合作，将对联结欧亚大陆软硬件设施大有帮助。

六、台湾产业的机遇与挑战

"一带一路"路线图是否能完全实现，尚有许多挑战需要克服，亦需时间来推动，然而我们已经看到欧亚国家踊跃参与中国大陆倡议的亚投行，显见欧亚国家看好亚投行未来前景。因此，中国台湾应当积极加入亚投行，依循国际惯例，以中国台北名义主动申请加入亚投行。

此外，台湾应预先针对"一带一路"路线图的规划，衡量"一带一路"路线图实践的优先顺序，并依此考量以欧亚大陆为主的新陆权时代来临的可能性及时程，预先做好准备，并延展台湾在欧亚大陆的经贸实力。台湾产业在中国大陆区域经济整合新战略中，有机遇也有挑战，要看产业如何运用契机。

（一）中国台湾加入亚投行有助于金融服务业发展

中国台湾参与亚投行，除了多了一个融资建设的渠道之外，更重要的是中国台湾因此进入亚投行资金互联体系。亚投行不但可以补足亚洲开发银行（ADB）资金不足之处，亦提供中国台湾多一份资金保障，加上中国台湾一直希望金融业能"打亚洲杯"，倘若进入亚投行参与国际联贷，绝对有助于台湾银行走入亚洲、走向世界。

（二）参与"一带一路"基础建设互联体系

参与亚投行，除了可以打破各国政府采购国内垄断的陋习，亦可以参与亚投行成员的中大型采购招标，以借此加入中国大陆所提出的"一带一路"计划，以及东亚地区的公共建设标案。

中国台湾有雪山隧道、高铁、五杨高架等大型公共工程经验，也累积了许多承包基础建设的能力及能量，应利用此次"一带一路"商机，配合亚投行的设立，结合过往两岸经济合作模式，协助中国台湾工程运用"一带一路"商机走向国际，持续累积承做大型基础建设能力，进一步扩大台湾承揽国际工程的能量与筹码。

参与亚投行及"一带一路"基础建设，有助于强化中国台湾产业承接基础建设的能力，政府应在台湾企业参与亚投行及"一带一路"基础设施合作上，扮演重要中介角色，协助厂商突破承揽工程的困难度。

（三）争取区对区合作多点对接，掌握台商利基

"一带一路"策略明确地将台湾列入21世纪海上丝绸之路

中，并具体点出希望台湾能够参与"一带一路"建设，然而在"一带一路"路线图中，此部分的规划仍限于既有的自由贸易区规划，并在区对区合作中过于强调单区对单区的对接功能，反而局限了两岸在"一带一路"中扩大合作的可能。

事实上，以"一带一路"路线图范畴的广大，区对区合作应当采取单点到多点对接合作，亦即台湾除了可以与预定规划的福建自贸区进行合作之外，两岸应研拟台湾与上海自贸区进行更密切合作的可能性。

此外，除了21世纪海上丝绸之路，中国台湾亦有可能通过丝绸之路经济带，拓展中亚市场。换言之，除了掌握21世纪海上丝绸之路的沿海建设之外，经济部及外贸协会等可研拟台商"搭便车"而拓展中亚市场的可能性。

（四）善用新住民，重启南向政策

"一带一路"策略中的海上丝绸经济带与东南亚国家息息相关，中国大陆亦在推动中国—东盟自贸区的过程中，加强东南亚地区沿边合作与建设，因此台湾产业若要参与"一带一路"建设，东南亚地区是发展重点。

随着当地基础建设逐渐完善，中国台湾逐渐加大在东南亚地区的投资，并从劳动力密集产业逐渐转为资本密集产业及重化工业，并从制造业扩展至服务业，如金融保险业、批发零售业等。

因此，中国台湾应重启南向政策，以过往投资东南亚的经验为基础，提供台商投资当地诱因，并有计划善用中国台湾新住民，提高中国台湾与东南亚经济合作机会。

（五）参照广东模式，寻求"一带一路"能源合作商机

广东已率先推动"一带一路"实施方案，并已规划出缅甸投资建设 500 万吨的炼油厂、南方电网在越南投资建电厂等能源合作计划，中国台湾亦可参照广东模式，寻求"一带一路"能源合作商机。

举例而言，台湾中油公司已与中海油、中石化、中化公司、中石油等公司有合作探勘开发经验，若能结合两岸资金、技术、市场等优势，两岸可联手进行海外勘探开发，扩大两岸石化市场的版图。

此外，中国大陆已有中缅油气管道、中俄原油管道等，已具备从中亚进口天然气东送的能力，可以借鉴两岸供应金门液化天然气的经验，进一步合作建设能源管网系统，促进两岸能源合作之虞，也可强化台湾能源储备的能力。

（六）寻求两岸绿色制造、智慧城市、银发产业等新业态合作

从"十三五"规划中我们看出，中国大陆引进新业态及开放服务业的企图，而《中国制造 2025》希望中国能够从制造大国走向制造强国，"一带一路"策略也有可能提升中国与德国技术合作的可能性，中国台湾提出未来新兴产业发展方向，因此，两岸应当拟出新业态合作方向，作为两岸产业增量合作的具体项目。

举例而言，《中国制造 2025》积极推动绿色制造，中国大陆最近也逐渐意识到环保的重要性，如果中国台湾能加入中国大陆的能源科技产业革命，通过绿色能源建构中国台湾产业发展的新引擎，不但可以带给中国台湾绿色生活形态，亦可带动两岸绿能产业合作契机。

两岸都在推动智慧城市，也推动"一带一路"进行基础建设互联体系，可以看出两岸对于智能生活的需求。以增进两岸人民生活品质为依据的两岸产业合作，建构智能城市所需的智能联网、智能交通、智能健康、智能安全、智能物流、智能家庭、智能育乐等，都是一种新业态的合作，属于增量合作形态。一方面两岸都需要，另一方面两岸尚未实际认真合作过，而智慧城市的构建也需要示范场域进行试点构建，通过构建智慧城市进行新业态及跨领域的试点，两岸产业合作将可提升两岸人民生活福祉。

两岸都迈向老龄社会，银发需求急增，银发产业商机无穷。举例而言，智能护理机器人不约而同在《中国制造2025》及《生产力4.0》提出，既然两岸都有此共识，如果能够共同研发设计，将可在掌握商机之余，一同创造两岸产业合作契机，并造福两岸民众。

（七）鼓励两岸服务业合作

中国大陆已经进入以服务业为主的产业结构形态，中国台湾服务业也很适合赴中国大陆发展，然而限于两岸服务贸易协议关卡，中国台湾服务业无法像中国香港服务业一样，善用每年CEPA补充协议方式，逐步去除中国香港服务业赴中国大陆发展的障碍，十分可惜。

借鉴香港经验，在两岸服务业合作拓展上，需要中国大陆进行法令松绑。中国大陆目前正在运用自贸区试点开放方式进行服务业及新业态的开放，虽然对于外资及台商而言，此波经贸自由化的确放宽服务业进驻大陆的门槛，然而与内资服务业相比，仍有很大的距离。因此，倘若要提升两岸服务业合作，中国大陆应当考虑给予台商国民待遇，这将有助于台商服务业及新业态顺利进入大陆市场开花结果。

事实上，简化新业态及服务业的进入门槛，亦有助于两岸青年创业，落实两岸产业增量合作的具体作为。中国大陆目前在资金及规模上都具有优势，也有市场可以让两岸青年学子进行创业，如果在文创、创新设计、研发服务、教育培训、跨境电子商务等新兴产业，运用简化年轻人进入新业态及服务业的方式，鼓励两岸青年进行跨领域合作创新，对于通过两岸产业合作帮助青年创业亦有具体效果。

七、结语

中国大陆推动"一带一路"区域发展战略，将开启亚太区域经济整合新的方向与竞合，有可能形成新陆权时代。亚投行已经倡议成功，中国台湾应当积极加入，并善用中国"一带一路"策略，进一步参与联结欧亚非的"大建设"，掌握"一带一路"及亚投行的新商机。

两岸产业在中国大陆区域经济整合的战略中，仍有许多合作空间，需要两岸共同策划及推动，两岸产业通过合作进行深化，有助于两岸产业的技术提升及拓展市场契机。期盼两岸产业合作能从制造业合作扩展到服务业合作，并通过合作提升两岸民众生活品质，造福海峡民众。

【参考文献】

[1] 国家发展改革委员会、外交部、商务部：《推动共建丝绸之路经济带和21世纪海上丝绸之路的愿景与行动》，http：//web. ntpu. edu. tw/~jason/180%20china/document/21%20silk%20road. pdf。

［2］谭瑾瑜：《TPP、RCEP 与台湾经济发展》，《加入 TPP 与 RCEP：台湾准备好了!?》，2014 年。

［3］谭瑾瑜：《"一带一路"与"亚投行"战略下台湾因应之道》，《交流双月刊》2015 年第 141 期。

［4］谭瑾瑜：《大陆"十三五"规划趋势与台湾因应之道》，《交流双月刊》2014 年第 137 期。

［5］谭瑾瑜：《两岸共同参与区域整合为经济合作再创新局》，《中央广播电台台湾观点》，2015 年 1 月 22 日。

［6］谭瑾瑜：《台湾加入亚投行的经济意涵》，《台胞好康月刊》2015 年第 5 期。

［7］谭瑾瑜：《台湾因应"一带一路"之战略》，《经济部经新闻名家论》，2015 年 4 月 7 日。

［8］谭瑾瑜：《亚太区域板块变动下的台湾策略》，《经济部经新闻名家论》，2015 年 3 月 3 日。

［9］谭瑾瑜：《亚投行进展与台湾因应之道》，《经济部经新闻名家论》，2015 年 5 月 12 日。

［10］谭瑾瑜：《以 RCEP 作为两岸共同参与区域经济整合的滩头堡》，《台胞好康月刊》2015 年第 2 期。

［11］中国自由贸易区服务网，http：//fta. mofcom. gov. cn/。

新型城镇化趋势下两岸综合型
产业合作试点方案构思

何心宇[1] 陈丽芬[2] 洪凤仪[2]

(1. 财团法人信息工业策进会，中国台湾 999079；
2. 财团法人工业技术研究院，中国台湾 999079)

一、新型城镇化趋势形成极大商机

新型城镇化是国务院总理李克强提出的概念，从 2013 年两会期间热议至今。城镇化指人口向城镇聚集、城镇规模扩大以及由此引起一系列经济、社会、文化变化的过程。这个过程表现为两种形式，一是城镇数目的增多，二是各城市内人口规模不断扩大。城镇化伴随农业活动的比重逐渐下降、非农业活动的比重逐步上升，以及人口从农村向城市逐渐转移这一结构性变动。城镇化也包括既有城市经济社会的进一步社会化、现代化和集约化。

[作者简介] 何心宇 (1979—)，女，财团法人信息工业策进会产业情报研究所大陆研究组资深产业分析师，主要从事中国大陆政策研究、智慧城市发展趋势、重要资通信产业观测。陈丽芬 (1981—)，女，财团法人工业技术研究院，主要从事产业研究分析，大陆中长期产业政策，亚太产业链竞合趋势，两岸产业链竞合研究。洪凤仪 (1976—)，女，财团法人工业技术研究院，主要从事大陆城镇化研究、台湾智慧城市发展趋势分析、大陆内需市场发展趋势分析、两岸产业链竞合研究。

中国大陆过去实施特殊的城乡二元制度，阻止农村人口向城镇流动，才有现今城镇化的议题。近年来，中国大陆城镇化虽发展快速，已有超过一半人口居住在城市，但是，长期以来户籍的限制、社会保障体系的城乡差异，栖身在城市中2亿多的农民工，在统计上被计入城镇人口，却不能拥有附着在户籍上的住房、教育、医疗、社会保障等城市人口的权利。

城镇化不是简单的户籍关系转移，而要体现在产业发展、生活就业、基础建设、社会文化、社会保障等方面。国务院总理李克强提出新型城镇化概念，重点为：第一，中小城镇化是未来城镇化的发展方向与模式；第二，城镇化为产业化服务，要解决农民进城就业问题；第三，工业化、信息化、城镇化、农业现代化同步发展，提高城镇化质量，走集约、智能、绿色、低碳新型城镇化道路；第四，新型城镇化是"人的城镇化"，从扩大内需到强调城镇化质量，再到强调人的城镇化。

新型城镇化的每一步都凝聚了人的智慧和劳动。城市的形成、扩张和形态塑造，人的活动始终贯穿其中。另外，城市从它开始形成的那一刻起，就对人进行了重新塑造，深刻地改变着人类社会的组织方式、生产方式和生活方式。

2014年3月发布的《国家新型城镇化规划（2014～2020年)》（以下简称《规划》）为新型镇化政策依据，着眼于"以人为本、四化同步、优化布局、生态文明与文化传承"城镇化思路。《规划》重点为：①以顶层设计角度，"中国大陆政府负责跨省级行政区的城市群规划编制和组织实施，省级政府负责本行政区内的城市群规划编制和组织实施"，跨省市协调收编于中央、未来将采取规划先行；②明确中国大陆未来城镇化发展路径、主要目标和战略任务，全文八篇三十一章，七大指导思想与五大发展目标；③因先前会议宣传与铺陈，水到渠成的文件，并无意料之外的内容；④彰显中国城镇化现有问题，对于短期投机/炒作，欲以措施抑制，如表1所示。

中 篇 产 业 合 作

表1　《规划》指导思想、发展目标重点与现有发展问题

指导思想重点	发展目标重点	现有发展问题抑制
➤ 以人为本 以人为核心的城镇化，有序推进农业转移人口市民化		
➤ 四化同步 信息化、工业化、城镇化与农业现代化		➤ 大量农业转移人口难以融入城市社会 第三篇有序推进农业转移人口市民化
➤ 优化布局 以资源环境承载力构建合理城镇化宏观布局，城市群为主体	➤ 城镇化水平和质量稳步提升	➤ 城镇空间分布和规模结构不合理
➤ 生态文明 推进绿色发展、循环发展、低碳发展，节约集约利用资源	➤ 城镇化格局更加优化 ➤ 城市发展模式科学合理 ➤ 城市生活和谐宜人	第四篇优化城镇化布局和形态 ➤ 土地城镇化快于人口城镇化
➤ 文化传承 发展有历史记忆、文化脉络、地域风貌、民族特色的美丽城镇	➤ 城镇化体制机制不断完善	第七篇改革完整城镇化发展体制机制
➤ 市场主导，政府引导 尊重市场规律，坚持市场在资源配置中起决定性作用		➤ 体制机制不健全 第七篇改革完整城镇化发展体制机制
➤ 统筹规划，分类指导 中央政府统筹总体规划，地方因地制宜		

资料来源：《国家新型城镇化规划（2014～2020年）》，资策会 MIC 工研院 IEK 整理，2015年4月。

《规划》提出中国大陆 2020 年城镇化水平指标，常住人口城镇化率达 60%，户籍人口城镇化率达 45%（见表 2）。未来六年城镇化率年均增长 0.87%，相较 1978~2013 年，城镇化率年均增长 1.02%，意即未来中国大陆城镇化放缓。放缓则着眼于农业转移人口（已经在城镇就业农业转移人口，又称农民工）的落户、保障，常住人口城市问题以及未来新增转移人口（未来持续转移至城镇的农业人口）落户、空间布局。

新型城镇化是由人口、资金、土地等各类要素在地理空间流动、配置、组合的动态过程，要打破要素流动的制度限制，提高资源配置的效率，从而释放经济发展潜力，推动现代化。

新型城镇化推动现代化，城镇应利用新型资通信软硬件科技工具，使城市营运效率极大化，耗能极小化。将民生、行政服务、工商业营运、能源使用等各种活动，以及城市内外环境资源有效整合，形成智能城市及其相关产业需求。

鉴于此，新型城镇化实践中国政府采取智慧城市相关政策配套予以辅助，政策重点如下：①2013 年住房和乡镇建设部（简称住建部）发布第一批与第二批智慧城市试点，共计 193 处，以往试点数量、定位正当性，都无法与此次试点公布结果相提并论。显示中国政府对于未来的智慧城市发展走向，或许已经有一定程度的整体规划或系统性思考，产生以建设智慧城市为目标的试点计划，智慧城市有助于推动新型城镇化。②2014 年《关于促进智慧城市健康发展的指导意见》具跨部委、目标设定的意义，包括八部委促进智慧城市发展，2020 年将建成一批特色鲜明的智慧城市。智慧城市六大方向为：信息网络宽带化、公共服务便捷化、城市管理精细化、生活环境宜居化、基础设施智能化与网络安全长效化。

表 2 《规划》2020 年主要指标

主要指标	2012 年	2020 年
基本公共服务		
农民工随迁子女接受义务教育比例（％）	—	≥99
城镇失业人员、农民工、新增长劳动力免费接受基本职业技能培训覆盖率（％）	—	≥95
城镇常住人口基本养老保险覆盖率（％）	66.9	≥90
城镇常住人口基本医疗保险覆盖率（％）	95	98
城镇常住人口保障性住房覆盖率（％）	12.5	≥23
基础设施		
百万以上人口城市公共交通占机动化出行比例（％）	45	60
城镇公共供水普及率（％）	81.7	90
城市污水处理率（％）	87.3	95
城市生活垃圾无害化处理率（％）	84.8	95
城市家庭宽带接入能力（Mbps）	4	≥50
城市社区综合服务设施覆盖率（％）	72.5	100
资源环境		
人均城市建设用地（平方米）	—	≤100
城镇可再生能源消费比重（％）	8.7	13
城镇绿色建筑占新建建筑比重（％）	2	50
城市建成区绿地率（％）	35.7	38.9
地级以上城市空气质量达到国家标准的比例（％）	40.9	60

资料来源：《国家新型城镇化规划（2014~2020 年）》，资策会 MIC 工研院 IEK 整理，2015 年 4 月。

新型城镇化概念需要智能城市予以落实，人口结构需求形成智能应用及其产业商机。基于中国大陆新型城镇化发展将趋向"以人为本"，故此，根据国家统计局的资料，总人口为 13.4 亿人，49.7％为城镇人口，约 6.66 亿人，50.3％为农村人口，约 6.74 亿人，城镇人口中，4 亿人为具户籍且定居型人口，2.8 亿人为流动人口（包括城镇间流动打工人口、农民工外出城镇打工人口及农民工在本地城镇打工人口）；同时，1.2 亿农村人口潜在于城镇人口中。

虽同文同种，但基于人口在城市中所处状态不同，造成需求差异。首先，4 亿人为具户籍且定居型人口，多半已具备基本需求如住房、医疗与教育，以追求舒适、便利，提升生活品质为需求重点，故城市建设精细化、城市生活智能化，衍生节能环保、园林装饰、智能交通、医疗信息化/服务化等产业商机。

表3　中国大陆新型城镇化相关的智能城市政策

时间	重要政策与规划	重要内容
2013 年 1 月	首批智慧城市试点名单（90 处）	➤ 住房与城乡建设部首次主导，首批试点名单 90 处。建立审核机制，投资金额达 800 亿元人民币
2013 年 8 月	2013 年第二批国家智慧城市试点名单（103 处）	➤ 试点城市数量共 103 处，说明智慧城市建设的方向、任务、资讯要求、融资以及监管
2013 年 8 月	《关于促进信息消费扩大内需的若干意见》	➤ 在促进公共信息资源共享和开发利用、实施"信息惠民"工程的同时，要加快智慧城市的建设，鼓励各类市场主体共同参与智慧城市建设
2014 年 10 月	中国智慧城市产业联盟	➤ 工信部指导、协助制定统一的符合中国大陆的智慧城市产品技术标准和服务标准及评价体系
2014 年 1 月	《关于成立国家智慧城市标准化协调推进组、总体组和专家咨询组的通知》	➤ 智慧城市标准化工作的统筹和协调管理，成立协调推进组、总体组与专家咨询组
2014 年 3 月	《国家新型城镇化规划（2014～2020 年)》	➤ 确立六大方向：以人为本、四化同步、优化布局（城市群为主体）、生态文明（推进绿色城市、智慧城市的建设）、文化传承（彰显城市特色）与制度改革
2014 年 4 月	《关于实施宽带中国 2014 专项行动的意见》	➤ 宽频网络能力持续增强、惠民普及规模不断扩大、宽频接入水平稳步提升与推动创建 20 个以上"宽带中国"示范城市
2014 年 8 月	《关于促进智慧城市健康发展的指导意见》	➤ 八部委促进智慧城市发展，2020 年将建成一批特色鲜明的智慧城市 ➤ 智慧城市六大方向：信息网络宽带化、公共服务便捷化、城市管理精细化、生活环境宜居化、基础设施智慧化与网络安全长效化

资料来源：《国家新型城镇化规划（2014～2020 年)》，资策会 MIC 工研院 IEK 整理，2015 年 4 月。

2.8 亿流动人口在乎"市民化",意即能够真正成为城市居民,享受均等权益,如何保障此类流动人口,户籍改革、社会保障体系扩大及调整收入分配,成为后续国家发改委总体纲要文件《促进城镇化健康发展规划(2011～2020 年)》发展重点,衍生房地产、教育、医疗与文化娱乐等产业需求。至于 1.2 亿潜在移动人口,尚未以追求"舒适与便利"、"市民化"为目标,而在于如何渐将水平提升,基本需求满足是关键,故会带动食品、住房、零售等产业,如表 4 所示。

表 4　新型城镇化/智能城市下产业需求

行业类别	4 亿人为具有户籍且定居型人口	2.8 亿流动人口	1.2 亿潜在移动于城镇的人口	政策支持
交通基础建设	◎	◎	○	◎
建筑工程	⊙	⊙	○	⊙
节能环保	◎	◎	◎	◎
智能城市	◎	○	○	⊙
文化创意	⊙	◎	⊙	○
房地产	⊙	⊙	○	○
餐饮	○	◎	◎	○
零售	○	◎	◎	○

注:◎需求高/重视程度高;⊙需求中/重视程度中;○需求低/重视程度低。

资料来源:中国国家统计局,资策会 MIC 工研院 IEK 整理,2015 年 4 月。

二、两岸产业合作已有阶段性成果,需以创新合作模式加以深化

适应新型城镇化/智慧城市庞大商机,两岸产业应通过合作

共创商机。目前，两岸产业合作同时体现在官对官、产业对产业、企业对企业、机构对机构之间。2008 年 11 月，经济部正式启动两岸"搭桥专案"，以"政府搭桥、民间上桥"为策略思维，推动两岸产业就研发、生产、营销与投资各方面进行广泛交流与合作。2010 年，两岸签署两岸经济合作架构协议（以下简称 ECFA），并依据 ECFA 第 11 条规定，建立两岸经济合作委员会，在两岸签署 ECFA 后，两岸产业合作官对官平台正式成立。如今，在经合会、搭桥平台与民间自行运作机制等多重平台上，两岸产业合作已获得阶段性成果。

尽管两岸产业合作已获取阶段性成果，但面临两岸产业环境的快速变化，两岸下一阶段的产业合作将面临更大的挑战，亟须创新模式，以扩大两岸既有产业合作平台作用，深化两岸产业合作效益。

两岸下一阶段的产业合作将面临的挑战可以从以下三个层面进行讨论。

（一）单一产业试点至今，已有阶段性成果，面对产业新变化，可以单一产业经验为基础，进一步扩大合作范畴

自 2009 年推动无线城市、LED、低温物流三项产业合作试点推动至今，虽已获得阶段性成果，但因内陆未赋予试点城市财政支持与法制突破先行先试地位，地方政府仍视试点为招商引资手段、当地产业抵制或不合作，台湾厂商仅追求订单与商机，多方利益未取得共识与平衡。另外，台湾当局意欲通过试点合作，突破大陆内需市场既有进入障碍、建立台湾厂商运营实绩等目标，虽已有短期小量订单与初步合作共识，但欠缺长期可运作的合作机制与模式。

展望未来，面对两岸产业竞合的新变化，以现有试点合作

经验为基础，改变过去单项产业试点框架，以多方利益平衡为出发点，通过试点合作促进两岸产业链融合，降低当地产业链的反弹，同时优先考虑地方政府的参与意愿，强化试点合作落地，以进一步扩大合作范畴。

（二）外资在大陆布局转变将影响中国台湾产业在国际分工地位

外资布局策略转变对中国台湾产业的影响基本上负面大于正面。国际既有的分工格局被打破，相较于大陆，台湾的比较优势下滑，进而导致台湾不论在出口或是在大陆市场的品牌经营都可能受到威胁。

1. 大陆对台湾出口的中间品需求下滑，冲击台湾出口

大陆是台湾第一大贸易伙伴，台湾出口大陆市场的产品约有七成为中间品。随着外资在当地加快国产化，外资势必强化与当地供应体系的协同开发，进而加速大陆实现进口替代，导致大陆市场对中间品的进口需求逐步下降。原来以出口为主，且高度依赖大陆市场的厂商将受到冲击。

2. 外资促进大陆建立完整产业链，导致台湾面临国际分工边缘化威胁

过去台湾产业以弹性生产与优良率表现在国际分工体系上占有一席之地，台湾厂商擅长在产业链中的某个环节，甚至特定几个工序上，提供极高的 C/P 值的产品与服务。这一点可能随着外资布局策略转变，促进大陆建立完整产业链，加上两岸仍存在关税障碍与投资限制等非关税障碍，导致台湾厂商面临边缘化威胁。

3. 台商专注经营的中级市场受外资与中国大陆企业上下夹击

台湾市场腹地狭小，许多固定成本比例高的产业无法在台

湾市场取得规模经济，仅能通过对外拓展寻求出路，长期依赖外资技术授权，以产量为主要策略，也因欠缺本土市场支撑，无法自行发展品牌，产品欠缺稳定出口。随着大陆市场逐步扩大，众多台湾厂商欲利用共同语言与华人文化优势，布局大陆市场，以建立区域品牌，强化发展原来欠缺的核心技术。在部分领域，台湾厂商已有阶段性成果，但布局上仍以中级市场为主。但随着近年外资、陆资各据市场格局被打破，中级市场竞争激烈，台厂面临外资与陆企夹击。

（三）两岸产业政策欠协调，重复投资扩大，恶性竞争风险上升

近年中国大陆对其产业转型升级关注度加大，在加快推动大陆自有产业链的完整化以提升国际竞争力情况下，两岸既有产业垂直分工体系弱化，并产生重复投资、竞争张力加大的现象，甚至若干产业此刻正发生恶性竞争或存在迸发恶性竞争的高度风险。

1. 两岸产业政策发展方向雷同

就产业发展方向而言，两岸产业发展政策方向存在极高的相似度。以主力产业而言，台湾提出产业升级的基本金属、运输工具、纺织、石化等重点产业，皆与中国大陆制造业产业振兴规划项目重叠；以新兴产业而言，台湾提出六大新兴与四大智能产业，其中生物科技、绿色能源、智能电动车、云计算等亦与中国大陆战略性新兴产业发展项目重叠；在服务业方面，两岸亦在物流等项目的规划上重叠。显示两岸在选择应发展哪些重点产业时，所考虑的市场条件和产业资源相似，也得到类似的结果。

2. 中国大陆明确发展目标政策，支持产业扩大投资

"十二五"时期（2011～2015年），中国大陆将"加快转变经济增长模式"列为重点目标之一，以改变过往盲目追求GDP，导致产业大而不强、经济利益明显分配不均的发展模式。在产业发展具体目标上，主要可分为四种类别：国内市场自给率目标、国产化目标、产值或重点企业规模或出口规模目标，以及产业或重点企业研发投入目标。为了达成上述目标，中国政府通过国家重大专项、重点工程、自主创新基金、科技型中小企业创新基金、相关财税奖励与补贴等工具，引导产业转型升级。另外，地方政府官员亦积极通过优厚的投资条件，吸引陆资与外资企业新增、扩充产能，或将原来的产业升级。

（四）厂商过度乐观，快速扩大投资导致两岸恶性竞争风险急剧上升

在政策目标与政府官员的推波助澜下，厂商对市场需求增长存在过度乐观的预期心理，也对投资所需面对的可能风险有所轻视，短时间内快速扩大投资，进而导致若干资本密集、退出障碍高的产业产生过度投资的现象。当产业周期进入低谷，过度投资的产业产能大幅过剩，厂商为了回收固定成本或排挤竞争者，以不合理的价格出售产品或服务，换言之，两岸因重复投资产生恶性竞争的风险急剧上升。

不论是从外资布局的角度或从两岸产业竞争张力加大的观点看，未来两三年内，在大陆本土企业的努力与外资的布局策略转变下，既有产业链可能重新组合或调整，两岸产业合作的空间遭压缩，甚至部分产业可能从我主他（陆）从的局面转变为他（陆）主我从。有鉴于此，台湾产业如何在产业链重新组合的过程中，抢占关键位置，是下一阶段两岸产业竞合的关键课题。因此，两岸产业合作亟须创新模式，协助台湾产业在产业链重组过程中抢占关键位置。相较外资而言，两岸存在特殊

关系，应思考如何利用这层特殊关系，使其化为产业合作的助力。下一阶段两岸产业的创新模式必须能体现两岸关系的特色，创造台湾地区相对于其他竞争国的比较优势。

展望未来，面对两岸产业竞合的新变化，可以现有试点合作经验为基础，改变过去单项产业试点框架，以多方利益平衡为出发点，形成综合型产业合作试点。通过试点合作促进两岸产业链融合，降低当地产业链的反弹，同时优先考虑地方政府的参与意愿，强化试点合作落地，以进一步扩大合作范畴。

三、以往试点经验启示，综合型试点规划需重视关键成功要素

依据以往两岸产业合作瓶颈经验，提出创新产业合作试点模式，即综合型产业合作试点。其规划需加入的关键成功因素如下：

第一，以两岸一致、双赢目标为基础，合作目标必须符合两岸产业的利益，降低两岸产业利益冲突的可能性，通过试点合作促进两岸产业链融合。

第二，通过两岸共同规划，构建顶层设计，确立合作模式与权利分配。两岸共同参与规划的过程，通过顶层设计确立两岸产业合作参与的各方权利如何分配，以让试点机制成为长期发展的平台，而非单纯的少数订单交易。

第三，以项目办公室为推动平台，专人专职专款执行推动工作，接受定期监督与考核。初期由台湾当局委托法人成立专案办公室，组织法规、技术、城市规划等专业人才，专职推动

试点合作。

第四，搭配物流、资金流、人才、商检一致化等共性配套服务，通过合作城市的环境条件强化，提高产业合作的效益。

四、综合型产业合作试点定位与范畴

综合型产业合作试点需设立愿景与策略目标，将综合型产业合作试点定位为"考量大陆地方政府发展需求与台湾产业技术能力，由大陆地方城市与台湾法人牵头、两岸产官学研参与，运作多项彼此相关联产业的合作平台，搭配支持性配套服务，共同追求两岸产业共同利益"。

在此定位下，综合型产业合作试点的"综合概念"体现在两个层次上：第一，摆脱以往以单一产业为试点范畴，挑选若干彼此存在关联的产业进行组合，以"产业群"进行合作；第二，合作的重点不局限于产业本身，加入资金流、物流、人流、总体规划等支持性配套服务，以利于综合型产业合作试点在完成初步阶段后，可进入商转，与当地经济环境共同发展，谋取长期商机。

综合型产业合作试点可分为三大范畴。

1. 合作标的

以"建立具两岸特色的产业合作情境，实现互利双赢"为目标，挑选一些彼此存在关联的产业项目，整合为一个项目进行合作。"存在关联"指产业间存在互补、上下游关系或分享共同的关键资源。合作标的以产业群取代个别产业，主要目的在于：

第一，可降低两岸厂商的利益冲突，若单选择个别产业进行合作，大陆厂商可能因为既有市场被瓜分，或面对台湾厂商

341

的潜在竞争风险，而对两岸产业合作抱持抵御甚至抗拒的心态；相反地，选择产业链进行合作，台湾与大陆厂商处于产业链不同位置，寻求互补与合作的空间较大。

第二，将多个产业整合在一起，可扩大合作的规模，进而吸引更多不同领域厂商参与，也可提高金融、物流等跨产业服务业者的投资意愿。

2. 支持性配套服务

为了使合作标的能确实产出成果，且该成果可长期持续，综合型产业合作试点必须以"进入商转"为首要目标，而为了进入商转，势必需要搭配相关支持性配套服务，包括资金流、物流、人才培训、标准以及技术规格建立与总体规划等。以下说明各项支持性配套服务的规划重点：

（1）资金流与物流体系。解除外资在金融与物流市场的政策准入门槛，加速台湾服务业当地布局，支持两岸产业深层次合作，强化两岸产业链融合。

（2）人才培训。锁定两岸产业合作所需高层次人才，通过政策诱因加上台湾人才培训与经验，构建引才、育才、流才机制，建立两岸人才良性循环。

（3）共同标准与技术规格建立。参与标准与技术规格制定的入库课题交流会，先期获取标案规格信息，甚至引入台湾技术，以利形成两岸共同规格与标准。

（4）总体规划。在中国大陆总体政策规划初期，引入台湾智库能量，以先进者经验提供顾问服务，适时纳入台湾产业考量，追求两岸利益最大化。

3. 合作对象筛选原则

综合型产业合作试点合作的对象以中国大陆地方城市为主，

合作城市需要政策、财政与厂商的全力配合。因此在合作对象的筛选上，以合作城市的发展需求与合作意愿为重要参考因素，为了能满足合作城市的需求，台湾必须具备可对应的技术能力或产业实绩。建议合作城市的筛选原则如下：

（1）大陆在特定产业政策的推动上会锁定特定重点城市或省份作为样板，连带影响中央预算分配有其明确偏好，因此两岸试点应优先挑选大陆产业政策的重点推动城市。

（2）优先选择对台湾技术与优秀管理经验有明确需求的城市。两岸试点合作必须建立在实质的互利上。大陆对台湾需求越高，台湾可运用的筹码越大，利于后续两岸试点合作推动，争取较大的改革与开放。

（3）优先选择地方政府官员态度积极、开放的城市。倘若当地政府官员一味停留在招商引资或土地财政的思维模式上，在后续的合作中难以争取到相对应的开放措施。因此，地方政府官员对改革保持开放态度、对外资友善，是推进两岸试点合作成功的重要条件。

（4）优先挑选中介组织与当地利益高度重叠的城市。中介组织是大陆推动两岸试点合作的主要成员。中介组织的关联厂商与当地厂商多有重叠，则中介组织的利益与地方产业的利益一致，有助于地方政府配合中介组织进行相关工作的推动。

（5）可挑选台商密集聚集地作为试点城市。好处在于，在台商密集聚集地台湾厂商通常对地方政府的影响力较大，台湾与当地政府对于两岸试点合作所需的共识与协商较容易达成。另外，在台商密集聚集地，台湾厂商往往已在当地建立供应体系，两岸试点合作引进台湾厂商，较不会引起当地产业链的反弹。

（6）可挑选过去已在当地进行试点，且有不错合作经验的城市。对于这类城市，台湾已积累相当的人脉与经验，对于当地产业与政府官员有一定的认识，有利于后续相关试点项目的推动。

五、实施方案——昆山新型城镇化/智能城市综合型产业合作试点（简称昆山综合型产业合作试点）

新型城镇化趋势、智能城市应用实践，非单项产业议题，适用于综合型产业合作试点。而为了贯彻上述综合型产业合作试点定位与范畴，包括合作标的、支援性配套服务、合作对象筛选，本研究预拟一城市套用新型城镇化/智能城市综合型产业合作试点，进行方案构思，此城市为昆山。

首先，昆山具备多项条件，可在两岸产合机制中进一步发挥作用，除了已获得国务院批准设立"深化两岸产业合作试验区"，昆山同时具备多项条件，有利于推展两岸产业合作。包括：

（1）昆山为台商主要聚集地，两者经济利益紧密相系。昆山已成为大陆台商投资密集地区之一，截至 2013 年 2 月底，昆山共有台资企业 4234 家，共占昆山外资企业总数的 70%，可见台商在昆山的重要性。

（2）昆山区位条件有三大优势，有利于台湾产业布局长三角。昆山区位的三大优势：第一，昆山位于江苏省东南部，东边连接上海，与长三角经济活动最开放、最活跃的地区相连；第二，长三角地区台商明显聚集于南京与杭州一带，昆山刚好居中间位置，利于串联周边台商供应体系；第三，昆山东北紧邻太仓，可利用太仓港出海。

（3）昆山市政府行政效率高，已提出具体措施，协助台商転型升级。经中国台湾电公会连续六年评比，昆山在"投资环境力"、"投资风险度"以及"城市综合实力"方面皆获得第1名，原因在于昆山市政府支持台商发展的高执行力。2012年，昆山市发布新28条，支持台商升级转型。

（4）新型城镇化/智能城市已被昆山市列为两岸合作优先项目之一。昆山市市域面积931平方公里，常住人口165.87万，下辖3个国家级开发区（经济技术开发区、国家级综合保税区、国家级高新技术产业开发区），以及2个省级开发区（花桥经济开发区、旅游度假区）和8个镇。昆山经济发达，2011年GDP为2530亿元，超过大陆境内近一半的省会城市，是大陆第一个人均国民生产总值突破40000美元的县级城市，2006～2011年连续六年列中国百强县第一位。

而台商是昆山经济发展的主力军，目前昆山共有台资企业4234家，总投资521.2亿美元，占中国大陆的1/9、江苏的1/4。平均投资规模为843万美元，其中投资总量达1亿美元以上的企业有21家。据统计，电子信息产业及其精密机械、设备制造、精细化工为台商在昆山投资的主导产业，尤其电子信息产业占整体投资额的41%。近年来也快速发展光电、高端装备、可再生能源等产业，加上2013年住建部先后发布两批试点名单，共计有193个市/镇/区列入，住建部与中国开发银行合作，估计于2013～2015年投资800亿元，建设智能城市试点，所有试点将有3～5年创建期，其中，昆山的张浦镇、花桥经开区被纳入试点名单中。

新型城镇化/智能城市被列为昆山"深化两岸产业合作试验区"、住建部智能城市点名单——张浦镇、花桥经开区的重点，并基于台商于昆山既有优势，结合昆山"十二五"规划"一带四区十基地"未来产业空间布局，以及台湾具备智能城市建设

转型升级。经中国台湾电公会连续六年评比，昆山在"投资环境力"、"投资风险度"以及"城市综合实力"方面皆获得第1名，原因在于昆山市政府支持台商发展的高执行力。2012年，昆山市发布新28条，支持台商升级转型。

（4）新型城镇化/智能城市已被昆山市列为两岸合作优先项目之一。昆山市市域面积931平方公里，常住人口165.87万，下辖3个国家级开发区（经济技术开发区、国家级综合保税区、国家级高新技术产业开发区），以及2个省级开发区（花桥经济开发区、旅游度假区）和8个镇。昆山经济发达，2011年GDP为2530亿元，超过大陆境内近一半的省会城市，是大陆第一个人均国民生产总值突破40000美元的县级城市，2006～2011年连续六年列中国百强县第一位。

而台商是昆山经济发展的主力军，目前昆山共有台资企业4234家，总投资521.2亿美元，占中国大陆的1/9、江苏的1/4。平均投资规模为843万美元，其中投资总量达1亿美元以上的企业有21家。据统计，电子信息产业及其精密机械、设备制造、精细化工为台商在昆山投资的主导产业，尤其电子信息产业占整体投资额的41%。近年来也快速发展光电、高端装备、可再生能源等产业，加上2013年住建部先后发布两批试点名单，共计有193个市/镇/区列入，住建部与中国开发银行合作，估计于2013～2015年投资800亿元，建设智能城市试点，所有试点将有3～5年创建期，其中，昆山的张浦镇、花桥经开区被纳入试点名单中。

新型城镇化/智能城市被列为昆山"深化两岸产业合作试验区"、住建部智能城市点名单——张浦镇、花桥经开区的重点，并基于台商于昆山既有优势，结合昆山"十二五"规划"一带四区十基地"未来产业空间布局，以及台湾具备智能城市建设

实绩与相关技术能力。着眼台湾—昆山智能城市试点合作，是具备两岸综合型产业特色的方向。

六、考量昆山需求与台湾技术能量，聚焦"智能园区"、"智能物流"、"智能制造"三大子领域

1. 配合政策与产业规划，昆山智能城市将向特定领域发展

　　智能城市概念在国际间广泛的定义是，通过新一代信息技术支撑，建构新一代知识经济下的城市形态，显然其所涵盖的范围几乎分布在各行各业，而观察 2013 年发布的"物联网'十二五'规划"可以得知，中国大陆对智能城市发展，共确立九大重点领域应用示范工程，智能工业、智能农业、智能物流、智能交通、智能电网、智能环保、智能安防、智能医疗、智能家居，而昆山市政府则针对智能城市定义出更细的分类，如图 1 所示，共分七大公共领域应用及九大私人领域应用。

　　而在 2013 年住建部公布的第二波国家智能城市试点名单中，昆山花桥经济技术开发区及张浦镇名列其中，检视"昆山'十二五'产业与区域规划"可知，花桥经济技术开发区主要发展重点是总部经济、服务外包、现代物流等，而张浦镇内的昆山精密机械科技产业园主要发展重点则是电子信息及装备制造等。

　　所谓的智能城市应依试点城市的当地产业结构及特点而规划出其未来发展方向，因此，根据花桥经济技术开发区及张浦镇的主要发展重点，再结合昆山市政府所定义的七大公共领域应用及九大私人领域应用分类，可以筛选出昆山试点城市较适合发展智能工业、智能物流及智能园区三个特定领域。

346

图1　昆山智能城市应用需求

资料来源：昆山市政府，资策会 MIC 工研院 IEK 整理，2015 年 4 月。

根据昆山市政府定义，智能工业包含生产过程控制、生产环境监测、制造供应链跟踪、产品全生命周期监测，促进安全生产和节能减排等项目；智能物流包含建设库存监控、配送管理、安全追溯等现代流通应用系统，建设跨区域、行业、部门的物流公共服务平台，实现电子商务与物流配送一体化管理等项目；智能园区包含智能化应用系统、绿色节能管理和政务办公服务平台等项目。

2. 两岸智能制造、园区与物流，衍生细部产业合作重点

昆山市政府在智能城市内涵规划了七大公共领域应用及九大私人领域应用，而后依据花桥经济技术开发区及张浦镇的主要发展重点，可聚焦出适合该试点发展的智能工业、智能物流及智能园区三个应用领域。

在实务操纵上，台湾在智能工业、智能物流及智能园区应用领域亦确实具有发展经验，在智能园区方面，台湾地区所启动的"智能生活科技运用（i236）计划"中的"空间 e 化管理服务"系统解决方案、桃园航空城规划及中部科学园区规划，皆是与建构智能园区相关的计划；智能制造方面的实战经验则有"智能生活科技运用（i236）计划"中的"智能机台维护服务"系统解决方案；而"智能生活科技运用（i236）计划"中的"车辆履历追踪"系统解决方案及桃园航空城内的"智能制造物流"计划是与智能物流相关的实务运作经验，显然凭借以往累积的经验，台湾在与昆山进行智能城市试点合作发展的过程中，将可取得强势主导权，借此可为台商争取更大的话语权与商机，如图 2 所示。

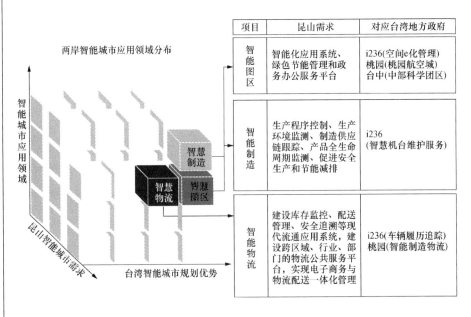

图 2　两岸智能制造、园区与物流细部产业合作重点

资料来源：资策会 MIC 工研院 IEK，2015 年 4 月。

以智能工业为例，可归纳出企业需导入生产程序控制系统、生产环境监测系统、制造供应链跟踪系统、产品全生命周期监测系统及节能减排等整合性解决方案，而这些解决方案在台湾则有不少厂商已具有实战经验，如资通计算机、鼎新计算机等厂商具备导入生产过程控制系统的能力；东典科技、双成科技等厂商则有导入生产环境监测系统的经验，显然未来在昆山试点，两岸若正式合作发展智能工业、智能物流及智能园区，台商在正式公开招标过程中抢得商机的机会相当高。

七、昆山综合型产业合作试点发展愿景与目标

（一）发展愿景

昆山综合型产业合作试点的愿景在于"建立具两岸特色的产业合作情境，实现互惠双赢"。"双赢"为合作的必须前提，愿景本身必须对合作的双方都产生强烈诱因。

对台湾产业而言，参与"昆山综合型产业合作试点"主要的诱因在于：第一，通过与昆山市政府的试点合作，在昆山市建立新型城镇化/智能城市的试验场域，积累大陆相关建设的运营实绩；第二，通过试点合作，突破目前大陆布局的法规障碍，尤指中央已放行、地方欠缺配套（大门开、小门不开）的产业项目；第三，利用昆山市优越的区位条件，构建台湾产品进入长三角市场的快速通道。

对昆山市政府而言，与台湾进行综合型产业合作试点，主要诱因包括：第一，响应住建部积极建设智能城市的目标，借此建立智能城市的创新营运模式，获取政绩；第二，借此引入台湾现代服务业能量，改善当地投资环境，进而促进投资；第

三,借由综合型产业合作试点,提高当地台湾厂商附加价值,促进当地产业链转型升级。

(二)短/中/长期目标

依据上述愿景,以下就短中长期说明各阶段策略目标。

(1)短期目标:凝聚共识,描绘愿景与目标。在综合型产业合作试点正式启动的半年至一年内,积极凝聚两岸间、台湾内部、大陆内部的多方共识,使两岸产学研界都能认识到通过综合型产业合作试点达到多方互惠的共识与信念,进而以彼此共识为基础,描绘昆山智能城市综合型产业合作试点的愿景,再根据愿景,拟订双方在后续各阶段应达成的目标。

(2)中期目标:消除障碍,扩大持续运作。在综合型产业合作试点正式启动的一两年内,针对昆山智能城市综合型产业合作试点推动所面临的政策障碍,进行检示与盘点,一方面通过两岸产合论坛与两岸企业家峰会等大型会议,引起两岸产业与舆论的重视;另一方面通过两岸产合次长级会议,进行协商,消除相关障碍。在政策障碍逐步打破的同时,扩大试点项目持续运作。

(3)长期目标:成果扩散,深入大陆布局。在综合型产业合作试点正式启动的两三年内,将综合型产业合作试点的各项工作转化为 SOP,以利于后续扩散。利用两岸产合论坛与两岸企业家峰会等大型会议,将综合型产业合作试点的成果发表,辅以媒体宣传,将昆山智能城市综合型产业合作试点作为两岸产业合作的推广典范之一,吸引其他具备两岸产合条件的地方政府与台商洽谈。待昆山所有试点项目进入商转后,台湾政策资源退出昆山智能城市综合型产业合作试点,转而与其他地方城市进行合作,如图 3 所示。

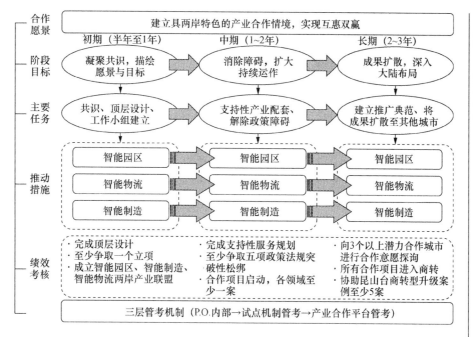

图3 昆山智能城市综合型产业合作试点推动方案架构

资料来源：资策会 MIC 工研院 IEK，2015 年 4 月。

（三）推动策略

推动策略采取三个步骤推进，思维如下：第一步打稳根基，第二步建造房屋，第三步将房屋交给民间管理，寻求下一个可以建造的城市。依据各阶段策略目标，提出短中长期推动策略，如表5所示。

在台湾经济部项目与发改委外资司支持下，成立综合型产业合作试点推动委员会，下设专家小组与项目办公室。说明如下：

表5　昆山智能城市综合型产业合作试点短中长期推动策略

阶段	策略	说明
短期	成立综合型产业合作试点推动委员会、专家小组、项目办公室	• 由昆山市副市长与台湾法人副首长担任主席（共同主持），成立推动委员会，主责跨部门议题协商与资源分配 • 成立专家小组（主要由台湾法人与昆山产新院组成），补强昆山总体规划能力不足的劣势 • 设立单一窗口及常态机制，由法人成立项目办公室（P. O.），负责整合中央、地方与执行单位，建立专人、专责、专项、专款、专用的合作机制，每年制定KPI、重点计划、目标与时间表
	建构两岸产业合作顶层设计共识	• 先由两岸专家组拟订两岸产业合作刍议，并交由指导单位/相关部会修订为两岸产业合作协议，再交付P. O.据以执行
	成立产业联盟	• P. O.与台湾公协会合作，促进具互补性的台湾与大陆产业形成产业联盟，强化信息流通
	形成调研、筛选与整合工作机制	• P. O.邀请专家对当地市场进行调研，从产业链整合角度探讨，筛选具两岸特色的新场域 • 再找厂商针对新场域提案，筛选出高品质的应用服务系统及供货商，并与地方城市密切合作，了解商业模式及市场特性，实现本地化，最后提出合作亮点项目与配套措施
中期	支持性产业配套规划	• 以破除政策障碍为前提，针对金融、物流、人才培训等现代服务业进行总体配套布局规划
	通过会议协商，解除政策障碍	• 专家小组研拟协商议题与说明 • 通过次长级会议协商，解除相关政策障碍 • 允许台湾厂商参与关键技术与标准制定入库课题会，带动台湾技术提升
	试点合作项目正式启动	• 通过两岸产业联盟、共同招标与资本合作，进行智能园区、智能制造、智能物流项目合作
长期	建立新的商业模式及典范，推广合作成果	• 共同思考两岸合作项目的推广模式与落地发展，研拟具体方案，应用媒介以扩散现有合作成果（如两岸合论坛） • 通过两岸试点建立新的商业模式及典范，并建立系统整合应用合作经验，找出典范营销
	成果扩散，将成功经验复制至其他城市	• 通过两岸产业合作论坛与两岸媒体，将试点成果与相关台湾厂商实绩进行扩散 • 评估有合作潜力的城市 • 针对有合作条件的地方城市进行征询与沟通
	两岸同步试点合作研拟	• 两岸同步试点合作，短期内可考虑公共部门/公益性质的应用领域，先由政府出资。但长期仍应考虑能营运、能获利的应用领域 • 评估下一阶段两岸综合型产业合作试点潜在合作城市，即产生新做法、新应用、"新的场域"扩散。两岸专家先调研，从产业链整合角度探讨，筛选具两岸特色的新场域

资料来源：资策会MIC工研院IEK整理，2015年4月。

（1）综合型产业合作试点推动委员会。

1）由昆山市副市长与台湾法人副首长担任主席（共同主持）。

2）委员会成员包括：专家小组代表、项目办公室主秘、台陆各产业联盟代表等，每3个月召开1次工作会议。

（2）专家小组。

1）由经济部委托台湾法人设立，成员名单由经济部认可，由综合型产业合作试点委员会召集。

2）主要工作包括：建构顶层设计；资金流、物流、人才培训等支持性服务规划；向中央争取立项的说明、研究拟定等。

（3）专案办公室。

1）由昆山市政府出资并提供办公场所，直接隶属于综合型产业合作试点推动委员会。

2）主要工作包括：通过举办会议与活动，协调并整合多方意见；两岸产业联盟对接推动工作；相关行政事务处理等。

（4）产业联盟。

1）针对合作标的，分别成立昆山智能园区产业联盟、昆山智能物流产业联盟、昆山智能制造产业联盟。

2）产业联盟名单由综合型产业合作试点推动委员会推荐与召集。

3）主要目的：由两岸代表性厂商参与、对接，形成融合的产业链。

推动组织运作机制如图4所示。

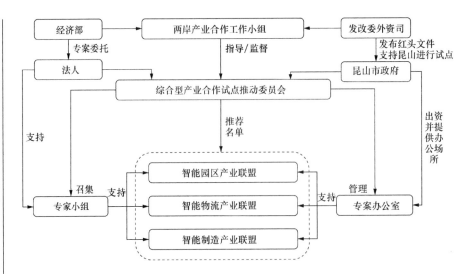

图4 推动组织运作架构

资料来源：资策会 MIC 工研院 IEK 整理，2015 年 4 月。

两岸金融合作与展望

林建甫　林定芃

（台湾经济研究院，中国台湾　999079）

一、前言

　　自两岸金融监理合作了解备忘录（MOU）、两岸经济合作架构协议（ECFA）以及两岸货币清算合作备忘录的签署，到现今两岸货币清算机制的全面开展，如何让两岸金融合作往前迈进与突破，一直是两岸政府与民间商讨的重点。

　　特别是在当前中国大陆积极推动金融改革及人民币国际化的过程中，如何利用台湾以往丰富且成功的金融改革经验，通过两岸金融合作催化此一进程，从而提升中国大陆金融服务、效率与纪律，降低潜在的风险，并加速人民币国际化进程，是非常值得探讨的课题。此外，如何在既有的金融合作基础上，

　　［作者简介］林建甫，男，台湾经济研究院院长，主要从事经济学、经济政策分析、计量经济学、财政金融研究。林定芃，男，台湾经济研究院顾问，主要从事财政金融研究。联系作者：林建甫，电话：＋886－2－25865000；地址：台湾台北市德惠街 16－8 号 7 楼；电子信箱：clin @ tier. org. tw。

带动两岸金融产业升级转型，让两岸金融互惠并共享其利，都有待深入研究。

金融合作是未来两岸发展重点，尤其是双边金融产业皆处于结构转型时期。台湾金融业拥有丰富的实务经验、金融技术成熟，但却处于市场饱和过度竞争的状态，企业必须向外扩展市场业务，才能改善金融环境。

另外，目前中国大陆间接金融比重高，金融机构信用管制问题严重，扩大直接金融领域是未来方向，而且面对国际开放的压力，当地金融业必须提升人才、效率、商品创新能力，金融市场急需软实力协助升级、转型。

而台湾拥有大陆所需的技术、人才与经验，大陆亦拥有台湾所需的市场基础，双方互补的关系，会推动彼此金融整合，未来双边可望创造出更为紧密的合作关系。

中国"十二五"规划的调结构过程，带动大陆金融持续改革，包括人民币国际化、利率及汇率市场化、资本市场活化等。如今"十三五"规划箭在弦上，基本走向已确定延续"十二五"规划的精神，包括金融服务业的发展及金融体系的改革与开放等，预期仍将是"十三五"规划的核心内容，因此两岸金融合作在未来势必有更大的发挥空间。以中国大陆积极推动的自由贸易试验区为例，是想通过自贸区先行先试的优点，进行金融服务业及新形态经贸自由化，以提高服务业在三级产业中的比重，并作为未来产业结构的主轴。可预见的是，金融服务业的发展将是"十三五"规划的重点项目。

2013年9月，国务院批准设立的上海自由贸易试验区正式挂牌上路，开始试行金融服务业及其他服务业的自由化。尤其是在金融服务领域，特别强调在风险可控的前提下，开放人民币资本项目可兑换及人民币跨境使用，推动离岸金融服务，同时允许符合条件的外资金融机构设立外资银行，以及符合条件的民营资本与外资金融机构共同设立中外合资银行，以期早日实现金融利率市场化与汇率市场化，达成人民币国际化的目标。[1] 2015 年 4 月，自由贸易试验区的试点更是扩大至福建、广东及天津三地，同时针对外商投资限制的负面清单，从 139 项大幅缩减至 122 项。[2] 据此，可以看出大陆想通过自贸区的经贸及金融自由化，推动服务业发展的决心，而这也将是"十三五"规划的核心之一。

近期大陆的重要经贸政策包括自贸区、"一带一路"、沪港通以及亚投行等，或多或少都已显示未来中国大陆 5 ~ 10 年的发展核心，就是要对内调整产业结构、提升金融服务业的发展，同时对外拓展国际经贸实力、争取国际话语权，而这显然都会被纳入"十三五"，甚至"十四五"的核心规划。

有鉴于中国大陆在"十三五"规划中强调金融服务业的发展及金融改革的重要性，甚至是寻求国际经贸空间的突破，台湾如何利用现有两岸平台，积极寻求两岸金融合作机会，进而带动台湾经济及产业的发展，确实值得深入探究。

二、过去成果与现况发展

当前两岸金融间的交流合作自 2008 年台湾政党重新轮替后，已从门户深锁大举跨入密切往来的阶段。除了各种关系两

---

[1] 《中国（上海）自由贸易试验区总体方案》。
[2] 中国国务院：《关于印发中国（福建）自由贸易试验区总体方案的通知》、《关于印发中国（广东）自由贸易试验区总体方案的通知》、《关于印发中国（天津）自由贸易试验区总体方案的通知》。

岸金融交流与合作的协议陆续签订外，政策法规也都大幅松绑，各项实质性的交流与合作更是全面开展。分述如下：

（一）主要协议及办法的签署与公布

2009 年 4 月 26 日，第三次江陈会谈签署《海峡两岸金融合作协议》，并发表"陆资赴台投资"共同声明，开创两岸金融合作的新格局。7 月 3 日，经济部发布《大陆地区人民来台投资许可办法》，允许大陆地区人民、法人、团体、其他机构或于第三地区投资的公司，在台湾地区从事投资行为。11 月 16 日，台湾"金管会"与中国银监会、证监会及保监会以互递方式完成包括两岸银行、保险、证券期货三项《金融监理合作了解备忘录》（Memorandum of Understanding，MOU）的签署，同意未来两岸金融机构从事跨境经营业务时，允许母国监理机关与地主国监理机关相互交换意见，并协助彼此履行金融监理职责，这也意味着两岸金融业的交流合作正式迈入一个全新的纪元。

2010 年 3 月 16 日，台湾金融主管机关正式公布《两岸金融业务往来及投资许可管理办法》，涵盖银行、证券及保险业，为台湾金融业进入大陆以及大陆金融业来台提供明确的法律规范。6 月 29 日，海基与海协两会于重庆签署《两岸经济合作架构协议》（Economic Cooperation Framework Agreement，ECFA），表示两岸经贸正式进入"制度化合作"的新时代，同时也将金融服务业列入 ECFA 的早期清单，加速两岸金融合作的进展。7 月 13 日，中国人民银行决定授权中国银行（香港）有限公司向台湾提供人民币现钞清算服务，即指定中国银行（香港）作为人民币现钞抛补银行。同日，台湾"中央银行"也会同台湾"金管会"同步修正《人民币在台湾地区管理及清算办法》，开放符合条件的金融机构与中国银行（香港）签订人民币抛补协议。[①]

2011 年 7 月 21 日，台湾"金管会"制定《台湾地区银行办理人民币业务规定》，开放国际金融业务分行（Offshore Banking Unit，OBU）及海外分支机构承做人民币业务。2012 年 8 月 31 日，两岸货币主管机关正式签署《海峡两岸货币清算合作备忘录》，并各自决定以台湾银行上海分行及中国银行台北分行作为两岸货币的清算行，这意味着两岸的外汇指定银行（Domestic Banking Unit，DBU）将可以开展相关的金融业务，包括存款、贷款、汇款、贸易结算甚至是理财商品。[②]

2013 年 1 月 25 日，中国人民银行与中国银行台北分行签署《人民币业务清算协议》，同时台湾"金管会"也发布新闻稿，声明依《台湾地区与大陆地区人民关系条例》第 38 条第 3 项规定，两岸货币清算机制建立完成后，人民币在台湾地区的管理，准用《管理外汇条例》有关规定。1 月 28 日，中国银行台北分行依据修正后的《银行业办理外汇业务管理办法》中有关人民币业务的规定，向中国台湾"中央银行"申请为人民币清算行。1 月 30 日，中国银行台北分行与台湾相关银行在台北共同举办有关人民币业务的法规及清算说明会。2 月 6 日，46 家台湾的金融机构正式开办人民币业务，这一天，不仅标志着两岸货币清算机制的启航，也意味着两岸金融大商机的到来。[③]

---

① 《修正〈人民币在台湾地区管理及清算办法〉》，中国台湾"中央银行"新闻稿，2010 年 7 月 13 日。

② 《〈海峡两岸货币清算合作备忘录〉已完成签署》，中国台湾"中央银行"新闻稿，2012 年 8 月 31 日。

③ 《指定银行（DBU）即将开办人民币业务，以及开办人民币业务之时程说明》，中国台湾"中央银行"新闻稿，2013 年 1 月 25 日。

（二）双方互设分支机构的情形

随着各项金融合作协议的签署，为拓展相关金融业务，两岸金融机构也纷纷至对方主要城市设点营运。首先，在银行业的分支机构互设方面，截至 2015 年 4 月 20 日，已有 13 家台资银行分行（子行）顺利在大陆开业营运，而陆资银行也有 3 家在台湾设立分行并开业，双方银行业互设分支机构情况如表 1 所示。

表 1　两岸银行业互设分支机构现况统计表（截至 2015 年 4 月 20 日）

台湾地区银行在大陆现况			
银行	分（支）行、子行		办事处
	已开业	申请已获金管会核准	
第一银行	上海分行 成都分行 上海分行自贸区支行	河南省 12 家村镇银行 厦门分行	—
国泰世华银行	上海分行 上海分行闵行支行 上海分行自贸区支行 青岛分行	上海子行 深圳分行 上海分行嘉定支行	—
彰化银行	昆山分行 昆山分行花桥支行 东莞分行 福州分行		
土地银行	上海分行 天津分行	武汉分行	—
合作金库	苏州分行 苏州分行高新支行 天津分行 福州分行		北京办事处
华南银行	深圳分行 深圳分行宝安支行 上海分行	福州分行	—
中国信托银行	上海分行	广州分行 上海分行自贸区支行	北京办事处

台湾地区银行在大陆现况			
银行	分（支）行、子行		办事处
	已开业	申请已获金管会核准	
兆丰银行	苏州分行 苏州分行吴江支行	宁波分行	—
台湾银行	上海分行	上海分行嘉定支行 上海分行自贸区支行 广州分行	—
玉山银行	东莞分行 东莞分行长安支行	上海分行 前海合作区子行	—
台湾企银	上海分行	武汉分行	—
永丰银行	南京子行	—	—
台北富邦银行	富邦华一银行（子行）	—	—
台湾工业银行	—	—	天津办事处
大陆地区银行在台湾地区现况			
银行	分行		办事处
	已开业	已获台湾金管会核准	
中国银行	台北分行		
交通银行	台北分行		
中国建设银行	台北分行		
招商银行	—	—	台北办事处

资料来源：台湾金融监督管理委员会。

其次，在证券业方面，早于 2000 年左右，即有 5 家台资券商前往大陆进行布点设立办事处，只是碍于大陆在证券业方面的开放相对保守，故至今尚无法取得正式营业的资格。截至 2015 年 1 月底，台湾方面已有 11 家证券商赴大陆设立 23 家办事处；已核准 1 家信投机构赴大陆设立办事处，及核准 5 家信投机构与大陆证券业者合资申设大陆基金管理公司，其中 4 家已营业。有 16 家台湾信投机构向大陆官方提出申请"合格境外机构投资者（QFII）"资格，均获大陆证监会核准资格并取得投资额度合计 28.2 亿美元。①

_____

① 《放宽两岸证券投资》，http：//www.mac.gov.tw/fp.asp？fpage = cp&mp = 1&xItem = 95058&CtNode = 7159，2015 年 5 月 1 日。

最后，在保险业方面，截至 2014 年底，台湾"金管会"已核准 10 家国内保险业公司及 2 家保险经纪人公司赴大陆参股投资，其中 6 家保险业公司、2 家保险经纪人公司已获大陆核准营业，保险业公司并设有 14 处代表人办事处；另有 1 家产险公司及 1 家寿险公司赴大陆参股投资案正在大陆监理机构审核中。

（三）两岸金融监理合作平台的启动

在各项协议陆续签署以及分支机构互设后，为进一步强化两岸的金融监管合作，两岸正式建立金融监理合作平台，通过双边金融主管机关的交流，开创制度化协商的管道。

2011 年 4 月 25 日，第一次两岸银行监理合作平台会议（简称金银会）在台北举行，初步会谈达成一些共识，包括：确认"两岸银行监理合作平台"的具体内容及运作机制；确认双方加强两岸银行监理技术层面的合作；大陆对台湾"金管会"所反映的台湾地区银行业者有关两岸银行业互设分支机构及经营业务的意见予以善意回应；台湾将视金融市场状况，积极配合大陆所关切的陆银在台设立分支机构的各式议题；双方同意成立银行业监理合作工作小组，以利于下阶段两岸银行业协商事宜尽速展开。虽然在这次会谈双方仅就监理平台具体内涵及运作机制达成共识，并未在双方准入条件与业务方面取得大幅开放与松绑的进展，但却意味着双方金融监理机关的对话窗口正式开启。①

2011 年 11 月 23 日，第二次两岸银行监理合作平台会议在北京举行，在第一次金银会的默契下，双方在这次会谈中达成 4 项共识，包括具体解释台资银行承做"台资企业"人民币业务；

---

① 台湾"金管会银行局"：《第一次两岸银行监理合作平台会议成果说明》，http://www.banking.gov.tw/ch/home.jsp？id＝342&websitelink＝artwebsite.jsp&parentpath＝0，8，110，340。

关于"台资企业"的定义；列出"绿色通道"有关中西部及东北部范围，共涵盖 21 省，确定双方银行下一步可开展的业务。①

2013 年 4 月 1 日，两岸银行监理合作平台第三次会议在台北盛大举行，双方在加强两岸银行业交流合作等议题达成多项共识，其中大陆对台湾开放的主要有七项，而台湾对大陆开放的则有四项。首先，大陆对台湾开放的部分包括：①对于台湾当局批准的台湾地区银行在大陆地区申请设立同城支行，大陆方面将会加快受理审核，并支持经评估达到监管要求的台湾地区银行申请增设分行。②台湾地区银行在大陆设立子银行后，可以申请办理相关业务（包括转账卡及信用卡在内的银行卡业务）。在符合相关法规的前提下，大陆方面支持两岸银行业开展股权合作。③同意按照大陆方面最新发布的有关规定，对通过第三地到大陆投资的台资企业进行认定。④开放台湾地区银行在大陆地区设立村镇银行。⑤同意选定特定区域，允许台湾地区银行在当地的分行申请设立省区异地支行。大陆方面支持台湾地区银行在大陆特定区域设立机构，并给予审批便利及优惠。⑥积极支持台资银行到大陆东北及中西部设立分支机构及开展业务。⑦推动人民币清算机制的落实，积极研究台湾人民币回流问题。②

台湾对大陆开放的部分包括：①尽快取消大陆地区银行来台设立分支机构及参股投资的 OECD 条件。②已在台湾地区设有分行的大陆银行符合条件可申请增设分行（含 OBU）。③单一大陆地区银行可申请投资台湾上市（柜）银行、金控公司的持股比率提高至 10%（如加计 QDII 为 15%）；投资未上市

---

① 台湾"金管会银行局"：《第二次两岸银行监理合作平台会议成果说明》，http：// www. banking. gov. tw/ch/home. jsp？ id＝343&websitelink＝artwebsite. jsp&parentpath＝0，8，110，340。

② 台湾"金管会银行局"：《第三次两岸银行监理合作平台会议成果说明》，http：// www. banking. gov. tw/ch/home. jsp？ id＝396&websitelink＝artwebsite. jsp&parentpath＝0，8，110，340。

（柜）银行、金控公司的持股比率提高至 15%；参股投资金控公司子银行的持股比率可达 20%；参股投资金控公司或其子银行维持现行的二选一规定。④在《两岸金融往来办法》中纳入银联公司可以申请赴台设立分支机构的规定。

值得注意的是，除了"金银会"已成为两岸银行主管机关固定的监理合作平台外，2013 年 1 月 29 日首次在台北举行的两岸"金证会"，也已获得双方共识，将成为日后两岸证券期货业监管机构的监理合作平台。2013 年 10 月 17 日在台北举行的首次"金保会"，也确立以此平台作为两岸保险业监管机构的监理合作平台，未来将建立制度化的会晤机制，双方就市场进入协调、保险业务经营协商事项、监理法规等议题进行意见交流，进而形成共识，并加强海峡两岸保险公司业务交流、技术提升及相关交流等合作事宜，共同促进海峡两岸保险业的健全经营及维护市场稳定发展。①

而在首次的金证会中，两岸主管机关达成多项共识。在大陆证券市场对台开放部分，主要有九项重要具体共识。

第一，放宽台湾金融机构申请 QFII 资格。未来台湾金融机构申请 QFII 资格，可以证券公司资产规模为计算标准，放大到以金控的资产规模为基础，只要金额达到 50 亿美元以上，即可以取得 QFII 资格，让台湾更多金融机构符合条件。

第二，提供台湾进行人民币合格境外投资者（RMB Qualified Foreign Institutional Investors，RQFII）试点，起初将会提供 1000 亿元的投资额度。台湾投资机构可以通过 RQFII 方式，发

---

① 台湾"金管会"：《两岸证券期货监理合作平台首次会议成果说明》，http://www.fsc.gov.tw/ch/home.jsp？id=380&parentpath=0，2，379；《海峡两岸首次保险监理合作会议成果说明》，http://www.ib.gov.tw/ch/home.jsp？id=34&parentpath=0，2&mcustomize=news_view.jsp&dataserno=201310170010&aplistdn=ou=news，ou=multisite，ou=chinese，ou=ap_root，o=fsc，c=tw&toolsflag=Y。

行各项基金或投资商品募集海外人民币，将资金交给投资机构，由其进行大陆的股票或债券市场投资。

第三，开放符合条件的台湾居民，在 RQFII 的制度下投资大陆市场，被外界称为 RQFII2。此意指未来符合条件的台湾民众，将可以通过证券商直接以人民币投资 A 股或是债券市场，让个人持有的境外人民币有更多投资渠道。

第四，开放合资证券投资咨询公司业务。未来台湾证券商可以在大陆设立合资的证券投资咨询公司，一般地区台资证券公司持股比例上限为 49%，在先行先试的区域内，持股比例则可提升至 50% 以上，未来台湾证券商赴陆将可经营更多元化的证券业务。

第五，开放期货中介机构设立。过去外界普遍认为中国大陆对于境内的期货市场保护色彩强烈，但此次开放台资期货中介公司可以在大陆设立期货经纪公司，持股比例上限设为 49%，让台资期货商对大陆业务破冰。

第六，提高台资证券商对于两岸合资基金管理公司的持股上限。过去台资证券商对于合资基金管理公司的上限为 49%，主要目的是希望由大陆当地的证券机构主导，未来随着持股上限的增加，意味着台资证券商可以主导经营，让企业有更多业务操作的空间。

第七，开放在大陆工作的台湾居民投资 A 股。未来在大陆工作的台湾居民，可以直接以人民币投资 A 股，让在大陆的台湾居民能更直接参与当地股票市场，接触更多的投资机会。

第八，重点区域内的合资全照业务放宽。大陆允诺符合特定条件的台资证券公司，在上海、福建、深圳三地各设立合资的全牌照证券公司，而且台资持股比重可达 51%，合作对象也未限定任何产业。合资对象不设限与持股比重超过 50%，代表台资证券商有更多的弹性与空间和当地机构进行合作，而全牌照则指未来可全方位经营各项业务，尤其是市场庞大的 A 股经纪业务，而在上海、福建、深圳三地试行则表示证券商可以在大陆主要重点区域开展业务。

第九，允许台资证券公司在"先行先试"的改革区内，各新设 1 家合资全牌照证券公司，台资证券公司持股不超过 49%，且取消大陆单一股东需持股 49% 的限制。

在台湾证券市场对大陆开放部分，则有四项具体共识。

第一，放宽陆资证券期货代表处资格。过去台湾规定陆资证券商的国际代表处资格须有 5 年，现在放宽为 2 年。另外，国际经验也扩展至在港澳有设立营业据点即可，未来会有更多符合资格条件的陆资证券期货商在台设立代表处。

第二，放宽大陆证券期货机构参股比重。原来参股比重为个别陆资参股单一证券期货机构持股上限为 5%，且陆资总计持股不可以超过总额的 10%，未来都将会朝更宽松的方向调整，让陆资在台有更大的合作空间。

第三，循序放宽大陆合格境内机构投资者（Qualified Domestic Institutional Investor，QDII）投资额度限制，从目前的 5 亿美元提高至 10 亿美元，让大陆资金能有更大的空间投资台湾资本市场，也有助于两岸资金流通平衡。

第四，台湾"金管会"研议大陆符合资格的居民，能够直接投资台湾市场。未来大陆居民也能直接参与台湾资本市场，让台湾证券市场参与者更为多元，也为证券商创造更多商业契机。

由于第三次金银会与第一次金证会在两岸银行与证券期货的业务开放方面均取得极大的突破，对两岸的银行与证券期货业者而言，在业务的拓展上助益可说是非常大。因此，双方均同意将金银会与金证会的共识，直接纳入 ECFA 后续两岸服务业贸易协议内，加快推动的步伐。

此外，2014 年 12 月 25～26 日，两岸银行监理合作平台第四次会议、两岸证券期货监理合作平台第二次会议以及两岸保险监理合作平台第二次会议在北京举行。其中，金银四会双方就两岸金融双向往来后，如何深化两岸金融监理合作、加强金融监理经验交流及目前审核中的互设营业据点案件等，进行讨论并达成三项具体共识：①尽速审批两岸互设分支机构及申办业务的申请案；②建立两岸金融发展及监理经验的定期交流机制；③拟订两岸银行业危机处置合作方案。①

金证二会台湾方面想要争取的事项为：①有关放宽台资证券公司申请大陆合格境外机构投资者（QFII）资格所应具备的资产管理规模条件包括证券公司保管划拨账户的余额，大陆方面表示将进一步商议降低 QFII 资格门槛，并同时研究允许 QFII 投资大陆国债期货有关问题；②建议降低台湾信投机构担任 QDII 台股投资顾问的门槛，并豁免两岸合资基金公司的台湾信投股东担任 QDII 台股以外的海外投资顾问须具备的管理资产规模条件，大陆方面表示，在促进大陆基金业提升全球投资管理能力的前提下，将进一步商议 QDII 投资顾问的资格限制；③有关 ECFA 承诺的落实部分，将尽快把台湾证券交易所、台湾期货交易所列入大陆 QDII 投资金融衍生产品交易所名单，并尽速完成相关法规的修订，至于有关简化台湾证券从业人员在大陆

---

① 台湾"金管会银行局"：《第四次两岸银行监理合作平台会议成果说明》，http：//www.banking.gov.tw/ch/home.jsp？id＝424&parentpath＝0，8，110；《两岸证券期货监理合作平台第二次会议成果说明》，http：//www.fsc.gov.tw/ch/home.jsp？id＝96&parentpath＝0，2&mcustomize＝news_view.jsp&dataserno＝201412250006&toolsflag＝Y&dtable＝News；《海峡两岸第二次保险监理合作会议成果说明》，http：//www.fsc.gov.tw/ch/home.jsp？id＝96&parentpath＝0，2&mcustomize＝news_view.jsp&dataserno＝201412260003&toolsflag＝Y&dtable＝News。

申请从业人员资格和取得执业资格的程序，双方同意由相关公会与协会共同商议提出具体落实方案；④双方已就有关台湾期货交易所与大陆合作股价指数授权，发展期货商品上市议题交换意见。

金保二会以加强监理交流及持续推进双向往来为主轴，讨论重点及具体共识为：①分享保险监理议题及经验；②强化未来两岸监理人员交流；③加强两岸保险业危机处置合作。

三、两岸服务业贸易协议的金融产业开放

在服务业的引颈期盼下，"海峡两岸服务贸易协议"（以下简称两岸服贸协议）终于出炉，这是 ECFA 后续协议的一部分，与"货品贸易协议"、"投资保障和促进协议"、"争端解决协议"构成 ECFA 的四大重要拼图。两岸服贸协议主要讨论的是市场开放，包括产业、业务范围、股权比例、区域及便利化措施，而服务业也是近几十年来国际贸易中增长快速的项目，更是当前发展的大趋势之一。

令人振奋的是，除了开放服务产业，被视为产业发展重要基石的金融业开放也在此次两岸服贸协议中获得重大突破，未来两岸金融合作的紧密交流、制度化的金融服务，必能反馈在国际贸易的往来上，进而带动产业的互补竞争。这不但有利于台湾经济转型，更能达成"以金融支援产业，以产业活络金融"的目标。就此次两岸服贸协议开放的金融服务业内容来看，大陆方面在银行业、证券期货业及保险业分别对台湾做出 6 项、8 项、1 项开放承诺，而台湾亦分别开放 4 项、4 项、1 项。进一步说明及效益分析如下：

（一）银行业

中国大陆开放部分约可分成四个方面：

第一，大陆银行境外理财业务可投资台湾金融产品，包括上市股票、证券投资信托基金、公债及公司债等理财商品，有助于扩大台湾金融市场资金动能，提升台湾金融商品的竞争与创新能力，进而带动台湾证券商、证券投资信托及顾问等金融机构的业务发展与就业机会。

第二，开放福建支行及村镇银行，依据中国大陆规定，分行可办理的业务，支行亦得办理，且支行的应备营运资金较少，加上村镇银行的开放，可大幅增加台湾银行企业在大陆地区的营业据点，有助于台资银行对大陆业务的实质拓展。

第三，支持两岸银行业相关股权合作，有助于两岸银行业合作结盟，稳固融资渠道，协助业务拓展。

第四，中国大陆承诺放宽台资银行办理人民币业务的范围，将协助台资银行在大陆地区初期业务的拓展，并协助更多台商取得融资资金。

而台湾方面原则上进一步放宽登台条件，但因金融市场"国际化"及"自由化"是台湾金融政策长期目标，目前外国银行市场准入、业务范围及商业据点的待遇，原则上已与本地银行相同。此次两岸服贸协议开放，符合台湾金融政策大方向，并有助于促进两岸银行业双向往来的良性互动，并建立更密切的业务合作关系。另外，提高参股比例及开放银联设立分支机构，原则上可提升台湾银行的资本及提供更全面的信用卡业务，进一步完善金融发展，并能增加台湾信用卡使用人的选择空间，关于银行业开放内容如表2所示。

表2 两岸服贸协议——银行业协议内容

台湾对大陆开放
①尽速取消大陆银行来台设立分支机构及参股投资的经济合作暨发展组织（Organisation for Economic Co‐operation and Development，OECD）条件
②已在台湾设有分行的大陆银行符合条件者，可申请增设分行
③单一大陆银行可申请投资台湾上市（柜）银行、金控公司的持股比率提高至10%（如加计大陆合格境内机构投资者为15%）；投资未上市（柜）银行、金控公司的持股比率提高至15%；参股投资金控公司子银行的持股比率可达20%。参股投资金控公司或其子银行，维持现行二者择一规定
④大陆的银联公司可申请来台湾设立分支机构

大陆对台湾开放
①大陆的商业银行从事代客境外理财业务时，可以投资符合条件的台湾金融产品
②符合条件的台湾银行，可以按照现行规定申请在大陆发起设立村镇银行
③台湾银行在福建省设立的分行，可以参照大陆关于申请设立支行的规定提出在福建省设立异地（不同于分行所在城市）支行的申请
④若台湾银行在大陆设立的法人银行已在福建省设立分行，则该分行可以参照大陆关于申请设立支行的规定提出在福建省设立异地（不同于分行所在城市）支行的申请
⑤在符合相关规定的前提下，支持两岸银行业进行相关股权投资合作
⑥台湾银行在大陆的营业性机构，经批准经营台资企业人民币业务时，服务对象可包括依规定被认定为视同台湾投资者的第三地投资者在大陆设立的企业

资料来源：笔者整理。

（二）证券期货业

此次两岸服贸协议金融业开放最令人惊艳的部分，应属证券期货业的开放，中国大陆承诺开放台资证券业持股比例最高可达51%及全牌照执业，也就是开放"合资全照"，两岸证券及期货产业合作又向前跨了一大步，有助于台资证券期货业在大陆的实质经营及业务拓展。此外，中国大陆承诺允许台湾金融业者以人民币合格境外机构投资者（RMB Qualified Foreign Institutional Investor，RQFII）方式投资大陆资本市场，带动国内人民币业务商机，提升台资金融机构人民币计价商品的竞争力，促进双方市场共荣发展，进一步推进两岸特色金融业务，亦有助于台湾成为人民币离岸中心。

　　然而相较于陆方的开放内容，台湾方面开放有限，除了松绑陆资证券期货业设立办事处的条件及放宽合格境内机构投资者（Qualified Domestic Institutional Investor，QDII）投资金额上限，其他两项都是商议，预期影响有限，证券期货业开放内容如表3所示。

表3　两岸服贸协议——证券期货业协议内容

台湾对大陆开放

①大陆证券期货机构按照台湾有关规定申请在台湾设立代表人办事处需具备的海外证券、期货业务经验为2年以上，且包括香港及澳门

②循序放宽大陆合格境内机构投资者（QDII）投资台湾证券的限额，初期可考虑由5亿美元提高至10亿美元

③积极研议放宽大陆证券期货机构参股投资台湾证券期货机构的有关限制

④积极研议大陆合格境内个人投资者投资台湾资本市场

大陆对台湾开放

①允许台资金融机构以人民币合格境外机构投资者方式投资大陆资本市场

②为台资证券公司申请大陆合格境外机构投资者（QFII）资格进一步提供便利，允许台资证券公司申请QFII资格时，按照集团管理的证券资产规模计算

③允许符合条件的台资金融机构按照大陆有关规定，在大陆设立合资基金管理公司，台资持股比例可达50%以上

④允许符合设立外资参股证券公司条件的台资金融机构按照大陆有关规定在上海市、福建省、深圳市各设立1家两岸合资的全牌照证券公司，台资合并持股比例最高可达51%，大陆股东不限于证券公司

⑤允许符合设立外资参股证券公司条件的台资金融机构，按照大陆有关规定在大陆批准的"在金融改革方面先行先试"的若干改革试验区内，各新设1家两岸合资全牌照证券公司，大陆股东不限于证券公司，台资合并持股比例不超过49%，且取消大陆单一股东须持股49%的限制

⑥允许符合外资参股证券公司境外股东资质条件的台资证券公司，与大陆具备设立子公司条件的证券公司，在大陆设立合资证券投资咨询公司。合资证券投资咨询公司作为大陆证券公司的子公司，专门从事证券投资咨询业务，台资持股比例最高可达49%

⑦在大陆批准的"在金融改革方面先行先试"的若干改革试验区内，允许台资证券公司在合资证券投资咨询公司中的持股比例达50%以上。

⑧允许符合条件的台资期货中介机构按照大陆有关规定，在大陆申请设立合资期货公司，台资合并持股比例最高可达49%

　　资料来源：笔者整理。

（三）保险业

对于在大陆的台资产险企业来说，这是实质业务的开放，由于目前台资产险业的车险业务多需与本地保险公司合作，客户必须另向陆资公司投保"机动车交通事故责任强制保险"（以下简称交强险），造成客户投保或理赔服务等不便，是台资保险业于大陆地区业务发展的一大瓶颈。然而台湾业者在费率计算、理赔服务及经营经验等方面又具明显优势，配合大陆保险监理机构解决"车险理赔难"的政策目标，故交强险业务的开放，不但有利于台资产业业者拓展，深耕车险市场，并可引进台湾相关经验，有利于大陆市场进一步完善，进而达成双赢互利。

放宽经营稳健的优质保险业者来台设立代表处等，对台湾保险业者影响有限，但对整体保险市场有正面效益，因台湾保险市场早已饱和，加上近年低利率的影响，保险业经营及业务拓展竞争激烈，台湾地区保险业者的竞争力远高于中国大陆同业者。再者，开放中国大陆优质保险业者参股，有助于其提升保险业资金水准，虽然目前台湾保险业并不缺钱，但自由化的竞争策略有助于台湾保险市场的长期发展，保险业开放内容如表4所示。

表4 两岸服贸协议——保险业协议内容

台湾对大陆开放
积极审慎修正有关大陆保险业在台湾设立代表处及参股评等的规定
大陆对台湾开放
积极支持符合资格的台湾保险业者经营交通事故责任强制保险业务，对台湾保险业者提出的申请，将根据有关规定积极考虑，并提供便利

资料来源：笔者整理。

四、未来两岸金融合作的方向与建议

从前述两岸金融发展的历程可以清楚看到，两岸金融合作在近年来已有重大的突破与进展。不过，即使成果丰硕，但仍有一些未来合作的方向与问题亟待突破。因此，针对未来两岸金融交流与合作，除了持续建立互信与协商渠道外，最重要的是针对现今发展情况，提出合宜的发展对策。

第一，以往两岸金融合作大多局限于金融市场的开放与准入，而较少牵涉到两岸资本市场的合作与扩展。如今，随着2014年11月17日沪港通的正式启动，无形中带给两岸金融合作一个很大的启示。亦即，是否有可能依循沪港通的模式，加入台湾证券市场，建立台沪港通三边互联互通的机制。此做法，除有利于中国大陆推动资本市场的改革外，也有利于台湾建立人民币离岸中心，双方联手加速人民币国际化的进程。同时，更有机会通过两岸资本市场彼此之间强烈的互补性，带动两岸资本市场的全面发展。

第二，两岸金融监理合作一直是双方主管机关持续研究并推动的重点项目，目前两岸的金融监理合作平台（包括银行、证券及保险）虽已陆续建立，提供日常联系、互访交流以及现场检查等具体监理事项，但对于系统性风险的防范，似乎仍有不足。换言之，两岸的金融监理合作，在实务层面的运作仍不够完善，尤其是随着两岸金融往来日益密切，资金的移动更加频繁，也加深了两岸经济的联动，提高了系统性风险。对此，为避免由两岸金融危机引发的区域性系统性风险发生，两岸主管机关应审慎考量，加强两岸金融监理合作，并推动金融预警及金融防火墙系统的建设，严密监控未来可能发生的金融问题，并有效掌握各类金融信息。尤其是，建立各项金融预警指标，准确评估两岸金融机构的财务状况，并在问题浮现初期，立即处理并阻绝扩散，以减轻两岸金融事件可能引发的连锁性冲击。

第三，从国家总体层面看，虽然两岸金融监理合作已步入常态化及制度化，但由于两岸金融联动日益加深，且国际金融危机的威胁逐渐扩大，对于这样的趋势，我们认为两岸应该更积极地商讨与研究如何加快两岸货币互换机制的建立，共同抵御金融危机的冲击。此外，当前国际经济局势诡谲多变，对高度依赖出口的两岸而言，未来出口情势会更加严峻。目前大陆已与东盟十国签订自由贸易协定（东盟＋1），并加快在双边贸易中以人民币作为贸易结算货币的脚步，加强推动人民币的区域化与国际化。有鉴于此，建议未来两岸也可以仿效东盟＋1的模式，先推动两岸贸易以人民币结算，同时通过两岸的出口实力，进一步提升人民币在国际贸易、国际投资甚至是国际储备中的使用诱因，加速人民币国际化的进程。

第四，针对近期全球热烈讨论的大陆筹建亚洲基础建设投资银行（简称亚投行）事件，基于亚投行参与国众多且涵盖范围极广，未来亚投行在亚洲地区甚至全球的影响力将日渐增大，对此趋势，台湾除了应妥善利用两岸深厚的金融合作基础，积极争取成为亚投行会员国外，也应审慎思考如何顺应此潮流，融入全球区域经济整合的版图。因为就国际经济战略布局而言，加入亚投行是台湾不得不进行的选择。当全世界所有国家都在利用区域经济整合，扩充自己的对外经贸实力与规模时，台湾绝对无法孤立。特别是台湾属于出口导向型的海岛型经济体，对外经贸一向是台湾极为依赖的经济命脉，一旦不愿或无法融入全球区域经济整合的版图，将可能加剧经济失速。

第五，由于亚投行是支持"一带一路"基础建设的，而"一带一路"所涉及的市场与规模极为庞大，沿线的国家及地区高达 26 个，人口总数为 44 亿人，GDP 总量也高达 2100 万美元，商品及劳务的出口比重将近全球的 1/4。因此，从协助企业开发商机与支援国际融资的角度来看，参与亚投行显然具有一定的好处。换言之，参与亚投行将有利于台湾相关企业争取亚洲地区的公共工程标案，不需担心只准会员国厂商投标的限制性招标行为，妨碍台湾企业争取亚洲地区基础建设的商机。而就支持国际融资的立场而言，亚投行基础建设投资所产生的外溢效果，势必会带动周边贸易及投资活动的盛行，无形中将衍生出相关的贸易融资与国际联贷商机。这对台湾金融企业来说，是一大机会。台湾可借此提供这些基础建设所需的资金，充分运用庞大的人民币资金池，扮演好支持国际融资的角色，并争取商机。

第六，面对全球经贸日趋一体化及诡谲多变的国际经贸与金融情势，区域间的经济整合已成潮流，而各国为应对金融危机的冲击，纷纷进行更深入的经贸与金融合作。目前亚太地区中，以跨太平洋伙伴协定（Trans – Pacific Partnership，TPP）与区域全面经济伙伴协定（Regional Comprehensive Economic Partnership，RCEP）两大区域贸易协定最受瞩目，两者均为巨型自由贸易协定（Mega FTAs），参与国家亦涵盖大多数亚太国家。但是，基于国际政治现实的考虑，目前中国台湾都无法加入。若能趁此次亚投行的创建采取开放包容的精神，利用两岸金融合作的深厚基础，积极争取加入，并以其作为垫脚石，未来融入亚太区域经济整合的机会也将大举提高。毕竟中国台湾是否能加入 TPP 或 RCEP 这类巨型自由贸易协定，主要是由国际政治行为决定的，而非纯经济因素的考量。因此，唯有多多参与国际组织，才有机会化解国际社会的紧张氛围，融入全球区域经济整合。

第七，大陆正面对重要的结构调整过程，包括经济结构、产业结构、区域结构等，如何有效提升内需、发展服务业、推动城镇化是当前政策的主要方向。由于这些都是中长期建设计划，基本上具有延续性及一致性，因此预期这些政策方向也将是未来"十三五"规划的重点。在这样的发展方向下，无论是内需、服务业或城镇化，都会牵涉消费金融、财富管理、物流金融及农村金融业务的发展，都与广大的内需市场息息相关。因此，两岸可思考如何就消费金融、财富管理、物流金融及农村金融的开发进行合作，尤其是，通过金融辅助的角色进一步提升内需市场的消费能力。

【参考文献】

［1］海基会：《海峡两岸金融合作协议》，2009 年。

［2］中国台湾金管会：《两岸金融监理合作了解备忘录》，2009 年。

［3］金管会银行局《第一次两岸银行监理合作平台会议成果说明》，http：//www. banking. gov. tw/ch/home. jsp？ id＝342&websitelink＝artwebsite. jsp&parentpath＝0，8，110，340。

［4］陆委会：《放宽两岸证券投资，施政绩效报告》，2015 年 5 月 1 日，http：//www. mac. gov. tw/fp. asp？ fpage＝cp&mp＝1 & xItem＝95058&CtNode＝7159。

［5］中国国务院：《中国（上海）自由贸易试验区总体方案》，2013 年。

［6］中国国务院：《关于印发中国（福建）自由贸易试验区总体方案的通知》，2015 年。

［7］中国国务院：《关于印发中国（广东）自由贸易试验区总体方案的通知》，2015 年。

［8］中国国务院：《关于印发中国（天津）自由贸易试验区总体方案的通知》，2015 年。

［9］海基会：《海峡两岸服务贸易协议》，2013 年。

［10］中国台湾中央银行：《海峡两岸货币清算合作备忘录》，2012 年 8 月 31 日。

［11］海基会：《海峡两岸经济合作架构协议》，2010 年。

［12］中国台湾中央银行：《开办人民币业务之时程说明》，2013 年 1 月 25 日。

［13］中国台湾金管会：《两岸金融业务往来及投资许可管理办法》，2010 年。

［14］中国台湾金管会：《两岸证券期货监理合作平台首次会议成果说明》，http：// www. fsc. gov. tw/ch/home. jsp？ id ＝380 & parentpath ＝0，2，379。

［15］中国台湾金管会：《台湾地区银行办理人民币业务规定》，2011 年。

［16］中国台湾中央银行：《修正〈人民币在台湾地区管理及清算办法〉》，2010 年 7 月 13 日。

［17］中国台湾中央银行：《指定银行（DBU）即将开办人民币业务》，2013 年 1 月 25 日。

［18］中国台湾金管会银行局：《第二次两岸银行监理合作平台会议成果说明》，http：// www. banking. gov. tw/ch/home. jsp？ id ＝343 & websitelink ＝artwebsite. jsp&parentpath ＝ 0，8，110，340。

［19］中国台湾金管会银行局：《第三次两岸银行监理合作平台会议成果说明》，http：// www. banking. gov. tw/ch/home. jsp？ id ＝396 & websitelink ＝artwebsite. jsp&parentpath ＝ 0，8，110，340。

［20］中国台湾金管会银行局：《第四次两岸银行监理合作平台会议成果说明》，ht-tp：//www. banking. gov. tw/ch/home. jsp？ id ＝424& parentpath ＝0，8，110。

［21］中国台湾金管会：《海峡两岸第二次保险监理合作会议成果说明》，http：// www. fsc. gov. tw/ch/home. jsp？ id ＝ 96&parentpath ＝ 0，2&mcustomize ＝ news _ view. jsp&dataserno ＝201412260003&toolsflag ＝ Y&dtable ＝ News。

［22］中国台湾金管会：《海峡两岸首次保险监理合作会议成果说明》，http：// www. ib. gov. tw/ch/home. jsp？ id ＝ 34 & parentpath ＝ 0，2 & mcustomize ＝ news_ view. jsp & dataserno ＝ 201310170010 & aplistdn ＝ ou ＝ news，ou ＝ multisite，ou ＝ chinese，ou ＝ ap_ root，o ＝ fsc，c ＝ tw&toolsflag ＝ Y。

［23］中国台湾经济部：《大陆地区人民来台投资许可办法》，2009 年。

［24］中国台湾金管会：《两岸证券期货监理合作平台第二次会议成果说明》，ht-tp：//www. fsc. gov. tw/ch/home. jsp？ id ＝ 96 & parentpath ＝ 0，2&mcustomize ＝ news_ view. jsp&dataserno ＝201412250006&toolsflag ＝ Y&dtable ＝ News。

下篇　产业政策

新工业革命与经济新常态背景下中国产业政策转型的基本逻辑

江飞涛[1]　李晓萍[2]

（1. 中国社会科学院工业经济研究所，北京　100836；
2. 中国社会科学院数量经济与技术经济研究所，北京　100732）

20 世纪 80 年代中期，政府主导的市场经济模式（即所谓东亚模式）在国内得到较为普遍的认同，其以政府为主导的选择性产业政策模式颇受推崇，以这种产业政策模式主导产业发展乃至经济发展，既保留了政府对经济发展的大量干预，同时也能引进市场机制。因而，产业政策作为当时各方都能接受的政策模式和政策工具，成为中国政府推动计划经济向市场经济渐进式转变的重要方式。直到 21 世纪初，从整体上看，政府通过产业政策的实施不断减少了对于微观经济的计划管理或干预；并且由于产业政策不像计划管理那样具有很强的约束性，不当的产业政策干预相对容易被突破和调整。在这一期间，产业政策因其灵活性及不断释放微观经济活力，在很大程度上促进了产业发展及产业结构调整。

　　［基金项目］国家自然科学基金面上项目（71373283）；国家自然科学基金应急项目（71441032）。

但是，政府仍通过产业政策保留了大量对微观经济的干预，由此带来的不良效应也不断显现出来。江小娟（1999）进一步指出，这些政府干预的效果总体上不理想，许多行业高速发展的过程，就是不断突破有关部门预测、脱离其规划、摆脱其干预的过程，如果政府的干预大部分得以实现，这些行业的发展就会被进一步延迟。进入 21 世纪以后，特别是 2003 年以来，中国政府加强了对微观经济的干预（吴敬琏，2009），进一步强化了选择性产业政策的运用，政策几乎涵盖了所有产业，不仅表现为对特定重点产业的扶持，更多地表现为对产业内特定企业、特定技术、特定产品的选择性扶持以及对产业组织形态的人为调控。从政策措施看，目录指导、市场准入、项目审批与核准、供地审批、贷款的行政核准、强制性清理（淘汰落后产能）等行政性直接干预措施进一步被强化，对微观经济的干预更为广泛、细致和直接，从而体现出强烈的直接干预市场、限制市场竞争和以政府选择代替市场机制的管制性特征及浓厚的计划经济色彩（江飞涛、李晓萍，2010）。这些产业政策大多效果不佳，由此带来的不良政策效应却日益突出。

当前，中国经济进入新常态，新一轮科技革命和产业变革正在孕育，中国产业发展面临新的形势以及前所未有的挑战，而现行的产业政策模式非常不利于产业转型发展与国际竞争力提升，更不适应新的形势与应对新的挑战。中国迫切需要调整当前产业政策模式，摒弃原有效果不佳的产业政策，转为制定和实施更为合意、更为有效的产业政策。

一、现阶段中国产业政策的特征与缺陷

现阶段，中国的产业政策具有强烈的管制性特征和浓厚的计划经济色彩，是典型的选择性产业政策，政府与市场的关系主要表现为政府直接干预市场与替代市场。

中国的产业政策一直以来就具有强烈的干预市场的特征，对于微观市场的直接干预是产业政策最为重要的手段。2003 年以来，随着政府对企业微观经济活动的行政干预，政策实施在"宏观调控"的名义下明显加强，"宏观调控要以行政调控为主"成为正式的指导方针（吴敬琏，2010），而这些行政调控多是以产业政策的形式实施。目录指导、市场准入、项目审批与核准、供地审批、贷款的行政核准、强制性清理等直接干预市场型的政策措施，是中国产业政策主要的政策工具选择。中国产业政策直接干预市场的特征还表现在对市场竞争的限制方面，即保护和扶持在位的大型企业（尤其是中央企业、地方大型国有企业），限制中小企业对在位大企业市场地位的挑战和竞争。

中国产业政策试图以政府的判断、选择来代替市场机制。中国产业政策中的这种选择性不只表现为对具体产业的选择和扶持，而且更多地表现为对各产业内特定技术、产品和工艺的选择及扶持。中国的各种指导目录不仅详细规定了政府重点支持的产品、技术、工艺或产业，还详细规定了被限制或者被强制淘汰的产品、技术、工艺与产业。由于这类指导目录、指南或者规划是政府制定投资审批与管理、财税、信贷、土地等政策的依据，它在很大程度上选择了投资的方向，这实际上是以政府对于产品、技术和工艺的选择来替代市场竞争对产品、技

术和工艺的选择。以政府选择代替市场机制，还表现在对特定行业市场结构、生产企业及企业规模的选择上；在制定治理产能过剩政策中，以政府对市场供需状况的判断以及对未来供需形势变化的预测来判断某个行业是否存在盲目投资或者产能过剩，以政府的判断和预测为依据制定相应的行业产能及产能投资控制措施、控制目标，并试图控制市场供需的平衡（江飞涛，2010）。

以直接干预微观经济为特征的选择性产业政策，实施效果多不理想，并且由于扭曲了市场机制，带来许多不良的政策效应以及较为严重的寻租问题，在很大程度上阻碍了结构调整与经济转型。具体来说，主要问题有以下几个方面（江飞涛、李晓萍，2012）：

第一，采取广泛干预微观经济的产业政策，带来较为严重的寻租和腐败行为，加剧收入分配的不平衡，诱导企业家将更多的精力配置于寻租活动，相应地减少适应市场、降低成本、提高产品质量、开发新产品等方面的努力，并降低整体经济体系的活力。

第二，投资审批、核准政策及市场准入等管制政策，由于限制和扭曲了市场竞争，一些重要行业的效率提升产生了显著的负面影响。不必要的投资审批和核准还阻碍了企业对市场需求增长和结构变动迅速做出反应，给企业经营以及产品结构调整带来困难。

第三，目录指导政策常常超越我国经济发展阶段而片面追求发展高新技术产品和工艺，同时把本来具有市场需求的产能看作落后产业并加以淘汰。

第四，片面强调市场集中度、市场规模，导致企业脱离自身需求和能力片面扩大规模，并导致大量低效率的兼并重组。

第五，以直接干预微观市场的方式治理产能过剩，不但不能从根本上治理产能过剩，反而阻碍了市场自发协调供需与产能的内在机制，加剧了市场波动，甚至进一步加剧了产能过剩的程度。

第六，发展战略性新兴产业政策实施中，过于注重补贴生产企业，导致部分新兴产业过度投资，并频繁遭遇国外反补贴调查和制裁。

二、当前中国产业政策转型的必要性和迫切性

（一）新工业革命与经济新常态背景下中国更不具备实施选择性产业政策的基本前提

选择性产业政策行之有效的基本前提是，政府能在各个时点上正确挑选出未来一段时期"应该"发展的产业、产品、技术与工艺。如果说改革开放之后的前 30 年，由于我国工业整体技术水平与发达国家存在很大差距，无论是在产业结构的演变、技术、工艺路线还是在产品设计、商业模式等方面都有发达国家的经验可供借鉴模仿，还存在某些有利于实施选择性产业政策的条件（尽管由于发展环境与条件的巨大差异，很难根据这些经验确定在某一具体时间应该扶持何种具体产业、技术、工艺与产品）。而在经济新常态与新工业革命背景下，则完全不具备实施选择性产业政策的前提条件。

从消费需求看，模仿型排浪式消费阶段基本结束，个性化、多样化消费渐成主流，政策部门更难选择应该培育什么消费产品、不应该培育什么消费产品。从投资需求看，传统产业投资

相对饱和，新技术、新产品、新业态、新商业模式的投资机会大量涌现，但新的投资机会也意味着面临更大的不确定性，政策部门更难确知哪些新产品、新业态、新商业模式会成功并成为市场的主导。从技术与供给层面看，随着整体技术水平向技术前沿逼近，在新兴技术和产业领域已经没有可供借鉴的发达国家成熟经验，面临着与发达国家同样的高度不确定性。新工业革命会给未来产业和经济发展在新产业、技术、市场、业态、生产方式与组织方式等方面带来高度的不确定性，这使得基于传统产业发展经验的选择性产业政策完全失去了作用，同时也使得激励创新与为企业提供更为有利于创新的制度与市场环境，必须成为整个产业政策的核心。在经济新常态与新工业革命背景下，政府部门更不可能"正确"选择"应当"扶持的产业、产品、技术与工艺，选择性的产业政策在很大程度上也不利于构筑激励与促进创新的制度环境和市场环境。

（二）新工业革命与经济新常态背景下中国迫切需要加快产业政策的转型

经济新常态与新一轮工业革命背景下，我国经济迫切需要全面提升创新能力，迫切需要创新成为驱动经济发展的新引擎，迫切需要通过发挥市场机制作用来探索未来产业发展方向与新的经济增长点，并以此加快实现经济增长方式从规模速度型粗放增长向质量效率型集约增长的转变，国民经济向更高级、分工更复杂、结构更合理的阶段演进。这些都迫切需要推动产业政策的转型，而放弃"扶大限小"，选择特定企业、特定技术、特定产品等进行扶持的产业政策模式，转而采取"放松管制与维护公平竞争"的产业政策模式。迄今为止，市场机制是优胜劣汰淘汰落后产能、协调供需平衡化解过剩产能、激励企业不断提升效率与积极创新、不断揭示未来产业发展方向，进而推动经济结构调整与转型发展最为有效的机制。经济新常态和新工业革命背景下，中国迫切需要充分发挥市场机制的决定性作用，而公平经济竞争的市场环境是市场机制充分发挥其作用的基本前提。现阶段我国在构建公平竞争的市场环境方面存在诸多不足，主要体现在以下几个方面：

第一，当前实施的选择性产业政策，破坏公平竞争，阻碍优胜劣汰，同时使得企业热衷于寻求政府政策支持，而在研发、创新方面缺乏足够的动力和压力，极不利于制造业及制造业企业的创新发展与核心竞争力提升。

第二，生产要素市场化程度不高，地方政府往往低价提供土地、资源、能源等要素，招商引资及扶持本地企业，这严重破坏了公平竞争的市场秩序，并导致严重的产能过剩问题。企业创新与提升效率的动力不足，严重影响经济效率。

第三，由于相应市场制度不健全，对于不公平竞争、不正当竞争行为缺乏有效制约。由于《反不正当竞争法》、《知识产权法》、《商标法》、《消费者权益保护法》、《产品质量法》等法律及执行体系不健全、不完善，对于侵犯知识产权与商标权、虚假广告、假冒伪劣及其他损害消费者权益等不正当竞争、不公平竞争行为惩处力度不够，对这些行为难以形成有效制约。由于《劳动者权益保护法》、《环境保护法》等法律及其执行体制的缺陷，部分地区纵容本地企业损害劳动者合法权益、违法违规排放污染物，直接导致守法企业面临违法企业的不正当、不公平竞争，极不利于市场的优胜劣汰和经济效率的提升。

现阶段，迫切需要将产业政策的重点放在加快建立健全有利于促进技术创新及新技术扩散的良好市场环境上。经济新常态和新工业革命背景下，结构调整与经济转型之间任何时候都更依赖于技术创新及创新驱动。激励、支持技术创新与技术扩散也一直是发达国家产业政策最为重要的组成部分，成功追赶型国家（日本、韩国等）在工业化中后期亦将产业政策的重点转移到鼓励技术创新，特别是构建有利于技术创新的市场环境和创新体系方面。较长一段时间以来，我国的产业（技术与创新）政策着重于主导创新资源配置，疏于构筑有利于技术创新的市场环境与科技公共服务体系。这种政府的越位与缺位、政府与市场关系的错位，正是我国创新投入产出（有效产出）效率低下、科技成果转化率低等突出问题的根源，是实施创新驱动战略的主要障碍。

市场基础制度仍不健全，不利于激励创新。第一，要素市场扭曲会严重降低和抑制企业通过创新活动来获得企业利润的动力。政府控制土地、资本、劳动力等关键要素的定价权，使得企业可以通过寻租获取超额利润，大量寻租机会的存在会明显降低企业进行创新活动的动力。第二，知识产权制度和执行机制中的根本缺陷依然存在，对于知识产权保护的力度不够，企业进行创新活动无法得到正常收益回报，从而降低了企业创新的动力。第三，科研机构、高校的科研人员职务创新成果利益分享方面，仍缺乏明确、完善的法律制度，不利于激励科研人员应用性创新及创新成果的产业化。第四，金融体制改革滞后，金融体系发育不足，多元化、多层次的投融资机制尚未形成，缺乏风险投资的生成机制与退出机制，创新融资困难，进一步影响了市场主体创新和创业的意愿。第五，市场经济基础法律制度（如公司法、合同法等）及执行机制仍存在不小的缺陷，这使得企业之间、企业与研究机构（或高校）之间在进行合作研发或多方组成技术创新战略联盟共同研发过程中，在积极进行科研成果转化和转移过程中，面临非常高的谈判成本与契约执行成本，严重影响合作创新的深度和广度，妨碍技术创新成果的转化和转移，并降低创新主体的创新意愿（李平等，2014）。

政府主导技术创新方向和创新资源配置，会扭曲企业技术研发行为，并严重影响创新体系的效率。政策部门主导创新资源配置的模式，一方面，使得企业等创新主体更多按照政策部门的选择，而不是根据自身对未来市场与技术发展趋势的判断来选择具体创新方向与创新路线，这在很大程度上造成技术创新与市场脱节，甚至导致许多企业为获得产业政策支持而在指定的技术路线上进行低水平、重复性的研发活动；另一方面，这种政策模式还会诱使企业为获取国家给予的研发经费与补贴，释放虚假信息申请各种政府资助，甚至还诱发了政策部门的创租与经济主体的寻租行为，降低整个社会的创新效率。

有利于创新及技术转移的公共服务支撑体系不完善。如科技信息交流与共享平台、科技成果转化与转移平台、科技成果评估与交易平台、产学研合作创新平台等科技服务公共平台建设滞后，且这些平台大多功能单一，提供公共服务的能力及服务的质量与开放程度都亟待增强。此外，信息基础设施、科技基础设施及其开放性都亟待加强。这些问题的存在，一定程度上影响了我国技术创新、创新成果转化、新技术转移与应用效率。

三、产业政策中的市场与政府关系的再考察

产业政策，从市场与政府的关系的角度可以分成两种不同的类型，即选择性产业政策和功能型产业政策。选择性产业政

策是以"政府对微观经济运行的广泛干预，以挑选赢家、扭曲价格等途径主导资源配置"为特征。在选择性产业政策中，政府居于主导地位，政府"驾驭"市场、干预市场与替代市场。功能型产业政策则是"市场友好型"的产业政策，它以"完善市场制度、补充市场不足"为特征。在功能型产业政策中，市场居于主导地位，政府的作用是增进市场机能、扩展市场作用范围并在公共领域补充市场的不足，让市场机制充分发挥其决定性作用。

在选择性产业政策的倡导者看来，后发国家可以借鉴先行国家的经验，发挥"后发优势"，通过政府实施产业政策来积极干预，主动推动产业结构的调整和升级。选择性产业政策行之有效的基本前提是，政府能在各个时点上正确挑选出未来一段时期"应该"发展的产业、产品、技术与工艺，而这需要政府对消费者需求及其变化趋势、生产者成本与技术能力及其变化趋势、新产品与新技术研发及其未来发展方面具有完全、即时与正确的信息和知识，然而这些信息只能通过市场交易行为与价格机制、经济主体分散试错与市场竞争选择机制及整个市场过程才能揭示出来。后发国家借鉴发达国家的经验并不能有效解决政府实施选择性产业政策时面临的信息严重不足问题。所谓的产业结构的演变规律是指根据发达国家历史经验所做的总结，后发国家面临的发展环境和条件与之存在巨大差异，很难照搬发达国家的产业结构变化；同时，这些演变规律的研究是粗线条的，产业的划分非常笼统，各发达国家在产业结构及制造业内部结构的演进上也存在较大的差异，很难据此确定在什么具体时间应扶持何种具体产业、技术、工艺与产品。在实际的经济运行中，政府在制定选择性产业政策时，往往还会因为受自身的利益与偏好的影响，或者被利益集团所俘获，而选择

"错误"的产业、产品或技术路线进行扶持，产业政策也相应成为设租与寻租、为特定利益集团提供利益与庇护的工具。因而，政府实际上无法正确选择"应该"发展和"不应该"发展的产业、"应该"开发或者"不应该"开发的技术，这些只能通过市场主体的试错与市场竞争过程去发现（江小涓，1996，1999；Lall，2001）。迈克尔·波特（2000）、竹内高宏（2002）的研究就表明日本成功的产业大多没有产业政策的支持，而失败的产业恰恰是产业政策支持或管制约束较多的行业。

"（功能型）产业政策在本质上是横向（即针对所有产业的）的，旨在保护有利于提高产业竞争力的框架性条件（即市场制度与市场环境）。产业政策的工具是旨在为企业和企业家捕捉盈利机会、实现他们的理念、从事经济活动提供框架条件的政策。与此同时，这些政策需要考虑到各个部门的具体需求和特点。因此需要根据特定的部门采用不同的政策。例如，许多产品，如医药、化工、汽车，其具体的行业的法规取决于这些行业的固有特征。因此，产业政策不可避免地是横向基础和行业应用基础的结合。"（Aiginger 和 Sieber，2005）这种类型的产业政策又被 Aiginger 和 Sieber（2005）称之为矩阵产业政策。

在功能型产业政策的倡导者和践行者看来，市场机制是配置资源、激励创新、推动效率提升与产业转型升级最为有效的机制，但是市场机制能否充分发挥作用取决于市场制度（或市场体系）的完善程度，并且市场机制在教育、基础科学与技术研究、环境保护等公共领域存在不足。因而，产业政策的重点应该放在为市场机制充分发挥其决定性作用提供完善的制度基础，强化保持市场良好运转的各项制度，建立开放、公平竞争的市场体系，培养人力资本以适应产业结构演进与经济发展对于高技能劳动力的需求，支持科学研究与技术创新等方面。功能型产业政策尤为注重促进企业创新与能力建设，特别强调通过完善有利于创新的市场制度与市场环境，构建科技信息交流与共享平台、技术转移平台、科技成果评估与交易平台、产学研合作创新平台等科技服务公共平台，对创新活动进行普遍性支持，以促进企业、产业乃至整个国民经济的创新能力和竞争能力。对于发达国家而言，功能型产业政策还有一层重要含义。新兴产业的发展往往还会带来商业模式、组织模式、创新模式的巨大改变，而原有的某些制度安排常常会阻碍这种改变，从而会阻碍新兴产业的发展，这时需要政府根据市场经济的基本准则调整相应制度安排，扩展市场的作用范围，顺应新兴产业发展的要求。

在选择性产业政策及其实施效果受到日趋广泛、严重质疑的同时，越来越多的产业政策研究者以及世界银行等重要国际机构倡导功能型产业政策。美国、英国及第二次世界大战后的德国主要实施的是功能型产业政策，日本、韩国在第二次世界大战后的二三十余年里实施的产业政策则是选择性产业政策与功能型产业政策的混合体（更侧重选择型产业政策），日本在20世纪70年代、韩国在20世纪80年代以后放弃了选择性产业政策模式，转为实施以功能型产业政策为主体的产业政策模式①。不少研究指出，日、韩高速增长时期的经济发展主要得益于功能型产业政策（建立和完善市场制度，政府积极推动人力资本的提升，维护宏观经济稳定、汇率稳定，实行开放与推动出口），而这一时期政府推行的选择性产业政策不仅没有成功且

---

① 1970年5月，日本产业结构审议会公布的《七十年代的通商产业政策》，转为采取"最大限度地利用市场机制"的（功能型）产业政策模式；韩国则在1985年颁布《产业发展法》确立了市场在产业发展与经济运行中的主导作用，之后加快转变政府职能，大大减少对经济的直接干预，主要通过自由竞争，诱导产业结构升级和资源的有效配置。

毫无价值（Ito，1994；小宫隆太郎，1988；Heo 和 Kim，2000；竹内高宏，2002；Wolf，2007）。功能型产业政策已经成为大多数发达国家实施产业政策的主要模式。

2008 年国际金融危机以来，发达国家在制造业领域强化了产业政策的运用，但是从这些政策及主要措施来看，具有非常鲜明的功能型产业政策特征，其政策的重点主要放在通过构筑可持续的政策框架和服务体系为先进制造企业发展营造有利的商业环境，加强科技基础设施和公共服务建设，全方位优化创新、创业环境等方面（中国社会科学院工业经济研究所课题组，2014）。

四、产业政策转型的方向应是构建功能型产业政策体系

（一）当前中国转为实施功能型产业政策具有重要现实意义

对于当前的中国而言，在经济新常态与新工业革命的背景下，摒弃选择性产业政策的政策模式，转为实施功能型产业政策具有重要现实意义。

第一，中国经济已进入新常态，同时面临新工业革命带来的机遇、挑战及随之而来的高度不确定性，中国越来越不具备实施选择性产业政策的前提条件。同时，粗放式规模扩张的产业发展方式也越来越难以为继，在国际市场上传统的低成本竞争优势逐渐散失；发达国家正在制定实施相应战略与产业政策，试图占领未来产业发展的制高点，强化其制造业竞争优势，重塑其在全球制造业的领先地位，这将为中国产业的转型升级带来前所未有的压力。而当前扭曲资源配置、限制竞争、大量干

393

预微观经济的选择性产业政策模式，既会阻碍经济效率提升又不利于激励创新，极不利于中国制造业应对挑战、实现转型升级。中国迫切需要调整当前产业政策模式，依靠实施功能型产业政策，通过完善市场制度、构筑良好的市场环境与创新环境来促进产业结构调整与转型升级。

第二，当前中国产业结构调整与转型升级迫切需要实施功能型产业政策。当前中国的市场体系仍不健全，计划经济思维影响仍然存在，产业结构调整与转型升级中面临的诸多障碍（例如产能过剩、创新动力不足等），看似是"市场失灵"，实则是市场制度不健全和政府广泛干预微观经济的结果。试图通过政府对微观经济进行更为广泛和细致的管束，以治理这种所谓的"市场失灵"只能是南辕北辙，会进一步抑制市场的活力，导致制度缺陷或"政府失灵"更加难以得到解决。面对这种所谓的"市场失灵"，产业政策要做的不是管制和替代市场，而是矫正与完善市场制度，促进市场主体之间自发协调机制的发展，通过市场主体持续试错、反复试验与创新实践，寻求有效的结构调整与转型升级路径。产业政策作为政府促进产业结构调整与转型升级的重要举措，不应是政府替代市场的工具，而应是政府增进市场功能与扩展市场作用范围的手段。

第三，全面深化改革迫切需要产业政策转型。中共十八届三中全会的《中共中央关于全面深化改革若干重大问题的决定》明确指出，"经济体制改革是全面深化改革的重点，核心问题是处理好政府和市场的关系，使市场在资源配置中起决定性作用和更好发挥政府作用。市场决定资源配置是市场经济的一般规律，健全社会主义市场经济体制必须遵循这条规律，着力解决市场体系不完善、政府干预过多和监管不到位问题。"而当前，中国实施的产业政策具有比较强烈的干预市场、管制市场与替代市场的特征，这些产业政策大多效果不佳，由此带来的不良政策效应却日趋突出，且不符合中共十八届三中全会全面深化改革的战略部署。而功能型产业政策与深化经济经济体制改革的方向是高度一致的，并可作为深化经济体制改革的重要手段。

（二）构建功能型产业政策体系

构建功能型产业政策的关键在于理顺市场与政府的关系。中国经济进入新常态后，随着工业发展水平向技术前沿逼近，消费需求呈现越来越显著的个性化、多样化特征，中国工业发展面临技术路线、产品、市场、商业模式等方面的高度不确定性，任何机构和个人（包括政府和单个企业）都不可能准确预测何种产品、何种技术路线、哪家企业最后会成功，只有依靠众多企业的"分散试错"与市场的"优胜劣汰"的竞争选择过程才能产生最后的成功者。产业结构调整与转型升级，必须充分发挥市场机制的决定性作用，无论是技术路线选择、新产品的开发、产业化、商业化模式选择，还是产业升级的方向、工业发展新的增长点都应该如此。而市场机制能否充分发挥其决定性作用，取决于政府能否为之提供良好的市场经济制度框架。对于当前中国而言，构建功能型产业政策，要从政府替代市场、干预市场的政策模式，转到增进与扩展市场、弥补市场不足的政策模式上来。这一方面迫切需要政府简政放权，大幅度减少对于微观经济活动的干预；另一方面迫切需要政府全面深化经济体制改革，构建完善市场经济制度体系与创造良好的市场环境，并在"市场失灵"与外部性领域积极作为来弥补市场的不足，这包括构建完善的市场制度体系、创造公平竞争的市场环境、提供公共服务、建设和完善基础设施、支持基础科学研究、促进技术创新与机制转移、加强节能减排与安全生产监管。

构建和实施功能型产业政策主要包括三个方面：第一，放松政府管制，退出选择性产业政策，清除（除生态环境、生产安全领域以外）所有政府对微观经济不必要的直接干预，放弃政府试图主导产业发展与资源配置方向的做法。第二，建立健全市场制度，构建统一开放、公平竞争的现代市场体系，强化保持市场良好运转的各项制度，以此约束企业的不正当竞争、不公平竞争及其他不当行为，充分发挥市场的优胜劣汰机制，激励企业提升效率、根据消费者需要改进质量与功能以及企业的创新行为。第三，面对创新、环保等市场机制存在不足的领域，应在尊重市场机制、不扭曲市场机制、不扭曲市场主体行为的基础上积极作为，补充市场机制的不足，而不是代替市场去主导资源配置。

构筑和实施功能型产业政策，应尤为重视激励与促进创新。创新是产业发展的原动力，是产业结构调整与转型升级的关键所在，也是应对新一轮科技革命与产业变革所带来挑战的关键所在。必须加快构建有利于创新发展的市场制度体系，加快推进要素市场化改革，为新兴产业发展创造公平的竞争环境，建立健全知识产权制度，完善知识产权执法体制，为科技服务机构发展提供良好的环境与政策。在促进创新时，政府应补充市场机制的不足，积极支持科学研究与通用技术研究，并提高公共科技投入的效率；加强国家共性技术公共研究平台、科技公共服务平台与技术转移中心的建设，构建多层次的创新人才与产业技术人才的培养体系。

【参考文献】

[1] 江飞涛、李晓萍：《直接干预市场与限制竞争：中国产业政策的取向与根本缺陷》，《中国工业经济》2010 年第 9 期。

［2］江飞涛、李晓萍：《中国产业政策取向应做重大调整》，《东方早报·上海经济评论》2012 年 11 月 13 日。

［3］江小涓：《体制转轨时期的增长、绩效与产业组织的变化：对中国若干行业的实证研究》，上海人民出版社 1999 年版。

［4］江小涓：《经济转轨时期的产业政策：对中国经验的实证分析与前景展望》，上海人民出版社 1996 年版。

［5］李平、李晓萍、江飞涛：《创新驱动战略中的市场作用与政府作为——德国经验及其对我国的重要启示》，中国社会科学院数量经济与技术经济研究所研究报告，2014 年版。

［6］迈克尔·波特：《日本还有竞争力吗》，中信出版社 2002 年版。

［7］小宫隆太郎、奥野正宽等：《日本的产业政策》，中译本，国际文化出版公司，1988 年版。

［8］吴敬琏：《中国经济 60 年》，《比较》2010 年第 3 期。

［9］中国社会科学院工业经济研究所课题组：《主要工业化国家促进工业发展的历史经验、最新动态及其对我国的启示》，中国社会科学院工业经济研究所研究报告，2014 年。

［10］竹内高宏：《日本产业政策论的误解》，东京经济出版社 2002 年版。

［11］Aiginger K. & Sieber S. , "Towards a Renewed Industrial Policy in Europe, Background Report of the Competitiveness of European Manufacturing", Prepared as Chapter1 for the Background Report of the Competitiveness of European Manufacturing, European Commission, DG Enterprise, Project Lead Hannes Leo, WIFO, 2005.

［12］Heo Uk & Sunwoong Kim, "Financial Crisis in South Korea：Failure of the Government – led Development Paradigm", Asian Survey, 2000, 40（3）：492 – 507.

［13］Ito T. , "The East Asian Miracle：Four Lessons for Development Policy：Comment", NBER Macroeconomics Annual, 1994（9）：274 – 280.

［14］Lall S. , "Comparing National Competitive Performance", Queen Elizabeth House Working Paper Series, 2001（S61）：7 – 14.

［15］Wolf Martin, "The Growth of Nations", Financial Times, 2007（21）：7 – 14.

中国台湾推展"三业四化"的产业政策成效探讨

陈清文

（中国台湾财团法人工业技术研究院
知识与竞争力中心，中国台湾　999079）

一、中国台湾推展"三业四化"的背景与政策目标

（一）政策背景说明

1. 适应国际趋势调整产业发展政策

　　国际经济环境的变迁脉动与产业发展趋势，牵动中国台湾产业未来发展方向，面对全球化的经贸竞争浪潮、区域经济的整合及强化，若无法以科技化、国际化的思维适时调整相关产业发展政策，则中国台湾在全球产业布局与发展上必有所局限。科技整合与研发国际化等供给面趋势变化，反映到中国台湾产

　　［作者简介］陈清文（1953—），男，财团法人工业技术研究院知识经济与竞争力中心首席研究员，主要从事产业研究分析、国家产业发展战略规划与推动、两岸产业研究与顾问咨询；电话：+886-2-27377326；电子信箱：cwchen@itri.org.tw。

业结构调整方向上，即未来需要重视跨领域整合性产业的发展需求与软实力条件建构。

2. 推动中国台湾产业结构优化——"三业四化"具体行动计划

中国台湾经济与产业虽历经数十年的发展，累积了雄厚的经验与实力，并在国际供应链上扮演重要的角色。但近年来，全球产业环境发生了巨大变化，如新兴经济体崛起、区域贸易整合成型，产业创新多元整合，服务提供软硬兼并等，使中国台湾产业发展所面临的挑战越发严峻，有必要进行整个产业结构的调整，加速落实产业结构优化，提升整体产业竞争力。

为掌握国际发展契机，落实中国台湾产业结构优化，2012年10月2日，中国台湾行政当局发布"台湾产业结构优化——'三业四化'具体行动计划"。中国台湾将朝"制造业服务化、服务业科技化、服务业国际化、传统产业特色化"的"三业四化"发展，作为产业结构优化的推动主轴。

台湾当局在2012年10月到2014年10月期间，共分两阶段选定9项示范亮点产业进行推动，拟定具体行动方案全面推动产业结构调整。计划启动初期，台湾当局就主管产业筛选出创新时尚纺织、物流产业服务科技化、信息服务业国际化、智能生活、工具机智能制造等作为"三业四化"的示范亮点产业，后续将依各产业的推动策略、推动做法与未来创新做法，再扩展至其他行业，发挥引领整体产业发展的作用。

（二）政策推展目标

"三业四化"的政策总目标在于：促进经济发展，提振成长动能；增加就业机会，提升工资水平；改善所得分配，缩短贫富差距。如图1所示。

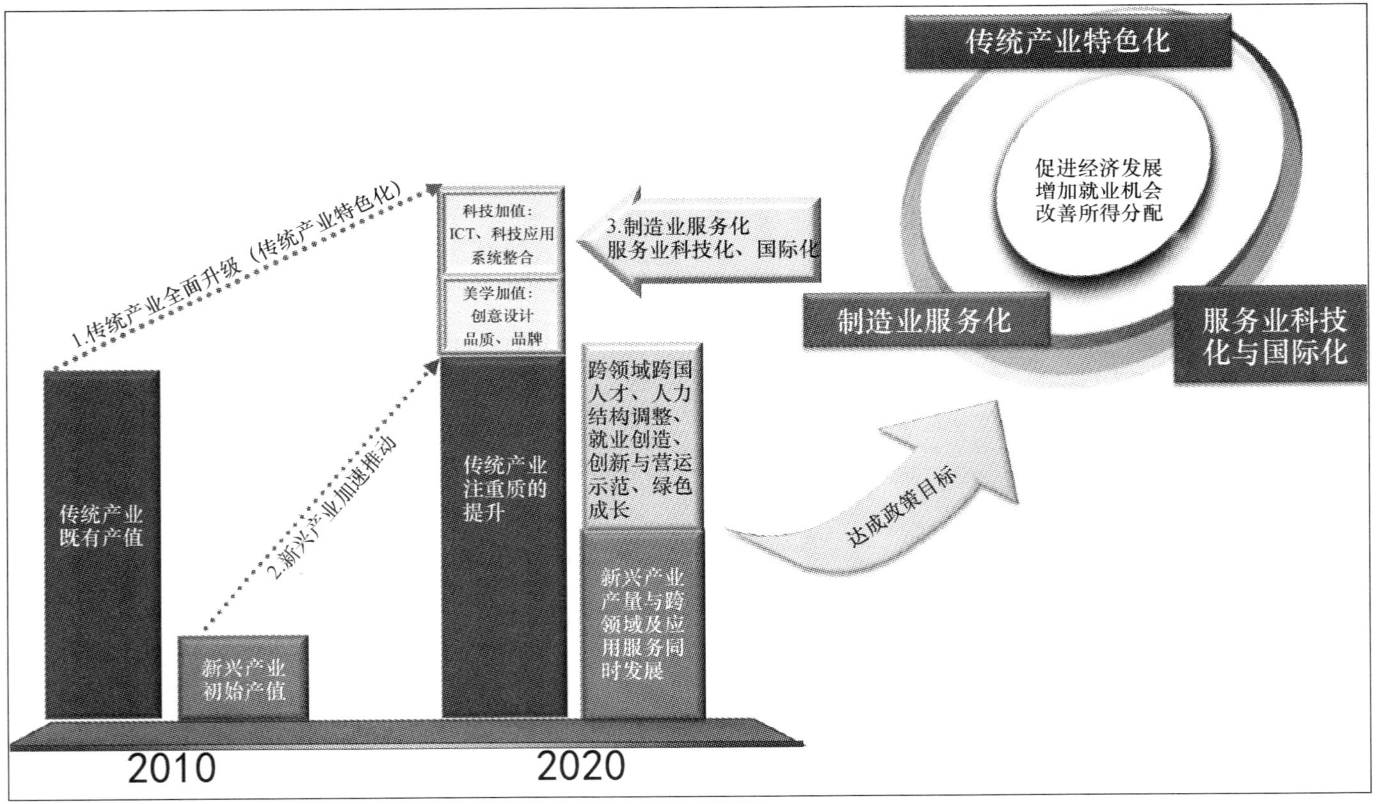

图 1 台湾推动 "三业四化" 的政策目标

二、中国台湾推展"三业四化"的产业政策思维

（一）国际产业发展环境大变化

近年来，全球化趋势下，除了贸易外，资金、人才及技术在各国间快速移动，牵动全球产业发展的动向。国际经济的变迁，牵动中国台湾产业未来发展。全球贸易金融体系与消费市场变化，对台湾冲击更大。在制定产业政策时，要充分掌握国际大趋势，才能在全球产业舞台上占有一席之地，如图 2 所示。

1. 气候变迁使资源欠缺

全球气候变暖现象，正威胁着世界的安全，甚至是国土流失等新形态环保议题。生存环境的破坏、资源运用殆尽的隐忧，国际能源危机的加剧，加上中国等新兴国家对原物料的巨大需求，带动国际自然资源价格急剧起伏。

2. 人口结构严重老化

2006 年，全球人口已超过 65 亿人，其中 65 岁及以上的人口比重为 7%，正式进入老年化社会形态。人口老化主因在于生育率的降低，少子化对生产最直接的冲击是劳动力趋于短缺。2009 年，中国台湾每位妇女生育率仅位于 1.0 人的水平，面临人口结构老化与劳动力短缺的严峻问题。全球老龄化发展，带动对安养设施、医疗照顾等社会需求，带来很大的商机。

3. 新兴国家势力窜起

2003 年 10 月，高盛将巴西、俄罗斯、印度、中国称为"金砖四国"，并列为至 2050 年四大有经济发展潜力的国家。自此，

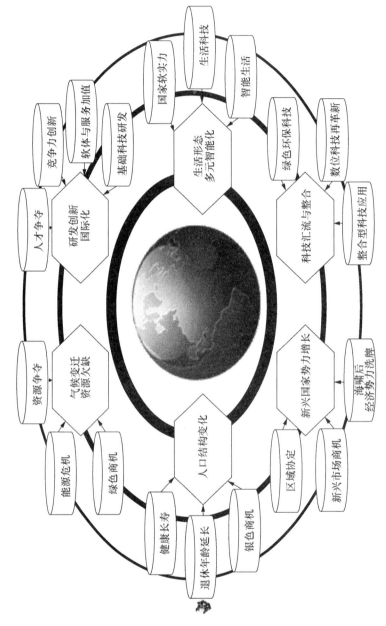

图 2　国际经济发展六大趋势

新兴经济体在全球竞逐中窜起，吸纳全球在制造业的外围生产活动，在产业价值链上威胁与取代原有的国家，颠覆了雁行理论中井然有序的国际分工。

4. 研发创新国际化

随着知识与信息经济时代的来临，工业经济逐渐被取代。数码科技的革命，使得企业、产业及国家竞争力，发生重大的变革。知识的重要性，远超出土地、人力、资本和天然资源等生产要素，知识的创造及应用成为各国经济持续成长的主要动力。

在研发创新国际化时代，可运用中国台湾既有研发创新的深厚基础，发展符合全球前瞻关键产品应用及服务。强化国际联结，以同步发展软硬体系统整合、系统规划设计建设以及专业顾问服务。产业应以创新设计为导向，让中国台湾跃升为国际创新设计重镇，提升产业竞争力与附加价值。

5. 生活形态趋多元智能化

现今消费者需求导向时代，科技发展的最终目标是使顾客能在生活中轻松运用 ICT 科技，构建完美的智能生活、智能家庭、智能交通、智能城市、智能工厂等崭新的生活形态与环境。无论是哪一个产业类别，皆试图通过科技与生活的融合与联结，进行跨领域科技技术的整合，朝着数位化、网络化、智能化以及环保化的方向发展。

6. 科技汇流与整合

未来重要的产业与技术发展方向，包括新一代信息电子产业、生物技术、纳米技术应用相关产业等。在环境生态及地球资源恶化情形下，发达国家多以可持续发展理念，进行绿色生产与消费发展。科学技术领域的融合使各产业朝向跨领域整合应用产品发展，加上各国对研发支出的重视，研发及服务相关产业方兴未艾。

（二）中国台湾产业政策演化简史

中国台湾的产业发展约有 60 年历史，走过了传统产业，也走过知识型新经济的转型升级之路，历经多次产业政策的改革，才有今天的经济成果。

1. 20 世纪 50 年代发展轻工业以替代进口的政策

20 世纪 50 年代，以农业为主的经济发展阶段，主要实施进口替代策略。当时是从"三七五减租"等土地改革政策开始，提高传统农业的生产力，除了供应内需，更希望能"以农业培植工业"。同时由于外汇短缺，因此决定采取进口替代政策，重点发展轻工业以替代进口，借此增加就业。土地改革的成效展现，农产品产量大增，在满足内需之余，也开展外销。

2. 20 世纪 60 年代采取鼓励出口扩张的政策

20 世纪 60 年代，进口替代工业面临生产过剩的窘境，改为鼓励出口的政策，以过剩的轻工业产品代替农产品为外销主力，走向出口扩张的新经济发展阶段，推动工业化的发展。此时期设置了加工出口区，为鼓励在台湾投资产业，1961 年提出"奖励投资条例"，发展劳力密集型产业，奖励出口，挣取外汇，成为经济命脉，也是中国台湾经济起飞的重要阶段。当时的做法是通过国有企业来提供工业发展的基础。

3. 20 世纪 70 年代改善基础建设并转型发展重工业

20 世纪 70 年代，全球经历两次石油危机，产业受到极大的冲击。台湾开始积极进行公共建设，扩大内需，改善基础建设，并从原来的轻工业转为发展钢铁、石化、机械等重工业为主。

4. 20世纪80年代政策重点发展高科技产业

20世纪80年代，中国台湾经济发展以产业转型为重心，致力于低耗能、低污染、高附加价值产业的发展，迈入知识经济的时代。1973年成立的中国台湾财团法人工业技术研究院（ITRI），扩展协助产业开发高科技创新技术，1980年设置了新竹科学园区，营造高科技产业的发展环境。

5. 20世纪90年代以促进产业升级为政策主轴

为加速产业升级，中国台湾自1991年实施《促进产业升级条例》，期望通过"功能别"的奖励，取代《奖励投资条例》的"产业别"奖励。

6. 21世纪推展两兆双星的产业政策

为加速产业升级，提升国际竞争力，台湾当局于2002年拟定"两兆双星产业发展计划"，勾勒出中国台湾核心与新兴产业政策方向。两兆（万亿）：指未来产值超过新台币一兆元以上的半导体产业及影像显示产业。双星：指数位内容产业（包含软体、电子游戏、媒体、出版、音乐、动画、网络服务等领域）及生物技术产业，该两项产业属未来新兴的明星产业。

7. 十二五期间（2010～2015年）推动转型升级的行动方案

在国际产业竞争加剧的变局下，在中国大陆推行"十二五"规划的同期，台湾推动一系列的产业结构优化与产业升级转型行动方案。2012年10月，通过推动"台湾产业结构优化——'三业四化'（制造业服务化、服务业科技化及国际化、传统产业特色化）行动计划"。2014年10月，通过推动"产业升级转型行动方案"。

（三）中国台湾产业发展面临的挑战

1. 东亚区域整合逐渐成形，国际竞争条件恶化

中国台湾面对全球的经济整合，尤其是亚洲的区域整合，

需通过贸易自由化以突破瓶颈，中国台湾可将 ECFA 的签署作为起点，并扩增到与其他主要贸易往来国签署。

2. 资源耗用型的生产模式，不利于绿色成长

中国台湾过去制造业与服务业的投资分配不均，有形与无形资产的投资亦分配不均，在追求规模经济时，常造成资源的耗用与环境的破坏。中国台湾将通过培育新兴产业以优化结构，并发展软实力以创造产业新的比较优势。

3. 附加价值创造能力低不利于提升所得与生活质量

中国台湾过去制造业偏重于制程的效率提升，关键产品与技术依赖进口，缺乏品牌与渠道，附加价值较低。需通过传统产业的升级以提升价值、通过制造服务双引擎以扩大成长基盘。

（四）中国台湾产业结构优化政策思维——"三业四化"

为掌握发展契机，落实中国台湾产业结构优化，中国台湾未来将朝"制造业服务化、服务业科技化与国际化、传产业特色化"之"三业四化"产业策略发展，其内涵如下：

（1）制造业服务化：将以产品为中心的制造转为以服务为中心的思考模式，制造者不再只是单纯的产品供应者，而是提供满足客户需求的服务，通过服务来凸显产品差异化，进而增加与客户间的黏度，创造更高的附加值。

（2）服务业科技化：将服务业导入 ICT 能量，以降低交易成本，提供更好的消费环境与服务质量；对消费者而言，通过 ICT 带来更便利的新消费形态及创造新需求；对企业而言，应用科技能改善经营效率、提升服务质量，朝"高值化服务业"方向推动。

（3）服务业国际化：依据 WTO 服务贸易总协定（GeneralAgreement on Trade in Services，GATS），对于服务贸易的定义可分为四种模式：①跨境提供服务，如电子商务、网络银行；②国外消费，如旅游观光；③商业据点设立，如到国外设立分店或服务据点；④自然人呈现，即本国人到外国去从事服务。因此，中国台湾必须善加运用资源系统化、服务创新化等策略，并朝“可输出式服务业”方向推动，提升中国台湾服务业的国际能见度，促进服务贸易的出口。

（4）传产业特色化：这是期待通过科技、美学加值，提升传统产业的价值，如 ICT 应用、技术创新、特色产品开发及营运模式改善，并改善生产环境等软实力，协助传统产业在质与量上全面升级。另外，也鼓励企业提升研发、智能创新，促进企业与下游进行密切合作，如品牌与渠道的掌握，使国内产业朝微笑曲线两端进行优质化的调整，如图 3 所示。

制造业服务化	从过去单纯卖产品创造营收，转型为一部分营收从服务而来 业绩成长不一定由扩厂来达成，对资源与环境的压力比较小 服务与产品一起供应，更能满足客户的要求
服务业科技化	从过去单纯由人工服务，转型为用一些科技工具来让服务品质更快更稳定 人的贴心服务，加上科技工具的效率与稳定，会让客户更感到有价值 有了科技工具的辅助，连妇女与老人都可以二度就业，不再怕缺工
服务业国际化	从过去只在中国台湾市场，转型为走到区域海外市场去，成为中国台湾之光 不再受内需市场限制，要大赚服务贸易财，发挥中国台湾软实力 进一步学习国际经验，并扎根利基市场，帮助制造业海外布局与销售
传统产业特色化	在保持传统的基础上，转型为更具创新内涵的新面貌，老树发新枝 业绩成长可以运用科技或美学设计来加值，让熟悉的产品更令人惊艳 传统产业不再只需要学徒与工人，更创造了新一代年轻人想要的工作机会

图 3 “三业四化”的产业政策思维

三、中国台湾推展"三业四化"的具体步骤

（一）选亮点

"三业四化"是"全部产业的转型运动"，为落实推动本项产业政策，特依据六项原则选取"三业四化"的示范亮点产业，作为第一阶段优先推动示范案例。台湾当局第一阶段提出 5 项亮点产业，并就各产业提出完整推动规划做法。

为落实推动本项政策，依据下面六项原则选取"三业四化"之示范亮点产业，作为第一阶段优先推动示范案例：

（1）能够成为下波新成长动能之产业。

（2）有助国内产业结构进行转型调整。

（3）2015 年前可有具体成果。

（4）创造相关就业机会。

（5）具跨部门、跨领域特性。

（6）符合"三业四化"主轴。

在上列六大原则筛选下，台湾当局第一阶段提出 5 项亮点产业领域如下：

（1）智能生活产业（制造业服务化）。

（2）工具机智能制造（制造业服务化）。

（3）物流产业（服务业科技化）。

（4）信息服务业（服务业国际化）。

（5）创新时尚纺织（传产业特色化）。

选取亮点并作为示范厂商案例的筛选要素如下：

（1）制造业服务化：可提供高度客制化服务、可产生服务

营收或衍生其他服务业者。

（2）服务业科技化：可运用 ICT 等科技工具，提升服务的质量，降低服务成本，或可创造其他服务需求者。

（3）服务业国际化：具备国际竞争力、可达成服务业外销的成绩，且对中国台湾经济有实质贡献者。

（4）传产业特色化：可运用科技、美学、新材料、新营运模式等创新元素增值传统产业，发挥其特色及提升附加价值者。

（二）推全面

为扩大"三业四化"政策效益，扩大面向推动，台湾当局 2013 年进一步提出第二阶段的四项亮点产业，包括：智能手持装置产业、自行车产业、健康促进服务业以及设计产业。相关部门也提出主管产业的转型发展计划，包括：

（1）发展具两岸特色之金融业务计划。

（2）国际医疗产业发展策略计划、远距健康照护产业发展策略计划。

（3）数字学习产业推动方案、迈向华语文教育产业输出地区 8 年计划。

（4）台湾茶产业结构优化发展策略与措施行动计划。

（5）客家特色餐厅。

（6）港埠产业服务国际化。

（7）地方工艺生活美学主导的文化产业。

（三）扩服务

为了让非亮点产业及中小企业都能依据"三业四化"的方

向进行转型升级，台湾当局特别于 2012 年起全面启动"三业四化服务团"，将结合各领域项目，以面对面个别厂商定制化协助的方式提供咨询诊断服务，并将依据业者经营体质及需求，进行转型可行性分析，以提供转型方向或具体做法建议，配合台湾当局相关资源的搭配，落实"三业四化"的政策推动。

四、台湾推展"三业四化"的主要案例与成效

（一）推展制造业服务化的主要案例与成效

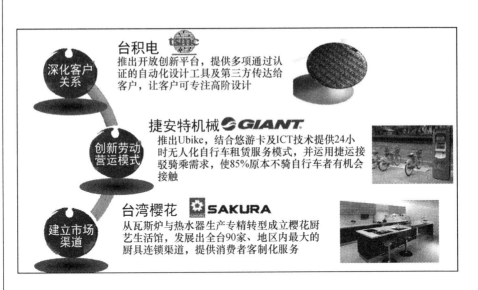

图 4　制造业服务化优良案例与成功特质

1. 制造业服务化主要案例分析

台积电案例：台积电一方面每年 100 亿美元投资最先进设

备与制程，另一方面强力支援定制化高级制造的设计，推出开放创新平台，提供多项通过认证的自动化设计工具及第三方接口给客户，让客户可以专注高级设计，其余皆可在平台中找到需要的服务。

捷安特机械工业案例：除专注自行车高科技研发设计与国际品牌经营外，更重视制造业服务化的推动经验，通过广泛的Ubike自行车租骑网络，以迎合捷运接驳的巨大需求。然后，采用单车旅行社、推动微笑单车等方式，深耕捷安特品牌，除了让捷安特品牌攀向高峰外，也成功带领自行车产业转型发展，期望将中国台湾打造成国际级自行车骑乘示范岛。

2. 制造业服务化成功案例的经验小结

归纳中国台湾制造业服务化成功的经验，其均由过去生产产品时所累积的经验、技术及知识，从而从事服务，包括从事售后服务、定制化的生产，或者结合服务业共同进行产品的服务。

制造业服务化的变革，从产品制造为中心的传统做法转为延伸至服务加值（如台积电的创新设计平台），制造业已不局限于作为产品生产供应者，而延伸至提供一系列满足客户需求的服务，以凸显产品差异化，进而创造更高的附加价值。

制造业服务化厂商经营模式的可能改变如下：①延伸跨足服务业：由制造业服务的价值链延伸，如渠道、保固维修、金融租赁、专业设计、运筹管理、环保节能等服务。②转型服务性商业模式：由制造业转型为专业品牌行销公司；跨领域与复杂性系统提供整体解决方案；拓展提供长期服务契约。

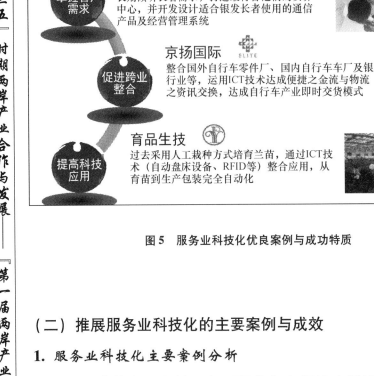

双连安养中心 长期倾听长者需求，打造最符合他们的安养中心，并开发设计适合银发长者使用的通信产品及经营管理系统

京扬国际 整合国外自行车零件厂、国内自行车车厂及银行业等，运用ICT技术达成便捷之金流与物流之资讯交换，达成自行车产业即时交货模式

育品生技 过去采用人工栽种方式培育兰苗，通过ICT技术（自动盘床设备、RFID等）整合应用，从育苗到生产包装完全自动化

图5 服务业科技化优良案例与成功特质

（二）推展服务业科技化的主要案例与成效

1. 服务业科技化主要案例分析

双连赡养中心案例：主要研发老人相关生活照顾辅助用品、通信产品，并结合 ICT 管理平台等科技工具提升照护服务品质，通过管理服务进入国际市场，进而带动相关服务或产品价值链国际化输出，促成产业的扩散效应及提升国际化竞争力。

2. 物流产业科技化的推动经验小结

（1）发展中国台湾特色的低温物流科技化模式。

协助地区内农特产品与加工食品业者，建立城市/城际/跨岸集运配体系，提供低温品的全程保鲜与调度服务，塑造中国台湾优良与安全的低温物流服务品牌形象。全程低温物流服务模式——台湾制造商品的集结、台湾集运、跨两岸通关全程保鲜、城市保鲜储配、城区/社区多元展销。

（2）低温物流产业科技化推动具体行动。

412

导入先进低温物流设备：通过智能型长效蓄冷箱，作为小批量商品保鲜的安全独立空间。结合货柜与货车，发展多温共配储运模式。延伸末端渠道对低温商品进货验收之后处理时间窗，避免末端断链。

运用云端科技化管理平台：建立全程监控管理机制，管理商品流通于各节点与流程的状态。提供物流业多元高阶云端服务（如低温品共柜组合试算），降低单位成本。

开发潜力市场与商机：锁定全球低温物流商机，聚焦技术缺口，开发中国台湾低温物流产业的潜力市场。

（三）推展服务业国际化的主要案例与成效

1. 服务业国际化主要案例分析

鼎泰丰案例：鼎泰丰小笼包名震八方，馅料肥瘦合度，皮用 18 密折封口，薄而有劲，现做现蒸。饮食界中国台湾之光的"鼎泰丰"，在中国、中国香港、澳洲、日本、美国、韩国等 10

图6　服务业国际化优良案例与成功特质

个国家和地区，共拥有上百家分店，将中国台湾美食带至全世界，香港、上海鼎泰丰更连续荣获米其林一星殊荣。企业经营管理达到饮食国际化并与世界接轨，产品从原料处理、成型到完成，严格控管每个流程，针对海外不同地区，推出适合当地饮食习惯的口味与产品。

2. 中国台湾设计服务业国际化的推动经验小结

（1）引进国际设计，组织驻台服务，提高台湾在华人设计圈的国际地位。

德国 iF 设计已于 2007 年在中国台湾设立分公司，进驻松山文创园区。德国红点设计于 2013 年在松山文创园区设立"台湾红点设计有限公司"及"台北红点设计博物馆"。

（2）与国际设计业、品牌企业、渠道业合作，促成国际策略联盟。

W Hotels 是一家跨国饭店，第一家饭店 1998 年开业于纽约，属于喜达屋酒店及度假酒店国际集团。以时尚、音乐、设计与流行文化等创新风格吸引高端客户，邀请台湾杰出设计师、国际品牌商及材质研发商共同合作，创造设计师国际曝光及商机。

（3）强化设计服务业者研究能量，并协助组成国际团队拓展海外商机。

运用设计中心（台创中心）资源，协助设计业者提升设计开发前段能量。①提供前瞻设计研究：已建置色彩及材质研究室、人因工程研究室、通用设计研究室，作为设计业者设计开发产品之应用基础。②开展市场与消费者调查研究：提升业者的消费者导向思维。③办理设计国际人才培训：提升业者国际前瞻设计及国际营销能力。

（四）推展传统产业特色化的主要案例与成效

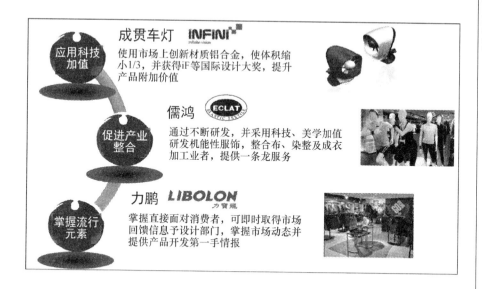

图7　传统产业特色化优良案例与成功特质

1. 传统产业特色化主要案例分析

儒鸿案例：通过不断的研发，并采用科技加值、美学加值以提高产品价值，将纺织产业从夕阳产业摇身变为高科技产业，亦使得该企业成为十年来第一家股价破 200 新台币的纺织公司。

力丽集团案例：发展连锁户外用自有品牌 GoHiking，抢攻户外机能休闲市场，目前已有 11 个据点，2015 年营收超亿元新台币。另主打设计流行感的"FN. ICE"推出 160 款机能性、环保型户外新品，亦以自有品牌致力推动各式环保机能性服饰。

2. 传统产业特色化成功案例的经验小结

传统产业为做出不一样的产品，均通过挹注设计、研发或文化历史等要素来创造特色产品，使其产品提高竞争力，以避免贸易自由化带来的挑战。

（1）创新与弹性是中国台湾产业发展的主要竞争优势，传统产业若能运用新材料或新科技，将自家产品打造出差异性与"传统特色化"，就可开创产业与企业的新蓝海市场。

（2）以往制造业较偏向于工程面的思维，只专注于制造上。现今，企业除了要专精于制造，还须兼顾设计及营销，才能与国际接轨。以创新时尚纺织业为例，每年的流行时尚是非常重要的，包括颜色及款式的变化。因此，在制造之前须了解消费者需求及未来流行趋势。

（3）在科技及材料的发展日新月异的情况下，许多传统的产品加入新材料后，除包括原本的功能外，还可产生抗菌除臭及轻量化等其他特性。举例来说，具有吸湿排汗的机能性纺织品，能提供更轻便舒适的穿着。机能性纺织品成为中国台湾的国际竞争优势之一，也成为传统纺织产业的特色化与重大成效。

（4）碳纤维及铝合金运用于自行车及轮椅，则可提供更轻量化的运输工具，让人们享受更舒适便利的生活。

（5）节能环保是全球大势所趋，也可以作为传统纺织产业的特色化与国际化成功案例。大爱感恩科技是中国台湾纺织业结合环保科技的先锋，该公司将回收的宝特瓶先转为环保纱，再制成环保毛毯，从回收、塑化到最后的销售，形成一条龙的产销供应链。

（6）发光纤维也是传统纺织业的创新化与特色化之一。不用电也会发光的蓄光纤维，是纺织科技的创新突破，该项新材料仅须吸收太阳光或日光灯约10分钟，即可持续发光6小时以上，安全无毒，且可耐水洗。此外，纺织所同时整合了上中下游的技术制造，并让产品的商转、检测、验证及营销等供应链一次到位与落实。

五、中国台湾推展"三业四化"的检讨与后续发展

（一）"三业四化"产业政策获得肯定

1. 中国台湾产业政策与时俱进

杜紫军指出，中国台湾产业的发展过程中，各阶段面临许多不同的挑战与考验，台湾当局均能提出相关政策及配套措施加以适应当时产业的转型。

1961 年，为鼓励在中国台湾投资产业，台湾当局提出《奖励投资条例》。能源危机后，为提高生产的价值及质量，提出《促进产业升级条例》，提出自动化、人才培训、研发、污染防治及节约能源等措施，以鼓励企业促进产业升级。

近年来，整个中国台湾产业发展所面临的挑战越加繁复、严峻，创新遂成为产业发展的主要议题。唯有持续进行技术、产品、管理、服务，以及组织等各方面创新，才能在目前竞争的环境中崭露头角。因此，台湾当局提出"台湾产业结构优化——'三业四化'具体行动计划"的产业发展策略与行动计划，作为企业创新转型的方向。

制造业除了技术创新，也可以对服务的价值链进行创新，以提升附加价值；服务业可通过科技加值提升服务质量，并进一步走向国际化；传统产业若能进行特色上的加值，则可创造出差异。

除了提出企业创新的方向，在手段上，台湾当局更提出实际的研发补助及辅导措施，并以办理论坛方式，让成功经验得

417

以分享，使企业在未来的经营得以有所启发，一起投入创新，带动中国台湾产业的转型升级。

2. 产业协会领袖认同"三业四化"有助于面对全球竞争

中国台湾工业总会许胜雄理事长说，1997年亚洲金融风暴后，世界产业结构发展巨幅改变，也进入了完全竞争的时代，无论是信息的快速传播及透明化、技术落差的缩小，产业链的转移、国家力量的介入，均使得企业面临前所未有的考验。因此，政府政策的引导，成为促进产业发展重要的一环，"三业四化"的产业优化政策，将有助于企业面对全球化竞争。

台湾当局通过论坛方式，广邀各界有成功发展经验的标杆企业现身说法，除了分享经验，更可相互观摩学习，使"三业四化"的意涵可以深入各企业内部。使企业进一步了解台湾当局在产业可持续发展的过程中，提供企业发展的政策环境以及策略方向；并使企业认知到如何落实发展策略，应用于未来发展的方向。

中国台湾商业总会张平沼理事长以当年美国火鸡肉开放进口为例，指出，随着全球化市场的开放，产业的竞争无国界，面对竞争更激烈的环境，整个中国台湾产业发展所面临的挑战越加繁复、严峻。而对外开放，使企业勇于将发展的脚步跨出去，是未来的必要趋势。

台湾当局因此进行整个产业结构的调整，并对外推广，以加速并落实产业结构优化，提升整体产业的竞争力。当前政府提出"三业四化"政策，希望制造业产品以服务化提升价值，而服务业结合科技业，放眼国际市场，有信心可以走向国际化，更加不畏惧面对全球竞争。

（二）"三业四化"的后续发展

2014 年 10 月，台湾当局颁布的"产业升级转型行动方案"，将"台湾当局产业结构优化——'三业四化'具体行动计划"的要点，并入新方案中持续推动。本方案于 2014 年 7 月 1 日在会议中进行报告，江宜桦提出本方案可定调于台湾当局主管制造业及其相关技术服务业的产业升级，请相关部门尽全力协助达成。请台湾当局以宏观思维定位，并从推动升级转型层面来思考，重新确认产业范畴，分析发展问题、调整政策工具，有系统且环环相扣地提出推动策略与配套措施。

（三）两岸合作深化"三业四化"的推动经验

"三业四化"只在 2012 年 10 月到 2014 年 10 月的推动期间，共分两阶段选定 9 项示范亮点产业进行推动。两年期间，共筛选出创新时尚纺织、物流产业服务科技化、信息服务业国际化、工具机智能制造等作为"三业四化"的示范亮点产业。

虽然，短短两年期间，缺乏客观量化与整体产业竞争力增强的具体指标，但是，推动期间可以看到厂商积极参与且乐于分享经验。显而易见，"三业四化"走在正确的产业政策大道之上，后续发挥将可引领整体产业发展。

两岸可以精选共同产业领域，尤其是将制造业服务化列入"中国制造 2025"推动计划之中，作为未来共同深化精进的合作领域。一方面，撷取中国台湾推动"三业四化"的宝贵经验，另一方面，结合两岸特色发挥新的产业竞争能力！

【参考文献】

[1] 曾冬青、张建一、刘静容、陈玟吟：《产业结构优化策略研究》（初版），中国台

湾财团法人台湾经济研究院，2014 年版。

［2］《台湾产业结构优化——"三业四化"具体行动计划》（核定版），http：//www. ey. gov. tw/Upload/RelFile/26/692871/d17a8157 – 6f27 – 4f77 – a4ff – a1ebec2b 65d6. pdf，2012。

［3］《台湾地区商业总会产业建言书》（完整版），http：//www. roccoc. org. tw/hd/ Downloads/left4/1122all. pdf，2012。

［4］《台湾地区工业总会白皮书》（完整版），http：//www. roccoc. org. tw/hd/Down- loads/left4/2014final. pdf。

［5］《第 1 届产业发展会议》，2012 年 12 月 10 日。

［6］中国台湾：财团法人台湾经济研究院、财团法人中卫发展中心：《产业结构优化 研讨会——"三业四化"论坛》（北部场），2013 年 8 月 19 日。

［7］詹文男：《台湾产业结构优化策略——制造业服务化、服务业科技化与国际化、 传统产业特色化》，《产业结构优化研讨会——"三业四化"论坛》，2013 年 8 月 19 日。

［8］中国台湾财团法人中卫发展中心：《2013 年"三业四化"服务团巡回说明会》， 2013 年 10 月 9 日。

［9］中国台湾财团法人中卫发展中心，产业升级转型辅导团网，http：// www. tifu. org. tw/information. php？p_ id = 89，2014。

［10］《产业结构优化推动计划》，http：//www. tifu. org. tw，2015。

［11］《产业创新——推动"三业四化"》（更新版），http：//www. moea. gov. tw/ TAPP/main/content/ContentImages. aspx？menu_ id = 4476，2015。

煤炭产业清洁高效发展政策研究

韩东娥　郭永伟

（山西省社会科学院，山西　030006）

煤炭产业清洁高效发展是指在煤炭开采、生产加工、燃烧及发电、转化利用、运输过程、消费环节、污染控制与资源化再利用等过程中提高资源和能源利用效率，提高煤炭开采、加工、转化、消费过程中的绿色程度、自动化程度和安全程度，减少煤炭开发利用造成的环境污染、生态破坏、碳排放。煤炭产业清洁高效发展政策是国家制定的规划、干预和引导煤炭产业清洁高效利用的总体经济政策。煤炭是我国的主体能源，是国民经济发展的基础产业，中国煤炭产业能否走出一条清洁高效发展之路，在相当程度上取决于国家的煤炭产业政策。随着煤炭供需形势的变化，煤炭需求增速放缓，生态环境约束加强，适应经济新常态，认真研究煤炭产业清洁高效发展的相关政策措施，是实现煤炭工业持续、稳定、健康发展的重大问题。

［作者简介］韩东娥，山西省社会科学院研究员、能源经济研究所所长；邮箱：nyshde@163.com；电话：0351 - 5691659、13546305358；地址：太原并州南路116号。郭永伟，山西省社会科学院能源经济研究所助理研究员；邮箱：skygyw@126.com；电话：0351 - 5691841、13994221139；地址：太原并州南路116号。

一、煤炭产业清洁高效发展政策

我国较早重视煤炭产业的清洁高效利用。1994 年，设立了"煤炭工业洁净煤工程技术研究中心"，1995 年，成立了由国务院 13 个有关部委组成的"国家洁净煤技术推广规划领导小组"。1997 年发布的《中国洁净煤技术"九五"计划和 2010 年发展纲要》成为中国洁净煤技术发展的指导性文件。2010 年，国家"十二五"规划提出了推进传统能源清洁高效利用的建议，国务院加快培育和发展战略性新兴产业的决定指出，要积极推进煤炭清洁高效利用。2011 年，洁净煤技术科技发展"十二五"专项规划公布。当前，随着我国煤炭供需形势的变化，2014 年，国家能源局、环境保护部、工业和信息化部联合下发了《关于促进煤炭安全绿色开发和清洁高效利用的意见》（国能煤炭〔2014〕571 号）。为贯彻中央财经领导小组第六次会议和新一届国家能源委员会首次会议精神，落实《国务院办公厅关于印发能源发展战略行动计划《（2014～2020 年）的通知》（国办发〔2014〕31 号）和《关于促进煤炭安全绿色开发和清洁高效利用的意见》（国能煤炭〔2014〕571 号）要求，2015 年，国家能源局制定了《煤炭清洁高效利用行动计划（2015～2020 年)》，同年，工业和信息化部、财政部颁发《关于联合组织实施工业领域煤炭清洁高效利用行动计划的通知》（工信部联节〔2015〕45 号）。国家出台的一系列支持煤炭清洁利用的政策，不断完善了煤炭产业清洁高效发展的政策环境，经梳理主要包括以下几方面。

（一）清洁高效技术和标准政策

落后的煤炭利用技术和标准是环境污染源，加快发展煤炭清洁高效开发利用技术，制定相关标准是提高煤炭清洁高效开发利用水平的重要途径，为此，国家制定了相关的政策措施。

1. 生产技术和装备政策导向

为指导和规范煤炭生产，推动技术进步和产业结构优化升级，淘汰落后产能，提高资源利用率，加强矿区环境保护，促进煤炭工业科学发展，2014 年，多部门联合公布《煤炭生产技术与装备政策导向》，在对现有煤炭生产技术与装备进行全面梳理的基础上，依据有关法律法规及多年来的生产实践，对采煤、掘进、供电、提升等 23 项煤矿生产系统（环节）所采用的生产技术与装备，按照不同地质条件、不同井型规模，划分为鼓励、推广、限制、禁止四类。其中，鼓励类煤炭生产技术 126 项、装备 6 项，推广类煤炭生产技术 425 项、装备 52 项，限制类煤炭生产技术 45 项、装备 10 项，禁止类煤炭生产技术 43 项、装备 55 项。

2. 开发和利用技术方向政策

为提高煤炭清洁高效发展水平，洁净煤技术科技发展"十二五"专项规划公布，规划四个重点方向是：高效清洁燃煤发电技术、先进煤转化技术、先进节能技术、污染物控制和资源化利用技术。在煤炭资源安全高效开采方面，研究重点在大型矿井快速建井技术、快速施工与工作面自动化示范工程、煤炭高效自动化采掘成套技术和装备、大型露天煤炭装备。在煤炭加工提质与高效洁净转化方面，将重点研究选煤、煤炭直接液化和间接液化、油煤共炼技术、大型煤制氢和煤制天然气技术、低阶煤提质改性技术。在煤矿信息化与管理现代化方面，高可靠性全矿井综合监控与监视关键技术、煤矿物联网技术和煤矿一体化通信技术与系统将是研究重点。

3. 商品煤质量标准政策

2014 年，我国出台了《商品煤质量管理暂行办法》，该办法对煤炭含硫量、灰分等指标有严格要求，对不符合该办法要求的商品煤，不得进口、销售和远距离运输。《煤电节能减排升级与改造行动计划（2014～2020 年）》提出，限制高硫分、高灰分煤炭的开采和异地利用，禁止进口劣质煤炭用于发电。2014 年 10 月 8 日，国务院关税税则委员会发出通知，决定自 2014 年 10 月 15 日起，取消无烟煤等燃料的零进口暂定税率，煤炭进口资源关税基本全部恢复征收，在一定程度上减少了褐煤等低热值、高污染煤炭的进口。

（二）出台的财政专项资金

近年来，国家出台财政专项资金政策，支持和鼓励企业开展资源综合利用、淘汰落后产能和矿山地质环境治理。

1. 矿产资源节约与综合利用专项资金

自 2010 年起，中央财政从分成的矿产资源补偿费及探矿权采矿权使用费和价款中安排专项资金，用于矿产资源节约与综合利用，包括奖励资金和循环经济发展示范工程资金两部分，其中，煤炭资源综合开发利用是专项资金支持的重点。2010 年中央财政共安排煤炭资源节约与综合利用专项资金 11.44 亿元。其中，奖励资金 7.35 亿元，重点奖励近 3 年在提高开采回采率、选矿回收率、综合利用率（简称三率）方面取得显著成效的企业，在矿山废弃物利用、矿井水循环利用方面成效显著的企业以及煤炭共伴生资源和低品位煤炭资源综合利用方面取得良好效益的企业等；示范工程资金 4.09 亿元，主要支持涉及中薄煤层机械开采、特厚煤层高效开采、煤矸石回填绿色开采及综合利用、煤炭共伴生资源综合开发利用、含煤高岭石及煤系硫铁矿综合利用以及高灰难选煤泥分选、矿井水循环利用类项目等。2013 年，财政部、国土资源部又出台了新的《矿产资源节约与综合利用专项资金管理办法》，主要依托大型骨干矿业集团，用于矿产资源综合利用示范基地建设。重点支持提高矿产资源开采回采率、选矿回收率和综合利用率，低品位、共伴生、难选冶及尾矿资源高效利用，以及多矿种兼探兼采和综合开发利用，促进了煤炭资源节约和矿产资源保护。

2. 淘汰落后产能专项资金

为支持中西部等经济欠发达地区淘汰火电等落后产能，加大燃煤小机组关停力度，中央财政设立了淘汰落后产能专项资金，并创新资金安排方式，采取"以奖代补"，根据淘汰落后产能规模安排奖励资金，多淘汰则多获得奖励。其中，煤炭利用率低、污染排放量大的燃煤小机组是该项资金支持的重点。

3. 矿山地质环境治理专项资金

自 2001 年起，中央财政安排了矿山地质环境治理专项资金，主要用于对矿山开采活动造成矿山地质环境破坏的恢复和治理。截至 2010 年，全国用于矿山地质环境治理的资金达到 500 亿元，其中，中央财政安排资金约 129 亿元，地方财政和企业自筹资金近 400 亿元。"十一五"期间，国家加大矿山地质环境治理力度，治理恢复矿山土地面积约 49.6 万公顷，治理矿山地质灾害 5195 处，治理已破坏的地形地貌景观 2527 处，有效缓解了矿山开发对环境造成的影响①。2010 年，中央财政重点支持了国务院公布的 36 个矿产资源枯竭型城市的矿山地质环境治理工作，共安排资金 35 亿元，其他重点项目资金共 21.4 亿元。

4. 支持煤炭企业实施节能技术改造

中央财政采取"以奖代补"方式，鼓励引导企业实施燃煤锅炉（窑炉）改造、余热余压利用，节约和替代石油、电机系统节能和能量系统优化等节能技术改造项目。支持电力企业采取通流改造、汽封改造、变频改造、除尘改造等综合性节能减排措施，实现系统节能，根据项目节能量按规定标准予以奖励。

（三）财政税收优惠政策

财政税收政策给予煤炭清洁高效生产和利用的企业相应的财政补贴，提供税收优惠，降低生产经营成本，增加其收益，鼓励企业清洁高效生产和利用煤炭，对煤炭产业清洁高效发展起到引领作用。

1. 财政资金的引导政策

国家相关部委印发的《关于联合组织实施工业领域煤炭清洁高效利用行动计划的通知》（工信部联节〔2015〕45 号）要求，在强化地方政府组织协调的同时，建立多元化资金支持方式，发挥财政资金引导作用，利用各级财政资金中大气污染防治、技术改造、清洁生产、中小企业、淘汰落后等既有资金渠道，加大统筹力度，创新支持方式，提高资金使用效益。拓宽融资渠道，支持专业化节能环保公司采用合同能源管理、综合环境服务、金融租赁等模式，为企业提供技术和融资服务；鼓励金融机构针对实施方案提供绿色信贷等金融服务；引导民间

---

① 于清凡：《中国积极推动绿色矿业发展》，国际在线，2011 年 11 月 3 日。

资本设立股权基金、产业基金等，支持实施方案中的项目。

2. 资源综合利用税收优惠政策

　　对销售自产的以煤炭开采过程中伴生的舍弃物油母页岩为原料生产的页岩油实行增值税即征即返的政策；对销售自产的以煤矸石、煤泥、石煤、油页岩为燃料生产且煤矸石、煤泥、石煤、油页岩用量占发电燃料比例不低于60%的电力和热力，实行增值税即征即退50%的政策；陆续取消或降低了"两高一低"产品的出口退税率并适时开征出口关税；根据企业所得税法及实施条例规定，生产国家非限制和禁止并符合国家和行业相关标准的产品取得的收入，可以在计算应纳税所得额时按90%计入收入总额。根据2008年印发的《资源综合利用企业所得税优惠目录》，对有关综合利用的资源、生产的产品以及技术标准进行了规定。企业利用煤系共生、伴生矿产资源、瓦斯，生产高岭岩、铝矾土、膨润土，电力、热力及燃气，以及利用煤矸石、石煤、粉煤灰、采矿和选矿废渣，生产砖瓦、砌块、墙板类产品、石膏类制品以及商品粉煤灰，均可享受上述所得税优惠政策。

3. 清洁生产和环境保护税收优惠政策

　　对污水处理费、烟气脱硫生产的二水硫酸钙等副产品减免增值税；对企业从事符合条件的环境保护项目等所得，给予所得税"两免三减半"的优惠；对企业购置并实际使用《环境保护专用设备企业所得税优惠目录》内的环境保护专用设备，给予按该专用设备投资额10%的比例抵免企业当年应纳企业所得税额的优惠。这些资源综合利用的税收优惠政策，在促进煤炭资源综合利用、推动循环经济发展方面起到了积极作用。

（四）调控产量和优化布局政策

当前我国经济增速放缓，结构调整加快，能源需求强度下降，煤炭需求减弱，煤炭供需失衡矛盾日益突出。为控制煤炭产能，促进清洁高效利用，2014 年，国家能源局出台《关于调控煤炭总量优化产业布局的指导意见》（以下简称《意见》），对煤炭行业总量调控、优化布局、深化改革等工作提出一系列具体意见。

1. 控制生产总量政策

随着我国煤炭供需形势发生变化，要实现煤炭清洁高效利用，最重要的是控制煤炭产量，把不安全、违法违规和超能力生产的产能压下来。2013 年国务院办公厅印发了《关于促进煤炭行业平稳运行的意见》（国办发〔2013〕104 号），其中一个主要任务是遏制煤炭产量无序增长。从控制增量入手，停止核准新建 30 万吨/年以下煤矿、90 万吨/年以下煤与瓦斯突出矿井。逐步淘汰 9 万吨/年及以下煤矿，重点关闭不具备安全生产条件的煤矿，主动关闭灾害严重或扭亏无望矿井。国家能源局要求，2014 年全国淘汰煤炭落后产能 3000 万吨。2015 年底全国关闭 2000 处以上小煤矿，对 13 类小煤矿依法实施关闭或淘汰退出。2015 年底，煤矿全年产量不得超过公告的生产能力，月度产量不得超过月度计划的 110%，淘汰煤炭行业落后产能 7779 万吨、煤矿 1254 座。

2. 优化产业布局政策

煤炭行业要坚持规划引领、有序发展、优胜劣汰、强化监管为调控总量和优化布局的基本原则，进一步促进煤炭工业提质增效升级。今后一段时期，东部地区原则上将不再新建煤矿项目；中部地区（含东北）将保持合理开发强度，按照"退一建一"模式，适度建设资源枯竭煤矿生产接续项目；西部地区将加大资源开发与生态环境保护统筹协调力度，重点围绕以电力外送为主的千万级大型煤电基地和现代煤化工项目用煤需要，在充分利用现有煤矿生产能力的前提下，新建配套煤矿项目。

（五）市场化改革政策

煤炭市场化改革是促进煤炭产业清洁高效发展的重要途径，近年来，我国煤炭市场化改革政策不断调整和完善，为煤炭产业清洁高效发展奠定了基础。

1. 市场化价格形成机制基本确立

1985 年煤炭价格双轨制基本形成，1992 年国家提出把煤炭企业推向市场的政策指导，到 1994 年基本实现了主要煤炭品种的市场定价。1996 年国家对电煤实行指导价格，实行双轨制。2004 年提出建立联动机制，2013 年实现电煤价格并轨。至此我国煤炭价格完全放开，基本实现了价格的完全市场化。

2. 煤炭交易体系日益完善

目前，我国已初步形成多层次煤炭市场交易体系。现货市场有全国性、区域性和地方煤炭交易市场，期货市场包括国家批准开展动力煤、焦煤等涉煤期货品种交易的期货交易所。交易模式日益多元，交易市场不断健全。目前，中国（太原）煤炭交易中心已设计出挂牌交易、竞价交易、邀约交易和协商交易等方式，建立了年度交易、日常交易、卖场交易等交易模式，提供安全、及时、便捷的交易、交收、结算和信息服务。

3. 企业公司制改革稳步推进

1998 年，国有煤炭企业推进政企分开并下放到地方管理，国家企业通过债转股、股份制改造、衰老矿井关闭破产、新上项目吸纳外资和社会资本等多种方式推进产权制度改革。2005年，国务院发文鼓励大型煤炭企业兼并改造中小煤矿，资源储量可靠的中小型煤矿通过资产重组实行联合改造。煤炭企业在现代企业制度建设和产权制度改革方面取得了较大进展。

4. 资源税费改革政策启动

我国资源税开征于1984年，1994年开始实行从量定额征收。随着经济发展，资源粗放开发、大量浪费的弊端日益显现。国务院决定，自2014年12月1日起，实施煤炭资源税从价计征改革，同时清理相关收费基金。

一是清理涉煤收费，减轻煤炭企业负担政策。在全国范围统一将煤炭、原油、天然气矿产资源补偿费费率降为零，停止征收煤炭、原油、天然气价格调节基金，取消煤炭可持续发展基金（山西省）、原生矿产品生态补偿费（青海省）、煤炭资源地方经济发展费（新疆维吾尔自治区）。各省、自治区、直辖市要对本地区出台的涉及煤炭、原油、天然气的收费基金项目进行全面清理。

二是推进资源税改革、促进合理开发利用政策。确定煤炭资源税改革实现从量计征向从价计征的改变，对衰竭期煤矿开采的煤炭减征资源税30%，对填开采置换出来的煤炭减征资源税50%。结合资源税费规模、企业承受能力、煤炭资源赋存条件等因素，将税率幅度确定为2%～10%，由省、自治区、直辖市人民政府在此幅度内拟定适用税率。2015年还下发公告，明确了衰竭期煤矿和充填开采置换煤炭的相关问题，以确保煤炭资源税优惠政策落到实处。

二、现有政策存在的问题分析

近年来，各级政府出台的一系列政策，对促进煤炭产业清洁高效发展发挥了重要作用，取得了一定成效。一些煤炭清洁高效技术比较成熟，但由于缺乏相关的管理制度和推动政策，导致煤炭清洁高效利用技术推广应用缓慢，煤炭利用水平仍然比较落后。

（一）技术推广政策不完善

推动清洁高效技术创新，是提高煤炭清洁高效利用的重要途径。我国可再生能源电价补贴每年超出 200 亿元，但目前国家对煤炭清洁高效利用产业的支持力度较小。成本与资金障碍也是限制我国煤炭清洁化利用技术实际推广的核心问题。以 IGCC 发电技术为例，据了解，IGCC 的供电效率比常规燃煤电站高 5% ~7%，随着技术的发展，IGCC 的净效率可达 50% 或者更高，并具有材料适应性广、节水和调峰能力强的优点，而且污染物的排放仅为常规燃煤电站的 1/10，但其造价和运行费用较高，工程设计、开发成本加上设备成本是常规燃煤电站的好几倍。我国在洁净煤技术发展相关政策中仍处于摸索阶段，并没有直接针对煤炭清洁高效利用的法律法规。当前，尽管国家发布了促进煤炭清洁高效的指导意见，但政策内容比较模糊，可操作性较差，缺乏配套的经济激励、技术鼓励政策的支持。

（二）财税优惠政策不具体

财税金融政策、价格政策、产业政策等对清洁煤产业发展

431

的扶持力度不够。

一是有些价格形成机制等激励政策支持力度不够。如煤层气价格定价偏低，开发销售煤层气以及煤层气发电获得的政府补贴偏少，不足以调动企业开发和利用的积极性，加之煤层气入管网难等问题，造成煤层气"围而不采"、"采而不用"等不合理现象。

二是煤矿退出政策亟待完善。鼓励煤炭企业兼并重组的相关政策激励作用不明显；资源枯竭、开采成本高、长期亏损的老国有煤矿不能有序退出；原破产煤矿后续政策亟须进一步研究完善。例如，开滦集团已累计为破产社区垫付运转资金16.46亿元，每年仍需运转资金近6亿元。

三是退出机制不健全，现有小煤矿基本上都有合法手续，退出难度大，部分国有老矿转产困难，"活不好、退不出"问题更为突出。

四是煤炭企业增值税税率过高。2000～2013年煤炭企业平均税负为9.1%，仅次于石油天然气行业而高于其他工业行业。

（三）资源管理市场化程度不高

多年来，经过煤炭市场化改革和发展，有效促进了煤炭清洁高效利用，但目前仍存在一些问题急需解决。

一是资源产权界定不清。煤炭资源是国家所有，但国家是个抽象的、不清晰的集合体，所有者缺乏明确的人格化。资源国家所有权实际上被各级政府和管理部门多元分割，国家所有的矿产资源就变成公共资源，不可避免地产生"公地悲剧"，资源浪费、私挖滥采和掠夺性开采由此而来。

二是资源有偿使用制度不完善。一些地方煤炭资源配置没有以市场方式公开出让，多数以协议方式配置给国有企业，资源的价值没有得到真正体现，矿产资源的廉价甚至是无偿使用使得资源开采企业缺乏珍惜资源的内在动力，掠夺式、破坏式开采现象严重。

三是煤炭税费混同、征收使用不规范。体现国家资源所有权的资源租金以矿业权价款形式收费，资源级差地租却以资源税形式征收。应该征收的体现开采资源的补偿费，却以资源税改革的内容取消。

四是市场交易不规范。一些地区煤炭资源配置以行政审批为主，没有以招拍挂的市场方式出让；缺乏矿业权定价标准、资源评估标准；矿业权转让行为不规范，转让纠纷不断，国有资产流失。

五是国有企业市场主体不够规范。煤炭行业市场竞争程度虽相对较高，但央企和国企仍占据主导地位，国有企业在承担生产经营职能的同时，享受一定的优惠政策，不能完全按照市场规律决策。如关闭破产煤矿国家补贴费用到期后企业负担重，企业办社会职能分离不出去。据调查，大同煤矿集团承担社会管理等职能每年要投入近 40 亿元。

（四）行政管理体制、制度和标准不完善

从表面看，制约煤炭产业清洁高效发展的因素主要是清洁煤技术创新不够，但究其深层次原因，与煤炭管理体制和制度不无关系。

一是产权管理和行政管理混同，代表国家行使产权所有者的职能部门同时还承担产业发展、安全监管、税费征管方面的职能。

二是中央和地方政府在煤炭资源管理方面事权划分不明、利益分配机制不完善，中央政府在煤炭矿业权交易利益分配

中占比较大，各级地方政府在利益分配中收益较小而责任较大。

三是技术标准体系尚不健全且相对分散，现有标准指标亦不尽合理。如煤层气标准存在体系不完善、交叉重复等问题。我国商品煤质量标准缺乏或不健全，导致大量低热值煤、高硫、高灰等劣质煤进入市场消费。

四是管理部门多，管理复杂、烦琐、体系混乱，职能管辖相互交叉，部门之间权责不够明确，分工不清。我国洁净煤技术已经发展了 20 年，但这些技术并没有从根本上改变煤炭粗放式的开发和利用总体格局，原因之一是各部门各搞各的，缺乏国家级的煤炭清洁高效开发利用的协调机制。

五是行政审批制度效率不高。审批事项繁杂，审批环节多、核准周期长，核准过程不够透明，项目获得核准难度大，审批制度执行不到位且人为因素太多，相当数量的煤矿项目在未得到核准之前便开工建设。

六是能源规划的法律地位缺失，能源项目与规划脱节，企业市场准入和项目审核制人为操作空间太大。一些环保条例、矿业权评估的法规滞后，缺乏严格的市场准入规定，使得一些与煤炭开采条件不相适应的企业获得了煤炭采矿许可，客观上造成了大矿小开、资源浪费和生态环境破坏等问题。

七是矿山监督管理部门往往重发证轻监管、重事后查处轻事前预防，煤炭开发造成的环境破坏如何恢复缺乏有效的措施和制约机制；监管主体在机构建设、人员配置、行政许可、执法检查、隐患排查、责任追究等方面不到位，一定程度上影响了煤炭安全监管职能的发挥。

三、完善政策的建议

今后一段时期，煤炭作为我国主体能源的地位不会改变，清洁高效开发利用煤炭是保障能源安全的重要基石，是推进能源革命、煤炭革命的重中之重。按照能源革命的新部署和煤炭革命的新趋势，煤炭产业要实现清洁高效发展，思想高度重视是前提，技术创新是驱动，完善政策是导向，综合管理是基础，创新制度是关键，规划监管是抓手，健全法规是保障。

（一）政府和企业高度重视

从政府角度看，对于中国这样一个富煤缺油少气的发展中大国来说，煤炭过去是、现在是、未来较长时间内仍然将是中国的主要能源。当前，我国经济发展进入新常态，经济增长方式、宏观调控方式都在发生深刻的变化，煤炭产业发展也将进入新的调整阶段。

一是经济发展进入新常态，煤炭市场处于需求低增长、价格低水平的调整时期。

二是经济增长动力由资源驱动向创新驱动转变，必须依靠技术、战略和管理创新，习近平总书记提出要"推动能源消费革命、供给革命、技术革命和体制革命，全方位加强国际合作"，明确了煤炭的重要地位和清洁高效发展的重大意义，为我们大力推进煤炭革命指明了前进方向。

从企业角度看，我国经济发展的内涵、条件，发展方式和经济结构发生了变化，煤炭企业的发展理念也要随之转变。

一是树立新的生产理念，摒弃过去追求规模的扩张方式，要注重效益和竞争力提升。新建矿井要综合考虑资源开采条件、煤质、市场价格和经济效益，开发具有经济效益的资源，企业才能盈利，企业有了盈利才能可持续发展。

二是需要创新商业模式，科技力量带来的立体式变革将严重冲击传统商业模式。煤炭利用方式正由燃料向原料与燃料并重转变，煤炭企业要依靠科技创新延伸产业链，充分发挥煤炭作为新型清洁能源和化工原材料的作用。

（二）完善技术创新政策

煤炭清洁高效发展具有显著的技术密集型特点，技术创新是实现煤炭产业清洁高效的核心内容。

1. 明确技术创新重点

紧跟煤炭清洁高效发展技术前沿，努力在煤炭开采方式、煤炭产品开发和产业链延伸等关键领域实现重大技术突破，为煤炭产业清洁高效发展提供技术支撑。

一是煤炭清洁利用领域，主要围绕大型火电厂、IGCC系统关键技术与装备研究和示范，煤清洁转化利用关键技术与装备研究及工程示范等开展联合攻关。

二是煤炭高效开采领域，主要围绕煤巷高效快速掘进关键技术及成套装备工程示范，矿井数字化技术及系统关键技术研究与工程示范，煤炭绿色开采技术与装备研究开发及示范等开展联合攻关。

2. 增加科技研发投入

增加政府公共财政或年度预算对煤炭清洁高效发展重大科研攻关的支出，将涉及煤炭清洁高效发展的重大关键技术列入国家科技计划，予以重点支持和政策倾斜。设立政府煤炭清洁高效专项引导基金，创建投融资服务平台，调动各方力量，切实增加资金投入，用于支持煤炭绿色开采技术的推广应用，支持开展煤炭清洁高效利用的技术攻关，支持新技术和先进适用技术的推广普及。

3. 构建技术创新体系

建立以企业为主体，市场为导向，产学研相结合的煤炭清洁高效技术创新体系。推进实施重大科技专项，支持创新要素向企业集聚，使企业真正成为技术创新主体。组建煤炭产业清洁高效、低碳绿色发展技术创新战略联盟，加强与国家重点高校、科研院所的合作，加快推进煤炭清洁高效发展技术的消化吸收和自主开发，加强关键共性技术的研究开发。在此基础上，依托自身优势，组建一批特色鲜明的工程中心、工程实验室和企业技术中心，力争率先在煤炭清洁生产利用、现代煤化工等领域取得关键技术突破。构建利益与风险共担的产学研合作创新机制和风险投资机制，完善及改进产学研互动过程中利益分配机制，通过政府和市场手段鼓励产学研合作项目的实施，更大程度上促进可持续创新。

4. 创新技术成果转化模式

实施创新示范工程。在煤炭开采、洗选、运输、燃烧、转化、储存、利用等各个环节，从实际出发，因地制宜，率先启动实施一批带动性强、关联度大、集成度高的重点示范项目，通过示范工程建设逐步探索出一条符合煤炭清洁高效发展的产业化发展道路。建立科学合理的科技成果风险转化评估体系，加强对适用技术的比选和宣传，对通过示范和小范围内推广的技术产品进行政府层面的技术推介，可通过专家论证、技术经济评价、工程示范评审等方式，向地方及国家相关部门推荐重

437

点项目，为政府决策提供技术支持和配套服务，顺畅科研项目、新技术推广渠道。有关行业协会、科研院所、咨询机构要充分发挥自身优势，做好技术引导、技术支持、技术服务和信息咨询等工作，帮助企业实施煤炭清洁高效利用技术改造。

5. 搭建国际技术交流平台

加强与发达省份或国际先进地区的技术交流，引入先进的煤炭清洁高效、低碳绿色发展技术，共同研发，提高科技水平和创新能力。设立煤炭清洁高效、低碳绿色发展技术合作示范区，为技术交流合作创建平台，与世界和国内发达省份形成技术共享、资源集成的局面，实现与国际接轨。加强与国际的交流合作，积极推进联合投资以及联合运行。在当前经济全球化的情况下，新技术的研发需要依赖国际间的合作。此外，通过联合投资还能获取技术的投入，因此，积极参与洁净煤技术的研发活动，能为我国未来发展提供新的技术选择。

（三）完善相关产业政策

完备的产业政策，是推进煤炭产业清洁高效发展的催化剂。当前，应从以下几个方面着手，加快形成快速发展的政策环境。

1. 健全相关产业政策

对各部门已颁布的政策进行调整，使相互间具有一定的协调性；加快制定煤层气产业化政策，诸如低浓度瓦斯的治理和利用相关政策、煤炭加工标准和产业化政策等；完善污染物排放标准制度，加大环境的治理力度。

2. 制定洁净煤技术产业化的政策

政府制定相关补贴奖励制度，对采纳洁净煤技术的企业发放一定的补助，从而促进企业相关配套设施的建设，并实现企业外部成本内部化，推动洁净煤技术的应用和推广。对于采纳洁净煤技术并对环保做出一定贡献的企业，给予一定的奖励。国家或地区制定相关洁净煤贷款优惠政策，鼓励和支持金融机构对与洁净煤技术相关的项目放贷。在《环境保护专用设备企业所得税优惠目录》、《环境保护、节能节水项目企业所得税优惠目录》中，增列"煤炭清洁高效利用相关设备及产业化项目"类别。加大对燃煤电厂超低排放示范工程建设的支持力度，在项目核准、金融、税收、财政等方面给予政策支持，鼓励电厂开展清洁燃煤发电技术攻关和示范工程建设。

3. 落实和制定相关优惠政策

落实有利于煤炭资源综合利用和促进循环经济发展的税收政策，鼓励支持废弃物的无公害处理。

一是全面落实瓦斯发电上网加价、税费优惠等政策，支持煤矿企业拓宽瓦斯利用范围，提高瓦斯利用率。

二是建议将煤炭增值税税率从17%恢复到13%，减轻煤炭企业税费负担，维护煤炭经济平稳运行。同时加大地方分享增值税和企业所得税的比例。

三是研究试点环境税费政策，对现行以排污收费为主的环境经济制度进行改革，加大对排污主体和包括煤炭资源在内的资源消耗主体的税费调节力度，引导其加大技术和工艺改造。

四是建议国家有关部门就相关技术、专有装备、产业化示范项目建立专项基金，加大扶持力度。对新技术开发利用给予财政激励。

五是制定鼓励借鉴并引进国外先进技术的政策，如对一些洁净煤技术的引进，降低进口关税和增值税等。

4. 完善煤矿退出机制和政策

认真贯彻落实国办发〔2013〕99号和104号文件精神，提高新建煤矿准入标准，严格设定办矿准入条件和禁止配置区域，加快关闭 9 万吨/年及以下灾害严重的煤矿，停止新建 30 万吨/年以下煤矿和 90 万吨/年以下煤与瓦斯突出矿井。坚决关闭开采时间较长，资源濒临枯竭或剩余资源少，服务年限不足五年的煤矿；坚决关闭资源禀赋条件差、水和瓦斯等灾害严重、安全无保障的煤矿；坚决关闭煤质条件差、开采困难、开采成本高、亏损严重且扭亏无望的煤矿。要对计划经济时期建设的资源枯竭、煤质不好、开采成本高、扭亏无望国有煤矿依法实施破产。关闭破产这些煤矿既要依法依规、市场化运作，也要政府给予支持。政府要给予矿山企业金融、财政、税收、工商、社会保障制度等多方面的支持，如债转股、贴息贷款、收购报废、科技奖励、减免税收、补贴等，引导矿山企业退出。建立起煤矿资源枯竭闭坑准备金制度，真正建立起符合煤矿发展规律的退出机制。要完善国有煤矿企业退出机制，加快分离企业办社会职能，让企业完全按照市场机制经营运作。

（四）完善市场化管理机制

大力推进煤炭市场化管理，实现煤炭全方位、全产业链的市场化，是实现煤炭产业清洁高效发展的客观需要。完善资源产权制度，构建市场交易体系、培育市场竞争主体、完善市场机制、加强市场监管是市场化管理的重要内容。

1. 明晰界定资源产权

明晰界定资源产权是实现资源优化配置，促进煤炭清洁高效发展的基础。

一是重新界定中央政府与省级政府的产权边界。理顺中央政府、地方政府的资源产权关系，明确划分矿产资源开发中各级政府独享的和共享的权利、义务。建立中央政府与地方政府分级、分类管理矿产资源的制度，通过合理划分权责，规定国务院和省级政府都作为矿产资源性国有资产的"出资人"，分别行使区域内矿产资源的所有权。

二是分离矿产资源行政管理和资产管理职能。建议成立"矿产资源国资委"，履行矿产资源所有权主体，改变现行体制中资源资产管理和资源行政管理合一的扭曲局面。

三是"矿产资源国资委"由相关管理部门组成，是管理政策制定机构，行使出资人职责，要实现从"管企业"向"管资产、管资本"转变。在"矿资委"的指导管理下，开展国有企业的重组工作，组建国有资本投资运营公司，实现社会目标与企业经济目标的隔离。重点管理好资本的投向、规范资本运作、提高资本回报，不干预企业法人财产权和经营自主权，充分发挥市场的作用，将国有企业真正推向市场。

2. 完善资源有偿使用和权利金制度

坚持市场决定、政府调控、有偿使用的原则，建立科学合理的矿产资源评估机制和竞争性定价机制，制定完善的矿业权招投标程序和标准，完善矿业权有偿使用和权利金制度。

一是合并矿业权价款，建立矿产资源权利金制度，实行从价计征，在费率确定上，需要向国际平均水平靠拢（2% ~ 12%），杜绝无偿或低偿使用煤炭资源。强化权利金的征收与使用管理，开展以储量消耗计征矿产资源权利金的试点工作，探索新的征收模式。

二是加大资源税改革力度，逐步建立我国的资源租金税制度。资源税从价计征，能够更有效地发挥对矿产资源租金的调节作用。在征收依据上应与国家以矿产资源所有者身份所征收的权利金区别开来。在资源税的税率确定上，要充分考虑资源的稀缺性和政府对该类资源开采的限制程度，对资源进行级差划分，依据优质资源税率从高、劣质资源税率从低的原则，合理优化税率结构。在此基础上，研究探索按资源品质和赋存条件确定不同税率的资源改革方案。研究建立与资源开发相关联的浮动租金征收制度。

三是优化权利金收入分享体制，明确界定中央政府和地方政府间责任。在明确政府间事权基础上，界定各级政府的支出责任，做到事权与支出责任相适应，满足各级政府履行事权的财力需求。

四是将矿业权使用费更名为矿地租金，适当提高矿地租金标准，并将其作为一个长期固定的行政性收费项目，用以调节矿业权主体与所有权主体、土地权主体之间的利益关系，并加强对矿山企业占有、使用土地的行政管理，遏制当前企业圈地、占地而不进行矿产资源开发的怪象。

五是建立煤炭企业耗竭准备金制度，允许煤炭企业在税前按销售收入的一定百分比计提耗竭准备金。耗竭准备金作为企业的专项基金，可作为企业到海外进行煤炭资源勘查和开发的资金来源之一。

3. 理顺价格形成机制

在资源税改革的基础上，应当更加注重和强化资源税改革与资源定价机制改革的联动性，以便进一步完善资源价格形成机制，促使我国自然资源更加有效、合理地被使用。积极探索煤炭产品价格形成机制改革，推动煤炭企业外部成本内部化。按照国家统一的会计制度对煤炭资源性产品进行成本核算，全面、规范地把矿业权取得、资源开采、环境治理、生态修复、安全投入、基础设施建设、企业退出和转产等费用列入资源性产品的成本构成，实现资源开发外部成本的内部化。要特别重视煤炭、煤层气资源品价格的全成本定价机制问题，逐步将生态环境外部性成本、转型成本、安全成本等包含在资源品价格之内。

4. 建立完善的市场交易机制

建立完善的矿业权交易市场和交易机制，引导矿业权合理流动，反映矿产资源的稀缺程度，调节资源的需求量和优化资源配置，是实现煤炭产业清洁高效发展的客观需求。

一是建立统一规范的矿业权交易平台。在建立国家一级矿业权交易平台的基础上，依据审批权限设置不同级别的矿业权交易机构，发布统一的矿产资源产权交易规则，公开公示程序，统一规范交易机构的交易行为。

二是研究制定矿业权转包、出租、出让、抵押等市场交易规则，促进矿业权流转；推进煤和煤层气矿业权、煤和共伴生资源矿业权一体化、市场化配置。

三是对长期占而不用的矿产资源，要通过重新评估资源产权的资产，推动矿业权人以出售、作价出资、股份合作、重组改制等方式进入二级市场。

四是针对国有企业租金和利润混在一起，资源要素租金变成了国有企业的利润的现状，要重新评估资源价值，按征收资源租金或权利金形式补交，让企业租金与利润脱钩，让国有企业的利润能够水落石出。

五是尽快建立矿业中介机构的市场准入制度，严格其资格审批，加强矿业权市场中介服务组织建设，大力培育和发展社会化的矿业权评估、代理、经纪、信息服务、法律咨询等中介机构。

六是积极探索建立矿业权资本市场，做好矿产储量核实和资产评估工作，将矿业权纳入企业资产账户，为矿业权证券化提供资产保证。积极探索和实践矿业权物权证券化与债权证券化模式，积极探索建立矿业权证券化融资体系，大力培育和建设矿业权资本市场。

5. 完善矿区生态修复补偿机制

按照"谁受益、谁支付"，"谁开发、谁补偿"原则，多方筹集到充足的资金进行矿区生态修复。

一是实行煤炭资源开采、地质环境恢复治理、土地复垦与生态修复同步规划、同步实施机制。严格落实煤炭资源规划中关于禁止、限制开采区的管理要求。

二是对于新矿区，要在清费立税的基础上，完善矿山生态修复保证金制度，把多收企业的费用减掉，同时准确核算矿山企业开发资源生态损害成本的基础上，争取保证金的征缴要超出修复成本，提高企业主动修复的积极性，并让矿山企业具有收回保证金的预期。

三是对于废旧矿区，建议国家和省级设立"废弃矿区生态修复（治理）基金"，用于各资源省份和地区修复废弃矿山的生态损害。同时，引入社会力量进行矿区生态修复，提高修复基金使用效率。

（五）完善管理体制和制度

煤炭清洁高效发展关系能源和环境安全，涉及多部门、多行业，是一项巨大的系统工程，以市场为导向，综合运用市场化手段，进行必要的制度改革和创新，以体制机制改革的红利，保障煤炭清洁高效发展，构建起与煤炭产业清洁高效发展相适应的管理体制和机制至关重要。

1. 建立统筹管理机构

深化煤炭管理体制改革，应坚持市场取向、问题导向、改革正向，坚持系统设计、统筹规划，减少行政干预，真正实现让市场发挥决定作用、让企业充分发挥主体作用。组建综合管理部门。建议将国家能源局升格为国家能源总局，下设国家煤炭工业局，把分散在各部门的煤炭行业管理职能集中起来，由国家煤炭工业局负责实施，直接承担煤炭规划建设、市场准入、生产经营、加工转化、转产发展等经济性监管，间接承担煤矿安全生产、资源管理、环境保护等社会性监管，即国家安全监管总局、国土资源部、环境保护部等社会性国家管理部门对煤炭行业的要求，要通过国家煤炭工业局落实到煤炭行业和煤炭企业，从根本上解决"九龙治水"问题，确保国家能源安全和经济社会稳定。

2. 建立协调机制

煤炭产业清洁高效发展涉及煤炭生产、加工、转化和利用全过程，是一个从资源开发到终端利用的多个产业的完整产业链，产业之间既密切联系，又是相互独立的管理体系。因此，需要国家建立煤炭清洁生产和高效利用协调机制，有效地进行全行业链的清洁管理。在国家层面要建立相关的政府部门、行政行业和科研单位共同参与的协调机制，组织开展相关重大的研究和煤制标准，支持政策的制定，编制煤炭清洁利用发展和管理规则，协调规划实施过程中的重大问题，做到统筹协同分行业实施整体推进。切实做到从煤炭生产开发到煤炭终端消费的全过程的管控。

3. 加强规划引导

煤炭产业清洁高效发展是一个长期性、战略性、持续性的过程，必须以科学规划为指导。

一是要研究制定国家煤炭资源开发布局规划，根据区域资

445

源条件、生态环境容量、市场需求形势，科学确定大型煤炭基地、大型矿区开发规模和产能建设节奏，从国家资源开发规划的源头上控制煤炭产能无序增长。

二是统一编制煤炭清洁高效发展规划。规划要涵盖煤炭清洁高效发展多环节，从战略、观念、人才、科技、体制、法规等方面进行全方位设计；时间上，按循序渐进的原则确定各时序煤炭清洁高效发展目标。

三是制定洁净煤技术的产业化总体规划。包括最新的洁净煤技术研发重点，煤层气开发利用总体规划，最新技术的适用性评估，新型煤化工产业发展战略，洁净煤技术产业化指导规划，洁净煤技术研发、示范以及推广等的商业化路线等。

4. 实施产业标准管理

加快制定煤炭产业清洁高效利用的国家标准、行业标准、地方标准等配套政策措施。

一是加快制定焦化、工业炉窑、煤化工、工业锅炉等领域煤炭清洁高效利用技术标准和规范，制定和完善相关产品的能耗限额标准，并发布高耗能落后设备淘汰目录。

二是改革现有煤炭准入制度，将煤炭清洁高效发展方面的指标作为煤炭产业重要的准入标准，主要包括瓦斯抽采率、煤炭洗选率、煤渣煤矸石和粉煤灰利用率、资源综合回采率、矿井水抽采和煤炭资源综合利用率等。

三是研究制定煤层气勘探、钻井、压裂、开采、集输、利用等方面标准，加快构建煤层气标准化管理体系。

四是整合规划煤炭行业清洁生产评价指标体系，按照《清洁生产评价指标体系》要求对煤炭开采、加工进行审核，在生产环节遏制盲目投资和低水平重复建设，在流通环节禁止不达标煤炭产品进入市场销售。

5. 推进行政审批体制改革

为了促进煤炭产业持续健康发展，非常有必要改革目前的煤矿项目核准制度。要围绕清权、减权、放权、治权，着力推进煤炭行政审批制度改革，加快建立设计科学、流程规范、运行高效、公开透明的煤炭行政审批制度。严格界定审批权限，加快推进技术审查与行政审批相分离。最大限度精简非行政许可事项，对无法律、法规依据的审批事项全部进行清理。审批事项清单并向社会公布，建立完善与涉煤审批事项清单相对应的责任清单。建立审批办事大厅，并联审批流程，大力推动同类事项及同一部门负责的事项归并办理。

6. 健全法规和监督管理

煤炭产业清洁高效发展应以健全的法律法规监督管理为保障。

一是健全法律法规。依照《煤炭法》、《能源法》等相关法律法规精神，遵循国家煤炭清洁高效发展指导意见和精神，制定出台煤炭勘探、开采、洗选、加工、储存、运输、转化等全过程的可操作性和可量化性规章，制定更加明晰和具体的实施细则和配套规章制度。

二是加强监测能力建设，抓好重点耗煤单位、重点污染源和治理设施运行监管，推动污染源自动监控数据联网共享。

三是加强监督检查，严禁超能力生产，严格煤矿基本建设程序，严禁未批先建、批小建大等违规行为。

四是健全国有资产监督管理体制，确保国有资产不被贬值或贱卖，要做好对国有产权的管理和财务的监督工作。

五是监管程序上，建立和完善分工负责、统一监管的工作范式，对监管失职或不到位行为，严格落实责任追究制。

六是加强执法监督，加强对企业环保行为的监管，实行执法责任制，依法从严惩处各类违法行为。

【参考文献】

［1］国家能源局、环境保护部、工业和信息化部：《关于促进煤炭安全绿色开发和清洁高效利用的意见》，国能煤炭〔2014〕571号。

［2］国家能源局：《煤炭清洁高效利用行动计划（2015～2020年）》，2015年4月27日。

［3］国家能源局：《关于促进煤炭工业科学发展的指导意见》，2015年2月4日。

［4］濮洪九：《合理利用煤炭资源，积极应对能源革命》，《煤炭经济》2014年第11期。

［5］李廷：《煤炭行业欲迎"新常态"唯有深化改革》，《煤炭经济》2014年第11期。

［6］王娟等：《"十三五"能源与煤炭市场化改革与发展》，《煤炭经济》2015年第1期。

［7］鲍丹：《我们还要不要煤？》，《人民日报》2014年6月9日。

［8］谢克昌：《中国工程院重大能源咨询项目——中国煤炭清洁高效可持续开发利用战略研究》，2014年12月18日。

［9］胡珺：《煤炭合法产能仅七成》，《中国能源报》2014年12月1日。

［10］张晓云、苏京春：《推进资源税改革的五大建议》，《中国经济时报》2015年3月26日。

［11］韩东娥等：《资源和生态环境产权制度研究》，《山西省国家资源型经济转型综合配套改革试验重大课题》，2014年12月。

连片特困地区经济多样性有利于减贫吗？

——来自美国阿巴拉契亚地区 420 个县的经验与启示

丁建军　冷志明　于正东　李湘玲

（吉首大学商学院，湖南吉首 416000）

一、问题提出

连片特困地区是贫困在一定空间尺度上成片集聚的地区，虽然形成的具体原因彼此存在差异，但呈现出一些共同的特征。其中，产业类型相对单一、经济多样化程度不高是最为显著的特征之一。那么，经济的单一性既是连片特困地区落后的表现同时也是其贫困的原因吗？实施多样化的经济发展战略有利于减贫吗？显然，这是一个有趣的话题。

理论上，区域经济发展理论对该问题的回答存在争论。非均衡发展理论认为，一定区域尤其是落后地区的资源有限，应将"好钢用在刀刃上"，集中优势资源发展一类或几类有带动性的部门，通过专业化带动区域发展，如佩鲁的增长极理论等；

均衡发展理论则强调经济是有比例、相互制约和支持发展的，不能"将所有的鸡蛋都放到一个篮子里"，这样不仅单一的产业发展不起来而且风险很大，主张在投资上以一定的速度和规模持续作用于各相关产业，冲破区域发展瓶颈，如罗森斯坦·罗丹的大推进理论等。实践中，专业化还是多样化、非均衡发展还是均衡发展始终困扰着贫困地区的政策制定者。虽然通过专业化或多样化实现成功减贫的例子都不鲜见，但在统计上究竟哪一种选择的胜算可能更大一些？特别是对于产业类型相对单一、高度依赖于某些资源型产业的连片特困区而言，在经济发展要素相对稀缺的情境下将经济多样性作为主要的经济发展目标，希望以此来降低经济风险或利用新的经济增长机会是不是明智的决策？回答这些问题无论是对理论争论还是现实决策都很有必要。

迄今为止，学者们对经济多样性的研究主要集中于产业多样化与经济增长、经济稳定以及产出效率之间的关系，而且研究对象多为经济发达地区，尤其是城市区域，旨在检验 Jacobs（1969）外部性（产业多样化带来的动态外部性）与 MAR 外部性（产业专业化带来的外部性）对地区经济发展影响的差异。然而，经济多样性等同于产业多样性吗？城市区域与农村地区、发达地区与贫困地区经济多样性对地区经济发展的影响相同吗？显然，答案是否定的。基于此，本文以世界上成熟经济体中持续被援助时间长达50余年的连片特困区——美国阿巴拉契亚地区420个县为例，实证检验贫困地区经济多样性政策的减贫效应。应从三个方面突破现有研究：一是从经验实证的角度探讨连片特困区这类特殊类型地区经济多样性的减贫效应；二是本文在借鉴将经济多样性细分为产业多样性、功能多样性、职业多样性和知识多样性的研究成果基础上，同时检验这四种多样性减贫效应的差异；三是兼顾回答在连片特困地区经济多样性对经济稳定性（失业）、经济增长的影响，以补充现有研究结论。同时，旨在为当前国内正在实施的连片特困区区域发展与扶贫攻坚战略及具体政策决策提供参考与借鉴。

二、文献回顾

经济多样性并不是一个陌生的话题，尤其是在实践中，经济多样化经常被区域发展实践者、地方政府决策者作为地方经济发展的目标，认为多样性可以降低经济下滑的风险，同时能为经济发展提供更多的潜在路径。不过，理论研究者们对区域经济发展的多样性问题则谨慎得多，除了前文中已提到的非均衡和均衡区域发展理论的争论之外，学者们重点关注并检验了经济多样性（产业多样性）与经济稳定性、经济增长之间的关系（Attaran，1986；Conroy，1975；Dissart，2003；Frenken，Van Oort 和 Verburg，2007；Jackson，1984；Mack，Grubesic 和 Kessler，2007；McLaughlin，1930；任晶，2008；孙晓华等，2012）。[①]

经济多样性与经济稳定性关系方面，学者们和实践者都有着一个共同的信念，即经济多样性能降低经济冲击对区域就业的影响，或者说经济多样性有利于经济稳定。Dissart（2003）将经济多样性看作一个"平均化过程"（Averaging Process），认

---

① 国内研究经济多样性的文献不多。除了正文中提到的文献外，张德常（2010）述评了产业多样性与经济稳定性之间的关系，张永林等（2006）阐释了农村经济多样性和产业化与农民增加收入关系的内因和机理，李福柱等（2013）检验了产业多样性对工业劳动生产率的影响，石忆邵等（2015）对上海城乡经济多样化进行了测度。

为一个区域产业种类越多，就业在这些产业中的分布越分散，其在经济下滑阶段遭受严重影响的可能性就越小。类似地，Chinitz（1961）指出，经济多样化区域更稳定是因为"它们的命运不与少数产业的命运紧密相连"。大量的实证研究文献也支持区域经济多样性与稳定性之间存在正相关关系的结论。Dissart（2003）发现，1930年以来，40多篇经济多样性研究文献中大多数支持区域经济多样性和稳定性之间存在正向关系，并且大的经济体相对于较小的经济体更加多样化和稳定。Malizia和Ke（1993）的研究表明，美国大都市区经济多样性的提升与失业率下降和就业稳定密切相关，Conroy（1975）也发现，都市区经济多样性和稳定性之间存在显著的正向关系。在一篇关于荷兰区域就业的研究中，Frenken等（2007）得出在主要工业部门中的区域就业多样性和这些地区的失业增长间存在负向关系的结论。不过，也有文献提供了相反的证据。Attaran（1986）指出，在美国州际数据实证研究中经济多样性和就业稳定性之间没有关系。Hammond和Thompson（2004）则发现，经济多样性和就业波动之间存在负向关系，同时，他们质疑为了追求经济稳定而实施简单的多样化政策是否明智。特别地，他们发现增加地方教育支出和提升教育水平对就业波动有显著的正向影响，部分原因是受教育程度更高的劳动力其流动性也明显增强。这一发现凸显出追求经济稳定性的政策和追求长期增长率政策之间的权衡加剧了区域就业波动，例如增加教育投资的政策。任晶等（2008）率先研究了中国产业多样性对经济增长的经验，发现1997～2006年中国省会城市及直辖市的产业多样化促进了经济增长。孙晓华等（2012）则借鉴Frenken等（2007）对产业多样性的划分，以中国282个地级城市为样本研究发现，相关多样性对地区经济增长有显著的促进作用，但无关多样性不利于经济增长。

经济多样性对经济增长的影响机制大体上被归结为三类。

一是更多的产业能创造更多的增长机会。比如，更多的产业能提供会计、法律等支持服务以激励企业在该区域内选址或扩张。

二是大的产业内部子产业种类的多样化能通过现有和预期新企业之间可能的生产连接产生的乘数效应提供更多的增长机会。比如，一个农产品生产占主导的社区将分享来自农产品加工产业导致的经济多样化带来的就业增长。然后，与加工活动相关的地区收入增长将进一步导致地方服务性产业（零售业和个人服务）就业的增长（Watkins，1963）。

三是产业多样化能通过创新促进增长。Frenken 等（2007）认为，跨产业的互动机会、模仿、改进和思想组合、实践和技术融合能够产生创新。不过，经济多样性与经济增长之间关系的经验研究结论则复杂得多。Dissart（2003）指出，经济多样性与就业增长之间的关系缺乏明确的结论，经济多样性与收入水平、收入增长之间关系研究甚至得到它们相互冲突的结论。例如，Wagner 和 Deller（1998）发现经济多样性与人均收入增长之间存在正向关系，但 Attaran（1986）得到的结论恰好相反。Frenken 等（2007）则认为，完善多样化种类的界定对研究经济多样性与经济增长之间的关系非常重要，他的结论表明主要经济部门内产业就业的多样性与就业增长率之间存在显著的正向关系。不过，孙晓华等（2012）关于中国地级市的经验研究表明，无论是相关多样性还是无关多样性都有利于经济稳定，但相关多样性的经济稳定效应受外部市场状况的影响大，当遭遇外部经济冲击时，其稳定作用被削弱甚至逆转。

事实上，经济稳定与经济增长是贫困地区十分关注的两个维度，也是实现减贫目标的两条重要途径。一方面，增强经济稳定性有利于降低贫困的脆弱性，因为贫困线边缘的群体极易受经济波动而致贫、返贫；另一方面，经济增长尤其是有利于穷人的增长是增加贫困地区居民收入，实现贫困地区减贫、脱贫的根本出路。遗憾的是，现有经济多样性研究文献虽分别关注经济多样性与经济稳定、经济增长之间的关系，但忽视了对贫困地区经济多样性减贫效应的直接探讨。虽然经济多样性与经济稳定、经济增长之间关系的结论并不完全一致，但经济多样性对于经济稳定性、经济增长的共同效应则有可能实现稳定减贫。与此同时，现有文献大都将经济多样性等同于产业多样性，不可否认，产业多样性是经济多样性中最重要的维度，但将产业多样性等同于经济多样性不可避免地会掩盖经济多样性其他维度对经济稳定、经济增长以及减贫的作用。Edward Feser等（2014）曾明确指出，经济多样性测度相对笼统且忽视具体的产业也对研究结论的非一致性存在影响。此外，不同研究结论的差异还有可能来自研究区域、研究时段的不同。连片特困区作为一类特殊区域，其区域性、发展阶段性与现有文献研究的区域和发展阶段存在明显差异，因而在连片特困区情境下，经济多样性的减贫效应与经济稳定性、经济增长之间的关系可能存在不一样的结论。

综上所述，本研究以美国阿巴拉契亚地区为例，将经济多样性细分为产业多样性、功能多样性、职业多样性和知识多样性，并从这四个维度考察连片特困区经济多样性的减贫效应（经济增长效应和经济稳定效应）及其相互差异，以期在经济多样性内涵及研究对象上拓展和补充现有研究成果。

三、研究设计

（一）研究样本、经济多样性测度及数据来源

1. 研究样本

贫困具有相对性，因而贫困是一个永恒的主题。连片贫困地区不仅在发展中国家普遍存在，即便是在发展程度较高的发达国家中也仍然存在。美国作为全球最发达的市场经济国家，却也有连片贫困地区——阿巴拉契亚地区。该地区面积 20.5 万平方英里，沿阿巴拉契亚山脉从北部的纽约向南延伸至密西西比，共覆盖西弗吉尼亚州全部以及亚拉巴马州、佐治亚州、肯塔基州、马里兰州、密西西比州、纽约州、北卡罗来纳州、南卡罗来纳州、俄亥俄州、宾夕法尼亚州、田纳西州和弗吉尼亚州部分地区在内的 13 个州、420 个县，人口 2500 万。该地区是美国的贫困集聚区，自 1965 年颁布《阿巴拉契亚地区发展法》以及成立阿巴拉契亚地区发展委员会（Appalachian Regional Commission，ARC）以来，该地区便成为持续帮扶的对象。阿巴拉契亚地区的经济曾高度依赖于采矿、林业、农业、化工等少数产业，随着多样化发展战略的实施，目前制造业和加工服务业等也得到了发展，大多数县域经济多样化程度明显提高。在过去的 50 年里，贫困率也由 1960 年的 31% 下降到 2008～2012 年的 16.6%。不过，该地区贫困率高于美国平均贫困率 1.5 倍的县仍有 107 个，减贫任务依然艰巨。阿巴拉契亚地区是本研究合适的研究样本，原因有：一是该地区是一个典型的连片贫

困区且在过去的 50 余年里实施了明确的经济多样化政策；二是作为成熟市场经济体中的相对贫困地区其统计体系健全、统计信息完备，为研究提供了可靠的数据来源；三是该片区 420 个县之间在经济多样性、贫困程度等方面都存在明显差异，满足回归分析对样本的要求。

2. 经济多样性测度

现有的经济多样性测度方法主要有国家平均法（National Averages）、肩形图法（Ogive）、熵值法（Entropy）和赫芬达尔指数（Herfindahl Indexes）、耐用品指数（the Durable Goods Index）以及组合方差法（Portfolio Variance）（Dissart，2003；Jackson，1984；Mack 等，2007）。其中，国家平均法、肩形图法、熵值法和赫芬达尔指数通过对比区域产业结构与指定的参照对象来测度多样性。国家平均指数通过对比特定区域在各个部门的就业份额与国家层面的相同测度并加总其差异，值越大意味着多样化程度越低。肩形图法和熵值法一般通过加总各个部门的区域就业份额与就业在各部门平均分布情形下各部门就业份额的差值而估算得到。耐用品指数将耐用品部门的区域就业或收入百分比作为多样性的测度，由于这些商品的高需求收入弹性可以大体反映一个区域面对需求冲击时的脆弱性。组合方差法将一个地区的经济活动看作类似于金融投资组合，组合风险（如就业不稳定）根据各个部门在总就业中的份额进行加权并加总给定时期内各个产业的就业方差以及两两产业之间的就业协方差而得到。显然，后面两种方法与经济稳定性的关联更明确，多应用于经济多样性与经济稳定性关系研究中。

本研究中关于经济多样性的理解、分类与测度均采纳 Edward Feser 等（2014）撰写的研究报告《阿巴拉契亚地区经济多样性》中的做法。首先，将经济多样性分解为产业多样性、功能多样性、职业多样性和知识多样性四类；然后，以熵值法作为多样性最基本的测度方法。该测度方法的优点是不预先假定经济多样性与稳定性或增长之间存在特定关系，并能敏感地捕捉各县域之间多样性的差异且便于对区域多样性进行分解。具体地，四类多样性的测度依据如下[①]：

（1）产业多样性（Industrial Diversity）：基于产业的经济多样性测度。根据北美产业分类系统（NAICS）中不同产业的就业人数来计算。

（2）功能多样性（Functional Diversity）：基于功能的经济多样性测度。根据11个产业大类中就业人数来计算。这些产业大类在较大的区域或国民经济中发挥了不同的地方经济功能。如大学城扮演了高等教育中心的角色、硅谷发挥了技术密集型制造业中心的功能等。

（3）职业多样性（Occupational Diversity）：基于职业的经济多样性测度，即根据职业类型就业人数加以计算。

（4）知识多样性（Knowledge Diversity）：基于知识的经济多样性测度。根据12个大的职业类型的就业人数加以计算。这些职业分类反映了不同行业对知识类型和层次的要求。

3. 数据来源

本研究的数据主要涉及阿巴拉契亚地区420个县贫困率、经济多样性以及经济发展水平、失业率、教育程度、自然地理条件、政府帮扶力度等方面的数据。其中，四种类型的经济多样性数据来自Edward Feser 等（2014）的研究报告"Economic Diversity in

---

① 熵值法及四类多样性的测度过程较为烦琐，限于篇幅，本文不作详细介绍。读者可参阅 Edward Feser 等（2014）的研究报告 "Economic Diversity in Appalachia, Statistics, Strategies and Guides for Action"，网址为 http：//www. arc. gov/assets/research_ reports/EconomicDiversityinAppalachiaCompilationofAllReports. pdf。

Appalachia，Statistics，Strategies and Guides for Action"；贫困率及其他有关 420 个县的经济社会发展数据均来自阿巴拉契亚地区委员会官方网站的数据报告（http：//www. arc. gov/data）。

（二）检验模型与变量说明

正如前文所述，本研究旨在检验连片特困区经济多样性的减贫效应，并且考察四种经济多样性各自减贫效应的差异。不过，一个地区的贫困程度或贫困率下降是多因素综合作用的结果，如该地区的自然地理条件、经济发展水平、居民受教育程度、就业水平、政府的支持和帮扶力度以及本文将重点关注的经济多样性等。因而，本文的检验模型中还应包括现有文献已验证的贫困影响因子，将其作为控制变量。故建立如下基准模型：

$$povr = \alpha + \beta_p \sum_{p=1}^{m} diversity_p + \gamma_q \sum_{q=1}^{n} controls_q + \varepsilon$$

式中，$povr$ 为反映贫困程度的因变量，$diversity_p$ 代表本文重点关注的表征经济多样性的预测变量，$controls_q$ 则是现有文献普遍支持的贫困影响因素控制变量，ε 为随机扰动项。下面我们对各类变量及其代理指标进行说明。

1. 因变量

因变量采用各县的贫困率指标，即贫困线以下人口占总人口的百分比。值越大意味着贫困程度越高，反之则越低。由于 ARC 报告的只是 5 年的平均贫困率，为了与 2012 年多样性测度值的年份相对一致，本文选取了 2009 ~ 2013 年各县的平均贫困率数据。

2. 预测变量

预测变量则包括产业多样性（indd）、功能多样性（fund）、职业多样性（occd）和知识多样性（knod）四类经济多样性指标，各指标值由前文中介绍的测度方法和依据计算得到。本文応用的是 Edward Feser 等（2014）报告中的 2012 年 420 个县四个指标测度的标准化值。

3. 控制变量

本文的控制变量包括现有文献普遍支持的贫困影响因素。其中，经济发展水平（eco）由人均市场收入（2012）表示[①]；居民受教育程度（edu）的代理指标有两个，分别为最高学历为高中的人口比重[②]（2009~2013）和本科及以上学历的人口比重（2009~2013）；就业水平（emp）由失业率（2012）表示；政府的支持和帮扶力度（gov）由人均收入中转移支付比例表示[③]；自然地理条件（nat）由早期的人口密度（Persons Per Square mile，1990）数据表示[④]。

四、实证结果与分析

（一）描述性统计分析

表 1 显示了阿巴拉契亚地区 420 个县各主要变量的描述性

[①] 人均市场收入指居民从事市场经济活动获得的收入，一般地，经济发展水平越高，居民获得的市场收入也就越高。因而，人均市场收入可以反映该地区的经济发展水平。

[②] 通过计算高中及以上学历人员占比减去大学及以上学历人口占比得到。

[③] 在 ARC 的统计数据中有人均总收入和人均市场收入两项指标，两者相差的部分正好为包括政府转移支付在内的所有转移支付收入。因而，可以用人均总收入（Per Capita Income）与人均市场收入（Per Capita Market Income）的差值占人均总收入的比重来表征政府等的帮扶力度。同时，为了克服可能出现的内生性问题，应用前一年即 2011 年的数据加以测算。

[④] 趋利避害是人类的本性，因而，在人口迁徙自由度很高的美国，人口密度是反映各县域自然地理条件优劣的一个合适的指标。不过值得注意的是，一方面人口密度较高表明自然地理条件相对较好，另一方面也意味着自然环境的压力相对较大，人均资源拥有量可能较低。之所以用较早年份的数据主要是尽量避免自然地理条件之外的因素（如经济因素等）对人口流动的影响，从而提高该代理指标的有效性。

统计情况。不难发现,阿巴拉契亚地区的减贫任务仍然很艰巨,各县平均贫困率为 19%,贫困率最高的县达到 41%,最低的也有 8%。此外,该地区的落后还体现在经济发展水平上,人均市场收入仅为 22637.60 美元,相当于当年美国平均值的 62.49%,并且最大值与最小值差距非常大,高达 32332 美元。此外,片区接受过高中及以上学历教育的比重不算太低,均值为 0.81,最低的县也达到了 0.55。不过,受过大学及以上学历教育的人员比例则明显偏低,均值仅为 0.16,最高的县也不到 0.5。失业在该片区也是比较突出的问题,平均失业率为 9%,最高的县甚至达到了 18%。从人口密度看,该地区人口密度总体上不算太低,毕竟阿巴拉契亚地区是美国的东部地区,虽然是山区,但自然地理条件相对于美国中西部沙石化严重的地区(如犹他州、亚利桑那州、内华达州等)要好得多,平均人口密度为 103.18 人/平方英里。不过,各县之间人口密度相差很大,如人口密度最低的县每平方英里仅 6.3 人,而人口密度最高的县达到每平方英里 1830.3 人,标准差达到 134.93,这说明片区内部各县之间的自然地理条件差异非常明显。作为美国重点帮扶的贫困集聚区,政府对该地区的支持和帮扶力度很大,均值达到了 0.3,也就是说,该地区人均收入的 30% 来自政府等的转移支付,极个别的县达到了 54%。

表1 主要变量描述性统计

变量	均值	中位数	最小值	最大值	标准差
povr	0.19	0.19	0.08	0.41	0.06
indd	1.02	1.02	0.74	1.20	0.09
fund	1.03	1.05	0.62	1.18	0.09
occd	1.01	1.01	0.89	1.04	0.02
knod	1.01	1.01	0.90	1.09	0.02

变量	均值	中位数	最小值	最大值	标准差
eco	22637.60	22302.50	10418.00	42750.00	5343.16
edu1	0.65	0.65	0.44	0.79	0.05
edu2	0.16	0.14	0.06	0.49	0.07
emp	0.09	0.09	0.05	0.18	0.02
gov	0.30	0.30	0.09	0.54	0.07
nat	103.18	62.50	6.30	1830.30	134.93

经济多样性是本文重点关注的变量。产业多样性（indd）、功能多样性（fund）、职业多样性（occd）和知识多样性（knod）都经过了标准化处理。这四个变量的均值分别为1.02、1.03、1.01和1.01，这意味着总体而言，该地区功能多样性略高于产业多样性，同时高于职业多样性和知识多样性。此外，各县产业多样性、功能多样性之间的差异大于职业多样性、知识多样性之间的差异，前两者的标准差均为0.09，后者均为0.02。特别地，功能多样性、产业多样性的最高值与最低值相差分别为0.56和0.46，这表明阿巴拉契亚地区各县之间经济多样性的差异明显。

综上所述，上述变量的描述性统计情况再次表明，阿巴拉契亚地区420个县是本研究一个合适的样本。

（二）回归结果与分析

应用截面数据检验经济多样性的减贫效应，可以采用OLS法对检验模型进行回归分析。不过，有三个问题值得注意，即自变量之间的共线性、异方差以及因变量和自变量之间可能的内生性问题。为了规避这三个问题可能对回归结果产生的影响，本文采取了以下措施：①共线性问题。先检验各自变量之间的相关系数，然后对相关系数较高的变量在回归分析中进行增减，通过比较 AIC 值、SC 值大小并结合方差膨胀因子（VIF）分析共同决定变量是否应保留在模型中。②异方差问题。文中所有的回归分析均采用怀特异方差一致标准误估计量，该方法可以在无须检验是否存在异方差的情形下一概规避异方差对估计结果的影响。③内生性问题。该模型中最有可能出现的内生性问题是自变量政府帮扶力度（gov）与因变量贫困率（povr）之间的双向影响关系，即贫困率很高导致政府更大力度的帮扶，同时政府的大力帮扶滋生惰性进而加剧贫困。为了切断这一双向关系对估计结果的影响，文章选取滞后 1 年的政府等转移支付数据，即 2011 年的政府帮扶力度值。

表 2 显示了各自变量之间的相关系数。总体上，大多数变量之间的相关系数不是太高。个别变量如经济发展水平（eco，人均市场收入）与教育程度（edu2）、就业水平（emp）、政府帮扶力度（gov）之间，政府帮扶力度（gov）和教育程度（edu2）、就业水平（emp）之间的相关性较高，是后文中进行共线性分析和处理的重点对象。此外，从相关系数中还可以发现四种经济多样性测度指标之间的关系。其中，产业多样性与功能多样性、职业多样性三者之间的相关性较高，相关系数分别为 0.60、0.66、0.61，产业多样性、功能多样性与知识多样性的关联性不大，而职业多样性与知识多样性的相关性相对较强，相关系数为 0.51。

表 2　各自变量之间的相关系数

	indd	fund	occd	knod	eco	edu1	edu2	emp	gov	nat
indd	1.00									
fund	0.60	1.00								

462

	indd	fund	occd	knod	eco	edu1	edu2	emp	gov	nat
occd	0.66	0.61	1.00							
knod	0.16	0.27	0.51	1.00						
eco	0.60	0.23	0.42	0.18	1.00					
edu1	0.04	0.16	0.12	0.17	-0.02	1.00				
edu2	0.48	0.20	0.38	0.10	0.74	-0.43	1.00			
emp	-0.35	-0.17	-0.21	-0.07	-0.62	-0.05	-0.44	1.00		
gov	-0.57	-0.17	-0.38	-0.04	-0.88	0.03	-0.70	0.66	1.00	
nat	0.50	0.16	0.28	0.11	0.51	-0.17	0.51	-0.24	-0.41	1.00

应用怀特异方差一致标准误估计量，得到表3的OLS回归结果。其中，（1）~（5）为考虑共线性而剔除个别变量的回归结果，（6）为包含全部自变量的回归结果。无论是从调整后的判决系数还是AIC、SC值的比较来看，回归结果（4）与（6）非常接近，但（4）中的SC值略小，故将结果（4）作为最终的回归结果。

表3　全样本回归结果

	（1）	（2）	（3）	（4）	（5）	（6）
预测变量						
indd	-0.11***	-0.13***	-0.21***	-0.09***	-0.09***	-0.09***
	(-3.42)	(-3.88)	(-5.94)	(-2.84)	(-2.78)	(-3.00)
fund	0.04	0.07**	0.11***	0.03	0.02	0.04
	(1.39)	(2.43)	(4.03)	(1.18)	(0.90)	(1.31)
occd	0.26*	0.10	0.17	0.18	0.24*	0.20
	(1.92)	(0.73)	(1.15)	(1.32)	(1.81)	(1.54)
knod	-0.17*	0.01	-0.07	-0.10	-0.12	-0.11
	(-1.91)	(0.12)	(-0.73)	(-1.17)	(-1.32)	(-1.21)
控制变量						
eco	—	-0.00***	—	-0.00***	-0.00***	-0.00**
		(-6.47)		(-3.58)	(-2.94)	(-2.56)

	(1)	(2)	(3)	(4)	(5)	(6)
控制变量						
edu1	− 0.46 ***	− 0.46 ***	− 0.57 ***	− 0.41 ***	− 0.44 ***	− 0.44 ***
	(− 11.61)	(− 9.48)	(− 11.29)	(− 11.72)	(− 10.30)	(− 10.42)
edu2	− 0.10 *	− 0.10	− 0.33 ***	—	− 0.05	− 0.05
	(− 1.84)	(− 1.58)	(− 5.71)		(− 0.73)	(− 0.81)
emp	0.34 ***	0.49 ***	0.83 ***	0.30 ***	—	0.30 ***
	(3.17)	(4.12)	(7.26)	(2.61)		(2.66)
gov	0.40 ***	—	—	0.31 ***	0.35 ***	0.30 ***
	(9.42)			(5.56)	(6.31)	(5.60)
nat	0.00	0.00 ***	0.00	0.00 *	0.00 **	0.00 *
	(1.10)	(3.14)	(1.62)	(1.82)	(1.98)	(1.90)
Adj. R^2	0.68	0.67	0.62	0.69	0.68	0.69
AIC	− 4.06	− 4.01	− 3.88	− 4.08	− 4.07	− 4.08
SC	− 3.97	− 3.92	− 3.79	− 3.99	− 3.97	− 3.98
obs	420	420	420	420	420	420

注：*** 、** 、* 分别表示在1% 、5%和10%的显著性水平下显著。

不难发现，在四种经济多样性中只有产业多样性（indd）具有显著的减贫效应，并且相当稳健，在六个回归结果中的显著性水平都达到了1%。知识多样性虽对贫困率有负向影响，但不显著，而功能多样性和职业多样性有加剧贫困的倾向，不过基本上不显著。可见，经济多样性的测度维度或使用的测度指标不一样，减贫效应的检验结果则明显不同，这意味着我们在进行实证检验时需谨慎。

控制变量的减贫效应与现有文献的结论大体一致。经济发展虽有利于降低贫困率，但其实际效应似乎并不够大。减贫效应最为显著的变量是最高学历为高中的人员占比，该比例上升1个点，将使贫困率下降0.41个点，相比较而言，大学及以上学历教育人员占比的减贫效应则小得多，且不够显著①。失业率、政府帮扶和人口密度是加剧贫困的因素，失业率和政府转移支付占人均收入比重每上升 1 个点，将使贫困率上升 0.3 和 0.31 个点，这一效应在 1% 的显著性水平下显著。人口密度对贫困有一定的正向影响，但在统计上和影响程度上都不够显著。

（三）进一步分析与讨论

前面的分析表明，经济多样性的不同测度方式影响其减贫效应的检验结果，如四个指标中只有产业多样性有显著的减贫效应，其他三种多样性或者加剧贫困或者统计上不显著。那么，特定的区情和发展阶段是否也会影响经济多样性的减贫效应呢？为此，我们将阿巴拉契亚地区 420 个县依据人均市场收入、贫困率、失业率、人口密度、政府帮扶力度和教育程度的中位数进行分组检验，以考察经济多样性是否受特定区情的影响。

表 4 的回归结果显示，人均市场收入、贫困率和失业率不同的地区，经济多样性的减贫效应存在差异。人均市场收入相对较高的地区，由于市场经济相对活跃，产业多样性和功能多样性都对贫困率有显著影响，不过，前者是减贫效应后者则是加剧贫困。贫困程度高的地区产业多样性有显著的减贫效应，但职业多样性则显著加剧贫困，贫困程度较低的地区职业多样性显著加剧贫困。高失业地区四种经济多样性指标对贫困的影响都不显著，但失业率较低的地区产业多样性有显著的减贫效应。其他控制变量的减贫效应虽也受人均市场收入、贫困率和失业率等区情的影响，但不如经济多样性敏感。

_____

① 这一结果与大多数现有文献相似。原因一方面在于大学及以上学历相对于贫困地区的经济发展水平而言无用武之地，出现"教育过剩"；另一方面是大学及以上学历的人流动性更强，更愿意流向经济更发达地区就业，对本地经济发展贡献不大。

表4　分组样本回归结果

	低人均市场收入地区	高人均市场收入地区	高贫困地区	低贫困地区	高失业地区	低失业地区
预测变量						
indd	-0.08	-0.11**	-0.13***	-0.02	-0.06	-0.12***
	(-1.49)	(-2.53)	(-2.84)	(-0.75)	(-1.03)	(-3.22)
fund	-0.02	0.10**	0.01	0.08***	-0.01	0.05
	(-0.69)	(2.27)	(0.16)	(3.08)	(-0.26)	(1.48)
occd	0.27*	0.08	0.30**	0.09	0.24	0.26
	(1.80)	(0.31)	(2.09)	(0.73)	(1.33)	(1.40)
knod	-0.16	-0.01	-0.14	-0.03	-0.07	-0.18
	(-1.27)	(-0.06)	(-1.14)	(-0.40)	(-0.50)	(-1.56)
控制变量						
eco	-0.00	-0.00***	-0.00	-0.00***	0.00	-0.00***
	(-0.19)	(-2.84)	(-0.13)	(-2.92)	(0.02)	(-3.64)
edu1	-0.48***	-0.42***	-0.41***	-0.22***	-0.52***	-0.32***
	(-7.43)	(-6.81)	(-6.74)	(-5.38)	(-8.57)	(-5.91)
edu2	-0.13	-0.01	0.01	-0.14***	-0.29***	0.06
	(-1.12)	(-0.13)	(0.17)	(2.85)	(-3.31)	(0.88)
emp	0.37***	0.18	0.18	0.02	0.22	0.39
	(2.65)	(0.88)	(1.35)	(0.17)	(1.09)	(1.64)
gov	0.34***	0.26***	0.31***	0.13***	0.38***	0.22***
	(4.56)	(2.91)	(3.72)	(2.74)	(4.56)	(3.19)
nat	0.00	0.00**	0.00	0.00***	0.00	0.00*
	(1.06)	(2.23)	(1.17)	(2.72)	(1.16)	(1.94)
Adj. R^2	0.57	0.50	0.49	0.47	0.68	0.55
AIC	-3.93	-4.22	-4.04	-5.01	-3.97	-4.17
SC	-3.76	-4.05	-3.86	-4.83	-3.77	-4.01
obs	210	210	204	216	175	245

注：***、**、*分别表示在1%、5%和10%的显著性水平下显著。

表5显示了人口密度、政府帮扶力度和教育水平不同地区间经济多样性减贫效应的差异。低人口密度地区，产业多样性

和职业多样性分别在 10% 的显著性水平下减弱和加剧贫困，高人口密度地区则只有产业多样性具有显著的减贫效应，显著性水平为 5%。政府等转移支付占比较低的地区产业多样性具有显著的减贫效应，职业多样性则在一定程度上加剧了贫困，高政府转移支付占比地区的经济多样性则对贫困程度没有影响。教育水平较低的地区产业多样性和知识多样性都具有减贫效应，分别在 5% 和 10% 的显著性水平下显著，但教育水平相对较高的地区职业多样性却在 10% 的显著性水平下加剧贫困。类似地，其他控制变量的减贫效应受人口密度、政府帮扶力度和教育水平不同的影响相对要小。不过，大学及以上学历人员占比是个例外。大学及以上学历教育人员占比在人口密度较低、政府等转移支付占比较高和教育水平相对较高的地区具有显著的减贫效应，而在人口密度较高、政府等转移支付占比较低和教育水平相对较低的地区则对贫困没有影响。

表5　分组样本回归结果（续）

	低人口密度地区	高人口密度地区	弱政府帮扶地区	强政府帮扶地区	低教育水平地区	高教育水平地区
预测变量						
indd	-0.09^{*}	-0.11^{**}	-0.11^{***}	-0.05	-0.11^{**}	-0.06
	(-1.77)	(-2.53)	(-2.97)	(-0.93)	(-2.07)	(-1.62)
fund	0.00	0.03	0.08^{*}	-0.02	0.03	0.02
	(0.14)	(0.62)	(1.93)	(-0.47)	(0.69)	(0.44)
occd	0.28^{*}	0.05	0.13	0.26	0.24	0.34^{*}
	(1.76)	(0.22)	(0.59)	(1.59)	(1.26)	(1.84)
knod	-0.15	-0.05	-0.12	-0.13	-0.24^{*}	-0.04
	(-1.19)	(-0.39)	(-1.03)	(-1.04)	(-1.74)	(-0.37)

	低人口密度地区	高人口密度地区	弱政府帮扶地区	强政府帮扶地区	低教育水平地区	高教育水平地区
控制变量						
eco	− 0.00	− 0.00 ***	− 0.00 ***	− 0.00	− 0.00 ***	0.00
	(− 0.12)	(− 3.54)	(− 3.41)	(− 0.14)	(− 3.37)	(0.49)
edu1	− 0.45 ***	− 0.38 ***	− 0.37 ***	− 0.48 ***	− 0.47 ***	− 0.43 ***
	(− 6.58)	(− 6.79)	(− 6.68)	(− 7.45)	(− 5.02)	(− 6.18)
edu2	− 0.25 ***	0.08	0.07	− 0.30 ***	0.04	− 0.31 ***
	(− 3.16)	(0.90)	(0.98)	(− 3.27)	(0.48)	(− 3.44)
emp	0.41 ***	0.14	0.28 *	0.35 **	0.28 *	0.24
	(2.72)	(0.83)	(1.76)	(2.25)	(1.92)	(1.37)
gov	0.35 ***	0.33 ***	0.31 ***	0.35 ***	0.27 ***	0.37 ***
	(4.22)	(4.60)	(3.23)	(3.39)	(4.23)	(4.17)
nat	0.00	0.00	0.00 *	0.00	0.00 **	0.00
	(0.56)	(1.16)	(1.80)	(1.25)	(2.19)	(1.59)
Adj. R^2	0.69	0.69	0.50	0.59	0.68	0.58
AIC	− 3.97	− 4.26	− 4.22	− 3.97	− 3.88	− 4.45
SC	− 3.80	− 4.09	− 4.04	− 3.79	− 3.71	− 4.27
obs	210	210	213	207	222	198

注：*** 、** 、* 分别表示在 1%、5% 和 10% 的显著性水平下显著。此外，表中教育水平的高低是依据最高学历为高中的人员占比（edu1）的中位数进行划分的，而以大学及以上学历人员占比（edu2）中位数分组回归的结果类似，限于篇幅，表中没有报告。

经济多样性通过影响经济增长、经济稳定性进而影响贫困。那么，在这一路径中经济多样性对经济增长、经济稳定性的影响效应又如何呢？表 6 报告了这一结果①。总体而言，经济多样性对经济增长的影响要强于对经济稳定性的影响。其中，产业多样性、知识多样性显著地促进了经济增长，但职业多样性显

———————————

① 本部分分别以经济增长、经济稳定性作为因变量，其中经济增长的代理指标为人均市场收入，经济稳定性的代理指标为失业率。

著阻碍了经济增长；功能多样性显著地减少失业，但职业多样性和产业多样性则在 10% 的显著性水平上加剧了失业，不利于经济稳定。进一步地，将样本依据贫困率中位数划分为低贫困地区和高贫困地区进行分组回归，发现在低贫困地区经济多样性对经济增长有负的净效应，即不利于经济增长，但在高贫困地区则表现为正的净效应，且主要来自知识多样性的贡献。而对于经济稳定性的影响而言，不论是在低贫困地区还是在高贫困地区都具有负向影响①，即加剧失业，不利于经济稳定，在低贫困地区其贡献主要来自产业多样性，而在高贫困地区则由职业多样性贡献。其他控制变量中值得一提的是政府等转移支付不仅不利于经济增长而且也加剧了失业，这一定程度上表明在阿巴拉契亚地区政府通过转移支付直接增加穷人收入的帮扶方式值得反思。

表6　经济多样性对经济增长、经济稳定性的影响检验

因变量	eco			emp		
	全样本	低贫困地区	高贫困地区	全样本	低贫困地区	高贫困地区
预测变量						
indd	6333.55 **	3121.68	4731.88	0.02 *	0.03 **	0.02
	(2.21)	(1.05)	(1.57)	(1.93)	(2.14)	(0.69)
fund	−607.79	227.56	1087.31	−0.04 ***	−0.02	−0.03
	(−0.28)	(0.07)	(0.53)	(−2.92)	(−1.65)	(−1.46)
occd	−24177.16 ***	−27944.59 **	−9006.55	0.13 *	0.02	0.19 **
	(−2.91)	(−2.11)	(−0.93)	(1.96)	(0.27)	(2.04)
knod	28020.43 ***	24490.97 ***	19829.44 ***	−0.04	−0.00	−0.05
	(4.64)	(3.00)	(2.95)	(−0.95)	(−0.00)	(−0.77)

① 原因可能是经济多样性导致了原有主导产业的地位下降，以至于产业规模和就业容纳能力下降。另外，孙晓华等（2012）研究表明经济多样性对经济稳定（就业）性的影响受外部市场的影响较大。本文由于数据限制无法检验这一敏感性在连片特困地区是否也存在。

因变量	eco			emp		
	全样本	低贫困地区	高贫困地区	全样本	低贫困地区	高贫困地区
控制变量						
eco				-0.00***	-0.00***	-0.00*
				(-2.76)	(-3.64)	(-1.89)
edu1	11767.55***	24908.08***	428.21	-0.01	0.07***	-0.04
	(4.83)	(6.49)	(0.13)	(-0.56)	(2.97)	(-1.24)
edu2	22333.13***	39956.28***	7756.39**	0.02	0.07**	-0.01
	(6.91)	(8.78)	(2.28)	(0.78)	(2.59)	(-0.19)
emp	-18524.81***	-47136.27***	-13179.00*			
	(-2.66)	(-3.47)	(-1.89)			
gov	-43636.74***	-46575.98***	-41980.74***	0.16***	0.07**	0.13**
	(-15.94)	(-11.57)	(-14.40)	(5.93)	(2.26)	(2.54)
nat	3.72***	2.23	2.82	0.00	0.00	-0.00
	(2.69)	(1.41)	(1.14)	(0.66)	(0.66)	(-0.58)
Adj. R^2	0.85	0.81	0.81	0.45	0.28	0.34
AIC	18.15	18.21	17.66	-5.58	-6.09	-5.25
SC	18.24	18.36	17.82	-5.49	-5.94	-5.09
obs	420	216	204	420	216	204

注：***、**、*分别表示在1%、5%和10%的显著性水平下显著。

五、结论与启示

以成熟经济体中典型的连片特困地区——美国阿巴拉契亚地区420个县为例，本文全面考察了经济多样性的减贫效应、经济增长以及经济稳定效应，得到如下结论：

（1）经济多样性与贫困、经济增长和经济稳定性之间的关系十分复杂，实证研究结论受多样性测度指标、研究区域区情等因素的影响。同时，这也是现有实证研究文献尚未得到一致结论的原因。

（2）在阿巴拉契亚地区，经济多样性总体上具有显著的减贫效应，而且主要来自产业多样性的贡献。知识多样性虽也对贫困表现出负的效应，但统计上不够显著，而功能多样性、职业多样性对贫困的效应虽不够显著，但呈现出加剧贫困的倾向。

（3）产业多样性的减贫效应受市场经济发展水平、贫困程度、失业率、人口密度、政府转移支付力度和教育水平等客观区情的影响。市场经济更发达、贫困更为严重、失业率相对较低、人口密度相对较高、政府等转移支付占收入比重相对较低、教育水平相对较低的地区，产业多样化政策的减贫效应相对更明显。

（4）在阿巴拉契亚地区，经济多样性总体上有利于促进经济增长，但却可能通过降低原有主导产业的地位、规模和就业容纳能力而加剧失业，反而不利于经济稳定。

（5）高中及同等水平的职业教育、就业在阿巴拉契亚地区有显著的减贫效应，但政府等转移支付直接增加穷人收入的帮扶方式却对减贫产生了负激励效应。

虽然上述结论只是来自阿巴拉契亚地区的实证总结，但连片特困地区的共性意味着"他山之石，可以攻玉"。当前，14个集中连片特困区是我国扶贫攻坚与区域发展的主战场，在"精准扶贫"、"连片开发"等理念的指导下，各地正在如火如荼地制定发展战略，经济多样化政策也成为不少地区的重要选择。基于阿巴拉契亚地区经验研究得到的上述结论，本文认为当前我国连片特困区的扶贫攻坚与区域发展实践可以得到以下启示。

（1）因地制宜地实施经济多样化政策。虽然理论上经济多样化可以通过促进经济增长、增强经济稳定性进而实现减贫，但实践中经济多样化政策的效应受诸多因素的影响，如经济发展阶段、现有产业组合和经济基础、教育水平等。这便要求连片特困地区各县在决定是否实施多样化政策之时，不能盲目跟风，要在全面把握自身"家底"以及与周边区域经济联系等基础上慎重决策。同时，经济多样化的内涵本身较为丰富，可以是产业多样化、功能多样化、职业多样化和知识多样化，而不同维度的多样化对经济增长、经济稳定和减贫的效应也存在差异并且受贫困程度、人口密度等区情因素的影响。可见，经济多样化政策本身是一个复杂的政策体系，各种多样化之间、多样化与专业化之间、多样化与特定时点和特定区情的组合最终决定了政策的效应。因而，连片特困区各县需谨慎地、因地制宜地实施经济多样化政策。

（2）加大高中及相当水平的职业教育。阿巴拉契亚地区的实证经验表明，高中及相当水平的教育具有十分稳健和显著的减贫效应。对于连片特困地区而言，受过高中及相当水平职业教育的人员是当地经济社会发展的中坚力量。他们相对于受过大学及以上学历教育的人员而言更能"留得住、用得上"，更能与本地的产业发展、就业岗位相匹配，因而对本地的减贫与脱贫贡献更大。因而，各连片特困区应在现有的"春雨计划"、"乡村教师支持计划"等政策支持下，继续加大对高中及相当水平的职业教育，将其纳入"义务教育"体系，实施免费教育，同时将教育内容与当地产业发展、人才需求、经济多样化发展目标等对接起来，提升教育质量和产出效率。

（3）实施就业创业优先战略，尽量降低失业率和增加就业岗位。失业和隐性失业是连片特困地区贫困的重要原因，而就业是有效的减贫途径。目前，连片特困区应从三个方面来增加就业岗位。一是鼓励创业，以创业带动就业。既要鼓励本地青年、返乡农民工、大学毕业生创业，同时也要积极"筑巢引凤、招商引资"，吸引外来资本入驻创业。二是扩大公益就业岗位。在推进基本公共服务均等化的同时，增加相应的公益性就业岗位，并且定向地向贫困户倾斜。三是引导生计方式转变与升级，将贫困户从传统的生计模式中解脱出来，通过生计多样化、现代化等增加新的就业岗位。

（4）优化政府帮扶方式，增强政府帮扶的正向激励。阿巴拉契亚地区政府等直接转移支付增加穷人收入帮扶方式不仅没有达到减贫的目的，相反让穷人形成了惰性和依赖性，不利于减贫。虽然我国贫困地区转移支付占穷人收入的比重还相对较低，但"等、靠、要"的思想已在不少县级层面、个体层面上有足够的表现。因而，优化政府帮扶方式，特别是完善对贫困县域、贫困户的考评和退出机制，实施"精准扶贫"、"高效扶贫"是中央及省级政府需重点攻克的难题。

【参考文献】

[1] 李福柱、厉梦泉：《相关多样性、非相关多样性与地区工业劳动生产率增长》，《山东大学学报》（哲学社会科学版）2013 年第 4 期。

[2] 任晶、杨青山：《产业多样化与城市增长的理论及实证研究》，《地理科学》2008 年第 5 期。

[3] 石忆邵、吴婕：《上海城乡经济多样化测度方法及其演变特征》，《经济地理》2015 年第 2 期。

[4] 孙晓华、柴玲玲：《相关多样性、无关多样性与地区经济发展》，《中国工业经济》2012 年第 6 期。

[5] 张德常：《产业多样性与经济稳定关系研究评述》，《当代经济管理》2010 年第 3 期。

[6] 张永林、叶菁、高齐：《农村经济多样性和产业化与农民增加收入的内因和机理》，《数量经济技术经济研究》2006 年第 9 期。

[7] Attaran M.，"Industrial Diversity and Economic Performance in US Areas"，The An-

nals of Regional Science, 1986 (2): 7 – 14.

[8] Bradshaw M. J., "The Appalachian Regional Commission: Twenty – five Years of Government Policy", Lexington, Ky.: University Press of Kentucky, 1992.

[9] Conroy M. E., "The Concept and Measurement of Regional Industrial Diversification", Southern Economic Journal, 1975 (3): 14 – 28.

[10] Dissart J. C., "Regional Economic Diversity and Regional Economic Stability: Research Results and Agenda", International Regional Science Review, 2003 (4): 14 – 28.

[11] Edward Feser, Troy Mix, Mark White, etc., "Economic Diversity in Appalachia, Statistics, Strategies and Guides for Action", ARC, 2014. http://www.arc.gov/assets/research_reports/EconomicDiversityinAppalachiaCompilationofAllReports.pdf.

[12] Feser E. J., "What Regions Do Rather than Make: A Proposed Set of Knowledge based Occupation Clusters", Urban Studies, 2003 (10): 1 – 7.

[13] Frenken K., Van Oort F., Verburg T., "Related Variety, Unrelated Variety and Regional Economic Growth", Regional Studies, 2007 (5): 7 – 14.

[14] Hammond G. W., Thompson E., "Employment Risk in US Metropolitan and Non-metropolitan Regions: The Influence of Industrial Specialization and Population Characteristics", Journal of Regional Science, 2004 (3): 16 – 25.

[15] Jackson R. W., "An Evaluation of Alternative Measures of Regional Industrial Diversification", Regional Studies, 1984 (2): 31 – 42.

[16] Mack E., Grubesic T. H., Kessler E., "Indices of Industrial Diversity and Regional Economic Composition", Growth and Change, 2007 (3): 7 – 14.

[17] Malizia E. E., Ke S., "The Influence of Economic Diversity on Unemployment and Stability", Journal of Regional Science, 1993 (2): 7 – 14.

[18] McLaughlin G. E., "Industrial Diversification in American Cities", The Quarterly Journal of Economics, 1930 (1): 14 – 25.

[19] Stedman R. C., Patriquin M. N., Parkins J. R., "Dependence, Diversity, and the Well – being of Rural Community: Building on the Freudenburg Legacy", Journal of Environmental Studies and Sciences, 2011 (1): 36 – 41.

[20] Wagner J. E., Deller S. C., "Measuring the Effects of Economic Diversity on Growth and Stability", Land Economics, 1998 (3): 7 – 14.

贫困地区情境下基于共享价值的商业模式构建

——本地能力和管理者"关系"的前因和调节作用

田　宇[1,2]　丁建军[2]　卢芬芬[1]

（1. 中山大学管理学院，广东广州　510275；

2. 吉首大学商学院，湖南湘西　416000）

一、引　言

在很长一段时间内，如何处理企业和社会利益之间的关系，是学术界和实业界一直在探索的问题。目前，学术界和实践界普遍认为，企业应该践行企业社会责任（CSR），即企业获取利润后，应该为社会事业做出一定贡献，而这实际上是在总体利益不变的情况下在企业和社会之间寻求利益的重新平衡，在分配利益时更倾向于社会。Porter 和 Kramer（2006）则认为，企

［基金项目］国家自然科学基金（71462008）；湖南省社科基金（14YBX047）。

［作者简介］田宇（1968—），男，湖北荆州人，吉首大学商学院院长，中山大学管理学院教授，博士生导师。卢芬芬（1989—），男，湖北黄冈人，中山大学管理学院硕士研究生。

业应该创造共享价值（Shared Value），即在企业和社会利益分配比例不变的情况下，企业和社会一起做大"利益这块蛋糕"，如此便能在不侵犯企业利益的情况下为社会带来更多利益，创造更大、更多的社会价值。Porter 和 Kramer（2006）提出的共享价值这一理念，不仅有利于提升企业的竞争力，同时，如果企业在贫困地区创造共享价值，将能够在企业和贫困地区社会之间达成双赢，为扶贫工作开辟出一条全新道路。

Porter 和 Kramer（2006）提出共享价值这一理念之后学术界并没有太大响应，直到 2011 年 Porter 和 Kramer 在《哈佛商业评论》上发表《创造共享价值》（"Creating Shared Value"）一文，学术界和实践界才逐渐响应。比如，雀巢发布《雀巢在中国创造共享价值 2013》报告，具体阐明雀巢（中国）2011～2013 年在营养、水管理、农村社区发展三个方面所创造的共享价值。学术界也展开了一些相关研究，例如 Moon 等（2011）对 Porter 和 Kramer（2011）提到的创造共享价值方式做出了补充，国内学者邢小强等（2013）分析了企业在贫困地区进行包容性创新（Inclusive Innovation）的相关活动，详细分析了企业在贫困地区进行多元价值创造的影响因素。然而，正如 Porter 和 Kramer（2011）以及 Pavlovich 和 Corner（2014）所提到的那样，创造共享价值需要企业家在思想上进行一定的变革，企业需要构建出能够创造共享价值的商业模式。

Pitta 等（2008）研究发现，要在贫困地区进行商业模式创新，需要同当地各主体建立联系，进行合作，即企业需要同贫困地区各主体发展"关系"。同时，Rivera-Santos 和 Rufín（2010）研究发现，由于贫困地区独特的竞争环境和制度环境，企业需要在贫困地区构建新的商业模式。由于当地的环境会在很大程度上制约企业利用当地的资源和优惠政策，因此，贫困地区本地能力

（Local Capability）在一定程度上影响企业商业模式创新。结合前文分析，不难发现贫困地区本地能力以及企业管理者的"关系"是企业在贫困地区构建出能够创造共享价值商业模式的制约因素。

然而，George 等（2012）分析了亚洲地区企业包容性增长（Inclusive Growth）的一些特点，Michelini 和 Fiorentino（2012）具体分析了企业在贫困地区创造共享价值可以采用两种类型商业模式的异同点，国内外关于贫困地区构建能够创造共享价值的研究相对较少。贫困地区本地能力如何影响企业构建出能够创造共享价值的商业模式？管理者的各种"关系"又对企业构建出能够创造共享价值的商业模式有什么样的作用？贫困地区本地能力和管理者"关系"之间存在着怎样的交互作用？这些问题都有待进一步的研究予以解决。

为弥补上文提到的研究空白，本文选取了 4 个位于武陵山片区并创造了共享价值的企业案例，具体分析 4 家企业创造共享价值的相关活动以及其商业模式。探索这些企业如何利用贫困地区本地能力构建出能够创造共享价值的商业模式，企业管理者同当地各主体的"关系"如何影响企业创造共享价值，企业在商业模式方面体现出了哪些创新点，以及这些"关系"如何影响企业对本地能力的利用，从而影响企业商业模式构建。

二、文献回顾及理论框架

（一）共享价值与商业模式

商业模式指企业在价值网中创造和获取价值背后潜在的核心逻辑和战略决策（Shafer 等，2005）。关于商业模式的具体维

477

度，学术界存在各种理解，Osterwalder 和 Pigneur（2010）在整理并分析众多学者关于商业模式维度的分类后，认为商业模式主要包括价值创造（Value Creation）、价值传递（Value Deliver）和利润获取（Value Capture）。价值创造即企业给顾客提供的产品或服务，并为其创造的价值；价值传递即企业如何向顾客传递产品或服务相关的价值；利润获取则主要指企业的盈利模式。而共享价值强调企业同时为自身和社会创造价值，其理念中实际暗含了商业模式中价值创造以及利润获取两个维度。

共享价值（Shared Value）由 Porter 和 Kramer（2006）提出，指企业在提升自身竞争力的同时致力于改善所处地区的经济和社会状况，共享价值关注识别并拓展社会成就和经济成就之间的联系（Porter 和 Kramer，2011）。该定义有两个要点：第一，通过提高企业竞争力为企业创造价值；第二，通过改善企业所在地区的境况为社会创造价值。Pavlovich 和 Corner（2014）研究发现，要创造共享价值，需要企业经营管理者在思考范式方面做出一些改变。Porter 和 Kramer（2011）认为有几条不同途径可以创造共享价值：首先，重新思考产品或市场，对产品进行重新设计、重新定位市场；其次，重新定义价值链上的生产力，企业可以通过对能源、资源使用、物流、采购、分销等流程进行重新规划，从而获得更多创造共享价值的机会；最后，促进企业所处地区产业群的发展，从而创造共享价值。

Michelini 和 Fiorentino（2012）认为，在贫困地区有两种商业模式可以创造共享价值，即包容性商业模式（Inclusive Business Model）和社群商业模式（Social Business Model）。包容性商业模式指企业努力同时兼顾经济和社会效益（Kistruck 和 Beamish，2010），其价值主张（Value Proposition）不仅包括向消费者个体传递价值，还包括以更具包容性和公平的价值链向贫困地区居民传递价值（Halme 等，2012）。社群商业模式指企业旨在通过一系列商业手段（包括产品或服务的生产和销售）解决社会问题，与此同时，这些商业活动需要以一种能够维持自身发展的方式运行，如果商业活动产生了经济盈余，那么经济盈余应用于社会性目的（Yunus 等，2010）。两种商业模式在合作伙伴网络、知识和价值链利用、创新分销模式和关注社会利益等方面是一致的，但二者在价值主张、治理体系（Governance Systems）、利润管理模式以及社会风险和经济效益的平衡方面存在一定差异（Michelini 和 Fiorentino，2012）。两种商业模式的差异如表 1 所示。

表 1　包容性商业模式和社群商业模式关键差异

维度	包容性商业模式	社群商业模式
价值主张	可以不改变产品的特征和价格等要素	必须改变产品的特征和价格等要素
治理体系	倾向于内化或者外包一些非核心业务	倾向于同非营利组织建立合资企业
利润管理模式	与传统的利润管理模式相同，需要向股东分配利润	利润可以用来偿还投资者的资本、再投资或者其他的社会化商业投资
社会风险和经济效益的平衡	进入新的市场可以利用当地的生产和分销网络、可以接触到一些原材料并且提升当地参与者的关系	主要关注社区利益，间接获取经济利益，比如品牌资产的增值、竞争优势的增长

资料来源：Michelini 和 Fiorentino（2012）。

（二）贫困地区本地能力

Chaskis 等（2001）认为，本地能力（Local Capability）是社区（Community）中存在可被企业利用的人力资本、社会资本等资源，企业可以利用这些资源更好地解决社区问题，改善社区居民生活状态。国内学者邢小强等（2011）则认为，本地能力是某地区或者一定规模市场中存在的对企业价值创造活动有利的资源或者能力（Capability）。二者本质相同，但Chaskis等（2001）的定义主要立足于社区层面，而邢小强等（2011）的定义中以地区或者市场为边界的定义更符合本文研究情境，所以本文采纳了邢小强等（2011）的定义。

邢小强等（2011）认为，本地能力应分为贫困地区人群所拥有的资源与能力、外部促成环境两部分，而Maskell（1998）将本地能力分为制度禀赋、自然资源、硬件设施、知识技能四部分。比较二者的分类，邢小强等（2011）的定义中贫困地区人群所拥有的资源与能力实际上包括了Maskell（1998）的定义中的自然资源、硬件设施、知识技能三个方面，而外部促成环境和制度禀赋在本质上也比较类似，但Maskell（1998）的分类更加细致，有利于本文详细分析企业如何利用本地能力创造共享价值，下文将从这四个维度详细分析贫困地区本地能力。

（1）制度禀赋指某地区存在的制度以及相关商业习惯、传统和规则，以及由此所带来的一些有利于企业进行价值创造的资本、劳动力等资源。不同于发达地区，贫困地区存在着较强的非正式连接，正式连接则相对较弱（De Soto，2000），致使贫困地区存在大量个人连接，缺乏正式的、交易性连接（Rivera－Santos等，2012），个人连接（如血缘、氏族、地缘关系、信仰等）在贫困地区相对传统，能够在很大程度上替代一些正式连接（Arnould和Mohr，2005），即使正式连接和非正式连接发生冲突时亦是如此（Johnson，2007）。

（2）硬件设施指道路交通网络、基础公共设施等存在于该地区的一些基础设施工程，但贫困地区在基础硬件设施方面往往比较落后，一定程度上会制约企业发展。

（3）自然资源指某地区存在可被利用开发的一些有价值的自然资源，而资源是企业的独特资产，所以企业所拥有的能力决定了其能够利用哪些资源（Olavarrieta 和 Ellinger，1997），不过由于贫困地区独特的环境，自然资源控制权往往掌握在当地政府或者一些非政府组织（NGO）手中，同这些机构的关系往往决定企业能够在多大程度上使用这些资源，因此学者们建议企业同这些非市场参与者（政府、NGO 等）建立合作关系，以取得这些资源的使用权（Hahn 和 Gold，2014）。

（4）知识技能指该地区存在有利于企业进行价值创造的相关知识和技能，在贫困地区多表现为一些传统工艺和坊间配方及秘方等。

（三）贫困地区企业管理者"关系"

"关系"起源于儒家思想，一直影响中国至今，是一种个人水平的人际联系现象（Gu 等，2008）。但截至 20 世纪 90 年代，学术界鲜有关于"关系"的研究，至今学术界对"关系"的一些基本认识（如本质、定义）仍然没有达成一致（Luo 等，2012）。目前，学术界对于"关系"本质的认识主要包括以下几种：联系（Dunfee 和 Warren，2001）、网络关系（Boisot 和 Child，1996）、社会资本（Luk 等，2008）、互惠义务（Lee 和 Oh，2007）、社会连接（Gu 等，2008）、管理者连接（Managerial Ties）（Park 和 Luo，2001），本文认为"关系"的本质为管理者连接，而且往往是一些非正式连接，因为在贫困地区企业规模一般相对较小，企业管理者在某种程度上是企业的代表，企业的各种"关系"实际上也就是管理者的各种非正式连接。企业管理者"关系"包括同商业伙伴的连接以及同政府官员的连接，是可以被企业高层管理人员加以利用，以达到企业相关目的的一种资源（Luo 等，2012）。

在制度相对不太健全的贫困地区，"关系"对企业经营而言更加重要（Zhang 和 Keh，2010）。在开放程度相对较低的贫困地区，企业也往往更倾向于同当地商业伙伴和政府发展关系（Park 和 Luo，2001），这也显示出在贫困地区"关系"的重要性。贫困地区关系网相对比较分散，并且有较多的结构洞（Rivera–Santos 和 Rufín，2010），部分地区资源较匮乏，一些关键的生产资源往往由一些 NGO 或者当地政府机构所控制，而管理者可以利用"关系"弥补这些结构洞，同时为企业带来一些关键生产资源（Luo 和 Chung，2005）。因此，可以认为"关系"是一种能够帮助企业创造经济和社会价值的非正式控制机制（Chai 和 Rhee，2010）。

（四）理论评述及概念框架

现有理论对本地能力、企业管理者"关系"、商业模式构建以及共享价值均有一定涉及，但鲜有学者们对本地能力、企业管理者"关系"以及构建能够创造共享价值商业模式三者之间的逻辑关系进行研究，探讨在贫困地区情境下三者的交互作用以及相应机理。

企业存在于一定环境之中，企业自身并不能自给自足。本地能力是某地区或者一定规模市场中存在的对企业价值创造有利的资源或者能力（邢小强等，2011），共享价值实质上是同时为企业和社会创造价值（Porter 和 Kramer，2011），包含价值创造和利润获取过程。由此可见，本地能力实际上是企业在贫困地区构建能创造共享价值商业模式必不可少的条件，并且，较强的本地能力使企业更容易构建出相应的商业模式。

贫困地区价值链存在诸多缺口，也就意味着在贫困地区市场缺少在发达地区普遍存在的分销商、供应商以及相关支持服务的提供商（Anderson 和 Markides，2007），因此企业需要同其他市场参与者甚至非市场参与者合作，以弥补这些缺口（Dahan 等，2010），Luo 和 Chung（2005）认为管理者可以利用"关系"弥补这些价值链缺口。因而，管理者"关系"对企业在贫困地区进行价值创造、价值传递、利润获取等活动有一定影响。即管理者"关系"会影响企业在贫困地区构建能创造共享价值商业模式的相关活动。

贫困地区本地能力是企业构建出能创造共享价值商业模式必不可少的条件，然而，贫困地区关系网相对比较分散，并且有较多结构洞（Rivera–Santos 和 Rufín，2010），不利于企业利用当地本地能力。部分地区还存在资源匮乏的情形，一些关键生产资源往往由一些 NGO 或者当地政府机构所控制。管理者可以利用"关系"弥补这些结构洞，同时为企业带来一些关键生产资源（Luo 和 Chung，2005）。由此可见，管理者"关系"能够调节企业对贫困地区本地能力的利用，从而影响商业模式构建活动，即管理者"关系"能够调节本地能力对商业模式构建的直接作用。

根据前文分析，本文推演出如图 1 所示的概念框架模型。本地能力是企业在贫困地区构建能创造共享价值商业模式必不可少的条件，并且，较强的本地能力使企业更容易构建出相应的商业模式；管理者"关系"会影响企业在贫困地区构建能创造共享价值商业模式的相关活动；管理者"关系"能够调节企业对贫困地区本地能力的利用，从而影响商业模式构建活动，即管理者"关系"能够调节本地能力对商业模式构建的直接作用。

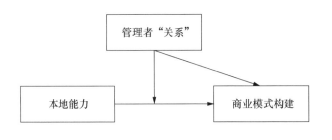

图1　概念框架模型

三、研究方法

本文一方面需要对第二部分提出的关于本地能力、企业管理者"关系"以及商业模式构建的理论框架进行验证；另一方面则需要对这些相互作用的具体机理进行探索性研究，构建相关理论。本文同时具有验证理论和构建相关理论的特点，而案例研究能够有效验证相关理论，并构建理论（Yin，2008；毛基业和李晓燕，2010），因此，本文采用案例研究的方法。使用多个案例进行跨案例研究，能够避免偶然性，更好地构建理论（Yin，2002）。同时，本文使用多案例比较分析的方法进行相关研究。

（一）案例选择

本文的主要目的是探讨在贫困地区企业构建能创造共享价值商业模式的活动，并且深入分析贫困地区本地能力和企业管理者"关系"在这一过程中的具体作用及作用机理。围绕研究目的，本文制定出了一系列案例选择标准。具体而言，选取案例的标准如下：①案例企业成立于武陵山片区，并经营正常，并无破产或者倒闭倾向；②所选案例企业包括武陵山片区的主要行业，案例企业在所属行业有一定的代表性；③案例企业在经营过程中创造了共享价值，即同时为企业自身和当地社区创造价值；④案例企业在不同程度上对武陵山片区的本地能力加以利用，而对本地能力的利用促进了企业经营活动；⑤企业管理者或者高层管理人员与当地存在着一定的非正式连接，而这种连接为企业经营带来了一定便利。

本文研究设计采用的是交互式策略（Maxwell，2004），即案例的选择并不是在研究开始前确定的，而是随着研究的不断进行和深入，对选择的案例企业不断进行调整，并重新确定最终的研究对象。根据这些标准，以及后续的研究分析，本文最终选取了 4 家位于武陵山片区的企业作为案例研究对象，4 家案例企业的基本资料如表 2 所示，涉及农业、工业和服务业三大行业，并且企业在当地该行业中有一定代表性。

表 2　案例企业基本信息

企业	行业	主营业务	成立时间
谷粒瓜瓜	农业	立体循环农业	2013 年
心手合一	服务业	文化创意、咨询策划	2014 年
灵洁绿色食品	农业	农产品加工	2003 年
马尔斯科技	工业	LED 照明设备	2010 年

（二）数据收集

案例研究数据有 6 种主要来源：实地考察、访谈记录、参与性观察、企业档案、实物证据、相关文档（Yin，2008），从多种渠道进行数据收集，将能够提高研究效度（Roos，2002）。本文将使用一手数据和二手数据相结合的方式，进行三角测量，以增强研究的信度和效度（Yin，2002）。

具体而言，采用实地访谈的方式收集一手资料，访谈对象主要包括企业负责人和相关员工。二手数据的来源则包括以下途径：①企业网站中与本研究相关的信息；②网络媒体和纸质媒体上关于企业的信息；③学术文献中关于案例企业的资料；④相关商学院的案例对案例企业进行的描述，比如谷粒瓜瓜的案例借鉴了田宇等（2015）编撰案例集的部分内容；⑤相关行业报告和行业数据中有关案例企业的数据。

（三）数据分析

本文对收集到的数据进行归纳及编码，试图从收集到的大量资料中提炼出关键构念，构建理论，从而验证理论部分推演出的逻辑关系（Lee，1999）。本文严格参照前文已经提炼出的理论框架及相关假设进行编码，这种编码方式更加适合本文，并且更加有效，也相对容易实现（Miles 和 Huberman，1994）。本文对一手、二手资料均进行细致的编码，并进行相关分析，但主要使用一手资料构建相关理论，二手资料则主要起到验证作用，以增强研究结论的效度。

我们对访谈资料进行深入分析，并且根据前文研究定义一手资料中数据的相关编码变量，然后从本地能力（制度禀赋、自然资源、硬件设施、知识技巧）、管理者"关系"（同商业合作伙伴关系、同政府关系）、商业模式（价值创造、价值传递、利润获取）三个方面对数据进行编码，编码示例如表 3 所示。本文借助定性分析软件 NVivo 10.0 辅助编码工作，方便更好地、系统地完成数据编码过程。在编码过程中我们对编码范畴进行深入分析，由两个独立的研究人员对编码信息所属的副范畴、主范畴以及核心范畴一一核对，并进行检验，对于有争议的编码信息进行探讨，如果两人不能就相关编码信息达成一致，将会剔除该编码信息。

表3 相关编码示例

核心范畴	主范畴	副范畴	编码内容
本地能力	制度禀赋	优惠政策	2010年湘西经济地区开始招商引资，为吸引投资者制定了一些优惠政策（马尔斯科技）
		……	……
	"自然"资源	地理环境	羊峰山光照条件充足而不强烈、降水丰富、冬寒夏凉、土壤肥力好且排水性好，昼夜温差大，光照、温度、水分、土壤的质地、有机质、酸碱度都比较适宜种植烟草，兴棚区所种植的烟叶颜色橘黄、成熟度好、结构疏松一致，烟叶较厚较大，烟碱中等、香味接近清香型和中间香型（谷粒瓜瓜）
		……	……
	知识与技巧	生产技能	湘西地区有哭嫁歌、女书、吹唢呐、古丈毛尖手工茶制作工艺等多项非物质文化遗产项目（心手合一）
		……	……
	……	……	
管理者"关系"	同商业伙伴关系	非经常性连接	由公司提供技术指导和签订保底收购合同，同时与扶贫办等部门统筹项目资金和奖励资金，制定引导、帮扶措施，鼓励有共同志向和创业梦想的人根据自己的优势，开展原材料种植，创办相关企业（灵洁绿色食品）
		……	……
	同当地政府关系	……	……
商业模式	价值创造	产品或服务	灵洁绿色食品目前可以提供辣椒系列、坛子菜系列、功能茶系列、葛品系列、干货系列、腊货系列、礼品系列等产品（灵洁绿色食品）
		……	……
	……	……	……

经过对收集到的一手和二手资料进行编码，并对编码后信息进行分析，我们对不同的编码信息及相关范畴进行了关联性分析，最终编码结果如表4所示，编码结果与理论分析结果并没有差异。

表4　编码结果

核心范畴	主范畴
本地能力	制度禀赋、硬件设施、自然资源、知识技巧
管理者"关系"	同商业伙伴关系、同政府部门关系
商业模式	价值创造、价值传递、利润获取

四、案例研究

由于篇幅限制，本文对案例企业的相关信息不予展开论述，企业基本资料见表2。

（一）本地能力对创造共享价值的作用

本文首先从编码信息中提取案例企业的本地能力以及其创造的共享价值，详细信息如表5所示。其中，由于该地区的硬件设施并没有给各企业创造共享价值带来便利，所以在表5中并没有提及相关信息，而心手合一和马尔斯科技在创造共享价值的过程中并没有利用到当地的自然资源，马尔斯科技甚至没有利用当地的知识技巧，所以这些也没有体现在表5中。

表5　案例企业本地能力及创造的共享价值

企业	本地能力				共享价值活动
	制度禀赋	硬件设施	自然资源	知识技巧	
谷粒瓜瓜	湖南省烟草专卖局扶持	—	气候条件适宜烟叶及相关食品种植	相关种植技术	技能培训、创业激励
心手合一	国家和地方政府非遗保护政策	—	—	非遗传人相关技艺以及企业运作能力	非遗商业化

企业	本地能力				共享价值活动
	制度禀赋	硬件设施	自然资源	知识技巧	
灵洁绿色食品	当地政府扶持	—	气候以及自然条件适宜相关产品种植	相关种植技术	带动当地居民创业，成为企业供应商
马尔斯科技	政府招商政策	—	—	—	提供高效的LED照明设备相关服务

　　谷粒瓜瓜所在地区独特的生态环境属于烤烟Ⅰ级和Ⅱ级适生类型，为谷粒瓜瓜赖以生存的烟叶种植提供了必要条件。此外，谷粒瓜瓜作为湖南省烟草专卖局定点扶贫项目，湖南省烟草专卖局为谷粒瓜瓜的发展提供了资金、技术等一系列支持，加上当地烟农自身积累多年的烟叶种植经验，谷粒瓜瓜正在稳步发展。在企业发展过程中，谷粒瓜瓜一方面给员工提供各项技能的培训（包括烟叶种植技术以及其他的相关技能培训），另一方面激发村民自主创业热情，比如开展夏季绿叶蔬菜种植、山竹培育、果树树苗培育，从而带动当地村民致富，并以此带动村民加入合作社的积极性，从而推进合作社的发展。

　　心手合一则主要从事非遗商业化孵化和运作，目前已经比较成功地完成了英妹子·凤凰慧子手工茶和湘西苗绣手工工艺品的商业化推广，为这两个非遗产品带来了一定资金。这两个产品的成功也给其他非遗传人带来了信心，给企业带来了声誉，使得这些非遗传人更加愿意同心手合一进行合作。非遗传人贡献非物质文化遗产相关的信息、材料、技艺，而心手合一则注重商业化推广，二者具有一定互补作用。企业注重非遗的商业化，一方面与政府保护非遗的政策相契合，另一方面又弥补了政府相关资金不足的窘境，可谓达到了三方均赢的目的，创造出多重价值。

灵洁绿色食品借助国家的"三农"政策以及张家界地区大力发展"四个农业"以推进"新型工业"的目标，大力发展具本土特色的农产品加工。绿色灵洁食品以后端产业带动前端产业发展，鼓励当地居民进行创业，为公司提供原材料，同时为这些居民创业提供资金和技术支持，从而形成了一条"后端产业＋前端产业＋合作社＋农户"特色农业发展产业链，以后端产业拉动前端产业从而带动农户创业致富。同时，绿色灵洁食品同当地食品加工行业建立联盟，共用分销网络、物流系统，大大节约了渠道成本，同时也为产业的渠道发展带来动力以及资金。

马尔斯科技根据湘西地区的特点，结合深圳马尔斯的独特技术，研发出适宜当地特点的 LED 路灯，受益于湖南省路灯改造计划，马尔斯生产的 LED 路灯在湖南省多个城市得到广泛应用。LED 路灯的使用，不仅增加了照明亮度，改善了照明条件，重要的是节约了电能，为政府财政节约了财政支出，比如吉首市的路灯项目就可以每年节约 2000 多万元的电费。同时，马尔斯承诺免费售后维修，不仅进一步为政府节约了财政经费，也让马尔斯可以从售后服务中逐步掌握产品缺陷，从而能够更好地改善产品质量，向市场推出性价比更高的产品。随着马尔斯科技壮大，以及普通居民环保意识的提高，除政府路灯项目以外，马尔斯的产品也正在向民用市场延伸，同时马尔斯也承诺向这些用户提供免费售后维修服务。

上述企业在进行价值创造活动时均在不同程度上利用了当地本地能力，但 4 家企业利用本地能力的具体行为却可以分为利用型创新（Exploitation Innovation）和探索型创新（Exploration Innovation）两种。利用型创新指企业深度开发该地区现有的资源和相关能力，从而进行创新活动，而探索型创新则指企业将该地区看作一个新的市场机会，企业发掘并利用新的资源或者能力进行创新活动，从而在该地区或者市场发掘新的机会（张利平等，2011）。根据案例分析结果，谷粒瓜瓜、心手合一、灵洁绿色食品属于利用型创新，3家企业主要利用本地能力中的自然资源和知识技巧，同时也在不同程度上利用了当地的制度禀赋；马尔斯科技属于探索型创新，其主要利用本地能力中的制度禀赋，在当地创造共享价值。利用本地能力进行共享价值创造的两种类型创新在创造价值和利润获取的具体路径上存在着一些差异，如图2所示。其中，利用型创新的企业主要通过带动当地产业群的发展，从而进行价值创造活动，并获取利润，而进行探索型创新的企业则主要通过重新定义自身的产品或市场来创造价值并获取利润。

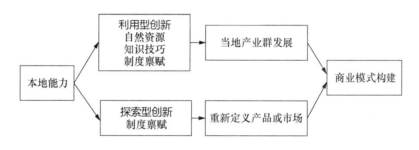

图2　企业利用贫困地区本地能力构建能创造共享价值商业模式机理

谷粒瓜瓜利用当地独特的生态资源以及当地村民积累多年的烟叶种植技术，加上湖南省烟草专卖局的政策和资金支持，带动了当地相关种植业的发展，同时为企业和当地创造了价值。心手合一一方面利用湘西地区充裕的非物质文化遗产资源，另一方面借助国家和地方的相关非物质文化遗产保护政策，将非物质文化遗产商业化，振兴了当地非物质文化遗产产业，创造了共享价值。灵洁绿色食品利用当地的自然条件以及政府政策的扶植，发展前端产业链，加强同业合作，带动了当地种植业和相关加工产业的发展，同时为企业和社会创造了价值，实现了共享价值。马尔斯则利用政府招商引资政策，对自身产品进行重新审视，开发出了更加节能环保的产品，重新定义了产品，从而为企业和社会创造价值，实现共享价值。所有企业都在构建其商业模式的过程中创造了共享价值。根据以上分析，本文得出以下命题：

命题1：利用贫困地区本地能力进行利用型创新的企业和探索型创新的企业，借助本地能力构建能创造共享价值商业模式。

命题2a：在贫困地区进行利用型创新的企业一般以促进当地相关产业群发展的方式影响企业价值创造和利润获取活动，从而创造共享价值，并构建相应的商业模式。

命题2b：在贫困地区进行探索型创新的企业一般以重新定义产品或者市场的方式影响企业价值创造和利润获取活动，从而创造共享价值，并构建相应的商业模式。

(二) 企业管理者"关系"对创造共享价值的作用

经过对4家企业案例编码分析，我们发现企业利用管理者的关系进行了两类嵌入，即结构型嵌入（Structural Embeddedness）和关系型嵌入（Relational Embeddedness）。结构型嵌入指正式交易关系所形成的网络（Granovetter，1992），当各主体进行一些分享活动，并且相互发展关系时，就产生了结构型嵌入（Feld，1981）；关系型嵌入指意图控制二元交换（Dyadic Exchange）品质，从而与其他主体形成一种非正式的私人关系，关系型嵌入注重相互之间的信任感（Nahapiet和Ghoshal，1998）。与此同时，每家企业的管理者都与当地政府和相关商业伙伴之间同时存在着关系，根据各企业的具体情况，本文将各企业的具体嵌入情况归纳如表6所示。其中，谷粒瓜瓜同商业伙伴之间的连接相对较少，而同政府部门之间的关系有别于私人关系，所以本文暂且将其同政府的关系归纳为结构型嵌入；心手合一同政府部门的连接也相对较少，而同商业伙伴之间的连接多是私人关系，所以将其同商业伙伴的关系归纳为关系型嵌入；灵洁绿色食品同政府之间多依赖企业创始人多年来同政府建立的私人关系，所以同政府部门之间是关系型嵌入，而同各商业伙伴之间多为正常的交易，所以归纳为结构型嵌入；马尔斯科技同商业伙伴之间的联系相对较少，同政府部门的联系，交易行为多于私人连接，所以将其同政府部门的关系归纳为结构型嵌入。

表6　各企业同政府及商业伙伴关系嵌入类型

	谷粒瓜瓜	心手合一	灵洁绿色食品	马尔斯科技
政府	结构型嵌入	—	关系型嵌入	结构型嵌入
商业伙伴	—	关系型嵌入	结构型嵌入	—

各企业创造共享价值的活动详见前文，在此不再赘述。虽然各企业利用管理者关系嵌入的类型有结构型嵌入和关系型嵌入之分，但从表1所示价值主张、治理体系、利润管理模式、社会风险和经济效益平衡等维度分别对4家企业进行分析，发现各企业都是通过构建包容性商业模式的方式创造共享价值的，如图3所示。首先，除马尔斯科技降低产品价格并提供免费维修服务外，其他企业并没有单独为该地区改变产品特征及价格；其次，各企业均将一些非核心业务进行了外包，比如心手合一将非遗产品的设计等工艺"外包"给当地非遗传人，企业只负责策划以及商业化推广；再次，企业利润分配方式均相对传统，

向各股东分配相关利润，如谷粒瓜瓜向社员分派红利；最后，虽然企业均比较关注社区利益，但是企业均通过直接的方式获取经济利益，如灵洁绿色食品主要通过向当地及外地消费者销售产品直接获取利润。

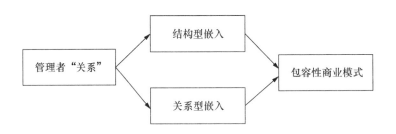

图3　管理者"关系"对商业模式构建作用机理

根据以上分析，本文推演出以下命题：

命题3a：企业利用管理者"关系"通过结构型嵌入和关系型嵌入两种方式同贫困地区的各主体（政府、商业伙伴）建立非正式的连接。

命题3b：不论是结构型嵌入还是关系型嵌入，最后都是通过构建包容性商业模式创造共享价值。

（三）企业管理者"关系"的调节作用

如前文所述，结构型嵌入指正式交易关系所形成的网络（Granovetter，1992），当各主体进行一些分享活动，并且相互发展关系时，就产生了结构型嵌入（Feld，1981）；关系型嵌入则指意图控制二元交换（Dyadic Exchange）品质，从而与其他主体形成一种非正式的私人关系，关系型嵌入注重相互之间的信任感（Nahapiet 和 Ghoshal，1998）。经过对案例企业的编码信息进行分析发现，企业利用管理者"关系"进行关系型嵌入时，由此建立起的非正式连接主要调节企业的利用型创新活动，并通过带动当地产业群的发展影响企业商业模式构建，而企业利用管理者"关系"进行结构嵌入时建立起的非正式连接则主要调节企业探索型创新行为，并通过重新定义产品或市场影响企业构建商业模式，如图 4 所示。下文将分别以心手合一和马尔斯科技为例，对两种调节作用进行分析。

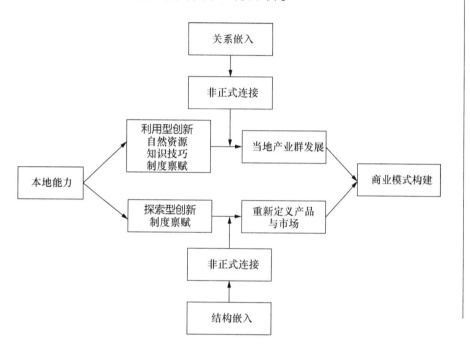

图 4　管理者"关系"对本地能力调节作用机理

　　心手合一在当地主要进行利用型创新，利用湘西地区的非遗传人技艺进行商业化推广活动，其中湘西地区非遗传人的非遗知识与技巧是心手合一所有商业活动的基础。心手合一的创始人谢慧是湘西渔鼓传人的外孙女，同时，谢慧创办了非物质文化遗产沙龙，邀请相关传人进行交流活动。这无形中增强了谢慧同非遗传人之间的私人关系，增强了谢慧的关系型嵌入，方便谢慧利用湘西非物质文化遗产相关技艺，进而进行商业化推广，从而带动非物质文化遗产的发展，同时为企业创造利润。因此，谢慧的关系型嵌入调节了心手合一的利用型创新活动，并影响了企业的价值创造和价值获取活动，即影响企业能创造共享价值商业模式的构建。

马尔斯科技在当地主要进行探索型创新，将湖南地区看作一个新的市场，在该市场内探索利用新的资源与能力。目前马尔斯通过重新定义 LED 照明设备这一产品在当地创造了共享价值。马尔斯科技是湘西地区招商引资的成果，马尔斯科技创始人利用这一"关系"和企业产品的品质，顺利拿下了湘西部分地区路灯和景区照明设备改造项目，通过配合政府部门开展相关路灯改造项目，马尔斯科技成功地融入当地。同时，湖南省创建两型社会提出路灯改造项目，决定到 2017 年，全省县以上城镇全部完成市政路灯改造，安装 LED 路灯，并规划在全省范围内改造 100 万盏路灯，实现全省城市照明节能 40% 以上，这给马尔斯科技带来了巨大商机。利用之前同地区政府的结构型嵌入优势，马尔斯科技不断接到政府路灯改造订单，如 2015 年相继中标"保靖城区道路亮化"工程和"泸溪县白武路改造"工程。正是由于马尔斯科技结构型嵌入使得马尔斯科技得以对当地的制度禀赋加以利用，从而通过重新定义自身产品，同时为企业和社会创造价值，创造共享价值，构建独特的商业模式。

在得出以上结论的同时，我们并未发现结构型嵌入对利用型创新的调节作用，如本文并未发现谷粒瓜瓜的嵌入活动对谷粒瓜瓜利用当地的自然条件、知识技能等造成一定的影响。而在灵洁绿色食品的案例中将其结构型嵌入和关系型嵌入分别进行分析，也并未发现结构嵌入对利用型创新的调节作用。由于案例原因，我们很遗憾并未探究出关系型嵌入能否调节探索型创新，从而影响企业商业模式构建。根据以上分析，本文推演出以下命题：

命题4a：关系型嵌入通过非正式连接调节利用型创新对带动当地产业群发展，从而影响企业商业模式的构建。

命题4b：结构型嵌入通过非正式连接调节探索型创新对重新定义产品或市场的作用，从而影响企业商业模式的构建。

（四）根据本地能力构建的商业模式与包容性商业模式

根据前文分析，本文将前文的理论框架模型进行了整合，具体作用机理如图5所示。企业利用贫困地区本地能力构建出能够创造共享价值的商业模式，这种商业模式在价值创造和利润获取方面存在一些独特的地方。比如进行利用型创新的企业通过促进当地相关产业群的发展，从而构建独特的商业模式，而进行探索型创新的企业则可以以重新定义产品或市场的方式来构建独特的商业模式。这种独特的商业模式和包容性商业模式均能够创造共享价值，如图5所示。

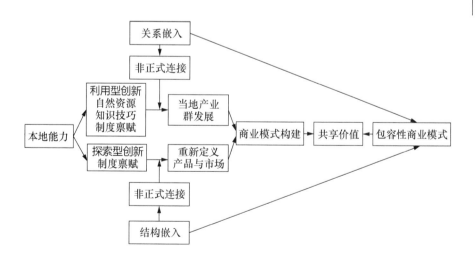

图5　作用机理框架整合

497

对这两种商业模式进行深入细致比较分析后，我们发现，案例企业利用本地能力所构建的商业模式实质上是一种包容性商业模式，其符合前文关于包容性商业模式的定义，即指企业努力兼顾经济和社会效益（Kistruck 和 Beamish，2010），其价值主张不仅包括向消费者个体传递价值，还包括以更具包容性和公平的价值链向贫困地区居民传递价值（Halme 等，2012）。虽然 Michelini 和 Fiorentino（2012）的分析中包容性商业模式被细分为价值主张、治理体系、利润管理模式等多个维度，但这些维度都可以归纳为价值创造、价值传递、利润获取三个维度，比如价值主张和治理体系可以划分为价值创造活动。因此，带动当地产业群发展以及重新定义产品或市场实际上是包容性商业模式的具体实施方式。所以，本文对图 5 所示的框架进行了修订，如图 6 所示。

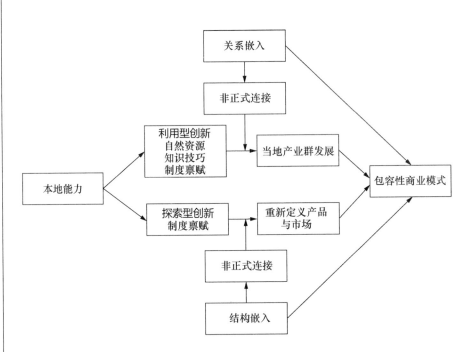

图 6　本地能力、管理者"关系"、商业模式构建交互作用机理修订

五、研究结论与展望

为探究贫困地区本地能力如何影响企业构建出能够创造共享价值的商业模式，各种管理者"关系"对企业构建出能够创造共享价值的商业模式有怎样的作用，贫困地区本地能力和管理者"关系"之间存在着怎样的交互作用，本文选取了4家位于武陵山片区并且已经创造出共享价值的企业进行多案例分析。经过对定性访谈以及其他渠道收集到的数据进行编码分析后，本文得出以下结论：

首先，本地能力是企业在贫困地区构建包容性商业模式必不可少的条件，并且，较强的本地能力使企业更容易构建包容性商业模式。具体而言，利用贫困地区本地能力进行利用型创新的企业和探索型创新的企业，其借助本地能力构建能创造共享价值商业模式具体机理不同。在贫困地区进行利用型创新的企业一般以促进当地相关产业群发展的方式影响企业价值创造和利润获取活动，从而创造共享价值，并构建包容性商业模式；在贫困地区进行探索型创新的企业一般以重新定义产品或者市场的方式影响企业价值创造和利润获取活动，从而创造共享价值，并构建包容性商业模式。

其次，管理者"关系"会影响企业在贫困地区构建包容性商业模式。具体而言，企业利用管理者"关系"通过结构型嵌入和关系型嵌入两种方式同贫困地区的各主体（政府、商业伙伴）建立非正式的连接；然而，不论是结构型嵌入还是关系型嵌入，最后都是通过构建包容性商业模式创造共享价值。

最后，管理者"关系"能够调节企业对贫困地区本地能力的利用，从而影响企业构建包容性商业模式，即管理者"关系"能够调节本地能力对构建包容性商业模式的直接作用。具体而言，关系型嵌入通过"非正式连接调节利用型创新"带动当地产业群发展，从而影响包容性商业模式的构建；结构型嵌入通过"非正式连接调节探索型创新"对重新定义产品或市场的作用，影响包容性商业模式的构建。

本文结论有效补充了国内外关于贫困地区企业创业活动的相关理论，丰富了相关文献。特别是补充了国内有关企业利用贫困地区本地能力进行共享价值创造活动的相关理论和文献，以及国内贫困地区企业如何构建包容性商业模式的相关理论和文献。同时，对贫困地区"关系"相关理论也有一定补充。本文研究结论对企业在贫困地区的管理实践也有一定的指导意义：首先，企业可以通过利用贫困地区的本地能力进行利用型创新和探索型创新，并通过带动当地产业群发展或者重新定义产品或市场，从而在当地构建包容性商业模式，为企业和当地同时带来利益，使企业获取在当地经营的合法性。其次，企业可以利用管理者同当地各主体的"关系"进行结构型嵌入或关系型嵌入，从而发展非正式连接，通过包容性商业模式创造共享价值。最后，企业应利用管理者的各种"关系"帮助企业更好地利用贫困地区本地能力，从而构建包容性商业模式，并创造共享价值。

虽然本文选取了武陵山片区 4 家具有代表性的企业进行多案例分析，并且采用了严格的编码分析方式和定性分析软件进行协助，但研究者自身难免存在一定的主观偏见，所以得出的一系列结论是否具有一般性，能否在其他地区进行相应推广，有待进一步研究进行深入探讨。此外，本文对贫困地区本地能力和管理者"关系"的挖掘还不够深入，有待学者未来进行深入研究，对包容性商业模式的分析主要基于国外学者现有的研究，并未从案例中得出一些具有中国本土特色的理论，所以未来研究可以进一步加强。同时，国内外关于贫困地区创业活动的理论构建相对还不够完善，目前主要停留在以案例分析为主的定性研究阶段，未来学者可以尝试对目前的一些定性研究结论进行定量分析，以验证这些结论的正确性。

【参考文献】

［1］毛基业、李晓燕：《理论在案例研究中的作用——中国企业管理案例论坛（2009）综述与范文分析》，《管理世界》2010 年第 2 期。

［2］田宇、冷志明、龙海军：《贫困地区创业管理案例研究》，中南大学出版社 2015 年版。

［3］邢小强、仝允桓、陈晓鹏：《金字塔底层市场的商业模式：一个多案例研究》，《管理世界》2011 年第 10 期。

［4］邢小强、周江华、仝允桓：《包容性创新/概念，特征与关键成功因素》，《科学学研究》2013 年第 6 期。

［5］张利平、高旭东、仝允桓：《社会嵌入与企业面向 BOP 的商业模式创新——一个多案例研究》，《科学学研究》2011 年第 11 期。

［6］Anderson J. , Markides C. , "Strategic Innovation at the Base of the Pyramid", MIT Sloan Management Review, 2007, 49（1）：83 – 88.

［7］Arnould E. J. , Mohr J. J. , "Dynamic Transformations for Base – of – the – pyramid Market Clusters", Journal of the Academy of Marketing Science, 2005, 33（3）：254 – 274.

［8］Boisot M. , Child J. , "From Fiefs to Clans and Network Capitalism：Explaining China's Emerging Economic Order", Administrative Science Quarterly, 1996（1）：600 – 628.

［9］Chai S. K. , Rhee M. , "Confucian Capitalism and the Paradox of Closure and Structural Holes in East Asian Firms", Management and Organization Review, 2010, 6（1）：5 – 29.

［10］Chaskis R. J. , Brown P. , Venkatesh S. , and Vidal A. , "Building Community Ca-

501

pacity", Transaction Publishers, 2001.

[11] Dahan N. M., Doh J. P., Oetzel J., et al., "Corporate – NGO Collaboration: Co – creating New Business Models for Developing Markets", Long Range Planning, 2010, 43 (2): 326 – 342.

[12] De Soto H., "The Mystery of Capital: Why Capitalism Triumphs in the West and Fails Everywhere Else", Basic Books, 2000.

[13] Dunfee T. W., Warren D. E., "Is Guanxi Ethical? A Normative Analysis of Doing Business in China", Journal of Business Ethics, 2001, 32 (3): 191 – 204.

[14] Feld S. L., "The Focused Organization of Social Ties", American Journal of Sociology, 1981 (1): 1015 – 1035.

[15] George G., McGahan A. M., Prabhu J., "Innovation for Inclusive Growth: Towards a Theoretical Framework and a Research Agenda", Journal of Management Studies, 2012, 49 (4): 661 – 683.

[16] Granovetter M., "Problems of Explanation in Economic Sociologyin", in Nitin Nohria and Robert G. Eccles (eds), "Networks and Organizations: Structure, Form, and Action", Chapter 1, Boston, MA: Harvard Business School Press, 1992(1): 25 – 56.

[17] Gu F. F., Hung K., Tse D. K., "When Does Guanxi Matter? Issues of Capitalization and Its Dark Sides", Journal of Marketing, 2008, 72 (4): 12 – 28.

[18] Hahn R., Gold S., "Resources and Governance in 'Base of the Pyramid' – Partnerships: Assessing Collaborations Between Businesses and Non – Business Actors", Journal of Business Research, 2014, 67 (7): 1321 – 1333.

[19] Halme M., Lindeman S., Linna P., "Innovation for Inclusive Business: Intrapreneurial Bricolage in Multinational Corporations", Journal of Management Studies, 2012, 49 (4): 743 – 784.

[20] Johnson S., "SC Johnson Builds Business at the Base of the Pyramid", Global Business and Organizational Excellence, 2007, 26 (6): 6 – 17.

[21] Kistruck G. M., Beamish P. W., "The Interplay of Form, Structure, and Embeddedness in Social Intrapreneurship", Entrepreneurship Theory and Practice, 2010, 34 (4): 735 – 761.

[22] Lee S. H., Oh K. K., "Corruption in Asia: Pervasiveness and Arbitrariness", Asia Pacific Journal of Management, 2007, 24 (1): 97 – 114.

[23] Lee T. W. , "Using Qualitative Methods in Organizational Research", Beverly Hills, CA: Sage, 1999.

[24] Luk C. L. , Yau O. H. M. , Sin L. Y. M. , et al. , "The Effects of Social Capital and Organizational Innovativeness in Different Institutional Contexts", Journal of International Business Studies, 2008, 39 (4): 589 – 612.

[25] Luo X. , Chung C. N. , "Keeping It All in the Family: The Role of Particularistic Relationships in Business group Performance During Institutional Transition", Administrative Science Quarterly, 2005, 50 (3): 404 – 439.

[26] Luo Y. , Huang Y. , Wang S. L. , "Guanxi and Organizational Performance: A Meta – Analysis", Management and Organization Review, 2012, 8 (1): 139 – 172.

[27] Maskell P. , "Competitiveness, Localised Learning and Regional Development: Specialisationand Prosperity in Small Open Economies", Psychology Press, 1998.

[28] Maxwell J. A. , "Causal Explanation, Qualitative Research, and Scientific Inquiry in Education", Educational Researcher, 2004, 33 (2): 3 – 11.

[29] Michelini L. , Fiorentino D. , "New Business Models for Creating Shared Value", Social Responsibility Journal, 2012, 8 (4): 561 – 577.

[30] Miles M. B. , Huberman A. M. , "Qualitative Data Analysis: An Expanded Sourcebook", Thousand Oaks, CA: Sage, 1994.

[31] Moon H. C. , Pare J. , Yim S. H. , et al. , "An Extension of Porter and Kramer's Creating Shared Value (CSV): Reorienting Strategies and Seeking International Cooperation", Journal of International and Area Studies, 2011 (1): 49 – 64.

[32] Nahapiet J. , Ghoshal S. , "Social Capital, Intellectual Capital, and the Organizational Advantage", Academy of Management Review, 1998, 23 (2): 242 – 266.

[33] Olavarrieta S. , Ellinger A. E. , "Resource – based Theory and Strategic Logistics Research", International Journal of Physical Distribution & Logistics Management, 1997, 27 (9/10): 559 – 587.

[34] Osterwalder A. , Pigneur Y. , "Business Model Generation: A Handbook for Visionaries, Game Changers, and Challengers", NJ: Wiley, Hoboken, 2010.

[35] Park S. H. , Luo Y. , "Guanxi and Organizational Dynamics: Organizational Networking in Chinese firms", Strategic Management Journal, 2001, 22 (5): 455 – 477.

[36] Pavlovich K. , Corner P. D. , "Conscious Enterprise Emergence: Shared Value Crea-

tion Through Expanded Conscious Awareness", Journal of Business Ethics, 2014, 121 (3): 341 –351.

［37］ Pitta D. A. , Guesalaga R. , Marshall P. , "The Quest for the Fortune at the Bottom of the Pyramid: Potential and Challenges", Journal of Consumer Marketng, 2008, 25 (7): 393 –401.

［38］ Porter M. E. , Kramer M. R. , "Creating Shared Value", Harvard Business Review, 2011, 89 (1/2): 62 –77.

［39］ Porter M. E. , Kramer M. R. , "Strategy and Sosciety, The Link Between Competitive Advantage and Corporate Social Responsibility", Harvard Business Review, 2006, 85 (12) .

［40］ Rivera – Santos M. , Rufín C. , "Global Village vs. Small Town: Understanding Networks at the Base of the Pyramid", International Business Review, 2010, 19 (2): 126 – 139.

［41］ Rivera – Santos M. , Rufín C. , Kolk A. , "Bridging the Institutional Divide: Partnerships in Subsistence Markets", Journal of Business Research, 2012, 65 (12): 1721 – 1727.

［42］ Roos I. , "Methods of Investigating Critical Incidents A Comparative Review", Journal of Service Research, 2002, 4 (3): 193 –204.

［43］ Shafer S. M. , Smith H. J. , Linder J. C. , "The Power of Business Models", Business Horizons, 2005, 48 (3): 199 –207.

［44］ Yin R. K. , "Case Study Research: Design and Methods (Applied Social Research Methods)", Sage Publications, London, 2008.

［45］ Yin R. K. , "Case Study Research: Design and Methods", 3rd edition, Sage Publications, 2002.

［46］ Yunus M. , Moingeon B. , Lehmann – Ortega L. , "Building Social Business Models: Lessons From the Grameen Experience", Long Range Planning, 2010, 43 (2): 308 –325.

［47］ Zhang J. , Keh H. T. , "Inter – organizational Exchanges in China: Organizational Forms and Governance Mechanisms", Management and Organization Review, 2010, 6 (1): 123 –147.

504

资源型区域的市场失灵与产业规制研究

曹海霞 韩东娥 郭永伟

（山西省社会科学院能源经济研究所，山西太原　030006）

产业规制是指在市场经济体制下，以矫正和改善市场机制内在的问题为目的，政府干预和干涉经济主体活动的行为，产业规制是政府作为主体对某个特定产业的规制，因此，也被称为政府规制。资源型区域产业规制的目的是根治资源开发中的市场失灵，维护正常的市场经济秩序，提高资源配置效率，创造有利于经济发展的市场环境，促进资源的优化配置和社会福利的改善。

一、资源型区域的市场失灵与产业规制的必要性分析

市场经济都存在着市场失灵，与其他地区相比，资源型区域在市场配置资源方面效率明显偏低，市场失灵更为严重，主要表现在以下几方面。

［作者简介］曹海霞，副研究员，研究室主任；韩东娥，研究员，研究所所长；郭永伟，助理研究员。联系方式：18335159761，caohiaxia2004@163.com，山西省太原市并州南路116号，山西省社会科学院能源经济研究所。

（一）资源开发的外部性与产业规制

市场的外部性指一个经济主体的行为对其他经济主体构成一定影响，而该主体又没有根据这种影响产生的效果从其他主体得到报酬或向其他主体支付赔偿，由此造成经济活动的私人成本与社会成本、私人收益与社会收益不一致的现象。资源型产业是一个具有很强负外部性的产业，原因在于，矿产资源的开发属于大规模的人类活动，不仅会对矿区原有环境景观产生巨大影响，还会对区域原有生态系统产生强烈扰动，对大气环境、水环境、土地系统、生物系统乃至地表景观都会产生严重影响。在我国，长期以来，资源开发与环境保护互相隔离，针对矿山企业的环境税费经济杠杆难以发挥调控作用，生态环境成本没有纳入矿山企业的生产成本中：对于矿业主体而言，开发资源、污染大气和水、堆放矿业废渣乃至破坏森林植被都可以不受约束，或者只需要付出极低的代价，矿业主体几乎没有可能在自身成本最小化、利益最大化的自利动机驱使下保护生态环境，承担所谓的"社会责任"。因此，矿业主体以牺牲生态环境为代价开发利用矿产资源就变成一种"理性"行为，矿业开发的外部性问题无法得到有效地解决，造成过度滥用资源与环境的倾向，从而导致严重的外部不经济。由于外部性不能完全通过市场价格机制反映出来，因此现实生活中具有外部性的资源型产品经常会出现供给过度的问题，从而形成市场失灵，必须通过产业规制促进正外部性，减少乃至消除负外部性。只有通过严格的产业规制，将外部不经济行为所引发的费用转化为企业内部成本，迫使负外部性内部化，才能降低这种负外部性。

（二）资源型产业的自然垄断特性与产业规制

自然垄断指由于规模经济的原因，一个行业由一家企业经营比两家或两家以上的企业经营成本更低。总体而言，资源型产业具有较强的自然垄断性，主要原因在于，由于矿产资源具有稀缺性、可耗竭性、不可移植性等多重属性，资源开发存在资本投入的巨额性和经济效益的规模性等特征，从而形成进入壁垒，导致矿产资源开发的高市场集中度和寡头垄断市场结构。例如，从 20 世纪中后叶开始，跨国性的能源和资源公司逐步控制了全球大多数优质矿产资源、储量以及产能，在全球矿产品贸易中居于主导地位。目前全球 25 家最大的固体矿产跨国矿业公司中，美国、加拿大各占 6 家，澳大利亚、英国各占 3 家。全球范围内矿业市场呈现"寡头垄断"的局面。在国内，中国石油天然气集团公司、中国石油化工集团公司和中国海洋石油总公司 3 家国有企业几乎垄断了中国石油石化的开采、进口和油气产品市场销售。煤炭行业也同样面临高度集中的趋势，经过最近几年的大规模兼并重组和关停小煤窑，国有煤炭企业的市场份额大幅度提高。以山西、内蒙古等为代表的煤炭资源大省相继形成了一批规模更大的煤炭集团。总之，国内外矿业垄断程度的加剧强化了供应方对矿产品价格的影响力，许多重要矿产资源的生产商联合起来，控制并影响了矿业市场，改变了矿产品定价机制。确保自由、公平的市场竞争秩序本是政府的基本责任，因此，政府应针对资源型产业的自然垄断性，进行适宜的经济性规制，以限制资源型企业的垄断价格，优化资源型产业结构，确保公平有序的市场环境，使资源型产业发展符合社会福利普遍提高的要求。

（三）矿业市场的信息不对称与产业规制

市场有效运行的前提条件是所有当事人都具有充分的信息。但在现实经济活动中，参与交易的双方占有的关于交易对象（商品或服务）的信息往往是不对称的，占有信息优势的一方，会在利益驱动下利用自己的信息优势损害另一方的利益，因而出现"逆向选择"或者"道德风险"。在我国，地方政府或矿山企业既要致力于提高自身的经济绩效，还要完成中央政府部署的发展任务和各项约束指标。在双重责任下，地方政府与矿山企业实际上面对的是多重任务的委托代理合同。在资源开发的过程中，中央政府与地方政府、地方政府与矿山企业间存在着严重的信息不对称，这种不对称主要表现在中央政府对地方政府、地方政府对矿山企业的日常经济行为和实际措施不能全面了解。因此，在自身利益最大化的动力下和信息不对称的掩盖下，矿山企业会充分利用在信息传递链条中对私有信息的控制优势应对地方政府，因此矿产资源开发中的安全事故、环保事故瞒报是信息不对称导致道德风险的典型案例。矿业市场的信息不对称若得不到有效遏制，不仅市场交易无法公平进行，矿区居民的利益被损坏，而且资源型区域的稳定和发展会受到严重影响。所以，政府应当对矿业市场进行必要的信息规制，以保证国家和居民的根本利益。政府可以运用其公共权力，通过建立必要的信息披露制度，或者直接提供相关信息，或者制定和实施矿业开发的环境标准等，以弱化市场双方的信息不对称程度。

（四）矿产资源的准公共物品属性与产业规制

公共物品是可以供社会成员共同享用的产品，具有非竞争性和非排他性。所谓非竞争性，指每个人对公共产品的消费不会影响其他人同时消费该产品及其从中获得的效用；所谓非排他性，指每个人在消费一种公共产品时，不能排除其他人消费这一产品（不论他们是否付费），或者排除的成本很高。按照公共产品所具有的"非竞争性"和"非排他性"分析，矿产资源具有一定程度的准公共物品属性。在我国，矿产资源属于国家所有，在传统计划经济的影响下，长期属于无偿的行政划拨或者低价使用。这种情况下，由于资源开发成本相对固定，不会随着开采者的增加而提高，具有非完全竞争性；同一地块矿藏，有时会出现多个开发主体，出现多处钻井，具有非完全排他性。显然，矿产资源具有准公共物品的属性，即拥有非完全竞争性与非完全排他性。由于其公共的性质，物品使用中存在"过度使用"的问题，如果政府不加以保护，矿产资源很容易被"过度开发"与"过度利用"，由此可引发所谓的"公地悲剧"。而且投资资源型产业往往承担较高的市场风险。这些问题单纯依靠市场机制是无法有效调节的。因此，政府为防止市场供给主体在实现自身利润目标过程中对社会公正、公平的偏离，应该采取一定的措施抑制"搭便车"行为，对矿产资源实行保护性开发，以保障资源型区域的可持续发展。

二、我国资源型产业规制的类型与现状

20 世纪 90 年代以来，特别是进入 21 世纪以来，我国先后在许多资源型行业进行了不同程度的规制改革，出台了一些规范、约束和促进产业发展的政策和措施。资源型区域的产业规制可以分为经济性规制和社会性规制两种类型（见图 1）。经济

性规制又可分为两种情况，针对具有自然垄断性质的资源型产业，通过对资源型企业进入、退出、定价等方面的政策，在保证经济效率的同时，制约企业对市场的垄断行为和不正当竞争；针对具备竞争性的资源型产业，通过健全市场体系维护公平竞争和消费者权益。社会性规制主要是针对因资源开发中的外部不经济、信息不对称导致的环境污染、消费者健康和生产安全问题，通过对特定行为的限制、禁止以及标准的制定，保障消费者和劳动者的利益。两类规制具有不同的规制目标，前者追求经济利益最大化，后者追求社会资源分配的公平与公正，目的是消除不同行为主体间的不对等格局。具体而言，经济性规制主要是对矿山企业的进入、退出、价格、服务的质量以及投资、财务、会计等方面活动所进行的规制。社会性规制主要是对矿业安全生产、矿业劳动者安全、生态环境保护等方面的规制。

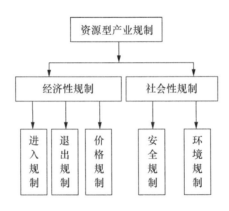

图1 资源型产业规制

（一）进入规制

进入规制可分为进入数量规制和进入条件规制。进入数量规制是通过对进入某产业企业数量的限制，保障产业的规模化生产或者避免在竞争产业中的过度竞争。进入条件规制则是对

510

进入产业的企业的各项条件进行限制。只有具备规制各项规定的企业才可获得进入某产业的资格。资源型产业尤其是矿产资源开发是需要严格进入规制的产业。从勘探来看，对某一矿床的探索在一个时间段内由一个地勘单位进行勘查有利于对未知矿床的认识和成本节约；从采矿活动来看，矿产开采企业在获得矿业权同时即获得对特定范围内矿产资源开采的独享权力。对矿产资源的开发需要大量资金、采选设备和技术支持，存在巨大沉淀成本，且矿业企业资产具有专用性，一旦投入很难收回，所形成的企业资产也难以改为其他用途。因此，产业中垄断企业的平均成本曲线要低于多家小规模企业的市场环境的平均成本曲线，其生产规模越大，单位产品成本越低，可提供的产品数量多于多家企业情况下能提供的数量，价格也会更低，从而增进社会福利。我国对矿产资源的勘查与开采采取行政许可证制度，1996年的《矿产资源法》第三条中明确了"勘查、开采矿产资源，必须依法分别申请、经批准取得探矿权、采矿权，并办理登记"。2003年颁布的《行政许可法》第十二条规定：有限自然资源开发利用、公共资源配置以及直接关系公共利益的特定行业的市场准入等，需要赋予特定权利的事项，需设定行政许可。因此从事地质勘查活动和对矿山进行开采经营的主体须经国土资源部门行政审批获得许可，从而获取矿业权，包括探矿权或采矿权。

（二）退出规制

退出规制是赋予已经进入被规制行业的企业以"供给责任"，对其市场退出行为做出某种限制或约束。市场退出作为市场机制的重要组成是保证市场淘汰劣势企业、发展优势企业、优化资源配置的重要环节。退出规制的目的是政府通过控制某

511

行业企业的退出方式、退出数量，保证该行业中商品或服务的有效供给，实现社会资源的有效利用。与进入规制不同，退出规制关心的是在企业退出市场过程中及退出市场后对消费者或公众利益的保障。矿产资源的耗竭性和市场的竞争性决定了市场退出是每个矿山企业必然面临的问题。与较严格的进入规制比，矿山企业退出规制相对简单。《矿产资源法》中涉及矿业企业退出的情况，一是违反了法规条例被政府强制性吊销采矿许可证，二是企业自行关闭矿山。在退出程序上，依然采取政府审批方式。矿业企业必须向相关主管部门提交矿山闭坑报告报请审查批准。关闭矿山报告批准后，完成有关劳动安全、水土保持、土地复垦和环境保护工作，或者缴清土地复垦和环境保护的有关费用，并获得相关部门对完成以上任务的证明，会同闭坑地质闭坑报告、采掘工程、不安全隐患、土地复垦利用、环境保护等资料报请原颁发采矿许可证的机关办理采矿许可证注销手续。

（三）价格规制

价格规制指在自然垄断和存在信息偏差的领域，政府为了保证资源的有效配置和服务的公平供给，对价格（收费）水平和价格结构进行规制，以限制垄断企业制定垄断价格。资源型产业尤其是采掘业，具有一定的自然垄断性，因此资源品特别是能源、矿产资源类产品的价格一直受到各国政府的管制。长期以来，我国对资源品实施较为严格的价格管制，大部分产品执行政府定价或政府指导价，煤、油、电等能源矿产资源价格偏低，其价格形成并不是基于市场需求，也未能反映包括生态环境在内的真实成本，导致了对自然资源的过度消耗。近年来，政府部门逐步放松了对资源性产品的价格控制，改变政府定价或政府指导价的价格形成机制，除极少数关系国家安全和国计民生的资源由政府调控或国有企业垄断经营外，其他资源逐步实行由市场机制定价。

（四）安全规制

安全规制是纠正市场失灵、保障工人劳动过程中健康和安全的重要手段。对于矿业这一高危行业的生产，国家一直都给予高度重视。我国早在 1982 年针对矿山安全出台了《矿山安全条例》和《矿山安全监察条例》，当时发挥了一定的维护矿山安全的作用。1992 年全国人大常委会又在此基础上制定颁布了《矿山安全法》，该法从矿山建设、矿山开采以及矿山企业的安全管理三个方面，对安全规程、行业技术规范、安全生产条件和设备、安全生产责任制度的建立实行以及矿山企业职工的安全教育培训和保障都做了规定。此外，因为矿山安全对发展地区经济和保持社会问题的重要性，该法还专门对矿山安全监管做出要求。1996 年劳动部又颁布了《矿山安全法实施条例》，到 2002 年《安全生产法》颁布实施，这从立法层面确立了安全生产基本制度。《矿山安全法》及其实施条例对矿产资源勘探、矿山建设项目设计、矿山开采、企业安全生产管理制度建立以及矿山安全的监督管理做了专项规定；对矿山安全事故、调查处理和法律责任追究也做了统一规定。此后，国家安全监管总局发布了 9 个部门规章、22 个安全生产行业标准和 1 个国家标准，各地也相继颁发了一批地方性法规和规章，为促进非煤矿山安全生产规范化、制度化提供了基本依据。

（五）环境规制

环境规制作为社会性规制的一项重要内容，是指由于环境污染具有外部不经济性，政府通过制定相应政策与措施对厂商等的经济活动进行调节，以达到保持环境和经济发展相协调的目标。在长期的矿产资源开发利用中，矿山环境、生态已受到较为严重的破坏，环境规制十分重要。目前，我国已经初步建立了矿山生产环境保护政策法规体系。在法律层面，《环境保护法》和《矿产资源法》从原则上订立了矿山环境保护要求。2009年，国土资源部颁布的《矿山地质环境保护规定》明确了矿山地质环境保护的基本制度：

第一，地质环境保护与治理恢复方案编制与审查制度。规定了所有矿山必须开展方案的编制工作，新建矿山在申请采矿权时必须提交有批准权的国土资源行政主管部门批准的方案，在建和在生产矿山，需补做方案编制。

第二，矿山地质环境监测制度。规定县级以上国土资源部门应在其行政区域内建立地质环境监测工作体系，健全监测网络，并实施矿山地质环境动态监测。矿权人应当开展监测工作，并定期向所在地的县级国土资源行政主管部门提交监测材料，报告矿山地质环境情况。

第三，调查评价和规划制度。由国土资源行政主管部门负责组织开展工作，下一级的规划由上一级国土资源部门审核，地方人民政府批准实施。除第四条是对规制部门提出的要求外，前两条都是对企业的约束，是落实企业履行矿山地质环境治理主体责任的重要机制。

当前，我国针对资源型产业的规制方式还不够完善，存在一些严重问题，主要表现在以下几个方面：

第一，规制手段落后，仍然以命令控制型为主，激励型或市场化的规制手段运用较少，造成被规制企业内部的低效率。一些产业规制机构重市场准入审批，轻市场运营和市场退出监管，助长了资源型企业与产业规制部门之间的博弈行为，损害消费者和国家利益的事件时有发生。规制执法上一些刮风式、运动式的临时突击做法仍经常被使用，甚至某个领导的一张批条或一个电话就可以对一个企业给予没有法规和制度依据的处罚。规制手段上的偏颇和落后，极大地影响了产业规制的功效和信誉。

第二，重经济性规制，轻社会性规制。在我国目前针对重点资源型行业的产业规制中，经济性规制仍然占较大比重。以钢铁行业为例，其经济规制包括：①政府对钢铁产量的总量和结构实行控制。②对企业的经营行为进行直接规制，如严格限制钢铁企业在国内销售商品钢坯。③设置产业进入门槛，如国家发展改革委、国土资源部、商务部等多个部委在《关于制止钢铁行业盲目投资的若干意见》中设立了严格的市场准入条件。西方国家的经济实践证明，原有严格的产业规制并不能达到政府效率高于失灵市场的效率的目的，放松经济性管制是规制失效后的重新选择。

第三，对资源型产品长期实行严格的价格管制，存在许多问题，国内电力、石油、天然气等能源产品价格均由政府制定，电煤价格在很大程度上也受到政府干预，诸多问题导致能源价格体系不能反映资源稀缺性、环境成本和市场供需关系，不利于社会主义市场经济体制建设，不利于资源节约和环境保护。某些产业规制部门还时常以规范和整顿市场秩序为由，操纵市场价格，为本部门垄断企业牟取高额利润。

第四，资源型产业的退出援助规制不完善。目前一些矿产资源枯竭城市面临的主要难题之一就是矿业企业市场退出不畅。企业在退出时乃至退出后的一段时间内都不能有效解决有关资产处理、员工的安置及社会保障问题。政府需要承担一定其因社会各项保障制度还不完善、非企业自身因素导致的费用负担，退出援助机制亟待建立。

三、产业规制中政府与企业的博弈分析

产业规制的经济学分析是经济学界的热点。1993 年，Laffont 和 Tirole 的《政府采购与规制中的激励理论》出版以后，对经济性规制的分析有了新的理论框架。此后，Laffont 等经济学家还使用博弈论、机制设计、信息经济学等新方法、新工具来分析社会性规制问题，促进了规制研究范围的扩大和研究层次的深入。本文借鉴上述方法，在新规制经济学理论框架下建立一个简单的非零和博弈（Non – zero – sum Game）分析模型，探究产业规制机构与矿山企业之间存在的合作、协调和讨价还价过程，为下一步的政策创新提供方向。

（一）资源型企业与政府监管部门之间的静态博弈分析

为方便分析，假设参与人中只有政府部门和矿山企业两个行为主体，政府部门作为的行为空间是监管和不监管，矿山企业的行为空间是违规和不违规。现假设矿山企业与政府部门均是理性的经济人，同时假定信息是完全的，一方知道另一方的行动选择，但不确定对方采取的具体行动依据，建立矿山企业与政府部门之间的静态博弈模型（不考虑时间因素的一次性博弈）。

矿山企业在生产经营过程中，对于政府部门制定的产业规制可以选择接受（依法合规生产）或不接受（违法违规生产）。政府部门则可选择监管或不监管两种策略。假设矿山企业依法

合规生产而获利的利润为 ω_1，违法违规生产而获利的利润为 ω_2，通常情况下 $\omega_1 < \omega_2$。政府部门为鼓励矿山企业在生产经营中接受产业规制，对依法合规生产的矿山企业给予的税收优惠和财政补贴为 μ。另外，矿山企业不接受产业规制违法违规生产将承担一定的风险 λ（它指企业由于不接受产业规制而引起的法律诉讼或行政处罚）。当矿山企业不接受产业规制造成一定的经济社会问题（如产能过剩、生态环境破坏、安全事故）时，政府部门解决这些问题的经济投入为 h，政府部门的监管行为成本为 c。又假设矿山企业与政府部门做出决策之前都不知道对方的行动，可以认为他们的行动是同时进行的，这种对策属于完全信息静态博弈，则矿山企业与政府部门之间的博弈模型如表 1 所示。

表 1　矿山企业与政府部门之间的博弈模型

政府策略＼企业策略	合法合规生产（y）	违法违规生产（1－y）
监管（x）	$-u-c$, $\omega_1+\mu$	$\lambda-h-c$, $\omega_2-\lambda$
不监管（1－x）	$-\mu$, $\omega_1+\mu$	$-h$, ω_2

（1）当 $\omega_2 - \omega_1 < \mu$ 时，上面的博弈模型存在唯一的纳什均衡点（$-\mu$，$\omega_1+\mu$），即矿山企业选择接受产业规制依法合规生产，政府部门选择不监管。

（2）当 $\omega_2 - \omega_1 > \mu$ 时，若矿山企业选择依法合规生产时，政府部门最好选择不监管；但与此相对应的是在政府选择不监管时，矿山企业又以不接受产业规制违法违规生产为最优，对此，政府部门又应选择监管，于是矿山企业只好接受产业规制。如此反复，双方利益始终不能达到一致。任何一个纯战略组合

517

都有一个参与人可单独改变其战略，以获得更大的收益。因此，该博弈不存在自动实现均衡性战略组合，属于完全信息中的混合战略问题。

设矿山企业接受产业规制依法合规生产的概率为 y，不接受产业规制违法违规生产的概率为 $1-y$，政府部门监管的概率 x，政府部门不监管的概率为 $1-x$。

给定 y，政府部门监管（$x=1$）与不监管（$x=0$）的期望收益分别为：

$$E_A\big[(1,0),(y,1-y)\big]=(1,0)\begin{bmatrix}-u-c & \lambda-h-c \\ -u & -h\end{bmatrix}\begin{bmatrix}y \\ 1-y\end{bmatrix}$$

$$=\lambda-h-c+y(h-u-\lambda) \tag{1}$$

$$E_A\big[(0,1),(y,1-y)\big]=(0,1)\begin{bmatrix}-u-c & \lambda-h-c \\ -u & -h\end{bmatrix}\begin{bmatrix}y \\ 1-y\end{bmatrix}$$

$$=y(h-u)-h \tag{2}$$

令：

$$\lambda-h-c+y(h-u-\lambda)=y(h-u)-h$$

得：

$$y^*=1-\frac{c}{\lambda} \tag{3}$$

则矿山企业以 $\left(1-\dfrac{c}{\lambda},\dfrac{c}{\lambda}\right)$ 选择接受产业规制依法合规生产与不接受产业规制违法违规生产。

同理，给定 x，矿山企业接受产业规制与不接受产业规制的期望收益分别为：

$$E_B\big[(x,1-x),(1,0)\big]=(x,1-x)\begin{bmatrix}\omega+u_1 & \omega_2-\lambda \\ \omega_1+u & \omega_2\end{bmatrix}\begin{bmatrix}1 \\ 0\end{bmatrix}$$

$$=\omega_1+u \tag{4}$$

$$E_B[(x, 1-x), (0, 1)] = (x, 1-x) \begin{bmatrix} \omega + u_1 & \omega_2 - \lambda \\ \omega_1 + u & \omega_2 \end{bmatrix} \begin{bmatrix} 0 \\ 1 \end{bmatrix}$$

$$= \omega_2 - x\lambda \qquad (5)$$

令：

$$\omega_1 + u = \omega_2 - x\lambda$$

得：

$$x^* = \frac{\omega_2 - \omega_1 - u}{\lambda}$$

政府部门以 $\left(\dfrac{\omega_2 - \omega_1 - u}{\lambda}, 1 - \dfrac{\omega_2 - \omega_1 - u}{\lambda} \right)$ 的概率选择监管与不监管。

故该博弈的混合策略为 (x^*, y^*)。矿山企业和政府部门的混合战略构成了该博弈的混合战略纳什均衡：矿山企业以 $1 - \dfrac{c}{\lambda}$ 的概率选择接受产业规制依法合规生产时，政府部门以 $\dfrac{\omega_2 - \omega_1 - u}{\lambda}$ 的概率选择监管。但在实际中，有相当一部分矿山企业在实际生产中，不完全合乎产业规制，主要是因为政府部门对不接受产业规制企业的违法违规生产处罚力度 λ 较低，而同时鼓励矿山企业接受产业规制依法合规生产的 μ 较低，造成不接受产业规制违法违规生产的利润很高，但当 $\mu \geq \omega_2 - \omega_1$ 时，矿山企业将接受产业规制。

（二）矿山企业与政府部门之间的动态博弈模型

在现实生活中，博弈经常是动态的，而且在动态条件下，矿山企业与政府部门的行为与静态情况（所谓的"一锤子买卖"）有很大的不同。现将模型动态化。假设政府部门对每个矿山企业不只检查一次，并且政府部门知道之前检查的所有信息。这种对策可以看作一种完全信息动态博弈。在无数次重复博弈中，可以得知：由于受短期利益的驱使，矿山企业选择不接受产业规制进行经营生产，而政府部门一旦知道情况，就会立即对矿山企业进行检查，并给予严厉的处罚 λ，即使双方采取混合策略，各自得到的期望收益也不理想，矿山企业与政府部门均达到了"双输"的结果。但从长远看，如果矿山企业立足于长期利益，接受产业规制，可得均衡结果（依法合规生产，不监管），这样矿山企业得到了 $\omega_1 + \mu$ 的平均利润，而政府部门只需付出成本 μ。

考虑到资金时间价值的因素，设投资利润率为 v，则矿山企业长期收益的现值为：

$$R = (\omega_1 + u) + (\omega_1 + u)(1 + v) - 1 + \cdots + (\omega_1 + u)(1 + v)^{-n}$$

$$= \frac{(\omega_1 + u)}{v}(1 + v) \tag{6}$$

当 $R = \frac{(\omega_1 + u)}{v}(1 + v) \geqslant \omega_2 - \lambda$ 时，$v \leqslant \frac{\omega_1 + u}{\omega_2 - \omega_1 - \lambda - u}$。

（1）当 $\omega_1 \geqslant \omega_2 - \lambda - u$ 时，说明矿山企业接受产业规制依法合规生产的收益大于不接受产业规制违法违规生产的收益，矿山企业为了获得长期最大利润会坚持接受产业规制，政府选择监管，矿山企业与政府部门均得到了自己的最大利益，实现了"双赢"的局面。该博弈可无限次进行下去。

（2）当 $\omega_1 < \omega_2 - \lambda - u$ 时，说明矿山企业接受产业规制依法合规生产的收益小于不接受产业规制违法违规生产的收益。这样，只有违法违规生产与依法合规生产之差 $(\omega_2 - \lambda) - (\omega_1 + u) \geqslant \frac{\omega_1 + u}{\bar{v}}$（其中，$\bar{v}$ 为平均投资利润率）时，矿山企业才不会接

受产业规制。因此，$\dfrac{\omega_1 + u}{\bar{v}}$ 成为矿山企业是否接受产业规制依法合规生产的转折点。

（三）博弈结果与政策含义

通过上述矿山企业与政府部门的博弈的分析，还可提出以下政策改革方向以加强资源型产业规制：

政府部门应严格资源型产业规制标准，对违法违规企业提高处罚力度。政府对于违法违规生产的矿山企业要有一个适当的处罚标准，目标是保证企业不能够通过违法违规生产获得超额利润。要实现这一目标，经济处罚使企业因不接受产业规制所得超额利润应低于 $\dfrac{\omega_1 + u}{\bar{v}}$。

政府部门应强化对资源型企业的激励性规制，加大税收优惠和财政补贴力度。依法合规生产的资源型企业，需要投入较多的资金，而直接经济收入相对较低，导致企业的社会效益、环境效益大于经济效益，企业着眼长远可持续发展的动力不足、成本较高，政府应加大对其的税收优惠和财政补贴 u，当 $\omega_2 - \omega_1 < u$ 时，政府部门与矿山企业分别获得利益最大化，政府的策略是不监管，企业的策略是接受产业规制依法合规生产。

提高政府部门的监督能力。作为公众利益的代言人，政府有责任、有义务提高自己的执法效率。一方面，政府监督部门要积极学习，提高业务能力，熟悉资源型行业，提高检查企业依法合规生产的效率，降低检查成本；另一方面，需要积极转变政府职能，防止政府部门为了自身的一些经济利益纵容矿山企业的不正当行为，进而相机收取罚金的结果出现，从而最大限度地为公众利益服务。

四、完善资源型区域的产业规制与企业激励

资源型地区的经济转型必须关注政府与企业的关系，应坚持政府的引导作用和企业的主体作用。本文重点研究资源型区域的产业规制，对政府、企业在资源型地区经济转型中的角色、定位和作用进行现实的分析和思考，最终通过规制改革与制度创新促进资源型区域可持续发展。

（一）加强资源型产业规制，严格规制标准

提高资源型产业技术进入门槛，提升资源开发集约程度。加大对资源部门的研发投入，提高矿业企业的技术门槛，增强资源开发的集约利用程度。矿产资源是可耗竭的，在开采与使用时必须做到集约、节约。技术进步是资源集约、节约开发与利用的前提，包括探矿技术、开采技术、冶炼技术、加工技术等。推进资源部门的技术进步能够降低资源的损耗，实现资源的持续利用，也能够提高劳动者的技能与资本投入比例，弱化资源部门发展对物质资本与人力资本的挤出效应。通过提高矿业企业的技术门槛，将资源部门从一个低技术含量的初级部门，转变为高技术含量的、能够带来规模报酬递增的现代化产业部门。严格执行国家产业政策和项目审核管理规定，提高"两高一资"类项目准入门槛，严格用地审查、节能评估和审查以及环境影响评价等前置条件，从源头严控高耗能、高排放行业盲目扩张。

健全资源型产业退出规制，有效根治资源型区域社会问题。退出机制的顺畅与否也是资源型产业市场竞争能力强弱的一个反映。特别是对于资源型城市或大中型矿业区域，退出机制的

健全对企业退出市场产生的一系列社会问题的解决至关重要，应建立有关退出立法，为资源型企业退出提供法律保障体系；政府要给予资源型企业金融、财政、税收、工商、社会保障制度等多方面的支持，如债转股、贴息贷款、收购报废、科技奖励、减免税收、补贴等，引导资源型企业退出。具体而言，如鼓励企业利用兼并、转产、破产等多途径退出；对资源型企业建立的公用基础设施予以一定期限或一次性补贴；完善企业下岗职工安置和培训工作，在具体措施上确保解除了劳动关系的职工转入社会保障体系，减轻和消除资源企业退出市场的体制成本与制度性壁垒。同时，应加强资源型企业退出时的环境硬约束。对矿山复垦、污染治理达不到要求的，应从重处罚。

完善资源品价格形成机制、建立以市场为基础的价格调控手段。各类资源型产品作为生产生活中重要的能源和原材料，其价格形成和变化对合理调节自然资源的分配和使用，进而对实现经济社会的健康发展具有至关重要的作用。目前特别要重视资源品价格的全成本定价机制问题，长期以来，受计划经济的制约，矿产品市场价格一直偏低，难以反映其真实成本。近些年，我国实施了矿产资源有偿使用制度，但尚未建立起反映资源真正价值的矿产品完全成本核算体系。目前的矿业成本，仅仅包括勘探成本（矿产资源补偿费）、生产成本（开采成本与加工成本）、资源成本（如资源税、采矿权价款等）等，应逐步将生态环境外部性成本、转型成本、安全成本等包含在资源品价格之内。政府应适时转变和及时完备自身职能，尽快实现从资源型产品价格的直接制定者和管制者到市场经济中价格的制定者、调控者、监管者这一复合角色的转变。针对价格管制的改革主要包括两方面内容，即价格放开和调价。其中，调价是指要理顺价格（尤其是那些政府直接参与定价的产品的价格），使其达到合理水平，并要形成产品价格间适宜的差价关系。对那些已与国际市场价格接轨的产品，政府要加强对其市场价格有效的调控监管，但并非完全的市场化。

积极利用经济手段强化矿山生态环境规制。经济手段是基于市场规制工具的运用，通过市场的信号作用间接影响污染企业的行为。要积极利用环境税费、排污许可证制度、押金以及退款制度等经济工具治理矿山环境污染。加强资源部门开采前的生态环境评估，防范资源开发中造成的不可逆转的生态环境破坏。开展资源开发生态环境损害的综合评估和技术论证，禁止隔离可能导致生态功能不可恢复性破坏的资源开发行为。依据生态环境损失评估结果，要求矿山企业签订生态环境服务承诺保证书，并缴纳服务保证金。允许预防性投入进入企业生产成本，激励开采者更多地采取防范性措施。

加大安全投入，加强安全监管力度。提升产业安全生产水平，一方面需要整合资源，提高企业规模与矿井生产规模；另一方面需要加大安全投入，完善矿井中的通风巷道等安全设施，加强井下矿工的安全培训与安全操作监督。严格控制矿井建设与开采速度，间断性检查矿井安全状况。同时要继续在资源型区域范围内深入开展以矿山企业为重点、覆盖各行业各领域的安全生产专项整治行动，完善安全生产制度，强化责任，严格责任追究，不断强化安全生产的组织、制度、技术、人才、管理、纪律和体制保证。

（二）构建企业激励机制，完善财税信贷支持

政府需要在资源型企业发展的不同阶段给予不同的财政支持或激励，要安排财政资金进行产业扶持。一是支持企业（特别是资源枯竭企业及重大战略资源企业）购买境外采矿权探矿权；二是对资源枯竭企业的生产工艺更新改造给予资金支持；三是加大公益性、基础性和战略性矿产资源勘查的财政支持力度；四是加大节能技术研发、推广和应用的支持力度，用财政资金引导企业加大研发投入、鼓励消费者购买节能产品，实现全社会节约能源的目标。同时，对国有资源型企业解决历史遗留问题，要给予合理的财政支持。对于国有老矿山企业生态环境恢复治理、棚户区改造等历史欠账，仅靠企业过去及未来的资金积累去解决，从现实看是十分困难的，国家应当给予一定的财政扶持，尽早解决，避免因为时机拖延而使治理难度和解决成本越来越大。

政府需要加大对资源型企业的税费激励力度。一是要允许资源型企业提取的可持续发展准备金税前扣除，政府以税收支出的形式承担部分成本，这样可以有效地发挥税收政策的鼓励和引导作用；二是要调整和完善税收政策，支持节能行为，可以对企业循环生产、技术创新、节能减排、"三废"利用给予各种形式的税收优惠政策；三是要制定具有产业导向的税收政策，鼓励企业境外勘探和开发矿产资源。针对境外资源勘探与开发的特点，制定一系列鼓励企业"走出去"进行境外资源勘探与开发的税收政策，如允许企业在税前扣除进行境外资源勘探的前期费用，境内企业在境外生产的资源产品在进口环节免征关税，并给予增值税先征后返等。尤其在我国当前新一轮税制改革中，应充分体现资源节约与环境保护的要求，如适当扩大消费税、资源税的征税范围，调整税额税率，改变计征办法等。或者制定一些有针对性的税收政策，多管齐下，有促有抑。一方面，鼓励那些保护环境节约资源的经济活动健康发展；另一方面，限制那些损害环境浪费资源的经济活动，以尽可能小的代价取得最大的产出。这些举措对资源型企业的持续高效发展都是有效的激励。

构建资源型企业的金融信贷激励制度。面对资源型企业在发展接续产业中引资上的困难和资源型区域本地资金的外流，各级政府应调整金融政策予以扶持。

首先，在再贷款政策上予以倾斜，应专门设立资源型企业可持续发展再贷款，通过国家政策性银行向资源型企业投放经济发展贷款，支持资源型企业发展接续产业。对资源型企业上市融资和发行企业债券相对放宽条件，扩大资源型企业发展接续产业的融资渠道。

其次，改进信贷管理体制，实行差别信贷政策和绩效考核机制，适当提高资源型区域金融机构的信贷权限，支持资源型企业的经济转型。灵活制定符合资源型企业特点的信贷管理机制。用足用活信贷政策，要加大对资源综合开发利用企业的信贷支持，提高资源综合利用的附加值，使企业的资源开发从开采型向效益型转变；积极争取政策性金融支持，增加国家开发性贷款，重点支持和加快资源型企业接续产业项目建设。

【参考文献】

[1] 高景芳：《政府经济性规制失灵的表现、成因及共矫治》，《改革与战略》2007年第11期。

[2] 姜春海：《资源枯竭型城市产业转型的财政政策扶持机制研究》，《财经问题研究》2006年第8期。

[3] 金卫星、浦超：《全球矿产市场垄断加剧 国家应鼓励企业走出去》，http://finance. people. com. cn/GB/4650978. html。

[4] 陶爱萍、刘志迎：《国外政府规制理论研究综述》，《经济纵横》2003年第6期。

[5] 肖兴志：《中国垄断性政府规制机构的模式选择》，《山东经济》2009年第2期。

[6] 谢识予：《经济博弈论》，复旦大学出版社1997年版。

[7] M. Boyer, J. Laffont, "Toward a Political Theory of the Emergence of Environm ental Incentive Regula tion", Journal of Economics, 1999 (30): 7 – 14.

后　记

　　中国社会科学院工业经济研究所和中国台湾工业技术研究院知识经济与竞争力中心之间的学术交流与合作始于 2013 年春天杜紫宸主任率领台湾代表团到北京来我所的访问。由于双方研究领域相同，关注共同的学术问题，以及对双方学术水平和学术积累的认可，通过初步的接触，双方确定了每年在台湾和北京分别召开一次学术研讨会的合作计划。经过两年的合作交流，双方都感到收获巨大。2015 年，杜紫宸主任和我商定将每年学术交流研讨会正式命名为"两岸产业智库论坛"，2015 年 6 月在吉首大学召开了"第一届两岸产业智库论坛"，本书是这次论坛的论文集。我们试图通过本书的出版展示来自两岸的专家学者对"十三五"时期两岸产业合作与发展的学术观点，其中既包括对两岸产业整体合作与发展问题的研究，也包括对具体产业政策问题的分析，涉及"中国制造 2025"与"三业四化"计划等两岸重大产业政策。相信本书的出版能对两岸产业合作与发展发挥一定的促进作用。

　　本书的具体编辑工作由工业经济研究所科研处的张其仔、蒙娃、王楠、袁惊柱等同志完成。经济管理出版社张世贤社长对本书的出版给予了大力支持，编辑陈力先生为本书付出了辛勤劳动，这里一并表示由衷的感谢。

　　本届两岸产业智库论坛仅仅是我们第一次有益的尝试，本书也是第一本两岸产业智库论文集。由于是第一次，所以难免有这样那样的问题甚至错误，期望读者批评指正。"功崇惟志，业广惟勤"，通过这次富有诚意的起点，我们期待在大家的帮助和共同努力下，未来将"两岸产业智库论坛"打造成为两岸产业经济学者交流的有价值的平台。

黄群慧

2015 年 10 月